WOLFRAM'S VON ESCHENBACH

PARZIVAL und TITUREL.

HERAUSGEGEBEN

VON

KARL BARTSCH.

ZWEITER THEIL.

ZWEITE AUFLAGE.

LEIPZIG:

F. A. BROCKHAUS.

1876.

'INHALT.

SIEBENTES BUCH.

GAWAN UND OBILOT.

Gawan, der nun eine Zeit lang Held der Erzählung wird, trifft ein Heer und erfährt, daß der König Meljanz von Liz dasselbe gegen Lippaut, seinen Erzieher und Lehnsmann, nach Bearosche führt, weil Lippaut's Tochter Obie seine Minnewerbung höhnend abgewiesen. Seine Schar, die meist aus jungen Rittern besteht, wird durch Poidiconjunz von Gors, seinen Sohn Meljacanz und Herzog Astor von Lanveruns verstärkt. Gawan schwankt, ob er sich an der Sache betheiligen soll, und fürchtet den Termin in Schanpfanzun zu versäumen. Er reitet in die Stadt und lagert am Burgberge. Obie und Obilot, Lippaut's Töchter, und ihre Mutter sehen ihn: Obie erklärt ihn für einen Kaufmann, Obilot für einen Ritter. Den Belagerten kommt ebenfalls Hülfe und sie machen einen Ausfall, wobei die jungen Ritter von Meljanz schlecht wegkommen. Obie triumphiert, daß sie recht gehabt, da Gawan müßig zusieht; Obilot erklärt ihn zu ihrem Ritter machen zu wollen. Obie schickt einen Knappen an Gawan, um mit ihm zu handeln; derselbe kehrt aber von Gawan's Zorn erschreckt schnell um. Auf ihren Anlaß begibt sich der Burggraf Scherules zu ihm, der aber bald in ihm den Ritter erkennt und ihn zu sich einlädt. Obie ruht nicht und läßt ihren Vater wissen, es sei da ein Falschmünzer, dem er seine Sachen abnehmen solle. Allein Lippaut, von Scherules aufgeklärt, bittet Gawan ihm beizustehen, was Gawan halb ablehnt. Auf dem Heimwege trifft Lippaut Obilot, die Gawan aufsucht und ihn bittet, ihr Ritter zu sein. Er verspricht es. Sie eilt heim und ist nur in Noth wegen eines Geschenks für ihren Ritter. Vater und Mutter statten sie mit einem neuen Kleide aus, wovon sie einen Ärmel an Gawan sendet, der ihn auf den Schild schlägt. Der Streit beginnt; Gawan macht Meljanz zum Gefangenen, während der Rothe Ritter (Parzival), der ungekannt auf Meljanz' Seite kämpft, mehrere von Lippaut's Helfern besiegt. Der Rothe Ritter schickt dieselben in die Stadt, um Meljanz auszulösen, und reitet weiter. Meljanz versöhnt sich mit Lippaut und muß auf Gawan's Aufforderung Obilot sich zur Verfügung stellen, die ihm nun befiehlt, sich mit Obien zu versöhnen. Gawan nimmt Abschied und zieht seines Weges fort.

---

338   Der nie gewarp nâch schanden,
       ein wil' zuo sînen handen
       sol nu dise âventiure hân,
       der werde erkande Gâwân.

Der Dichter läßt für eine Zeitlang seinen Helden zurück und Gawan in den Vordergrund treten, und motiviert im Eingange dieses Buches ein solches Verfahren. — 1 Umschreibung für Gawan: der Ritter, der nie der Schande gemäß handelte. — 2 *zuo sînen handen hân*, nicht: in seinen Händen haben, sondern: in seine Hände bekommen. — 4 *werde*, der als werth bekannte. Vgl. VI, 1728. —

diu prüevet manegen âne haz   5
derneben oder für in baz
dan des mæres hêrren Parzivâl.
swer sînen friunt alle mâl
mit worten an daz hœhste jaget,
der ist prîses anderhalp verzaget.   10
im wære der liute volge guot,
swer dicke lop mit wârheit tuot.
wan, swaz er sprichet oder sprach,
diu rede belibet âne dach.
wer sol sinnes wort behalten,   15
es enwelln die wisen walten?
valsch lügelîch ein mære,
daz wæn' ich baz noch wære
âne wirt ûf eime snê;
sô daz dem munde wurde wê,   20
der'z ûz für wârheit preitet:
sô het in got bereitet
als guoter liute wünschen stêt,
den ir triuwe z'árbéite ergèt.
swem ist ze sölhen werken gâch   25
dâ missewende hœret nâch,

---

5 *diu*, diese Erzählung. — *prüevet âne haz*, beurtheilt ohne Haß, beschäftigt sich gern mit. — 6 *derneben*, daneben: neben dem Helden der Erzählung. — *für in baz*, mehr vor ihm = *baz danne in*. Der verglichene Gegenstand ist zweimal ausgedrückt, durch *für in* und den Satz mit *dan*. Einfacher wäre *neben* oder *für des mæres hêrren*. — 8 *swer*, wenn jemand, d. h. wenn ein Dichter. — *sînen friunt*, seinen Helden. — *alle mâl*, beständig. — 9 das höchste Lob in Worten ertheilt, in den Himmel erhebt. — 10 *anderhalp*, auf der andern Seite, andern als seinem Helden gegenüber. — *verzaget*, säumig, d. h. sie ebenfalls zu loben. — 11 dém Dichter sollte die Zustimmung der Leute zur Seite stehen. — 12 *dicke*, vielfach, nach vielen Seiten, d. h. nicht bloß éinen lobt. — 13 *wan*, nur, jedoch. — 14 *âne dach*, ohne gastliche Aufnahme; darauf geht auch der Ausdruck *behalten*, aufnehmen, beherbergen, in der nächsten Zeile. — 15 *sinnes wort*, eine sinnreiche Rede. — 16 wenn nicht die Verständigen sie in ihren Schutz nehmen, ihr nicht ihren Beifall schenken. — 17 *lügelîch* adj., lügnerisch. — 18 eine solche Erzählung oder ein solcher Dichter sollte vielmehr bei den Leuten keine Aufnahme finden, sondern ohne Herberge draußen auf dem Schnee frieren müssen. — 20 *sô daz*, sodaß, indem in dieser Situation. — *dem munde*, Umschreibung für die Person des Erzählers; vgl. VI, 1738. — *wurde wê*, sich in Noth befände. — 21 der solche Erzählungen als Wahrheit ausbreitet. — 22 *sô*, dann: wenn er obdachlos auf dem Schneegefilde läge. — *bereiten* swv., bezahlen. — 23 wie gute Leute es ihm wünschen. — 24 denen ihre Aufrichtigkeit zu Mühsal ausschlägt, nur Mühsal als Lohn einträgt: eine Andeutung, daß in Wirklichkeit lügenhafte Dichter nicht den ihnen gebührenden Lohn bekommen, sondern im Gegentheil der Wahrheitsliebende gegen sie zurückstehen muß. — 25 wer so etwas zu thun sich beeilt. — 26 worauf Tadel als gebührender Lohn folgt. —

pfliht werder lip an den gewin,
daz muoz in lêren kranker sin.
er midet'z ê, kan er sich schemen:
den site sol er ze vogete nemen.   30

339   Gâwân der reht gemuote,
sin ellen pflac der huote,
sô daz diu wâre zageheit
an prise im nie gefrumete leit.
sin herze was ze velde ein purc,   35
gein scharpfen striten wol sô kurc,
in strits gedrenge man in sach.
friunt und vient ime des jach,
sin krie wær' gein prise hel,
swie gerne in Kingrimursel   40
mit kampfe hete dâ von genomen.
nu was von Artûse komen,
des'n wéiz ich niht wie manegen tac,
Gâwân, der manheite pflac.
sûs réit der degen balt   45
sin' rehte strâze ûz einem walt
mit sime gezoge durch einen grunt.
dâ wart im ûf dem bühele kunt
ein dinc daz angest lêrte
und sine manheit mêrte.   50
dâ sach der helt für umbetrogen
nâch maneger bâniere zogen
mit grôzer fuore niht ze kranc.
er dâhte «mir'st der wec ze lanc,

---

27 *pfliht* = *pflihtet*, nimmt Antheil. — *werder lip*, ein braver, ehrenwerther
Mann, nämlich aus dem Publicum. — *an den gewin*, an solchem Lohne:
macht er sich durch seinen Beifall des Lohnes, d. h. des Tadels mit-
schuldig. — 28 dahin führt ihn mangelnder Verstand. — 29 versteht er
sich zu schämen. — 30 dieses Verfahren soll er sich als Richtschnur
nehmen. — 31 *Gâwân* nom. außer der Construction, durch *sin* aufgenommen. —
32 *der*, solcher: war in solcher Hut. — 34 seinem Ruhme nie Leid und
Schaden anthat. — 35 *ze velde*, in der Feldschlacht. — *purc*, die Festig-
keit bezeichnend; unerschütterlich. — 36 *kurc* adj. (zu *kiesen*), auserwählt,
ausgezeichnet; *gein*, gegenüber, im Angesicht von. — 39 sein Schlachtruf
ertönte in ruhmwürdiger Weise laut. — 41 *dâ von*, von seinem *prise:* ihn
seines Ruhmes beraubt hätte. — 43 *des* deutet das folgende *wie manegen*
tac an. — 44 der Mannhaftigkeit besaß. — 46 *rehte*, geradeaus. — 47 *gezoc*
stm., Zug, Gefolge. — 48 *bühel* stm., Hügel. — 50 seinen Muth nur noch
erhöhte. — 51 *umbetrogen* = *unbetrogen* (*m* für *n* wegen des folgenden *b*):
für *unb.*, in Wahrheit. — 52 *nâch*, hinter — her. — *zogen:* das Object, wen
er ziehen sah, ist zu ergänzen: Leute. — 53 in mächtigem Zuge. — 54 ich
bin doch schon zu weit vom Walde entfernt. —

f.ühtic wider geim walde.»   55
dô hiez er gürten balde
'em orse daz im Orilus
gap: daz was genennet sus,
mit den rôten ôren Kringuljete:
er ęnpfieng'z ân' aller slahte bete.   60
340 ez was von Muntsalvâsche komen,
unt hetez Lehelln genomen
ze Brumbâne blme sê:
eim' rîter tet sîn tjost wê,
den er tôt derhinder stach;   65
des sider Trevrizent verjach.

      Gâwân dâhte «swer verzaget
sô daz er vliuhet ê man'n jaget,
dês sîme prîse gar ze fruo.
ich wil in nâher stapfen zuo,   70
swaz mir dâ von nu mac geschehen.
ir hât mih'z mêrre teil gesehen.
des sol doch gúot râ̂t werden.»
do ęrbéizt' ér zer erden,
reht' als er habete einen stal.   75
die rotte wâren âne zal,
die dâ mit cumpânie riten.
er sah vil kleider wol gesniten
und manegen schilt sô gevar
daz er'r niht bekande gar,   80
noch keine bánierę under in.
«disem her ein gast ich pin»,
sus sprach der werde Gâwân,

---

55 *fl.ühtic* Apposition zu *mir:* wenn ich fl.üchten wollte. — *geim = ŋein
dem*, nach dem Walde zu. — 57 *'em = dem*, an den vocalischen Auslaut
der vorigen Zeile (*balde*) sich anlehnend. — 59 *Kringuljete = Gringuljete*,
bei Crestien *Gringulet.* — 60 ohne daß er irgendwie darum gebeten hatte.
— 61—66 diese Erzählung findet sich IX, 1222 fg. — 64 der Ritter hieß,
wie wir IX, 1225 erfahren, Libbêáls von Prienslascors. — 65 hinter das
Ross, daß er hinten herunterfiel. — 66 was Trevrizent später Parzival
erzählte.
      68 vgl. Crestien 4987 *por quel paor, por quel manace je fuirai quant
nus ne me cace.* — *man'n = man in.* — 70 *stapfen* swv., im Schritt reiten:
näher an sie heran. — 72 *das mérre teil,* der größere Theil. — 73 dafür
wird doch noch guter Rath geschafft werden: das bringt mich noch nicht
in Noth und Verlegenheit. — 75 als wenn da ein Stall wäre: als wenn
er im eigenen Hause ankäme und dort abstiege. — 80 *er'r niht gar,* er
durchaus nichts von ihnen, sie durchaus nicht. Die Wappen der Schilde
und ebenso das Banner waren ihm gänzlich unbekannt. — 82 ich bin die-
sem Heere fremd, da ich es auch nicht kenne. —

«sit ich ir keine künde hân.
wellent si'z in übel wenden,   85
eine tjost sol ich in senden
deiswâr mit mîn selbes hant,
ê daz ich von in sî gewant.»
dô was ouch Kringuljeten gegurt,
daz in mánegen angestlichen furt   90
341 gein strîte was zer tjoste brâht:
des wart och dâ hin z'ime gedâht.

.   Gâwân sach géflôríeret
unt wol gezimieret
von rîcher koste helme vil.   95
si fuorten gein ir nîtspil
wîz niuwer sper ein wunder,
diu gemâlt wârn besunder
junchêrrn gegeben in die hant,
ir hêrren wâpen dran erkant.   100
Gâwân fil li roy Lôt
sach von gedrenge grôze nôt,
mûl' die harnasch muosen tragen,
und manegén wol geladenen wagen:
den was gein herbergen gâch.   105
ouch fuor der market hinden nâch
mit wunderlicher parât:
des enwas et dô kein ander rât.
ouch was der frouwen dâ genuoc:

---

84 *ir*, auf das collective *her* bezogen. — 85 wollen sie es nach der übeln
Seite wenden, d. h. mein Fremdsein in bösem Sinne wenden, daß ich ihr
Feind sei, und mich demgemäß feindlich behandeln. — 88 ehe ich mich
von ihnen abgewendet, getrennt habe. — 89 *Kringuljeten* ist dat.; vgl.
VII, 57. — 90 auf manchen gefahrvollen Pfad. — 90 *gein strîte*, in Bezug
auf Streit. — *zer*, im. — 92 *denken eines d. ze einem*, etwas womit beab-
sichtigen, etwas wozu ausersehen.
93 *flôrieren* = mhd. *blüemen*, mit Blumen schmücken; überhaupt:
schmücken. — 95 *von rîcher koste*, sehr kostbar, von hohem Werthe. —
96 *nîtspil* stn., Spiel des Hasses, Umschreibung für Kampf; vgl. zu Stricker's
Karl 811. — 97 *wîs niuwer*: das erste Adj. wie so oft unflectiert. — *ein
wunder*, eine große Menge. — 98 *wârn*, gehört als gemeinsames Hülfs-
verbum zu beiden Participien, *gemâlt* und *gegeben*. — *besunder*, jeder ein-
zelne, sämmtlich. — 100 *dran*, an den Fähnlein, die an den Speeren be-
festigt waren. — 102 eine große Unordnung, ein großes Durcheinander
von Gedränge, von sich drängendem Volke. — 106 *market* stm., Markt,
die feilgebotenen Waaren: es waren auch Krämer im Gefolge des Heeres.
— 107 *parât* stf., altfranz. *barat*, *barate*, Wechsel, Tausch: Handel und
die zu verhandelnden Waaren. — 108 das konnte nun einmal nicht an-
ders sein. —

etslichiu'n zwelften gürtel truoc   110
ze pfande nâch ir minne.
ez wârn niht küeginne:
die selben trippâniersen
hiezen sóldiersen.
hie der júnge, dort der alde,   115
dâ fúor vil ribálde:
ir loufen machte in müediu lide.
etslicher zæm' baz an der wide,
denne er'z her dâ mêrte
unt werdez volc unêrte.   120
342 für was geloufen unt geriten
daz her, des Gâwân hete erbiten.
von solhem wâne daz geschach:
swer den helt dâ halden sach,
der wânde er wær' des selben hers.   125
disehalp noch jensît mers
gefuor nie stolzer riterschaft:
sie heten hôhes muotes kraft.

Nu fuor in balde hinden nâch
vast' ûf ir slâ (dém was gâch)   130
ein knappe gar unfuoge vri.
ein ledec ors gienc im bi:
ein niuwen schilt er fuorte,
mit béden sporen er ruorte
âne zart sin rünzît,   135
er wolde gâhen in den strit.
wol gesniten was sin kleit.
Gâwân zuo dem knappen reit,

---

110 *etslichiu'n = etslichiu den.* — *gürtel*: die Gürtel der Ritter sind gemeint,
die sie den Frauen für die genossene feile Liebe verpfändeten. — 111 *nâch*,
nachdem sie genossen. — 113 *trippâniersc* swf., altfranz. *trupendiere*. **Hure.**
— 114 *soldierse*, swf., Solddirne. — 115 als Erklärung zu dem folgenden
ribalde, alte und junge Landstreicher. — 116 *ribalt* dasselbe was *ribbalt*;
zu VI, 498. — 118 mancher dieser Landstreicher (mancher mit leichter
Ironie für: sehr viele, ein großer Theil) würde besser für den Strang pas-
sen (*wide*, vgl. zu I, 1043), verdiente gehängt zu werden. — 120 *unêrte*,
beschimpfte: durch seine Gemeinschaft. — 121 *für*, vorüber. — 122 darauf
hatte Gawan gewartet. — 123 *daz*, nämlich daß sie an ihm vorbeiritten,
ohne ihn anzusprechen. — 125 *er wær'*, er gehörte zu. — 126 *disehalp*
adv. acc., auf dieser Seite, diesseits. — 128 *kraft*, Menge: sie hatten viel
hohes Streben.
   132 *gienc im bi*, gieng neben ihm her. — 133 der Schild gehörte nicht
ihm, sondern seinem Herrn, dem Burggrafen Lisavander (VII, 317). —
134 *ruorte*, setzte in Bewegung. — 135 *zart* stm., wohlwollende Gesin-
nung, Schonung. —

nâch gruoze er vrâgte mære,
wes diu mássenie wære.   140
dô sprach der knappe «ir spottet mìn.
hêrre, hân ich sölhen pìn
mit unfuoge an iu erholt,
het ich dann' ander nôt gedolt,
diu stüende mir gein prise baz.   145
durch got nu senftet iuwern haz.
ir erkennt ein ander baz dan ich:
waz hilft dan daz ir vrâget mich?
ez sol iu baz wesen kunt
z'einem mâle und tûsentstunt. »   150

343   Gâwân bôt des mangen eit,
swaz volkes dâ für in gereit,
daz er des niht erkande.
er sprach «mîn varen hât schande,
sit ich mit wârheit niht mac jehen   155
daz ich ir keinen habe gesehen
vor disem tage an keiner stat,
swar man mîn dienest ie gebat.»
der knappe sprach ze Gâwân
«hêrre, sô hân ich missetân: 160
ich solt'z iu ê hân gesaget.
dô was mîn bezzer sin verzaget.
nu rihtet mine schulde
nâch iuwer selbes hulde.
ich sol'z iu dar nâch gerne sagen: 165
lât mich mîn unfuoge ê klagen.»

---

139 *nâch gruoze*, nachdem er ihn begrüßt hatte. — 141 auch er hält ihn
für einen zu dem Heere gehörigen Ritter und betrachtet daher die Frage
als Spott. — 142 *sölhen pîn*, einen so empfindlichen Stich: solchen Spott.
— 143 durch ungebührliches Betragen euch gegenüber verdient. — 144 so
wollte ich lieber eine andere Unannehmlichkeit ertragen als solchen Spott,
es würde mich nicht so sehr an meiner Ehre *(prîse)* kränken. — 147 *ir — ein
ander*, ihr und die Ritter dieses Heeres kennt einander. — 149 *ez sol iu
wesen*, es ist euch von Rechts wegen, natürlich. — 150 mit *baz* zu ver-
binden: einmal und tausendmal besser bekannt als mir.
      151 erbot sich manchen Eid darauf zu schwören, versicherte wieder-
holt. — 154 es ist eine Schande für mein Umherziehen: daß ich soviel in
der Welt herumgekommen bin und doch keinen von diesen allen kenne.
— 158 wohin man je erbot. — 160 wenn sich das so verhält, so. — 161 *ez*,
wer sie sind. — 162 mein Verstand war nicht bei seinen vollen Kräften:
sonst hätte ich euch das Fremdsein ja ansehen müssen. — 164 wie euere
Huld, euere Freundschaft es euch eingibt. — 165 *dar nâch* ist mit *ê* der
folgenden Zeile zu verbinden: dann, wenn ich meine Unhöflichkeit beklagt
haben werde. —

«junchèrṛe, nu saget mir wer sie sin,
durch iuwern zuhtbæren pin.»
«hêrrẹ, sus heizt der vor iu vert,
dem doch sin reise ist unrewert: 　　　　170
róys Póydicónjúnz,
und duc Astór de Lanvarunz.
dâ vert ein unbescheiden lip,
dem minne nie gebôt kein wip:
er treit der unfuoge kranz 　　　　175
unde heizet Meljahcanz.
ez wære wib oder maget,
swaz er dâ minne hât bejaget,
die nam er gar in nœten:
man solte in drumbe tœten. 　　　　180
344 er ist Poydiconjunzes sun
und wil och riterschaft hie tuon:
der pfliget der ellens riche
dickẹ unverzagetliche.
waz hilft sin manlicher site? 　　　　185
ein swinmuoter, lief' ir mite
ir värhelin, diu wert' ouch sie.
i'nẹ gehôrte man geprisen nie,
was sin éllen âne fuoge:
des volgent mir genuoge. 　　　　190

Hêrrẹ, noch hœrt ein wunder,
lât iu daz sagen besunder.
grôz her nâch iu dâ füeret

168 durch, ich bitte euch bei. — zuhtbære adj., auf Zucht hindeutend: bei dem Bedauern das ihr empfindet und das auf euerm feinen Gefühle für Anstand beruht. — 169 sus, so: das Folgende andeutend. — 170 unrewert = unerwert, unverwehrt: den nichts in seiner Reise aufhält. — 173 unbescheiden, der nicht weiß was sich gebührt, rücksichtslos. — 175 kranz, den höchsten Grad bezeichnend. — 176 Meljahcanz als Jungfrauenräuber und -schänder war schon III. 277 genannt. Als Räuber der Königin Ginover in Hartmann's Iwein 5680, und wahrscheinlich daher von Wolfram entlehnt. — 178 minne gen. von swaz abhängig. — 179 in nœten, mit Gewalt: in nôtnunft, Nothzucht (III, 194). — 183 der pfliget, die (sc. riterschaft) treibt. — 185 die Tapferkeit und der Muth allein macht den Ritter noch nicht werth. — 186 swinmuoter, Muttersau: der Dichter wählt gerade diesen Vergleich, um die sittliche Unreinheit von Meljahcanz' Gebahren zu charakterisieren. — 187 värhelin stn., Ferkel: als Plural zu fassen, wie man aus diu sieht; das vorausgehende Verbum steht im Singular. — wert' ebenso wie lief' ist conj. — 189 wenn der Muth nicht auch von anständigem Wesen begleitet war. — 190 volgen swv., beistimmen: darin werden mir viele (= die meisten) beipflichten.

den sîn unfuoge rüeret,
der künec Meljanz von Lîz.   195
höchvartlîchen zornes vlîz
hât er gefrumet âne nôt:
unrehtiu minne im daz gebôt.»
der knappe in sîner zuht verjach
«hêrre, ichságez iu, wând' ih'z sach.   200
des künec Meljanzes vater,
in tôdes legere für sich bater
die fürsten sînes landes.
unerlœset pfandes
stuont sîn ellenthaftez leben: 205
daz muoste sich dem tôde ergeben.
in der selben riuwe
bevalher ûf ir triuwe
Meljánzén den clâren
allen dén die dâ wâren.   210
345 er kôs im einen sunder dan:
der fürste was sîn hôhster man,
gegen triuwe alsô bewæret,
aller valscheit erlæret:
den bat er ziehen sînen sun.   215
er sprach «du maht an im nu tuon
dîner triuwe hantveste.
bit in daz er die geste
unt die héinlîchen habe wert:
swenne es der kumberhafte gert,   220
dem bit in teilen sîne habe.»
sus wart bevolhen dâ der knabe.

194 derjenige, den sein unartiges Wesen dazu antrieb. — 195 bei
estien V. 6203 *Melians de Lis.* — 196 *hôchvartlîch* adj., hoffärtig. —
ı, Eifer: zum Eifer hoffärtigen Zornes hat er sich hinreißen lassen. —
0 ich kann es euch sagen, da ich's mit angesehen habe. — 202 *leger* stn.,
ıger: auf dem Todtenbette. Ebenso VII, 225. — *für sich*, vor ihn zu
ımmen; vgl. III, 46. — 204 zu verbinden *sîn leben stuont pfandes:* sein
ıben war dem Tode verpfändet und wurde nicht ausgelöst, daher ihm
rfallen. — 207 in eben dieser Trauer über sein bevorstehendes Ende. —
8 *ûf*, die Zuversicht ausdrückend. — 211 einen besonders; *dan*, davon,
s der Zahl der Fürsten. — 213 mit Bezug auf Treue. — 214 *erlæren*
rv., leer machen; *erlæret*, leer, frei von (gen.). — 217 *hantveste* stf., Ver-
iefung, schriftliche Versicherung: du kannst an ihm nun deine Treue
thätigen. — 219 *heinlîch* adj., vertraut; *die heinlîchen*, was sonst mit *die
ıdên* bezeichnet wird. — 221 *dem* mit *teilen* zu verbinden: dem mitzu-
eilen. — 222 *bevolhen*, der Pflege anempfohlen.

Dô leiste 'er fürste Lyppaut
al daz sin hêrre der künec Schaut
an tôdes legere gein im warp: 225
harte wênec des verdarp,
endeháft ez wart geleistet sider.
der fürste fuort' den knappen wider.
der hete dâ heime liebiu kint,
als s'im noch píllîche sint;   230
ein tohter der des niht gebrach,
wan daz man des ir zíte jach,
sie wære wol âmie.
sie heizet Óbîe,
ir swester heizet Obilôt.   235
Obie frumet uns dise nôt.
eins tages gedêhez an die stat
daz sie der junge künec bat
nâch sime dienste minne.
si verflûochte im sine sinne,   240
346 unde vrâgte in wes er wânde,
war umb' er sich sinnes ânde.
sie sprach hin z'im «wært ir sô alt,
daz under schilde wære bezalt
in werdeclîchen stunden,   245
mit helme ûf houbt gebunden
gein herteclichen vâren,
iwer táge in fünf jàren,

---

223 'er = der. — Lyppaut: bei Crestien heißt er *Tiebaut de Tinguguel*
(V. 6213): sonst könnte man den Namen als *ti baut*, der Kühne, erklären,
wie *Lybbêâls* (IX, 1225) der Schöne bedeutet. — 224 der Name *Schaut* kommt
bei Crestien nicht vor: er kennt für Melians' Vater keinen Namen. Ent-
standen ist er aus den halbverstandenen Worten *se dex me saut ses peres
ama molt Tiebaut.* — 225 gein im warp. mit ihm verhandelte. — 226 der-
selbe Vers I, 657. — 228 wider, zurück: mit sich nach Hause. — 230 wie
sie es (= lieb) ihnen noch heute sind. — 231 der deutet den Satz *sie wære
wol âmie* im voraus an. — 232 als daß man ihrem Alter das zugestanden
hätte; auch hier bezieht sich *des* auf das Folgende: die nur noch nicht
das Alter hatte, um die Geliebte eines Mannes zu sein. — 234. 235 die
Namen der beiden Schwestern finden sich bei Crestien nicht: er nennt sie
nur *la grande* und *la petite*; die letztere auch *la pucele as manches petites*
(V. 6367. 6815). — 237 kam es dahin, so weit. — 239 um Minnelohn, nach-
dem er ihr gedient, oder: entsprechend seinem Dienste. — 240 *sîne sinne*,
seine Gedanken. — 242 warum er sich des Verstandes entschlagen hätte,
etwas so Unverständiges spräche und forderte. — 244 *under schilde*, in
ritterlichem Kampfe. — Zu *wære bezalt* ist als Subject der Satz mit *daz*
249 zu nehmen: daß von euch in fünf Jahren, von jetzt an gerechnet, in
ritterlichem Dienste erreicht worden wäre, daß ihr dabei den Preis errun-
gen hättet. Dann ist 248 parallel zu 245 und *iwer tage* als gen. von *jàren*
abhängig zu nehmen: daß in fünf Jahren eurer Tage, fünf Jahre eueres
Lebens, von jetzt an gerechnet, in ritterlicher Thätigkeit verflossen wären.
— 245 in würdig hingebrachter Zeit. — 247 *herteclich* adj., hart. —

daz ir den pris dà het genomen,
und wært ir danne wider komen   250
ze mim gebote gewesen dà,
spræche ich denne alrêste jâ
des iuwer wille gerte,
alze frúo ich iuch gewerte.
ir sit mir liep (wer lougent des?)   255
als Annôren Gâlôes,
diu sit den tôt durch in erkôs,
dô s'in von einer tjost verlôs.»
«ungerne ich», sprach er «frouwe,
iuch sô bi liebe schouwe   260
daz iuwer zürnen ûf mich gêt.
genâde doch bim dienste stêt,
swer triuwe rehte mezzen wil.
frouwe, es ist iu gar ze vil
daz ir mînen sin sus smâhet: 265
ir habet iuch gar vergâhet.
ich möht' doch des genozzen hân,
daz iuwer vater ist mîn man,
unt daz er hât von mîner hant
manege burc und al sin lant.»   270
347 «swem ir iht liht, der diene ouch daz»,
sprach sie. «min zil sich hœhet baz.
i'ne wil von niemen lêhen hân:
mîn vrîheit ist sô getân,
ieslicher krône hôch genuoc,   275

---

249 *dà*, in den Kämpfen. — *den prîs genomen*, den Sieg davongetragen. —
250 *wider komen* ist ebenso wie *gewesen* mit *ze mîm gebote* zu verbinden:
zu meiner Verfügung gekommen, gewesen. — 252 *alrêste*, erst: dann zum
ersten Male ja spräche auf das was euer Wunsch verlangte. — 254 dann
wärt ihr immer noch zu früh erhört. — 256 *Annôre*, die Geliebte von
Gahmuret's Bruder Galoes, der um ihretwillen das Leben verlor (vgl. zu
II, 980). — 257 die um seinetwillen sich tödtete: diese tragische Wen-
dung war in der frühern Erwähnung nicht angedeutet. Wenn ihr be-
weist, daß ihr mir zu Liebe den Tod nicht fürchtet, dann werdet ihr erst
einer Liebe würdig sein, die auch für euch in den Tod geht: sterbt erst
für mich, dann verspreche ich auch für euch zu sterben. Offenbar ver-
höhnt sie ihn damit. — 260 sehe ich euch in solcher Neigung. — 262 dem
Minnedienste eines Ritters steht doch von Rechts wegen Gnade seiner
Herrin zur Seite. — 263 *swer*, wenn jemand. — 264 ihr nehmt euch gar
zu viel heraus. — 265 *smâhen* swv. traus., verachten, schmähen; vgl.
240—242. — 267 ich hätte bei euch doch von dém Umstande Nutzen ha-
ben, das hätte mir doch bei euch nützlich und förderlich sein können. —
269 daß meine Hand ihn damit belehnt hat. — 271 wenn ihr jemand mit
etwas belehnt, der mag euch auch Dienste dafür leisten: bei mir ist das
nicht der Fall. — 272 *sich hœhet*, erhebt sich: ich strebe nach Höherm als
der Lehnsmann von jemand zu sein. — 274 ich bin frei geboren und jedes
gekrönten Hauptes würdig. —

die irdisch houbet ie getruoc.»
er sprach «ir sît'z geléret,
daz ir hôchvárt sus méret.
sît iuwer vater gap den rât,   280
er wandelt mir die missetât.
ich sol hie wâpen alsô tragen
daz wirt gestochen unt geslagen.
ez sî strîten oder turnei,
hie blîbet vil der sper enzwei.»
mit zorne schiet er von der maget.   285
sîn zürnen sère wart geklaget
von al der massenîe:
in klagete ouch Obîe.
gein dirre ungeschihte
bôt sîn gerihte   290
und anders wándéls genuoc
Lyppaut, der unschulde truoc.
ez wære krump oder sleht,
er gerte sîner gnôze reht,
hof dâ die fürsten wæren: 295
und er wær' zuo disen mæren
komen âne schulde.
genædeclîcher hulde
er vaste sînen hêrren bat.
dem tet der zorn ûf fröuden mat.   300

348   Man kunde dâ niht gâhen
so daz Lýppaut wolde vâhen

---

277 solche Lehren hat euch euer Vater beigebracht. — 280 *wandelt*, büßt. — 281 anknüpfend an Obiens Aufforderung V. 244—247. Allerdings will ich Waffen tragen, aber nicht in euerm Dienste, sondern in feindlichem Kampfe gegen euern Vater. — 283 mag es nun ein Streit, eine Schlacht oder ein Turnier sein, jedenfalls wird mancher Speer hier zerbrochen werden. — *turnei* war woran sie gedacht hatte, er aber wird ein *strîten* daraus machen. — 288 *sîn*, den Zorn (V. 285), wenn auch zunächst *sürnen* gesagt war. — 289 *ungeschiht* stf., Unfall, Unglück: Angesichts dieses ihm bevorstehenden Unglücks. — 290 *bôt sîn gerihte*, erbot sich zur Bewährung seiner Unschuld durch ein Gericht (zu III, 611). — 291 und viele andere Buße. — 293 *krump* adj., schief; *sleht*, gerade: es möchte um seine Sache schlecht oder gut stehen und ausfallen. — 294 er verlangte eine rechtliche Entscheidung durch einen aus seinen Standesgenossen gebildeten Gerichtshof. — 295 *hof*, Gerichtshof: an welchem die Fürsten theilnähmen, der aus Fürsten bestände. — 296 *und*, und fügte hinzu. — *suo disen mœren*, zu dieser Sache, in diesen Verdacht. — 298 *hulde* ist gen. — 300 dem hatte der Zorn an seiner Freude Verlust gebracht, ihn aller Freude beraubt.

301 Man konnte da nicht so sehr sich beeilen, daß Lippaut sich entschlossen hätte zu fangen. Wie sehr man ihm auch zusetzte, er wollte nicht. Er hätte Meljanz gefangen nehmen können, da derselbe noch ohne weitere Helfer bei ihm war. —

sinen hêrren: wander was sin wirt;
als noch getriuwer man verbirt.
der künec ân' urloup dannen schiet,   305
als ime sin kranker sin geriet.
sinę knáppen, fürsten kindelin,
al weinde tæten klagen schin,
die mit dem künec dâ wârn gewesen.
vor den mac Lyppaut wol genesen,   310
wand' er s' mit triuwe hât erzogen,
gein werder fuore niht betrogen;
ez ęnsi dan min hêrre al ein,
an dem doch's fürsten triuwe erschein.
mîn hêrre ist ein Franzeys,   315
li schahteliur de Bêâveys:
er heizet Lisavander.
die eine unt die ander
muosèn dem fürsten widersagen,
do si schildes ambet muosen tragen.   320
bimę künege riter worden sint
vil fürsten hiute und ander kint.
des vordern hers pfliget ein man,
der wol mit scharpfen striten kan,
der künec Poydiconjúnz von Gors: 325
der füert manc wol gewâpent ors.
Meljanz ist sins bruoder sun:
sie kunnen bêde hôchvart tuon,
der junge und ouch der alde.
daz es unfuoge walde!   330
349 sus hât der zorn sich für genomen,

---

304 wie noch heute ein treugesinnter Mann so etwas zu thun vermeiden
wird. — 306 sein Mangel an Verstand und Besonnenheit. — 308 *tæten*
indic. für *tâten*; zu I, 483. — *klagen* subst. infin., gaben Klage kund. —
310 die lassen ihn gern am Leben, trachten nicht danach. — 312 in Bezug
auf werthe Lebensart nicht betrogen, d. h im Besitze werther Lebensart.
— 313 es müßte denn mein Herr ganz allein sein, der ihm feindlich ge-
sinnt ist. — 314 *des fürsten*, Lippaut's: der doch auch Lippaut's Treue an
sich erfahren hat. — 316 *schahteliur* stm., von *schahtel = schastel*, Burg-
graf. — 317 *Lisavander:* bei Crestien (V. 6206) heißt er *Teudaves*, woraus
Wolfram's Name wol entstellt ist. — 318 sämmtliche Fürstenkinder. —
320 als sie zu Rittern geschlagen werden sollten, da mußten sie vorher
Krieg gegen Lippaut schwören. — 322 andere Knappen, die nicht von
fürstlicher Herkunft sind. — 324 der mit Streit wohl umgehen kann, sich
darauf versteht. — 325 derselbe, der schon VII, 171 erwähnt war. —
327 König Schaut und Poydiconjunz waren, wie wir hier erfahren, dem-
nach Brüder. — 328 sie verstehen sich beide darauf, hoffärtig zu handeln.
— 330 *unfuoge*, Rohheit, möge über ihr Thun walten, sie in ihrer Gewalt
haben. — 331 *sich für nemen*, sich hervorthun: der Zorn ist so weit vor-
gedrungen, hat sie so beherrscht. —

daz bêde künege wellent komen
für Beârosche, dâ man muoz
gedienn mit arbeit wibe gruoz.
vil sper muoz man dâ brechen, 335
bêdiu hûrten unde stechen.
Beârosche ist sô ze wer,
obe wir heten zweinzec her,
ieslichez græzer dan wir hân,
wir müesen s' unzerfüeret lân. 340
mîn reise ist'z hinder her verholn:
disen schilt hân ich dan verstoln
ûz von andern kinden,
op mîn hêrre möhte vinden
ein tjost durch sînen êrsten schilt, 345
mit hurtes poynder dar gezilt.»

  Der knappe hinder sich dô sach.
sîn hêrre fuor im balde nâch:
driu ors unt zwelf wîziu sper
gâhéten mit im her. 350
ich wæn' sîn gir des iemen trüge,
er'n wolde gern' ze vorvlüge
die êrsten tjost dâ hân bejaget.
sus hât mir d'âventiure gesaget.
der knappe sprach ze Gâwân 355
«hêrre, lât mich iuwern urloup hân.»
der kêrte sîme hêrren zuo.
waz welt ir daz Gâwân nu tuo,
er'n beséhe waz disiu mære sîn?

---

333 *Beârosche* = franz. *belle roche*, schöner Fels, ist der Name von Lippaut's Burg; bei Crestien heißt sie *Tintarguel* (V. 6262, vgl. 6213). — 337 ist in so wehrhaftem Zustande. — 340 *s'*, sie, die Burg Beârosche. — *unzerfüeret*, unzerstört. — 341 ich bin dem Heere, welches hinten nachfolgt (vgl. 193), heimlich vorausgeeilt. — 342 *dan*, von da weg, vom Heere weg. — 343 von andern jungen Leuten heraus, aus ihrer Mitte. — 344 *op*, ob vielleicht: in der Erwartung daß. — 345 sein erster Schild, weil auch er mit den andern Fürstenkindern eben erst zum Ritter geschlagen worden ist. Er hat deshalb seinen Knappen mit dem Schilde heimlich dem Heere vorausgeschickt und reitet hinter ihm her, damit seine Absicht unentdeckt bleibe, was nicht der Fall wäre, wenn man ihn mit dem Schilde reiten sähe.
  351 ich glaube daß seine Begierde darin niemand (*iemen* = *niemen*) täuschen würde: man sah es seinem begierigen Wesen deutlich an. — 352 *er'n wolde*, daß er nicht wollte. — *vorvlüge* stf., das Voranfliegen: im Voranfliegen. — 356 erlaubt mir, mich von euch zu verabschieden. — 357 *der*, der Knappe: wandte sich seinem Herrn zu. — 359 was anderes; *er'n beséhe*, als daß er besehe, erforsche. —

doch lêrte in zwîvel strengen pîn.   360
350 er dâhte «sol ich strîten sehen,
und sol des niht von mir geschehen,
so'st al mîn prîs verloschen gar.
kum aber ich durch strîten dar
und wirde ich dâ geletzet,   365
mit wârheit ist entsetzet
al mîn wereltlîcher prîs.
i'ne̜ tuon es niht decheinen wîs:
ich sol ê leisten mînen kampf.»
sîn nôt sich in ein ander klampf.   370
gegen sînes kampfes verte
was ze belîben alze herte:
er'n moht' och dâ niht für gevaren.
er sprach «nu müeze got bewaren
die kraft an mîner manheit.»   375
Gâwân gein Bêârosche reit.

Burg und stat sô vor im lac,
daz niemen bezzers hûses pflac.
ouch gleste gein im schône
aller ánder bürge ein krône   380
mit türnen wol gezieret.
nu was géloschieret
dem her derfür ûf den plân.
dô marcte mîn hêr Gâwân
mangen rinc wol gehêret.   385

---

360 *zwîvel*, die Ungewissheit, was zu thun hier das Richtige sei. — 362 *des
niht*, nichts davon, von dem Streiten: soll ich an dem Streite mich nicht
betheiligen. — 365 *letzen*, aufhalten: sodaß ich den zum Zweikampf be-
stimmten Termin (VI, 1248) versäume. — 366 *entsetzen* swv., absetzen:
hier bildlich. — 367 all mein Ruhm, den ich in der Welt, bei den Men-
schen habe. — 369 vielmehr will ich meinen Zweikampf, zu dem ich ge-
fordert bin, ausführen. — 370 *klampf* præt. von *klimpfen* stv., Neben-
bildung von *krimpfen*, klammern, krampfhaft zusammenzichen: seine Noth
zog sich krampfhaft zusammen. Gedacht ist an das Bild eines Igels. —
371 Angesichts der Reise zu dem Zweikampfe. — 372 *alze herte*, allzu
schwer, gefährlich. — 373 *och*, auf der andern Seite. — *für*, vorüber. —
375 Gott möge meiner Mannhaftigkeit die Kraft erhalten: daß ich, ohne
daß meine Mannhaftigkeit Schaden leidet, mich hier herauswinde.
   378 daß niemand ein besseres Haus besaß. — 380 Bearosche, die eine
Krone aller andern Burgen war, alle andern übertraf. — 382 *loschieren*
swv., altfranz. *logier*, herbergen, Lager bereiten. Vgl. *herbergen ist
loschiern genant* Willeh. 237, 3. — 383 *derfür*, vor die Stadt: wir würden
eher erwarten *dervor*, aber der Begriff der Bewegung liegt darin. —
384 *marcte* præt. von *merken*, bemerken. — 385 *rinc*, Kreis, den die Zelte
einnehmen: manches Zelt. —

dâ was hôchvárt gemèret:
wunderlier baniere
kôs er dâ mange schiere,
und manger slahte fremeden bovel.
der zwivel was sîns herzen hovel,   390
351 dâ durch in starkiu angest sneit.
Gâwân mitten durch sie reit.
doch ieslîch zeltsnuor dę andern dranc,
ir her was wit uude lanc.
dô saher wie sie lâgen,   395
wes dise und jene pflâgen.
swer byen sey venuz dâ sprach,
gramerzis er wider jach.
grôz rotte an einem orte lac,
sarjándé von Semblidac: 400
den lac dâ sunder nâhen bi
turkopele von Kahatì.
unkünde dicke unminne sint.
sus reit des künec Lôtes kint:
belibens bete in niemen bat.   405
Gâwân kêrte gein der stat.
er dâhte «sol ich kipper wesen,
ich mac vor flüste baz genesen
dort in der stat dan hie bi in.
i'nę kèr' mich an deheinen gwin,   410
wan wie'ch dez min behalde
sô deis gelücke walde.»

---

386 da gab sich reichlich Stolz und Pracht kund. — 387 *wunderlier = wun-
derlîcher*; vgl. *ieslier* V, 596: gen. pl. von *mange* abhängig. — 389 *bovel*,
Troß. — 390 *hovel* stm., Hobel. — 391 *dâ durch*, durch welches (das Herz).
Die Angst, den versprochenen Termin einzuhalten, schnitt mit dem Hobel
der Ungewissheit, des Schwankens in sein Herz verwundend ein. —
392 *durch sie*, durch den *bovel*. — 393 *doch* conj., obgleich, gewöhnlich mit
dem Conj., selten wie hier mit dem Indic.: obgleich ein Zelt an das andere
stieß. — 394 so nahm das Lager doch einen breiten Raum ein. — 397 *byen
sey venuz*, sei willkommen. — 398 *gramerzis* = franz. *grant merci*, schön
Dank. — *wider jach*, erwiderte. — 399 *rotte* swf., Schaar, Rotte. An
einem Ende des Lagers. — 401 *sunder* ist mit *nâhen* zu verbinden; beson-
ders nahe, in unmittelbarer Nähe. — 402 *turkopel* stm., mlat. *turcopulus*,
altfranz. *turcopie*, Bogenschütze: ursprünglich türkischer Schütze; diese
lernte man durch die Kreuzzüge kennen. — 403 *unkünde* stf., Unbekannt-
schaft. — *unminne* stf., Lieblosigkeit, Mangel an Freundlichkeit: der Um-
stand, daß man einen nicht kennt, veranlaßt oft zum Mangel an Freund-
lichkeit gegen jemand. — 405 *bete biten*, wie *slac slahen* u. s. w., aber mit
dem Acc.: die Bitte zu verweilen richtete niemand an ihn. — 407 *kipper*
stm., nicht rittermäßiger Streiter: sieht man mich nicht für einen ritter-
mäßigen Streiter an. — 408 *flüste* dat. sing. von *flust* (II, 55), Verlust. —
410 *gwin*, verkürzt aus *gewin*: ich habe nicht die Absicht hier etwas zu ge-
winnen. — 411 außer wie ich das meinige erhalte. — 412 *deis*, daß darüber.

Gâwân gein einer porten reit.
der burgær' site was im leit:
sinę hete niht betûret,   415
al ir pórten wârn vermûret
und al ir wîchûs werlich,
dar zuo der zinnen ieslich
mit armbruste ein schütze pflac,
der sich schiezéns her ûz bewac: 420
352 sie vlizzen sich gein strîtes werc.
Gâwân reit ûf an den berc.
swie wênec er dâ wære bekant,
er réit ûf da ęr die burc vant.
sin ougen muosen schouwen   425
mange werde frouwen.
diu wirtîn selbe komen was
durch warten ûf den palas
mit ir schœnen tóhtéren zwein,
von den vil liehter varwe schein.   430
schiere hět ér vernomen,
sie sprâchen «wer mac uns hie komen?»
sus sprach diů alte herzogîn.
«waz gezoges mac ditze sîn?»
ir elter tohter sprâch sân   435
«muotèr, ez ist ein koufman.»
«nu füert man ime doch schilde mite.»
«daz ist vil koufliute site.»
ir junger tóhtèr dô sprach
«du zîhst in daz doch nie geschach: 440
swester, des mahtu dich schamen:
er gewân nie koufmannes namen.

---

114 das Verfahren der Stadtbewohner, der Belagerten. — 415 es war
n nicht zu kostbar erschienen (vgl. zu V, 187), sie hatten sich es nicht
rießen lassen. — 416 *bien furent les portes murees*, Crestien 6276. —
ieslich in unflect. Form bei vorausgehendem partit. Gen. — 419 *pflac*
t mit dem Gen., hier mit dem Acc. verbunden. — 420 *her ûz* mit
sens zu verbinden. — *sich bewegen*, seine Entschließung auf etwas
.) richten. — 422 die Stadt oder Burg lag auf einem Berge. — 424 *da*.
hin wo: er folgte dem aufwärts führenden Wege, der ihn, wiewol er
ıkannt war, ans Ziel führte. — 427 die Frau Lippaut's. — 428 *durch*
en, um auszuschauen: so finden wir fast immer Frauen an den Fen-
ı des Palas, um von da die herankommenden Gäste gleich sehen zu
ıen. — 429 Obie und Obilot. — 431 alsbald hörte er, wie sie sprachen.
ł2 wer kann das sein, der uns hier kommt. — 437 *nu*, einen Einwand
ıohnend. — *im* ist mit *mite* zu verbinden: mit ihm, in seinem Gefolge.
ł0 *zîhen* stv., zeihen, beschuldigen. — *daz = des daz*, dessen, was: was
geschah, existierte, nämlich daß er Kaufmann war. —

er ist sô minneclich getân,
ich wil in z'eime riter hân.
sin dienest mac hie lônes gern: 445
des wil ich in durch liebe wern.»

    Sîn' knappen nâmén dô goume
daz ein linde und öleboume
unden bi der mûre stuont.
    daz dûhte sie ein gæber funt.   450
353 waz welt ir daz sie mêr nu tuon?
wan do'rbéizte der künec Lôtes sun,
alda er den besten schate vant.
sin kamerær' truoc dar zehant
ein kulter unde ein matraz,   455
dar ûf der stolze werde saz.
ob ime saz wîbe hers ein fluot.
sin kamergewant man nider luot
unt dez harnasch von den soumen.
hin dan under'n andern boumen   460
hérbérge nâmen sie,
knappen die dâ kômen hie.

    Diu alte herzogin sprach sân
«tohter, welch kóufmán
kunde alsús gebâren?   465
dune solt sin sus niht vâren.»
dô sprach diu junge Obilôt
«unfuoge ir dennoch mêr gebôt:

---

444 *z'eime,* zum: wir setzen in diesen Fällen den bestimmten Artikel. Vgl.
zu VI, 1708. — 445 er vermag wol solchen Minnedienst, Frauendienst zu
leisten, daß er Lohn dafür begehren kann. — 446 *durch liebe,* aus Zu-
neigung: weil ich Gefallen an ihm finde.
447 *goume* stf., Aufmerken, Beachtung: *goume nemen,* wahrnehmen,
bemerken. — 448 *öleboum* stm., Ölbaum. — 450 das schien ihnen ein will-
kommener Fund, um unter dem Schatten der Bäume sich zu lagern. —
452 *wan do,* nichts als daß da. — *der:* der Artikel steht mhd. bei zwi-
schengeschobenem Genetiv des Eigennamens, wo wir nhd. keinen Artikel
setzen. — 455 *matraz* stn., ein mit Wolle gefülltes Ruhebett. — 456 *saz,*
sich setzte. — 457 genügend wäre sowol *wîbe ein her,* oder *wîbe ein fluot:*
fluot und *her* zusammen dient zur größern Verstärkung. — 458 *kamer-
gewant* stn., Kleider, die in der *kamer* aufbewahrt werden: sie wurden
während der Reise auf die Lastthiere gepackt und sind von den Reise-
kleidern zu unterscheiden. — *nider luot,* lud ab von den Lastthieren. —
459 *soum* stm., Saumthier, Lastthier; vgl. zu VI, 377. — 460 *hin dan,* von
hier weg: seitwärts. — *under'n = under den.* — 461 lagerten sie sich.
465 *kunde* ist Conjunctiv: verstände sich so zu benehmen? — 466 *vâren*
swv. mit gen., etwas zum Gegenstande feindlicher Beobachtung machen:
du sollst ihm nicht so Böses nachreden. — 468 sie hat sich schon öfter
so unpassend benommen. —

geim künege Méljánz von Líz
sie kêrte ir hôchverte vliz,   470
do er sie bat ir minne.
g'unêrt sîn sölhe sinne!»
dô sprách Óbïe,
vor zorne niht diu vrîc,
«sîn fuore ist mir unmære.   475
dort sitzt ein wehselære:
des market muoz hie werden guot.
sîn soumschrîn sint sô behuot,
dîns rîters, tœrschiu swester mîn:
er wil ir selbe goumel sîn.»   480

354   Gar dirre worte hôre
kom Gâwân in sîn ôre.
die rede lât sîn als sie nu stê:
nu hœret wie'z der stat ergê.
ein schifræh wazzer für sie flôz   485
durch eine brücke steinîn grôz:
niht gein der vïende want,
anderhálp was unverhert daz lant.
ein marschalc kom geriten sân:
für die brücken ûf den plân   490
nam er herberge wit.
sîn hêrre kom an rehter zit,
und ander die dâ solden komen.
ich sage'z iu, habt ir's niht vernomen,
wer in's wirtes helfe reit,   495

---

169 geim = gein dem; vgl. VII, 55. — 470 hôchverte gen. von hôchvart: sie
ließ ihn recht absichtlich ihren Hochmuth fühlen. — 472 verwünscht sei
solche Gesinnung. — 474 Obie, wenn auch zornig, läßt sich bei Wolfram
loch nicht soweit hinreißen wie die ältere Schwester bei Crestien, die die
üngere schlägt. — vrî adj., frei. — 475 unmære adj., widerwärtig, gleich-
gültig: was er thut oder wie er sich benimmt, kümmert mich nicht; er ist
und bleibt doch ein Kaufmann. — 476 wehselære stm., Tauschhändler,
Krämer. — 477 market stm., Handelschaft, Geschäft. — 478 er nimmt
seine Kasten so ängstlich in Acht, daß er gar nicht von ihnen weicht. —
180 goumel stm., Aufseher, Hüter.
    481 hôre stf., das Hören; gar, ganz und gar: er hörte alle diese Worte
mit seinen Ohren. — 483 diese Sache wollen wir jetzt auf sich beruhen
lassen. — 485 schifræhe adj., für Schiffe geeignet, schiffbar. — für sie,
an ihr vorüber. — 486 steinîn adj., von Stein. — 487 want stf., das Ufer
les Flusses ist gemeint. Die Feinde lagen nur auf einer Seite. — 488 un-
verhert, nicht mit Heeresmacht überzogen. — 489 der Marschall hatte
las Amt, dem Heere voraufzugehen und die Quartiere zu besorgen. —
190 ûf den plân, nicht dem pläne: er ließ das Lager aufschlagen auf den
Plan. — 492 zu rechter Zeit, als alles bereit war. — 494 wenn ihr's nicht
schon gehört habt. — 495 wer geritten kam um dem Wirth, d. h. Lippaut,
zu helfen. —

2*

und wer durch in mit triuwen streit.
im kom von Brevigariez
sin bruoder duc Marangliez.
durch den kŏmen zwêne riter snel,
der werde künec Schirniel: 500
der truoͨ krôn’ ze Lyrivoyn:
als tet sin bruoder zę Avendroyn.

    Dô die burgære sâhen
daz in helfe wolde nâhen,
daz ê des was ir aller rât,   505
daz dûht’ sie dô ein missetât.
der fürst’ Lyppaút dô selbe sprach
«ouwê daz Béârosche íe geschach
daz ir pórten sulen vermûret sin!
wan swenne ich gein dem hêrren min   510
355 schildes ambet zeige,
min bestiu zuht ist veige.
ez hulfe mich und.stüende och baz
sin hulde dan sin grôzer haz.
wie stêt ein tjost durh minen schilt,   515
mit siner hende dar gezilt,
odr obe versniden sol min swert
sinen schilt, mins hêrren wert!
gelobet daz iemer wîse wip,
diu treit alze lôsen lip.   520
nu lât mich minen hêrren hân
in mime turne: ich müeste in lûn,
und mit im in den sinen.

---

498 *duc*, Herzog; vgl. VII, 172. — 499 *durch den*, um dessentwillen, dem
zu Liebe. — 502 *als tet*, ebenso that d. h. trug Krone.
    505 *das* relat., mit dem folgenden demonstrat. *das* (506) zu verbinden:
da erschien ihnen das, was sie vorher alle gerathen hatten, nämlich die
Pforten zu vermauern (vgl. 416), übel gethan. — 508 *Beârosche* habe ich
für *Béârosche* mit Lachmann da geschrieben, wo die beiden ersten Silben
im Verse verschleift werden; beinahe wie *Bja* zu sprechen. *Beârosche* ist
dat.: ihr je das begegnete. — 510 *wan*, doch. — 511 wenn ich ihm in ritter-
lichem Kampfe entgegentrete. — 512 *veige* adj., dem Tode verfallen: so
thue ich etwas was meinen Ruf der Wohlerzogenheit, höfischen Beneh-
mens vernichtet. — 515 *stêt*, steht an, passt; der Sinn ist: wie wenig steht
an. Wenn er seine Lanze durch meinen Schild schleudert. — 516 *dar*.
dahin, auf meinen Schild. — 519 *geloben* swv., loben, seinen Beifall erthei-
len. — *wîse* adj., unflect. Form neben *wîs*, erfahren: die sich auf solche
Dinge versteht. — 520 *lôs*, frei, freimüthig: die setzt sich zu leicht über
die Schranken der Ehre und des Anstandes hinweg. — 521 *nu lât mich*,
nun nehmt an daß ich. — 522 in meiner Gewalt: daß er mein Gefangener
würde. — 523 und müßte im Gegentheil mit ihm in seinen Thurm, sein
Gefangener werden. —

swar an er mich wil pînen,
des stên ich gar ze sîmę gebote.   525
doch sol ich gerne danken gote
daz er mich niht gevangen hât,
sît in sîn zürnen niht erlât
erẹn well’ mich hie besitzen.
nu râtet mir mit witzen»,   530
sprach er zen burgæren,
«gein disen strengen mæren.»

Dô sprach dâ manec wîse man
«möht ir unschúlt genozzen hân,
ez ẹnwær’ niht komen an disiu zil.»   535
sie gâben ime des râtes vil,
daz er sîn porte ûf tæte
ụnd al die besten bæte
ûz gein der tjoste riten.
sie jâhn «wir mugen sô strîten,   540
356 ê daz wir uns von zinnen weren
Méljánzes bêden heren.
ez sint doch allez meistec kint,
die mit dem künec dâ komen sint:
da ẹrwerbẹ wir vil lîhte ein pfant,   545
dâ von ie grôzer zorn verswant.
der künec ist lîhte alsô gemuot,
swenn’ er hie riterschaft getuot,
er sol uns nôt erlâzen

---

524 *swar an.* in welcher Beziehung auch, worin auch. — *pînen* swv., pei-
nigen, quälen: welche Qual und Noth er mir auch auferlegen will. —
525 darin stehe ich ganz zu seiner Verfügung. — 526 *sol gerne,* habe ge-
gründete Ursache. — 528 da sein Zorn ihm das nicht erspart, ihn dahin
drängt, daß er mich hier belagern will. — 532 wie ich mich gegenüber
dieser schwierigen Sache zu verhalten habe.

534 *unschult* gen. von *genozzen* abhängig: hättet ihr von unserer Un-
schuld Nutzen haben können, hätte der Umstand daß ihr unschuldig seid,
bei euerm Herrn euch nützen können. — 535 *an disiu zil,* soweit. —
536 sie riethen ihm dringend. — 538 *die besten,* die Tapfersten; I, 1424. —
539 *gein der tjoste,* um zu tjostieren. — 540 wir haben die Macht so, d. h.
im Felde zu streiten. — 541 *é das,* vielmehr als daß, statt daß. — 542 *heren*
dat. pl. von *weren* abhängig: uns wehren gegen beide Heere. Das eine
beider Heere führte Poydiconjunz; VII, 171. — 543 *meistec* adj, in adverb.
Gebrauche: zum größten Theile, meistentheils. — *kint,* vgl. VII, 307. —
544 *dâ* gehört verstärkend zu *die,* nicht zu *komen.* — 545 *da,* bei diesen,
von diesen. — *vil lîhte,* nicht: vielleicht, sondern: sehr leicht. — *ein
pfant:* indem wir manche von ihnen besiegen und gefangen nehmen. —
546 durch Besiegung und Gefangennahme hat von jeher der Zorn sich ge-
legt. — 547 *gemuot* adj., gesinnt, gestimmt. — 548 wenn er hier in ritter-
lichem Kampfe mit uns kämpft. — 549 daß er dann mit weiterer Bedrän-
gung uns verschonen wird, die Belagerung aufheben wird: *uns* ist acc.,
nôt gen. —

und al sin zürnen màzen.   550
veltstrits sol uns doch baz gezemen,
dan daz s' uns ûz der mûre nemen.
wir solten wol gedingen
dort in ir snüeren ringen,
wan Poydiconjunzes kraft: 555
der füert die herten riterschaft.
dà ist unser grœster freise
die gevangen Britâneise,
der pfliget der herzoge Astor:
den siht man hie gein strite vor.   560
da ist och sin sun Meljacanz.
het den erzogen Gurnamanz,
sô wær' sin pris gehœhet gar:
doch siht man in in strites schar.
da engegen ist uns grôz helfe komen.»   565
ir habet ir râten wol vernomen.

    Der fürste tet als man im riet.
die mûre er ûzen porten schiet.
die burgære ellens unbetrogen
begunden ûz ze velde zogen,   570
357 hie ein tjost, diu ander dort.
daz her begunde ouch trecken vort
her gein der stat durch hôhen muot.
ir vesperie wart vil guot.

---

550 *màzen* swv., mäßigen; aber in stärkerem Sinne: aufhören zu zürnen. —
552 als daß sie uns, wenn wir die Belagerung nicht länger aushalten, aus
der Stadt als Gefangene herausholen. — 553 *gedingen* swv., Zuversicht
haben: wir dürften mit Zuversicht auf guten Erfolg rechnen. — 554 *snüeren*,
Zeltseile für Zelte: dort in ihrem Lager. — *ringen*, kämpfen (I, 488), der
Infin. hängt von *gedingen* ab. — 555 *wan*, wenn nicht wäre; vgl. zu
V, 1554. — 556 *herte* adj., stark, im Kampf erprobt. — *riterschaft* stf.,
Menge von Rittern. — 557 *freise* hier swm., Gefahr, Schrecken. Diese
Ritter der Bretagne, des König Artus, waren in einem Kampfe gefangen
genommen worden; vgl. VII, 1343. — 560 *vor*, voran; *gein strite*, im An-
gesicht des Kampfes. — 561 nicht Astor's sondern Poydiconjunzes Sohn;
vgl. VII, 181. — 562 wenn der eine bessere Erziehung gehabt hätte, so
würde er hohen Ruhm erwerben: er hat sonst gute Rittereigenschaften,
das Zeug zu einem tüchtigen Ritter. Gurnamanz von Graharz ist der alte
Ritter, der Parzival Lebensregeln gab (III, 1631). — 565 gegen diese, die
wir am meisten zu fürchten hätten, haben wir aber nun auch Hülfe be-
kommen; vgl. VII, 495.
    568 die Mauer beseitigte er aus den vermauert gewesenen Thoren: er
brach sie auf. — 569 *unbetrogen* mit gen., nicht betrogen, nicht gekom-
men um etwas: die Muth besaßen. — 571 *tjost* bezeichnet hier die
tjostierende Schar, wie ebenso *poinder* gebraucht wird. — 572 das Heer
der Belagerer. — *vort*, vorwärts. — 574 das Vorspiel des Kampfes (vgl.
zu II, 293). —

ze bêder sit rottę ungezalt, 575
garzûne krie manecvalt.
bêde schottesch unde walsch
wart dâ gerüefet sunder valsch.
der rîter tât was âne vride:
die helde erswungen dâ die lide. 580
ez wârn doch allez meistec kint,
die ûzem her dar komen sint.
die begíengen dâ vil werde tât,
die burgær' pfanten s' ûf der sât.
der nie gediende an wibe 585
kleinœt', der möhte an sîme libe
niemer bezzer wât getragen.
von Meljanze hôrte ich sagen,
sîn zimierde wære guot:
er het och selbe hôhen muot 590
und reit ein schœne kastelân,
daz Meljacanz dort gewan,
do'r Keyn sô hôhe derhinder stach
daz man'n am aste hangen sach.
do ęz Meljacanz dort erstreit, 595
Meljanz von Lîz ez hie wol reit.
sîn tât was vór ûz sô bekant,
al sîn tjòst in ir ougen vant
Obľ' dort ûf dem palas,
dar sie durch warten komen was. 600
358 «nu sich», sprach sie, «swester mîn:
deiswâr mîn riter unt der dîn
begênt hie ungelîchiu werc.

---

575 *rotte* hier stf., gewöhnlich swf. — 576 *garsûne* gen. von *krîe* abhängig
— 578 *sunder valsch*, fürwahr. — 579 *âne vride*, ohne daß man den Gegner
gefangen nahm und ihn sich auslösen ließ, sondern wie beim ernsten Kampfe.
— 580 *erswungen*, schwangen, rührten; vgl. IV, 843. — 581 vgl. VII, 543. —
584 *pfanten*, pfändeten: nahmen ihnen ihre Waffen ab, wie man einen
pfändet, der das Saatfeld eines andern betritt. Vgl. IX, 335. — 585 Um-
schreibung für die jugendlichen Knappen, die noch nicht im Frauendienst
sich versucht und daher von ihren Damen auch noch keine *kleinœte* (zu
I, 337. 944) bekommen hatten. — 592—594 eine Beziehung, die durch Hart-
mann's Iwein ihre Erläuterung findet: Meljacanz hatte die Königin Ginover
entführt, unter den Nachsetzenden war Keie; diesen stach Meljacanz *enbor
ûz dem satele hin daz im ein ast den helm gevienc und bî der gurgelen hienc*,
Iwein 4672—74. Das erbeutete Ross hatte also Meljacanz nachher an Meljanz
verschenkt. — 595 *erstriten* stv., durch Kampf erwerben. — 596 *wol*, mit
Recht. — 597 er zeichnete sich vor allen andern in solcher Weise aus. —
598 *in ir ougen vant*, nahm mit ihren Augen wahr. — 599 vgl. VII, 428. —
601 *sich* imper. von *sehen*, sieh. — 602 *mîn rîter*, Meljanz, der sie liebte,
dessen Liebe sie aber verschmäht hatte. —

der dine wænt daz wir den berc
unt die burc sülen verliesen.　　　　　　605
ander wer wir müezen kiesen.»
diu junge muose ir spotten dolen:
diu sprach «er mac sih's wol erholen:
ich gibe im noch gein ellen trôst,
daz er dins spottes wirt erlôst.　　　　610
er sol dienest gein mir kêren,
unde ich wil im fröude mêren.
sit du gihest er si ein koufman,
er sol mins lônes market hân.»
ir bêder strit der worte　　　　　　615
Gâwân ze merke hôrte.
als ez im dô getohte
übersáz er'z, swie er mohte.
sol lûter herze sich niht schemen,
daz muoz der tôt dervon ê nemen.　　　620

　　Daz grôze her al stille lac,
des Poydiconjunz dort phac:
wane ein werder jungelinc
was ime strite und al sin rinc,
der hérzóge von Lanverunz.　　　　625
dô kom Poydiconjunz:
ouch nam der alt wise man
die eine und die andern dan.
diu vesperie was erliten
und wol durch werdiu wip gestriten.　　　630
359 dô sprach Poydiconjunz
zem hérzógen von Lanverunz

---

605 *sülen verliesen,* verlieren werden: darum kommt er uns nicht zu Hülfe.
Da wir nun von ihm nichts zu erwarten haben, müssen wir uns nach an-
derer umsehen. — 608 er kann das Versäumte schon noch gut machen. —
609 ich lege ihm Zuversicht bei in Bezug auf Muth, ich baue noch auf
seinen Muth. — 611 mir seinen Dienst zuwenden. — 614 so soll er meinen
Lohn als Handelschaft (VII, 477) haben. — 615 den Wortwechsel der bei-
den. — 616 *merke* stf., Wahrnehmung; *ze merke,* deutlich. — 617 *getugen,*
geziemen, passend sein. — 618 *übersitzen* stv. mit acc., sich über etwas
hinwegsetzen, es unbeachtet lassen. So gut er konnte. — 619 wenn ein
reines Herz nicht Scham empfinden soll, so kann das nur so geschehen,
daß der Tod ihm das unmöglich macht, ihn davon wegreißt; *dervon* be-
zieht sich auf schemen.
621 *das grôze her,* das Hauptheer. — 623 *wane.* dasselbe was *wan,* aus-
genommen. — 624 *al sin rinc.* seine ganze Umgebung. — 625 d. h. Astor;
vgl. VII, 172. — 627 *alt wise* kann auch als éin Wort geschrieben werden;
vgl. II, 1517. — 628 *die eine und die andern,* sämmtlich. — 629 *erliten* stv.,
durchmachen, bestehen. —

«geruocht ir mîn niht bîten,
so ir vart durch rüemen strîten?   635
sô wænt ir daz sî guot getân.
hie ist der werde Lahedumân
unde ouch Meljacanz mîn sun:
swaz die bêde solden tuon,
und ich sélbe, ir möht dâ strîten sehen,
obe ir strîten kundet spehen.   640
i'ne kum nimer von dirre stat,
i'ne mache uns alle strîtes sat:
óde mir gébent man únde wîp
her ûz gevangn ir bêder lîp.»
dô sprach der herzoge Astor   645
«hêrre, iuwer neve was dâ vor,
der künec, und al sîn her von Liz:
solt' iuwer her an slâfes vlîz
die wil' sich hân gekêret?
habt ir uns daz gelêret?   650
sô slâfe ich dâ man strîten sol:
ich kan bî strîte slâfen wol.
doch gloubt mir daz, wær' ich niht komen,
die burgær' heten dâ genomen
frumen und prîs z'ir handen: 655
ich bewárte iuch dâ vor schanden.
durch got nu senftet iuwern zorn.
da ist mêr gewunnen dan verlorn
von iwerre mâssenie,
wil's jehen frou Obîe.»   660

---

633 wollt ihr nicht auf mich warten?' — 634 *strîten* ist mit *vart* zu ver-
binden: wenn ihr zum Streit auszieht; *durch rüemen*, um damit zu prah-
len. — 635 auf diese Weise glaubt ihr wacker gekämpft zu haben; vgl. zu
I, 1369. — 638 *solden tuon*, thun, leisten würden. — 639 *möht = möhtet*,
könntet: da sehen was streiten heißt, wenn ihr uns streiten sähet. —
640 wenn ihr Streit zu beurtheilen verstündet. — 641 *nimer*, verkürzt aus
niemer, nimmer. Von dieser Stelle. — 642 *mache* conj., es sei denn daß
ich mache. Ich lasse nicht ab zu kämpfen. — 643 wenn die Belagerten
sich nicht etwa ergeben. — 644 *bêder*, Männer wie Frauen. — 646 *iuwer
neve*, Meljanz. — *dâ vor*, vor der Stadt; vgl. VII, 572 fg. — 648 *an slâfes
vlîz*, an eifrigen Schlaf: sich beeifert haben zu schlafen. — 649 *die wil'*,
während dieser Zeit. — 651 wenn das der Fall ist, dann schlafe ich. —
652 wenn's darauf ankommt, kann ich's auch. — 654 vgl. VII, 584. Sie
hätten die jungen Ritter sämmtlich gefangen genommen. — 655 *z'ir handen*,
in ihre Hände, ihre Gewalt bekommen. — 658 durch sein Kommen zu
rechter Zeit hat sich noch alles zum Guten gewendet. — 660 wenn Frau
Obie es zugestehen will, die alles von der Burg angesehen (VII, 599), zu-
gleich Anspielung darauf, daß Meljanz, Obiens Liebhaber, sich besonders
ausgezeichnet (V. 596).

O   Poydíconjúnzes zorn was ganz
    úf sinen neven Meljanz.
    doch bråht' der werde junge man
    vil tjost durch sinen schilt her dan:
    daz endorft' sin niuwer pris niht klagen.   665
    nu hœret von Obien sagen.
    diu bôt ir házzés genuoc
    Gâwân, der'n âne schulde truoc:
    sie wolde im werben schande.
    einen gárzún sie sande   670
    hin ze Gâwâne, dâ der saz:
    «unde vrâge in fürbaz,
    obe diu ors veile sin,
    und obe in sinen soumschrin
    lige iender werdez krâmgewant.   675
    wir frouwen koufen'z al zehant.»
    der garzún kom gegangen:
    mit zorn er wart enpfangen.
    Gâwânes ougen blicke
    in lêrten herzen schricke: 680
    der garzún sô verzagete
    daz er'n vrâgte noch ensagete
    al daz ín sin frouwe werben hiez.
    Gâwân die rede och niht enliez,
    er sprach «vart hin, ir ribbalt.   685
    mũlslége al ungezalt
    sult ir vón mir vil enpfâhen,
    welt ir mir fürbaz nâhen.»
    der garzún dan lief oder gienc:
    nu hœrt wie'z Óbie ane vienc.   690

---

anz, vollständig: er war im höchsten Grade erzürnt. — 662 weil
siner *vesperíe* (574) dem Kampfe vorgegriffen. — 663 *bråht' her*
hte vom Felde mit. — 665 *sín niuwer prís*, sein junger Ruhm. —
wandte reichlich, in hohem Maße ihren Haß auf Gawan. —
, der ihn, den Haß. — 672 mit dem häufigen Übergange von
in directe Rede: in *sande hin* liegt zugleich: sie sprach zu ihm
, uud daran knüpft *unde*. — 674 *soumschrín = soumschrínen*, bei
häufige Kürzung, auch im Reime. — 675 *krâmgewant* stn., käuf-
lder. — 678 *mit zorn*, weil Gawan den ihm von Obie gegebenen
bereits gehört hatte; vgl. VII, 481. 615. — 679 die Blitze aus
Augen. — 680 lehrten sein Herz zusammenfahren; machten
w. — 684 er ließ es bei den zornigen Blicken nicht bewenden. —
hin, macht euch fort. — 686 *mũlslac* stm., Maulschelle. — 688 *für-*
i weiter, fernerhin.

361 Einen júnchḗrrn sie sprechen bat
den burcgrâven von der stat:
der was geheizen Scherules.
sie sprach «du solt in bitten des
daz er'z durch mlnen willen tuo   695
und manliche grîfe zuo.
under'n ôleboumen bime graben
stênt siben ors: diu sol er haben,
und ander richeite vil.
ein koufman uns hie triegen wil: 700
bit in daz er daz wende.
ich getrûw' des sîner hende,
sie nem ez unvergolten:
ouch hât er'z unbescholten.»
der knapp' hin nider sagete   705
al daz sin frouwe klagete.
«ich sol vor triegen uns bewaren»,
sprach Scherules, «ich wil dar varen.»
er reit hin ûf dâ Gâwân saz,
der selten ellens ie vergaz;   710
an dem er vant kranchéite flust,
lieht antlitze und hôhe brust,
und einen rîter wol gevar.
Scherules in pruovte gar,
sin' arme und ietwédere hant   715
und swaz geschickede er dâ vant.
dô sprach er «hêrre, ir sit ein gast:
guoter witze uns gar gebrast,
sit ir niht herberge hât.
nu prüevet'z uns für missetât.   720

691 *junchḗrren* hängt von *bat*, den *burcgrâven* von *sprechen* ab. —
693 *Scherules:* bei Crestien (V. 6608) heißt derselbe *Garin le fil Berte:* aus
der Form *Gerin le* kann durch unrichtige Aussprache des *g* (=*j*) *Scherules*
geworden sein. — 694 *bitten*, die seltnere, aber ursprüngliche Form des
Infin., gewöhnlich *biten*. — 695 um meinetwillen. — 696 *grîfe zuo*, die
Sache angreife. — 699 *richeite* gen. sing. von *rît* abhängig. — 701 *daz
wende*, das abwende, verhindere. — 702 *getrûwen* mit dat. und gen., jemand
etwas zutrauen: ich erwarte das von ihm. — 703 *unvergolten*, unbezahlt:
ohne ihm etwas dafür zu geben. — 704 auch behält er es ohne daß ihn
deswegen Tadel trifft. — 705 *hin nider sagete*, berichtete in die Stadt
hinab. — 707 das will ich schon verhindern, daß uns nicht jemand be-
trügt; vgl. 700. — 710 *selten ie*, selten einmal = niemals. — 711 *krancheit*
stf., Schwäche: Nichtvorhandensein von Schwäche, große Stärke, wie man
mhd. durch den negativ ausgedrückten Gegensatz das Positive zu ver-
stärken liebt. — 714 *pruovte*, betrachtete prüfend. — 717 ihr seid hier
fremd. — 718 wir müssen all unsern Verstand verloren haben, daß wir
euch so lange ohne Herberge ließen. — 720 *prüeven* swv., anrechnen: als
ein Versehen, einen Fehlgriff. —

362 ich sol nu selbe marschalc sin:
  liute und guot, swaz heizet min,
  daz kêre ich iu gein dienes siten.
  nie gast zuo wirte kom geriten,
  der im wære als undertân.»   725
  «hêrre, iwer genâde», sprach Gâwân.
  «daz hân ich ungedienet noch:
  ich sol iu gerne volgen doch.»

  Scherules der lobes gehêrte
  sprach als in sin triuwe lêrte.   730
  «sit ez sich hât an mich gezoget,
  ich pin vor flust nu iuwer voget;
  ezen nem iu dan daz ûzer her:
  dâ bin ich mit iu an der wer.»
  mit láchéndem munde er sprach   735
  hin z'al den knappen die'r dâ sach,
  «ladet ûf iur harnasch über al:
  wir sulen hin nider inez tal.»
  Gâwân fuor mit sime wirt.
  Obie nu daz niht verbirt,   740
  ein spilewîp sie sande,
  die ir váter wol erkande,
  und enbôt im solhiu mære,
  dâ füere ein válschære:
  «des habe ist riche unde guot: 745
  bit in durch rehten riters muot,
  sit er vil soldiere hât
  ûf ors, ûf silber unde ûf wât,

---

721 *ich sol*, ich werde, will. — 723 das wende ich euch zu. — *dienes siten.*
nur Umschreibung für *dienen*, zum Dienen. Ich stelle euch alles zur Ver-
fügung. — 725 *undertân*, untergeben; dienstbereit. — 726 ich danke euch;
zu VI, 701. — 727 *ungedienct*, nicht verdient; *un-* ... *noch*, noch nicht.
    729 der mit Lob geschmückte, der Lobenswerthe. — 731 *sogen* swv.
refl. mit *an*, an einen kommen: da es mir zugefallen ist. — 733 hier in
der Stadt soll euch nichts verloren gehen; wenn nicht etwa die Belagerer
euch etwas nehmen; in dém Falle helfe ich euch euer Besitzthum ver-
theidigen. — 735 *mit lachendem munde*, epische Formel, um die Freude
des Wirthes an der Ankunft der Gäste zu bezeichnen; vgl. Nibel. 1646, 1.
— 736 zu Gawan's Knappen. — 737 sie hatten die Rüstungen abgeladen;
vgl. VII, 459. — 738 *wir sulen*, wir wollen. — *hin nider:* er war den
Burgberg hinaufgeritten; vgl. 709. — *inez = in dez*, das. — 740 *verbirt*,
erzählendes Präsens. — 741 *spilewîp* stn., Spielweib (vgl. *spileman* I, 977),
fahrendes Weib. Diese wie die Spielmänner wurden häufig zu Boten-
diensten verwendet. Sie sah, daß ihre Absicht mit Schorules vereitelt
war. — 742 *die*, dem Sinne nach construiert, auf *spilewîp* gehend. —
744 *valschære* stm., Falschmünzer: ein sehr starkes Scheltwort im Mittel-
alter. — 746 so wahr er rechten Rittersinn hat. — 748 *ûf* ist mit *soldiere* zu
verbinden: Söldner, die angewiesen sind auf Rosse, Silber und Kleider. —

daz diz sì ir êrste gelt.
ez frumet wol sibene ûfez velt.»
363 daz spilewîp zem fürsten sprach
al des sin tohter dar verjach.
swer ie ûrlíuges pflac,
dem was vil nôt, ob er bejac
möhte an rícher koste hân.
Lyppauten den getriuwen man
überlésten sóldíere,
daz er gedâhte schiere
«ich sol diz guot gewinnen
mit zorne od abe mit minnen.»
die nâchreise er niht vermeit.
Scherules im widerreit,
er vrâgte war im wær’ sô gâch.
«ich rite ’em trügenære nâch:
von dem sagt man mir mære,
ez sì ein valschære.»

Unschuldec was hêr Gâwân:
ez enhéte niht wán diu ors getân,
und ander daz er fuorte.
Scherulésen lachen ruorte:
er sprach «hêrre, ir sit betrogen:
swer’z iu sagete, er hât gelogen,
éz si mâget man óder wîp.
unschuldec ist mins gastes lîp:
ir sult in anders prisen.
er’n gewán nie münzîsen,
welt ir der rehten mære losen,
sin lip getruoc nie wehselpfosen.

750

755

760

765

770

775

---

749 *gelt* stm., Bezahlung, Löhnung. — 750 *frumen* swv., schicken: diese
Mittheilung macht, daß wol sieben sich auf das Feld begeben. — 752 *dar*,
mit Bezug darauf. — *verjach*, gesagt hatte. — 753 wer jemals Krieg führte.
— 754 dem that reiche Beute sehr noth, um die Söldner bezahlen zu kön-
nen. — 757 *überlesten* swv., überladen, bedrängen: præt. für *überlesteten*. —
758 daß er bald auf den Gedanken kam. — 760 *od abe*, oder aber: in Bö-
sem oder in Gutem. — 761 *nâchreise* stf., Nachfolge: er unterließ nicht
ihm nachzufolgen. Scherules sah ihn eilig hinter sich herkommen und
ritt ihm entgegen. — 764 *’em = dem*, dem ihm schon bekannten. — *trügenære*
stm., Betrüger.
768 nur durch die Rosse und die andere Ausrüstung war er in den
Verdacht gekommen. — 770 Scherules konnte sich nicht enthalten zu
lachen. — 775 *prisen* swv., beurtheilen. — 776 *münzîsen* stn., Münzstempel;
er hat nie mit dem Prägen von Münzen sich abgegeben, ist also auch kein
Falschmünzer. — 777 *losen* swv., hier mit gen., auf etwas hörend Acht
geben. — 778 *sîn lip*, er. — *wehselpfose* swm., Wechslerbeutel. —

seht sin gebær', hœrt siniu wort:
in mime hûs liez ich in dort: 780
364 kunt ir dan riters fuore spehen,
ir müezt im rehter dinge jehen.
sin lip gein valsche nie wart palt.
swer ime dar über tuot gewalt,
wær'z min vater oder min kint,   785
al die gein ime in zorne sint,
min' mâge ode min' bruoder,
die müesn diu strites ruoder
gein mir ziehn: ich wil in weren,
vor unrehten striten neren,   790
swa ich, hêrre, vor iuwern hulden mac.
ûz schildes ambt in einen sac
wolt' ich mich ê ziehen,
sô verre ûz arde fliehen
dâ mich niemán erkande,   795
ê daz ir iuwer schande,
hêrre, an im begienget.
güetliche ir enpfienget
pillîcher al die her sint komen
und iuwern kumber hânt vernomen,   800
dan daz ir s' welt rouben.
des sult ir iuch gelouben.»
der fürste sprach «nu lâz mih'n sehen.»
«dâ mac niht arges ûz geschehen.»
er reit da er Gâwânen sach.   805
zwei ougen unde ein herze jach,
diu Lyppaut mit im brâhte dar,

---

779 *gebære* stn., Geberde, Benehmen. — 781 versteht ihr eines Ritters Weise zu beurtheilen. — 782 so müßt ihr ihm Ehrlichkeit zugestehen, müßt ihr sagen, daß er mit unrechten Dingen sich nicht abgibt. — 783 *palt = balt*, kühn, dreist: er hatte nie die Dreistigkeit zur Treulosigkeit, zum Betrügen. — 784 *dar über*, trotzdem: trotz dieser meiner Erklärung. — 788 *diu strites ruoder*, das Schiff des Kampfes. — 789 *gein mir ziehen*, auf mich wenden: die haben es mit mir zu thun. — 790 *nern* swv., retten: vor Kämpfen, die er nicht verdient hat. — 791 *vor* drückt aus was ihn verhindern könnte: wo ich, ohne eure Huld zu verscherzen, es thun kann. — 792 aus dem ritterlichen Leben. — *sac* stm., Sack, die Kutte des Bettelmönchs. — 793 *ziehen*, zurückziehen. — 794 *art* stm., bebautes Land: in die Einöde. — 795 *erkande* conj. præt., kennen würde. — 796 *iuwer schande*, etwas was euch zur Schande gereichen würde; vgl. *êre* zu III, 1717. — 798 *enpfienget*, würdet, solltet empfangen. — 799 *pillîcher* compar. vom adv. *billiche*, mit größerem Rechte. — 800 eure Bedrängniss durch euern Herrn. — 802 *gelouben* swv. refl., abstehen, mit gen., von. — 804 aus dem bloßen Sehen kann noch nichts Böses entstehen: sagt Scherules; vgl. Crest. 6642 *par foi, ce ne me doit pas nuire.* — 805 in Scherules' Haus; vgl. 780. —

daz der gast wær' wol gevar
und rehte manliche site
sînen gebærden wonten mite.　　　　　　　810

365　Swem wârin liebe ie erholte
daz er herzeminne dolte,
herzeminne ist des erkant,
daz herze ist rehter minne ein pfant,
alsô versetzet und verselt,　　　　　　　815
kein munt ez niemer gar volzelt
waz minne wunders füegen kan.
ez si wîp oder man,
die krenket herzeminne
vil dicke an hôhem sinne.　　　　　　　820
Obîe unde Meljanz,
ir zweier minne was sô ganz
und stuont mit solhen triuwen,
sîn zorn iuch solde riuwen,
daz er mit zorne von ir reit:　　　　　　　825
des gap ir trûren solhez leit
daz ir kiusche wart gein zorne balt.
unschuldec Gâwân des enkalt,
und ander die'z mit ir dâ liten.
si kom dicke ûz frouwenlîchen siten:　　　　830
sus flaht ir kiusche sich in zorn.
ez was ir bêder ougen dorn,
swâ sie den werden man gesach:

---

809 *site* ist nom. pl., Art. — 810 *wonten mite,* beiwohnte.
　811 Wem wirkliche Neigung je erwarb, wen sie je dahin brachte. —
813 die Construction ist wieder frei; genauer wäre: dessen Herz ist, wie
man das von Herzensminne weiß, der Minne so verpfändet. — *des,* da-
für; vgl. V, 1612. — 814 das Herz eines solchen. — 815 so in der Gewalt
der Minne, daß sie damit thun kann was sie will. — 816 *volzeln* swv.,
vollständig erzählen. — 821 die beiden Namen, außer der Construction
stehend, werden durch *ir* aufgenommen. — 823 *stuont,* bestand. Daß Obie
Meljanz nicht liebte, kann aus der Abfertigung (VII, 243) nicht gefolgert
werden: dort spricht nur kecker Mädchenübermuth. — 824 sollte euch
leid thun. — 826 *des,* infolge dessen. — 827 ihre Zurückhaltung, wie sie
einem Mädchen ziemte, zum Zorne sich hinreißen ließ. Wie ungleich
edler stellt Wolfram auch die ältere Schwester hin, wenn man Crestien
daneben hält, ganz zu geschweigen der reizenden Schilderung der jün-
geren. — 829 und andere die mit ihr darunter zu leiden hatten. Die
Lesart *mit im* einiger Hss., der sich Simrock anschließt, scheint ein-
facher; aber doch ist *mit ir* das richtige; vgl. 821. — 831 *sus,* so sehr, in
solchem Grade. — *flaht sich,* verwickelte sich. — 832 sein Anblick stach
sie verletzend ins Auge, wie ein *dorn,* Stachel. — 833 *den werden man,*
nicht auf Gawan zu beziehen, sondern allgemein: werthe Männer; vgl. zu
I, 964. —

ir herze Meljanze jach,
er müest' vor ûz der hœste sin.   835
sie dâhte «ob er mich lêret pin,
den sol ich gerne durch in hân.
den jungen werden süezen man
vor al der werlde ich minne:
dar jagent mich herzen sinne.»   840
366 von minn' noch zornes vil geschiht:
nune wizet ez Obîen niht.

Nu hœret wie ir vater sprach,
do er den werden Gâwân sach
und er'n in daz lant enpfienc,   845
wie er'z mit rede dô ane vienc.
dô sprach er «hêrre, iuwer kumen
daz mag an sælden uns gefrumen.
ich hân gevaren manege vart:
sô suoze in mînen ougen wart   850
nie von angesihte.
zuo dirre ungeschihte
sol iuwer kümfteclicher tac
uns trœsten, wander trœsten mac.»
er bat in tuon dâ rîters tât.   855
«ob ir harnâsches mangel hât,
des lât iuch wol bereiten gar.
welt ir, sît, hêrre, in mîner schar.»
dô sprach der werde Gâwân
«ich wær' des ein bereiter man: 860
ich hân harnâsch und starke lide;
wan daz min striten stêt mit fride

---

834 gestand Meljanz das zu. — 835 vor ûz, vor allen. — hœste = hœhste, höchste: der Ausgezeichnetste. — 836 wenn ich durch ihn auch Qual (des Herzens) kennen lerne. — 840 dar, dahin, zu ihm. — 842 nu, begründend: nun also, daher.
845 und er ihn in seinem Lande begrüßte. — 846 ez, allgemeines Object: die Sache; wie er zu reden anfieng. — 848 gefrumen swv., förderlich sein; uns kann dat. und acc. sein. — 850 suoze adv., süß, angenehm (das Adj. lautet süeze): das Adv. steht bei wart, wie liebe, leide u. a. — 851 angesiht stf., Anblick: durch keinen Anblick ward in meinen Augen eine so angenehme Empfindung erweckt wie durch den euern. — 852 suo, nicht: in (dies würde se sein), sondern in trœsten liegt: Trost bringen, also der Begriff der Bewegung. — 853 kümfteclich adj., zur kunft gehörig: der Tag eurer Ankunft, eures Kommens. — 855 an dem Kampfe sich zu betheiligen. — 857 lât iuch, nämlich: von mir. — 858 wenn ihr wollt, so seid. — 860 bereite, bereitwillig; des, dazu. — 862 stêt mit fride, steht in Ruhe, muß ruhen: ich darf nicht kämpfen bis zu einer bestimmten Zeit. —

unz an eine benante stunde.
ir læget obe ode unde,
daz wolt' ich durch iuch lîden: 365
nu muoz ich'z durch dàz mîden,
hèrre, unz ein mîn kampf ergèt,
da mîn trîwe sô hòhe pfandes stêt,
durch aller werden liute gruoz
ich s' mit kampfe lœsen muoz   870
367 (sus pin ich ûf der strâzen),
od ich múoz dên lîp dâ lâzen.»
daz was Lyppaute ein herzeleit.
[er sprach] «hêrre, durch iuwer werdekeit
unt durch iwerre zühte hulde   875
sô vernemet mîn unschulde.
ich hân zwuo tohter die mir sint
liep: wan sie sint mîniu kint.
swaz mir got hât an den gegeben,
dâ wil ich pî mit fröuden leben.   880
ôwol mich daz ich ie gewan
kumber den ich von in hân!
den treit iedoch diu eine
mit mir al gemeine.
unglîch ist diu gesellekeit: 885
mîn hêrre ir tuot mit minnen leit,
und mir mit unminne.
als ich mih's versinne,
mîn hêrre mir gewalt wil tuon

---

864 ich wollte Sieg und Niederlage mit euch theilen. — 866 *durch das,*
aus dém Grunde, déshalb: die Fortsetzung der Construction schließt sich
wieder nicht genau an diesen Anfang; man würde erwarten: weil ich
noch einen Zweikampf vorher zu bestehen habe. — 867 *ein mîn,* ein mir
zukommender. — 868 *da,* bei welchem. So hoch verpfändet ist. Im Fol-
genden statt des Satzes mit *das* wieder ein directer. — 869 weil ich den
Gruß, d. h. die Achtung und Liebe aller werthen Leute mir damit erhalte.
— 870 *s',* die Treue. — 871 *sus,* unter solchen Verhältnissen: bin ich
unterwegs. — 874 *durch,* bei: betheuernd. — 875 bei der Freundlichkeit,
welche eure Wohlersogenheit euch lehrt. — 876 *sô* nimmt die voraus-
gehenden Begriffe nochmals zusammen. Hört wie unschuldig ich an dem
Streite bin, in dem ich mich béfinde: er legt seine Unschuld dar, um so
Gawan zur Theilnahme an seiner Sache zu stimmen. — 880 daran will ich
mich mein Lebenlang freuen. — 881 *ôwol* mit acc., wohl: nhd. mit dat. —
882 *von in,* durch sie. — 883 *iedoch,* doch. — *diu eine,* Obie. — 884 *gemeine*
adv., gemeinschaftlich: sie theilt ihn mit mir. — 885 *gesellekeit,* Genossen-
schaft: ich und Obie sind Genossen im Kummer, aber in verschiedener
Weise. Dies erläutern die folgenden Zeilen. — 886 Meljanz bedrängt sie
mit seiner Minne, mich mit seinem Hasse: uns beiden bereitet er, in ver-
schiedener Weise, dadurch lastenden Kummer. — 888 soviel ich merken
kann. —

WOLFRAM VON ESCHENBACH. II. 2. Aufl.   3

durch daz i'n hân decheinen sun.   890
mir sulen ouch tohter lieber sîn:
waz denne, ob ih's nu lîde. pîn?
den wil ich mir ze sælden zelen.
swer sol mit sîner tohter welen,
swie ir verboten sî dez swert,   895
ir wer ist anders áls wért:
sie erwirbt im kiuscheclîche
einen sun vil ellens rîche.
des selben ich gedingen hân.»
«nu gewér's iuch got», sprach Gâwân.   900

368   Lyppaut der fürste al vaste bat.
«hérre, durch got, die rede lât»:
sus sprach des künec Lôtes sun:
«durch iuwer zuht sult ir daz tuon,
und lât mich triuwe niht enberen.   905
eins dinges wil ich iuch geweren:
ich sage iu hînt bî dirre naht,
wes ich mich drumbe hân bedâht.»
Lyppaut im dancte und fuor zehant.
ame hove er sîne tohter vant,   910
unt des búrcgrâven tohterlîn:
diu zwei snalten vingerlîn.

890 durch das = durch das das, aus dem Grunde daß, weil. — 891 ouch,
Gegensatz: mir andererseits. — 892 was denne, was macht es aus, was
thut's? — ih's, ich dadurch. — 893 den sc. pîn: will ich mir als Glück
anrechnen, betrachten. — 894 welen swv., wählen: der Ausdruck ist dem
Erbrecht entnommen und lautet vollständig teilen und weln, wobei der
ältere Bruder zu teilen, der jüngere zu weln pflegt. Wem als Erbschaft
vom Schicksal eine Tochter zufällt. — 895 wenn sie den Vater auch nicht
wie der Sohn mit dem Schwerte schützen kann. — 896 so hat doch ihr
Schutz in anderer Weise eben solchen Werth. — 897 kiuscheclîche adv.,
in Sittsamkeit. — 898 der Sohn der Tochter gewährt dem Vater den
Schutz, den sonst der eigene Sohn gewähren würde. — 899 eben darauf
hoffe ich.
    901 al vaste, sehr dringend: er wiederholte die schon einmal aus-
gesprochene Bitte (V. 855). — 905 verlangt nicht daß ich meiner Treue
verlustig gehe, indem ich durch Betheiligung an euern Angelegenheiten
die bestimmte Frist versäume. — 906 er will es ihm jedoch nicht definitiv
abschlagen. — 907 bî, während, binnen. — 908 bedenken swv. refl. mit
gen., sich zu etwas entschließen. — dar umbe, in Bezug auf diese Sache.
— 909 fuor, gieng fort. — 910 ame hove, auf dem Hofe von Scherules'
Hause. Also unmittelbar beim Austritt aus dem Hause traf Lippaut mit
Obilot zusammen: diese hatte vom Palas aus Gawan mit Scherules weg-
reiten sehen und begab sich daher, um Gawan zu sprechen, in des Burg-
grafen Haus. — 911 Scherules' Tochter heißt Claudítte (V. 1044). —
912 snalten præt. mit Rückumlaut von snellen swv., schnellen. Das Spiel
des Ringleinschnellens erwähnt Wolfram auch im Willeh. 327, 8; vgl. Zin-
gerle, Das deutsche Kinderspiel im Mittelalter, S. 156. —

dô sprach er Obilôte zuo
«tohter, wannen kumest du?»
«vater, ich var dâ nider her.   915
ich getrüwe im wol daz er mih's wer:
ich wil den fremeden rîter biten
dienstés nâch lônes siten.»
«tohter, sô sì dir geklaget,
er'n hât mir ane noch abe gesaget.   920
kum mîner bete an'z ende nâch.»
der megede was zem gaste gâch.
dô se in die kemenâten gienc,
Gâwân spranc ûf. do er sie enphienc,
zuo der süezen er dô saz.   925
er dancte ir daz sie niht vergaz
sîn dâ man im missebôt.
er sprach «geleit ie rîter nôt
durch ein sus wênec fröuwelîn,
dâ solt' ich dúrch luch inne sîn.»   930

369   Diu junge süeze clâre
        sprach ân' alle vâre
«got sich des wol versinnen kan:
hêrre, ir sît der êrste man
die ie mîn redegeselle wart: 935
ist mîn zuht dar ane bewart,
und och mîn schamelîcher sin,
daz gît an fröuden mir gewin;
wan mir mîn meisterin verjach,

---

914 wo kommst du her? oder: wie kommst du hierher? was thust du
hier? — 915 ich bin von der Burg hier heruntergekommen. — 916 *im* auf
den fremeden rîter zu beziehen. — 918 *dienstes*, um Dienst: daß er mir
diene. — *nâch lônes siten* = *nâch lône*, um Lohn. — 920 *ane, abe sagen*,
zu-, absagen. — 921 *bete* gen. von *ende* abhängig: suche meine Bitte zu
Ende zu führen, sie durchzusetzen. — 924 nachdem er sie begrüßt hatte;
vgl. VII, 845. — 925 *saz*, setzte sich. — 926 daß sie nicht vergaß ihm
beizustehen, sich seiner annahm. — 927 *missebieten einem* stv., einen un-
glimpflich behandeln: wie Obie in den beiden Gesprächen (VII, 434. 601)
gethan hatte. — 929 *wênec* adj., klein. — *durch*, um — willen. — 930 *dâ
inne*, in der Noth: die hätte ich Ursache um euertwillen zu ertragen.
932 ohne alle Hinterlist, in kindlicher Einfalt. — 933 *sich versinnen*,
merken: Gott weiß das wohl, weiß Gott. — 935 *die* = *der*: zu III, 72. —
redegeselle swm., derjenige mit dem man sich unterhält: mit dem ich mich
überhaupt unterhalten habe. Ich habe noch nie mit einem (fremden)
Manne gesprochen. — 936 wenn ich bei diesem Gespräche dem Anstande
nichts vergebe. — 937 *schamelîch* adj., schamhaft. — 938 das macht mir
große Freude. — 939 *meisterin* stf., Erzieherin, Lehrerin. —

3*

diu rede wær' des sinnes dach.   940
hêrre, ich bit iuwer unde mîn:
daz lêrt mich endehafter pîn.
den nenne ich iu, geruochet ir's:
habt ir mich ihtes deste wirs,   945
ich var doch ûf der mâze pfat,
wand' ich dâ z'iu mîn selber bat.
ir sît mit der wârheit ich,
swie die namen teilen sich.
mîns lîbes namen sult ir hân: 950
nu sît maget unde man.
ich hân iwer und mîn gegert.
lât ir mich, hêrre, ungewert
nu schameliche von iu gên,
dar umbe muoz ze rehte stên   955
iwer prîs vor iuwer selbes zuht,
sît mîn mägetuomlîchiu fluht
iwer genâde suochet.
ob ir des, hêrre, ruochet,
ich wil iu geben minne   960
370 ob ir manlîche site hât,
sô wæne ich wol daz ir niht lât
ir'n dient mir: ich pin dienes wert.
sît och mîn vater helfe gert
an friwenden und an mâgen,   965
lât iuch des niht betrâgen,

---

940 *dach*, Hülle: im Sprechen gibt sich der Verstand, den das Herz birgt,
kund. — 941 *biten* mit gen. der Person, um jemand bitten: ich erbitte
euch und mich zur Hülfe. Die Identificierung ihrer mit Gawan, die sich
V. 951 wiederholt, beruht darauf, daß die beiden Liebenden als éins ge-
dacht werden. — 942 dazu veranlaßt mich. — *endehaft* adj., aufrichtig,
wahrhaft. — 944 *ihtes* gen. von *iht*, gen. des Werthes, Preises: um etwas.
— *deste* aus *des diu* (instrument.), desto. — *wirs* adj., schlechter: wenn
ihr mich deswegen irgendwie weniger werth haltet. — 945 so habe ich
damit doch nichts gethan, was die Grenzen des Maßhaltens, weiblicher
Zurückhaltung überschreitet. — 946 ein solches Überschreiten liegt darin,
daß ein Weib um einen Mann bittet; vgl. Iwein 2330. Dies wird aber
dadurch aufgehoben, daß dieser Mann mit ihr selbst identisch ist. —
947 *mit der wârheit*, in Wahrheit. — 948 wiewol es zwei Namen sind. —
949 den Namen den ich führe, d. h. Jungfrau. — 952 *ungewert*, ohne Ge-
währung, unerhört. — 953 *schameliche* adv., beschämt. — 954 *ze rehte stên*,
sich vor Gericht (zur Verantwortung) stellen. — 955 der Richter, vor dem
seine Ehre sich verantworten muß, ist seine *zuht*. — 956 *magetuomlich*
adj., jungfräulich. — *fluht* stf., Zuflucht: ich, eine zu euch flüchtende
Jungfrau: Umschreibung der Person durch eine Eigenschaft, einen Zu-
stand derselben. — 962 *niht lât ir'n dient*, nicht unterläßt zu dienen. —
965 *an*, bei: die gewöhnliche Construction ist hier *an* mit acc., nicht
mit dat. —

ir'n dient uns béiden ûf mîn éines lôn.»
er sprach «frouwe, iurs mundes dòn
wil mich von triuwen scheiden.
untriuwè iu solde leiden.   970
mîn triuwe dolt die pfandes nòt:
ist sj unerlœset, ich pin tòt.
doch làt mich dienest unde sinne
kèren gegen iwerre minne:
è daz ir minne megt gegeben,   975
ir müezet fünf jàr è leben:
deist iuwerr minne zît ein zal.»
nu dàhte er des, wie Parzivàl
wîben bàz getrûwetẹ dènne gote:
sîn bevélhẹn was dirre magede bote   980
Gàwàn in daz herze sîn.
dò lobet' er dem fröuwelin,
er wolde durch sie wàpen tragen.
er bẹgúnde ir fúrbaz mère sagen
«in iwerre hende sì mîn swert.   985
ob iemen tjoste gein mir gert,
den poynder müezt ir rìten,
ir sult dà für mich strìten.
man mac mich dà in strìte sehen:
der muoz mînhálp von iu geschehen.»   990

371   Sie sprach «vil wènc mich des bevilt.
ich pin íuwer scherm und iuwer schilt
und iuwer herze und iuwer tròst,
sìt ir mich zwìvels habet erlòst.

---

967 *ir'n dient*, zu dienen; vgl. 962. — *uns beiden*, mir und meinem Vater.
— *ûf*, in Hinblick, in Aussicht auf: für den beiden erwiesenen Dienst
werde ich euch belohnen. — 968 *dòn* stm., Ton: die Äußerungen, Worte.
— 969 *will* mich um meine Treue bringen; vgl. 868. — 970 *leiden* swv.
intrans., *leit* sein, verhaßt sein. — 971 ist verpfändet: ich habe mein Ver-
sprechen gegeben. Vgl. 868. — 972 wenn ich sie nicht auslöse, so bin ich
moralisch todt. — 973 doch will ich mich euerm Dienste gerne weihen. —
975 ehe ihr Minne (in sinnlicher Bedeutung) geben könnt. — 977 *sal* stf.,
Zahl, Berechnung; von *sal* hängt *zît* ab: für die Zeit eurer Minne. —
978 *des, wie.* daran daß. — 979 vgl. VI, 1570. — 980 *bevelhen* substant.
infin., *sein* (Parzival's) Anbefehlen: das was Parzival ihm aubefohlen hatte,
war der Bote dieser Jungfrau: brachte ihre Bitte Gawanen in sein Herz.
Der Gedanke an Parzival's Worte bei ihrem Abschiede ließ die Bitten des
Mädchens Eingang in sein Herz finden. — 981 *Gàwàn* ist dat. — 985 er
knüpft an ihre Identificierung seiner und ihrer Identificierung an. — 989 mich
kann man immerhin im Kampfe sehen; wenn es auch den Anschein hat,
als sei ich der Kämpfende. — 990 *mînhalp* adv. acc., meinerseits. —
991 das ist mir ganz recht. — 994 da ihr mich von dem Zustande der
Ungewissheit befreit habt. —

ich pin für ungevelle 995
iwer geléite und iwer geselle,
für ungelückes schûr ein dach
bin ich iu senfteclîch gemach.
mîn minne sol iu fride bern,
gelückes vor der angest wern, 1000
daz iuwer ellen niht verbirt
ir'n wert iuch vaste unz an den wirt.
ich pin wirt und wirtîn
und wil in strîte bî iu sîn.
swenne ir des gedingen hât, 1005
sælde und ellen iuch niht lât.»
dô sprach der werde Gâwân
«frouwe, ich wil beidiu hân,
sît ich in iwerm gebote lebe,
iwer mínne und iuwer trôstes gebe.» 1010
die wîle was ir händelîn
zwíschén den handen sîn.
dô sprach sie «hêrre, nu lât mich varen.
ich muoz ouch mich dar ane bewaren:
wie füert ir âne mînen solt? 1015
dar zuo wær' ich iu alze holt.
ich sol mich arbeiten,
mîn kleinœte iu bereiten.
swenne ir daz traget, decheinen wîs
überhœht iuch niemer ander prîs.» 1020

372   Dan fuor diu maget und ir gespil.
    sie buten beide ir dienstes vil

---

995 *für*, zum Schutz gegen. — *ungevelle* stn., Unglück. — 996 *geleite* swm., Führer, Führerin. — 997 *ein dach*, ein Schutzdach, ein Dach, unter welchem ihr Schutz gegen das Wetter des Unglückes findet. — 998 *bin ich iu gemach* gehört gemeinsam zu *dach* und *gemach*. — *senfteclîch* adj., bequem. — *gemach* stn., Ausruhen, und Gelegenheit dazu. — 999 *bern* stv., bringen, verschaffen. — 1000 aus dem vorausgehenden *iu* muß zu *wern* der Acc. *iuch* entnommen werden: euch Glück gewähren. Mit *gelücke* ist *vor* zu verbinden: glückliche Sicherung vor Gefahr. — 1002 *unz an den wirt*, bis auf den Hausherrn, d. h: aufs Äußerste. Der Leib wird als Haus gedacht, in welchem das Leben wohnt. Daher Obilot weiter sagt: ich bin Wirth und Wirthin zugleich, bin mit euch in euerm Leibe und helfe euch denselben im Kampfe vertheidigen. — 1005 *gedinge* swm., Zuversicht; *des*, darauf. — 1008 *beidiu*, Minne und Trost. — 1009 da mein Leben euerm Dienste geweiht ist. — 1010 *trôst* stm., Schutz, Hülfe. — 1011 *die wîle*, während sie so sprachen. — 1014 *dar ane*, mit Beziehung auf das Folgende. — *bewarn* refl., sich vorsehen, sich versehen: dafür Sorge tragen, daß ihr ein *kleinœte* von mir erhaltet. — 1015 wie gienge es an, daß ihr. — 1020 *überhœhen* swv., an Höhe überragen, übertreffen: dann wird euer Ruhm in keiner Weise von dem eines andern Ritters übertroffen.
1021 *Dan fuor*, fort eilte. — 1022 sie versicherten ihre Ergebenheit. —

Gâwâné dem gaste:
der neig ir hulden vaste.
dô sprach er «sult ir werden alt,   1025
trüeg’ dan niht wan sper der walt
als er’z am andern holze hât,
daz wurde in zwein ein ringiu sât.
kan iuwer jugent sus twingen,
welt ir’z in’z alter bringen,   1030
iwer minne lêrt noch riters hant
dâ von ie schilt gein sper verswant.»
dan fuorn die magede beide
mit fröuden sunder leide.
des burcgrâven tohterlin   1035
diu sprach «nu saget mir, frouwe min,
wes habet ir ime ze gebenne wân?
sît daz wir niht wan tocken hân,
sin die mine iht schœner baz,
die gebet im âne minen haz: 1040
dâ wirt vil wênec nâch gestriten.»
der fürste Lippaut kom geriten
an dem berge enmitten.
Óbylôt únd Clauditten
saher vor im ûf hin gên: 1045
er bat sie bêde stille stên.
dô sprach diu junge Obilôt
«vater, mir wart nie sô nôt
diner hélfe: dar zuo gip mir rât.

1024 der dankte ihnen sehr für ihre Freundlichkeit. — 1025 wenn ihr das minnefähige Alter erreicht; vgl. 975. — 1026 *niht wan*, nichts als. — 1027 wie er es (die Fähigkeit dazu) im übrigen Holze enthält: wäre das sämmtliche Holz des Waldes Speere, nicht nur dasjenige, was sich durch seine Beschaffenheit zu Speeren eignet, sondern auch die kleinsten Zweige. — 1028 *ringe* adj., geringe: diese Saat von Speeren würde für euch noch gering sein, es würden noch mehr um euertwillen zerbrochen werden. — 1029 könnt ihr schon in der Jugend solche Gewalt auf Männerherzen üben. — 1030 *es*, diese Fähigkeit; vgl. 1027. In eure spätern (mannbaren) Jahre mit herübernehmen. — 1031 *noch*, in Zukunft. — 1032 dasjenige wodurch der Schild dem Speer gegenüber von jeher vernichtet wurde, d. h. Lanzenrennen, welches durch die geschleuderten Speere die Schilde zu nichte macht. — 1037 *wes* von *wân* abhängig. — *wân* stm., Gedanken: was denkt ihr ihm zu geben. — 1038 *tocke* swf., Puppe zum Spielen. — 1039 *sin*, falls sind. — *schœner baz: baz* dient zur Verstärkung des Comparativs. — 1040 ohne daß ich darüber böse würde. — 1041 *dâ* mit *nâch* zu verbinden: darum wird sich kein Streit erheben. — 1043 wie sie die halbe Höhe des Burgberges zurückgelegt hatten. — 1045 *vor im*, vor sich: wir müssen also annehmen, daß Lippaut nicht direct nach der Burg zurückgekehrt war; sonst müßte er den Mädchen voraus gewesen sein. — 1049 *dar zuo*, in Beziehung darauf. —

der riter mich geweret hât.»   1050
373 «tohter, swes din wille gert,   .
hân ich'z, des bistu gewert.
ôwol der fruht diu an dir lac!
din gebúrt was der sælden tac.»
«vater, sô wil ich dir'z sagen,   1055
heinlîche mînen kumber klagen:
nâch dinen gnâden dar zuo sprich.»
er bat sie heben für sích:
sie sprach «war kœm' dan mîn gespil?»
dô hielt der riter bî im vil: .   1060
die striten wer sie solde nemen.
des moht' ieslîchen wol gezemen:
iedoch bôt man se einem dar:
Clauditte was och wol gevar.

Al ritende sprach ir vater z'ir   1065
«Obylôt, nu sage mir
ein teil von dîner nœte.»
«dâ hân ich kléinœte
dem fremden rîtér gelobet.
ich wæn' mîn sin hât getobet.   1070
hân ich im niht ze gebenne,
waz touc ich dan ze lebenne?
sit er mir dienest hât geboten,
sô muoz ich schämelîche roten,
ob ich im niht ze gebenne hân.   1075
nie magede wart sô liep ein man.»
dô sprach er «tohter, warte an mich:
ich sol des wol bereiten dich.
sit du dienes von im gerst,

1050 hat meine Bitte gewährt: *mich geweret* sc. *des ich in bat.* — 1052 *hân
ich's*, falls ich es besitze. — 1053 *diu an dir lac*, die in dir uns zu Theil
wurde. — 1055 *sô*, anknüpfend an V. 1051. 1052: da du mir so bereitwillig
entgegenkommst. — 1057 *nâch*, gemäß, entsprechend: deiner gnädigen Ge-
sinnung gib mir Bescheid darauf. — 1058 er befahl daß man sie vor ihn
auf sein Pferd hebe: er nahm sie vor sich auf sein Pferd. — 1059 *dan*,
wenn ich bei dir auf dem Pferde säße. — *mîn gespil*, Clauditte. — 1062 das
konnte jedem wohl gefallen, sie auf sein Pferd zu nehmen.
    1067 *ein teil*, etwas; aber nach mhd. Sprachgebrauche bezeichnet es
mehr: sage mir all deine Noth. — 1068 *dâ*, erklärend am Beginn der
Antwort: die Sache verhält sich so, ich habe u. s. w. — 1070 ich war
nicht recht bei Sinnen, als ich dies Versprechen gab. — 1071 *gebenne*,
lebenne dat. des Gerund. — 1074 *sô*, Nachsatz zu dem Satze mit *sit* 1073. —
1076 *magede* dat. sing.; nach *nie* wird der Artikel (ein) regelmäßig ausge-
lassen: niemals ward einem Mädchen. — 1077 rechne auf mich, verlaß dich
auf mich. — 1079 *dienes*, Dienens (zu I, 1451), abhängig von *gerst.* —

1080

    ich gibe dir daz du in gewerst,
374 ob dich hâlt dîn muoter lieze.
    got gebe daz ih's genieze.
    ôwî er stolz werder man,
    waz ich gedingen gein im hân!
    nie wort ich dennoch z'ime gesprach: 1085
    in mîme slâfe ih'n hînte sach.»

    Lyppaut gienc für die herzogin,
    unt Obylôt diu tohter sîn.
    dô sprach er «frouwe, stiurt uns zwei.
    mîn hérzé nâch frôuden schrei,   1090
    dô mich gòt dirre maget beriet
    und mich von ungemüete schiet.»
    diu alte herzogin sprach sân
    «waz welt ir mînes guotes hân?»
    «frouwe, sit ir's uns bereit,   1095
    Obylôt wil bezzer kleit.
    sie dunket sih's mit wirde wert,
    sît so wérder man ir minne gert
    und er ir biutet dienstes vil
    und ouch ir kleinœte wil.»   1100
    dô sprach der magede muoter
    «er süezer man vil guoter!
    ich wæne, ir meint den fremden gast.
    sîn blic ist reht' ein meien glast.»
    dô hiez dar tragen diu wîse   1105

---

80 das allgemeine Object zu *gibe* ist zu ergänzen: solches. Daß du ihm
s versprochene Geschenk gewähren kannst. — 1081 wenn nur auch
ine Mutter es dir gestatten wollte. Die Hülfe und den Rath der Mutter
suchen sie dazu. — 1082 daß ich von seinem Dienste Nutzen habe. —
83 *stolz*, das erste Adject. in unflectierter Form (zu V, 870). — 1084 *ge-
gen* gen. von *was* abhängig: welche Zuversicht, welche Hoffnung setze
1 auf ihn. — 1085 *dennoch*, damals noch, auf die folgende Zeile zu be-
hen. — *gesprach* im Sinne des Plusquamperf.: als ich ihn im Traume
h, hatte ich noch kein Wort mit ihm gesprochen. Mir hat in der ver-
ssenen Nacht schon von meinem Erretter geträumt.
    1089 *zwei* neutr., weil es auf Personen verschiedenen Geschlechtes
ht. — 1090 *nâch*, die Modalität ausdrückend: in freudiger Weise, vor
euden. — *schrei* præt. von *schrîen* stv., — 1091 mich mit diesem Mädchen
rath, mir dies Mädchen schenkte. — 1094 von *was* hängt der Gen. *mînes*
otes ab. — 1095 *uns* dat.: wenn ihr uns dazu bereitwillig seid. —
97 *sih's*, sich dessen, nämlich bessere Kleider zu haben. — *mit wirde*,
geziemender Weise, mit Fug und Recht. — 1102 *guoter* in stark flect.
rm nachgesetzt. — 1103 sie erräth schon, wer der werthe Mann ist, der
V. 1098 genannt war. — 1104 in diesen und ähnlichen Redensarten
rd der Mai als das Symbol alles Erfreuenden und Wonnegebenden ver-
anden. — 1105 *diu wîse*, die sich auf solche Dinge verstand. —

samit von Ethnise.
unversniten wât truoc man dâ mite,
pféllé von Thabronite
ûzem lánde zé Tribálibôt.
an Kaukasas daz golt ist rôt,   1110
375 dar ûz die heiden manege wât
wurkent, diu vil spæhe hât,
mit rehter art ûf sîden.
Lyppaut hiez balde snîden
sîner tohter kleider: 1115
er miste gerne ir beider,
der bœsten unt der besten.
einen pféll’ mit golde vesten
den sneit man an daz fröuwelin.
ir muose ein arm geblœzet sin: 1120
dâ was ein ermel vone genomen,
der solte Gâwâne komen.
daz was ir prisente,
pfell’ von Nouriente,
verre ûz heidenschaft gefuort.   1125
der hete ir zesewen arm geruort,
doch an den roc niht genæt:
danę wart nie vadem zuo gedræt.
den brâhte Clauditte dar
Gâwâné dem wol gevar.   1130
dô wart sîn lip gar sorgen vrî.
sîner schilde wâren drî:

úf einen sluog er'n al zehant.
al sîn trûren gar verswant:
sînen‘grôzen danc er niht versweic,　　　　1135
vil dicke er dem wege neic,
den diu juncfrouwe gienc,
diu in sô güetlîche enpfienc
und in sô minneclîche
an fröuden machte rîche.　　　　1140

376　Der tac het ende und kom diu naht.
ze bêder sît was grôziu maht,
manec werlich rîter guot.
wær' des ûzern hers niht solhiu fluot,
sô héten die ínren strites vil.　　　　1145
dô mâzen sie ir letze zil
bî dem liehtem mânen.
sie kunden sich wol ânen
vórhtlîcher zageheit.
vor tages wart von in bereit　　　　1150
zwélf zíngel wîte,
vergrabet gein dem strîte,
daz ieslich zingel muose hân
ze orse úz drî barbigàn.
Kardefablêt de Jâmor,　　　　1155
des marschalc nam dâ vier tor,

— ...　　　. . .

1133 die Geschenke der Damen, die aus Theilen ihrer Kleidung bestanden,
wurden entweder auf dem Schilde, wie hier, oder an den Spitzen der
Speere befestigt, wie es I, 944 erwähnt war. — 1136 der Dank erstreckt
sich auch auf die leblosen Dinge, die dem Liebenden förderlich gewesen
sind: so hier auf den Weg, der das Mädchen zu ihm getragen hat.
　1142 ze bêder sît ist auf die in und vor der Stadt Liegenden zu be-
ziehen: die Belagerten waren durch die hinzugekommenen Helfer bedeu-
tend verstärkt worden (VII, 495), die des Nachts einzogen (1172). —
1144 wenn die Belagerer nicht so ungeheuer zahlreich gewesen wären, so
hätten die Bewohner der Stadt tüchtig gekämpft. Die beiden Übersetzun-
gen fassen den Sinn der Stelle unrichtig auf. — 1146 letze zil, die äußerste
Vertheidigungslinie, die äußern Schutzwehren. — mâzen, richteten ein. —
1147 liehtem stark flect. Adj. nach dem bestimmten Artikel. — mâne swm.,
Mond. — 1148 ânen swv. refl., sich entschlagen. — 1150 vor præp. mit gen.,
vor: ehe es Tag wurde. — wart bereit, wurde in Stand gesetzt: Sing. bei
nachfolgendem Plur. des Subjects. — 1151 zingel stm., runde Verschanzungs-
mauer. — 1152 vergraben swv. (zu grabe, Graben), durch einen gezogenen
Graben abschneiden. — 1154 barbigàn stf., franz. barbacane, Bollwerk in
der äußern Verschanzungsmauer (zingel), durch welches die Belagerten
Ausfälle machen und in das sie sich zurückziehen konnten: es war in der
Regel oben mit Schützen besetzt. — ze orse úz, um zu Rosse einen Aus-
fall machen zu können. — 1155 der Name außer der Construction ste-
hend, und in diese durch des aufgenommen. — 1156 nam, nahm in Be-
schlag. —

dâ man 's morgens sach sîn her
wol mit ellenthafter wer.
der herzoge rîche
streit dâ rîterlîche.   1160
diu wirtîn was sîn swester.
er was des muotes vester
denne anders manec strîtec man,
der wol in strîte tûren kan:
des leit er dicke in strîte pîn.   1165
sîn her dâ zoget' des nahtes în.
er was verre dar gestrichen,
wander selten was entwichen
strîteclîcher herte.
vier porte er dâ wol werte.   1170

377   Swaz hers anderhálp der brücken lac,
      daz zogete über, ê kom der tac,
      ze Bêârosche in die stat,
      als sie Lyppáut der fürste bat.
      dô wâren die von Jâmor   1175
      geriten über die brücken vor.
      man beválh ieslîche porten sô,
      daz sie wérlîche dô
      stuonden, dô der tag erschein.
      Scherules der kôs im ein,   1180
      die er und mîn her Gâwân
      niht unbehuot wolden lân.
      man hôrt' dâ von den gesten
      (ich wæn' daz wârn die besten),
      die klageten daz dâ was geschehen   1185
      riterschaft gar âne ir sehen,

f dâ, wo, an welchen. — 1161 diu wirtin, die Gemahlin Lippaut's.
ter den früher Erwähnten (VII, 495 fg.) war Kardefablet noch nicht
annt. — 1163 strîtec adj., streitbar. — 1164 tûren swv., ausdauern. —
s dâ mit în zu verbinden: dort hinein. — 1167 verre, von weit her. —
3 er war nie einem Kampfe aus dem Wege gegangen; vgl. 1165. —
) dem Kampfgedränge der Schlacht.
1171 Jenseits der V. 486 erwähnten Brücke: also die früher schon ge-
nten Helfer. — 1172 über, hinüber. — 1176 vor, vorher, voran. —
f bevelhen, übertragen, zur Beschützung. — 1178 sie, die Thore. —
lîche adv., in wehrhaftem Zustande. — 1180 ein für eine. — 1182 un-
uot synkop. aus unbehüetet, unbeschützt. — 1183 den gesten, den am
hergehenden Tage angekommenen Rittern, die jetzt in der Nacht herein-
ogen waren. Sie hatten an dem Vorspiel des Kampfes (VII, 574) noch
nen Antheil genommen, und das beklagten sie. — 1184 die Tapfersten
rten diese Klage. — 1186 ohne daß sie es gesehen hatten. —

unt daz diu vesperie ergienc
daz ir deheiner tjost da enpfienc.
diu klage was gar âne nôt:
ungezalt man s' in dâ bôt,   1190
allen den die's geruochten
unde s' ûz ze velde suochten.
in den gázzen kôs man grôze slâ:
ouch sah man her unde dâ
mange banier trecken in   1195
allez bî des mânen schîn,
und·mangen helm von rîcher kost
(man wolt' sie füeren gein der tjost)
unt manec sper wol gemâl.
ein Regenspurger zindâl   1200
378 dâ wær' ze swachem werde,
vor Beârosche ûf der erde:
man sach dâ wâpenrocke vil
hôher an der koste zil.

Diu naht tet nâch ir alten site: 1205
am orte ein tag ir zogete mite.
den kôs man niht bî lerchen sanc:
manc hurte dâ vil lûte erklanc.
daz kom von strites sachen.
man hôrt' diu sper dâ krachen   1210
reht' als ez wære ein wolken rîz.
dâ was daz junge her von Lîz
komen an die von Lirivoyn
und an den künec von Avendroyn.

1189 war unnöthig, denn sie fanden noch reichlich Gelegenheit zum
Tjostieren. — 1190 s', die tjoste. — 1191 die es wollten. — 1192 ûz se
velde, draußen im Felde: aber ûz steht auf die Frage wohin, weil in suochen
der Begriff der Bewegung liegt. — 1193 zahlreiche Hufspuren. — 1194 her
unde dâ, ungleichmäßiger Ausdruck für hie unde dâ oder her unde dar. —
1196 alles, beständig. — 1197 von rîcher kost, von großer Kostbarkeit,
großem Werthe. — 1198 sie, die Helme. — 1200 der Regensburger Zindal
soll hier nicht als werthlos bezeichnet werden: ein so geschätzter Stoff
würde da doch, neben den viel kostbareren, werthlos erschienen sein. Vgl.
Nibel. 365, 2. — 1201 in geringem Werthe. — 1202 ûf der erde, auf dem
Boden, der Ebene. — 1204 die sich in Bezug auf Kostbarkeit, Preis ein
höheres Ziel gesteckt hatten.
1206 an ihrem Ende schloß sich ihr ein Tag an. — 1207 den Beginn
des Tages merkte man in diesem Falle nicht am Gesange der Lerchen,
sondern an dem beginnenden Kampfe. — 1211 rîz stm., Riß; wolken rîz,
Wolkenbruch, heftiges Gewitter. Vgl. dontz hurte als diu wolken rîz,
Willeh. 389, 19. — 1212 die jungen Ritter im Gefolge des Meljanz von Lîz.
— 1213. 1214 die Helfer des Herzogs Lippaut; vgl. 501. 502. —

da erhál manc rîchiu tjoste guot,   1215
als der würfe in grôze gluot
ganze cástǽne.
àvoy wie ûf dem plâne
von den gesten wart geriten
und von den burgærn gestriten!   1220
Gâwân und der schahteliur,
durch der sêle âventiur
und durch ir sælden urhap
ein pfaffe in eine messe gap.
der sanc se beide gote unt in: 1225
dô nâhte ir werdekeit gewin:
wand' éz was ir gesetze.
dô riten se in ir letze.
ir zingel was dâ vor behuot
mit mangem werden rîter guot: 1230
379 daz wâren Scherules man:
von den wart ez dâ guot getân.

Wáz mág ich sprechen mêr?
wan Poydiconjunz was hêr:
der reit dar zuo mit solher kraft,   1235
wær' Swarzwalt ieslich stûde ein schaft,
man dorft' dâ niht mêr waldes sehen,
swer sîne schar wolde spehen.
der reit mit sehs vanen zuo,
vor den man strîts begunde fruo.   1240
pusûner gâben dôzes klac,
alsô der doner der ie pflac
vil angestlîcher vorhte.
manc támbûrr dâ worhte

---

6 als der, wie wenn jemand. — 1217 castâne stf., Kastanie. — 1221 der
rggraf Lippaut. — 1222 âventiur stf., Heil. — 1223 urhap stm., Anfang,
ndlage. — 1224 gap, las ihnen eine Messe. — 1226 da nahte ihnen,
rde ihnen zu Theil Gewinn an Würdigkeit. — 1227 gesetze stn., Be-
nmung; dasselbe was sonst orden bezeichnet. — 1229 dâ vor, vorher:
 sie noch kamen. — 1230 mit, das Mittel bezeichnend: zum Schutze
ietzt mit manchem Ritter.
1233 mêr, weiter. — 1234 wan, nur so viel will ich sagen. — hêr, statt-
1, stolz. — 1235 kraft, Heeresmacht. — 1236 zwei Subjecte, von denen
. zweite das erste appositionell erläutert: wäre der Schwarzwald, jeg-
ae Staude darin, ein Speerschaft. — 1237 so könnte man dort keinen
hteren Speerwald sehen. — 1238 swer, wenn jemand, wenn man. —
0 vor denen (den Fahnen): die Fahnen werden von den Vorausreitenden
ichützt, daher vor. — fruo, in früher Tagesstunde. — 1241 klac stm.,
achen. — 1242 mit dem von jeher sehr angstvolle Furcht verbunden
r. — 1244 worhte, arbeitete, strengte sich an. —

mit der púsûner galm. 1245
wart iender dâ kein stupfen halm
getretet, des enmoht' ich niht.
Erffurter wingarte giht
von tretenne noch der selben nôt:
vil orse fuoz die slâge bôt. 1250
dô kom der herzoge Astor
mit strite an die von Jâmor.
dâ wurden tjoste gewetzet,
manc werder man entsetzet
hinder'z ors ûf'n acker. 1255
sie wârn ir strites wacker.
vil fremder krie man dâ rief.
manc vole ân' sînen meister lief,
des herre dort ze fuoze stuont:
ich wæn' dem was gevelle kunt. 1260

380　Do ersach mîn her Gâwân
daz geflohten was der plân,
die friwent in der vînde schar:
er huop ouch sich mit poynder dar.
müelîch sîn was ze warten: 1265
diu ors doch wênec sparten
Scherûles unt die sîne:
Gâwân sie prâhte in pîne.
waz er dâ riter nider stach,
und waz er starker sper zebrach! 1270
der werden tavelrunder bote,
het er die kraft niht von gote,

---

246 *kein*, irgendein. — *stupfe* stf., Stoppel: hier gen. pl. von *halm* abhängig. Das pp des nhd. Wortes ist niederdeutsch. — 1247 *getretet*, zertreten. — *mugen* mit gen., wofür können. — 1248 *Erffurter* gen. pl. in djectivem Gebrauche, der Erfurter. — *wingarte* swm., Weingarten: in ollectivem Sinne, die Weingärten. — *giht*, bekundet. — 1249 Anspielung nf die Belagerung Erfurts durch Landgraf Hermann im Jahre 1203. Da .er Dichter sagt *noch*, noch jetzt, so muß dieser Theil des Parzival bald nach 1203 gedichtet sein. — 1250 der Fuß vieler Rosse verursachte die puren. — 1253 *wetzen* swv., wetzen, scharf machen: da wurde scharf loserannt. — 1256 *wacker* adj. (zu *wach*), munter, frisch. — 1257 viele chlachtrufe in fremden Sprachen. — 1258 *meister*, Lenker. — 1259 der bgeworfen worden war. — 1260 er hatte kennen gelernt was Fallen ist.
1262 *geflohten*: daß die auf der Ebene streitenden Scharen ineinander erwickelt waren; vgl. II, 1416. — 1263 *friwent* nom. pl. in unflectierter *f*orm. — 1264 *mit poynder*, anrennend. — 1265 *müelîch* adj., beschwerlich, nühsam: man konnte ihn kaum mit den Augen verfolgen. — 1266 sie pornten die Rosse tüchtig. — 1268 *pîne* entweder pl. von *pîn* oder stf. *îne*, Noth: des Kampfes. —

sô wær' dâ pris für in gegert.
dô wart erklenget manec swert.
im wârn al ein beidiu her: 1275
gein den was sin hant ze wer;
die von Lîz und die von Gors.
von bêder site er maneg ors
gezogen brâhte schiere
zuo sînes wirts baniere.   1280
er frâgte ob s' iemen wolte dâ:
der was dâ vil die sprâchen jâ.
sie wurden al gelîche
sîner gesélleschefte rîche.

Dô kom ein rîter her gevaren,   1285
der ouch diu sper niht kunde sparen.
li schahteliur de Bêâvoys
und Gâwân der kurtoys
kômen an ein ander,
daz der júnge Lysavander   1290
381 hinder'm ôrse ûf den bluomen lac,
wand' er von tjost gevelles pflac.
daz ist mir durch den knappen leit,
der's anderen tages mit zühten reit
und Gâwân sagete mære,   1295
wâ von diz komen wære.
der erbéizte übr sînen hêrren nider.
Gâwân ín erkande und gab im wider
daz ors daz dâ wart bejaget.
der knappe im neic, wart mir gesaget.   1300

1273 *pris* für *prîses*. — *für*, den Vorzug bezeichnend: so wäre ein ihn übertreffender Ruhm dort verlangt worden: wenn Gott ihm nicht geholfen, hätte er nicht den höchsten Preis des Sieges behauptet. — 1275 *al ein*, vollständig eins: er machte keinen Unterschied. — *beidiu her*, die beiden Heere der Gegner: das eine unter Meljanz von Liz, das andere unter Poydiconjunz von Gors (VII, 325). — 1276 *was se wer*, war in der Vertheidigung; *gein*, gegenüber, gegen. — 1278 aus beiden Heeren. — 1282 die die Rosse gerne nahmen. — 1283 *al gelîche*, sämmtlich. — 1284 reich durch die freundschaftliche Verbindung mit ihm.
1286 der auch verstand Speere nicht zu schonen, sie im Kampfe zu verschwenden. — 1287 vgl. VII, 316: einer der jungen Ritter, die mit Meljanz waren. Er hieß Lisavander. — 1292 *gevelles pflac*, niederstürzte. — 1293 das thut mir leid um des Knappen willen, dessen Herr Lisavander war; vgl. 315. — 1294 *ander*, ebensowol das unmittelbar Vorhergehende als das unmittelbar Folgende bezeichnend; hier das erstere: am Tage vorher. — 1296 woraus dieser ganze Streit entstanden wäre. — 1297 stieg vom Pferde ab über seinen Herrn, der am Boden lag. — 1298 erkannte den Knappen wieder. — 1299 das Ross welches er da erworben hatte, welches ihm als dem Sieger gehörte. —

nu seht wâ Kardefablèt
selbe ûfem acker stèt
von einer tjost mit hurte erkant:
die zilte Meljacanzes hant.
dô zucten in die sine enbor.　　　　　　　　　1305
dâ wart dicke Jâmor
mit herten swertslegen geschrit.
dâ wart enge, und niht ze wit,
dâ hurte gein der hurte dranc.
manc helm in in diu ôren klanc.　　　　　　1310
Gâwân nam sine geselleschaft:
do ergienc sin póyndér mit kraft,
mit sines wirts baniere
beschutter harte schiere
von Jâmor den werden.　　　　　　　　　　1315
dô wart ûf die erden
riter vil gevellet.
geloubet'z, obe ir wellet:
geziuge sint mir gar verzaget,
wan als diu âventiure saget.　　　　　　　　1320

382　　　Leh kuns de Muntâne
fúor gein Gâwâne.
dâ wart ein richiu tjost getân,
daz der starke Lâhedumân
hinder'm orse ûf'm acker lac;　　　　　　　1325
dar nâch er sicherheite pflac,
der stolze degen wert erkant:
diu ergienc in Gâwânes hant.
dô streit der herzoge Astor
den zingeln aller næhste vor:　　　　　　　1330

1301 *wâ*, wie da. — 1302 vom Rosse geworfen wird; vgl. VII, 1255. —
1303 durch einen ausgezeichnet gezielten Speerwurf. — 1305 die Seinigen
rissen ihn empor und nahmen ihn in ihre Mitte, ehe Meljacanz ihn zum
Gefangenen machen konnte. — 1306 *Jâmor*, der Schlachtruf nach dem
Lande ihres Herrn; vgl. VII, 1155. — 1308 *niht ze wit*, nichts weniger als
weit, geräumig. — 1310 manchem klang der Helm, der von Schwert-
schlägen getroffen wurde, in die Ohren. — 1311 *sîne geselleschaft*, die-
jenigen die ihm *gesellet* waren (vgl. 1284), die Mannen von Scherules (vgl.
1231). — 1315 Kardefablet. — 1317 *riter* (gen. pl.) *ril*, viele Ritter. —
1319 *geziuc* stm., Zeuge. — *verzagen* swv., (aus Feigheit) zurückbleiben:
Zeugen habe ich nicht mit mir. — 1320 ausgenommen den Bericht meiner
Erzählung, meiner Quelle.
　　1321 Dieser Graf von *Muntâne* (vom altfranz. *montaigne*, Gebirge) ist
der schon oben (VII, 636) erwähnte Laheduman. — 1326 übte er Ergebung,
ergab er sich. — 1328 *diu*, die *sicherheit*. — 1330 *næhste* adv., am nächsten:
mit *zingeln* zu verbinden. — *vor*, voran, an der Spitze. —

da ęrgíenc manc hurteclicher strit.
dicke Nantes wart geschrit,
Artûses herzeichen.
die herteu, niht die weichen,
was da mánc elléuder Britâneis,   1335
unt die soldier von Destrigleis
ûz Érekes lande;
der tât man dâ bekande.
ir pflac duc de Lanverunz.
ouch möhte Poydiconjunz   1340
die Pritânois hân ledec lân:
sô wart ez dâ von in getân.
sie wâren Artûse
zer muntâne Clûse
ąbę gevángen, dâ man striten sach: 1345
in eime ˌsturme ·daz geschach.
sie schrîten Nantes nâh ir siten
hie oder swâ sie strites biten:
daz was ir krie und ir art.
etslîcher truoc vil grâwen bart.   1350
383 ouch het ieslich Britûn
·   durch bekántnisse ein gampilûn
eintweder ûf helm odr ûf den schilt
nâch Ilinôtes wâpn gezilt:
daz was Artûses werder sun.   1355
waz mohte Gâwân dô tuon,

1332 *Nantes*, die Hauptstadt von Artus' Reiche. — 1333 *herzeichen* stn.,
Schlacbtruf, Parole. — 1334 *herte* adj., ausdauernd, muthig. — *weich* adj.,
weich, nachgebend, schwach: der Plural steht wegen des collectiven *manc*.
— 1335 *ellender*, fremder: sie waren kriegsgefangen. — 1336 *Destrigleis* aus
Hartmann's Erec entnommen, wo der Name *Destrigales*, *Destregales* (aus
d'estre-Gales, das Land über *Gales* hinaus) lautet. — 1338 *bekande*, kennen
lernte. — 1339 sie führte. Astor ist gemeint; vgl. VII, 559. — 1341 *lân*
partic. für *getân:* er hätte Grund gehabt, sie wegen ihrer Tapferkeit im
Kampfe freizugeben. Sie waren seine Gefangenen. — 1342 so wurde da
von ihnen gekämpft (zu I, 1369). — 1344 *Clûse*, Klause: aus dem Partic.
clus, geschlossen (vgl. *Vaucluse*) entstanden. — 1345 diese Gefangennahme
hängt mit der Entführung der Königin Ginover durch Meljacanz (zu
VII, 176) zusammen: die Königin wurde durch Lanzilot (Parz. VII, 1472.
XII, 10) wieder befreit. — 1348 *biten* præt. pl. von *biten*, auf Streit war-
teten. — 1350 *etslîcher*, mancher d. h. viele von ihnen. — 1352 *bekantnisse*
stf., Erkennung: damit man ihn erkennen könnte. — *gampilûn* stn., ein
drachenartiges Thier, das auch im Rother (*capelûn* 4943) und in der Kudrun
(*gabilûn* 101, 1) vorkommt; vgl. Zeitschrift für d. Alterthum 2, 1. Ger-
mania 1, 479. — 1353 *eintweder* = *einweder*, mit euphonisch eingeschobenem
t, entweder. — 1354 nach der Gestalt von Ilinot's Wappen. Ilinot ist
Artus' Sohn, auf dessen frühen Tod mehrmals im Parzival Bezug genom-
men wird; vgl. auch Tit. 147 fg. — *gesilt*, gemacht: *ûf den schilt*, auf ihn
befestigt, fest gemacht. —

er'n siufzęte, do ęr diu wâpen sach,
want ime sîn herze jâmers jach.
sîns œheimes sunes tôt
brâht' Gâwânn in jâmers nôt.   1360
er'rkande wol der wâpen schîn:
dô liefen über diu ougen sîn.
er liez die von Britâne
sus tûren ûf dem plâne:
er wolde mit in strîten niht,   1365
als man noch friwentschefte gibt.
er reit gein Meljanzes her.
dâ wârn die búrgǽr ze wer,
daz man's in danken mohte;
wan daz in doch niht tohte   1370
daz velt gein überkraft zé behaben:
sie wârn entwichen geime graben.

Den burgærn mange tjost dâ bôt
ein rîter allenthalben rôt:
der hiez der ungenande,   1375
wand' in niemen dâ bekande.
ich sagez iu als ich'z hân vernomen.
er was zuo Meljanze komen
dâ vor ame dritten tage.
des kômen die burgære in klage: 1380
384 Meljanze er helfe sich bewac.
der ęrwarp ouch ime von Semblidac
zwelf knappen, die sîn nâmen war
an der tjóste und an der poynder schar:

<hr>

1357 *siufzete* conj. mit beschränkendem *en*, er seufzete denn, als daß er
seufzte. — 1358 gab ihm Jammer, brachte ihn in Jammer. Die Erinnerung
an den Verstorbenen erfüllt ihn mit Schmerz. — 1364 *tûren*, vgl. zu
VII, 1164. Er suchte sie nicht vom Kampfplatz zurückzudrängen. —
1366 wie man so etwas der Freundschaft noch heut zugesteht, ein solches
Zugeständniss ihr macht. — 1368 gegen dieses vertheidigten sich die Be-
wohner der Stadt. — 1370 *wan daz*, nur daß, indes, jedoch. — *tohte*,
nützte, half. — 1371 *überkraft* stf., Übermacht. — 1372 *geime = gein deme*,
nach dem — hin; vgl. *geim* VII, 55. Sie hatten sich nach dem Stadtgraben
hin zurückgezogen.
1374 Parzival ist gemeint, der in diesem Theile der Erzählung nur im
Hintergrunde auftritt, doch so, daß wir von seinen Ritterthaten gelegent-
lich immer etwas erfahren. — 1379 drei Tage vorher. — 1381 *helfe* gen.
von *bewac* abhängig, entschloß sich zur Hülfe; dazu *Meljanze* als dat.
commodi. — 1382 *erwarp*, verschaffte, gab bei. — *ouch* nicht mit *ime*, son-
dern mit dem ganzen Satze zu verbinden, aber *ouch* wird gerne vor das
Pron. pers. gesetzt: seinerseits. — 1383 die für ihn sorgten, ihn bedienten.
Ihr Geschäft war, ihm immer frische Speere hinzureichen, die er verschleu-
derte. — 1384 *die poynder* sind hier wie öfter die anrennenden Ritter. ⌐

4 *

swaz sper gebieten mohte ir hant,   1385
diu wurden gar von ime verswant.
sin tjoste wârn mit hurte hel,
wand' er den künec Schirniel
und sinen brúodér dâ vienc.
dennóch dâ mêr von ime ergienc.   1390
sicherheit er niht erliez
den herzogen Marangliez.
die wârn des ortes herte.
ir volc sich dennoch werte.
Meljanz der künec dâ selbe streit: 1395
swem er lieb od herzeleit
hete getân, die muosen jehen
daz selten mêre wære geschehen
von dehéinem alsó jungen man,
alsez dâ von im wart getân.   1400
sin hant vil vester schilde klóup:
waz starker sper vor ime zestoup,
da sich póynder in den poynder slôz!
sin jungez herze was sô grôz
daz er strites muose geren: 1405
des enmohte in niemen dâ geweren
volleclîch (daz was ein nôt),
unz er Gâwân tjostieren bôt.

Gâwân ze sinen knappen nam
der zwelf sper einz von Angram,   1410
385   als er'z erwarp zem Plimizœl.
Meljanzes krî was Parbygœl,

diu werde houbetstat in Llz.
Gâwân nam sîner tjoste vlîz:
dô lêrte Meljanzen pîn   1415
von Oraste Gentesîn
der starke rœrîne schaft
durch den schílt in dem arme brast.
ein richiu tjost dâ geschach:
Gâwân in flügelingen stach,   1420
und enzwéi sîn hindern satelbogen,
daz die héldé für unbetrogen
hinder'n orsen stuonden.
'dô tâten sę als sie kunden
mit den swerten tûren.   1425
dâ wære zweiu gebûren
gedroschen mêr denne genuoc.
ietwedere 's andern garbe truoc:
stuckóht die wurden hin geslagen.
Meljanz ein sper ouch muose tragen,   1430
daz stact' dem helde durch den arm:
bluotec sweiz im machte warm.
dô zucte in mîn hêr Gâwân
in Prévigaríezer barbigân
unt twanc in sicherheite: 1435
der was er ime bereite.
wær' der junge man niht wunt,
danę wær' nie man sô gâhes kunt

1414 zielte seinen Speerwurf mit Sorgfalt. — 1415 brachte in Noth. —
1416 vgl. VI, 1672. — 1417 gehört als gemeinsames Subject zu den beiden
Verben *lêrte* und *brast*. — 1418 durch den Schild hindurchdringend brach
er in dem Arme ab, blieb im Arme stecken. — 1420 *flügelingen* adv., im
Fluge. — 1421 *enzwei* sc. *stach*. — *sîn = sinen*. — 1422 *für unbetrogen*, für-
wahr: hier nicht viel mehr als versfüllende Phrase. Auch Gawan war
vom Pferde geglitten, weil er durch die Gewalt des Anpralls seinen hin-
tern Sattelbogen (mit dem Speerschafte) entzwei gebrochen hatte. —
1424 wie sie es verstanden. — 1426 für zwei Bauern. — 1428 an das Bild
von den dreschenden Bauern knüpft sich der weitere Vergleich mit den
Garben an. Unter den Garben sind die Schilde zu verstehen, auf welche
der Gegner drischt: jeder drosch also nicht seine Garbe, wie es sonst
üblich, sondern die des Gegners. — 1429 *stuckoht* adj., in Stücken, zer-
stückt: die Schilde flogen in Stücken fort. — 1431 *stacte* prät. mit Rück-
umlaut von *stecken* swv., sich fest heften: das hatte sich ihm durch den
Arm festgesetzt; vgl. 1418. — 1434 *Previgarieser*, die Leute des Herzogs
Marangliez von Brevigariez, welche ebenfalls eines der Thore besetzt hat-
ten: in dieses führte er den gefangenen Meljanz herein. — 1435 *sicherheite*
gen. sing., zur Ergebung. — 1436 *der* gen. sing., zu der (sc. *sicherheite*). —
1438 *man* ist dat.: so wäre dort nie einem Menschen so schnell kund ge-
worden, hätte es sich nicht so schnell zugetragen. —

dáz er íme wurd' úndertân:
man mûes's in langer hân erlân.   1440

386   Lyppaut der fürste, des landes wirt,
sìn manlich ellen niht verbirt.
gein dem streit der künec von Gors.
dâ muosen beidiu liute unt ors
von geschütze lìden pìne,   1445
dâ die Kahetìne
unt die sarjant von Semblidac
ieslìcher sìner künste pflac:
turkopele kunden wenken.
die burgær muosen denken,   1450
waz vìnde von ir letzen schiet.
sie heten sárjánde ad piet:
ir zingel wâren sô behuot
als dâ man noch daz beste tuot.
swelch wert man dâ den lìp verlôs,   1455
Obìen zorn unsanfte er kôs,
wande ir tumbiu lôsheit
vil liute brâhte in arbeit.
wés enkált Lýppáut?
sìn hêrre der alte künec Schaut   1460
hete es in erlâzen gar.
do begúnde müeden ouch diu schar:
dennoch streit vaste Meljacanz.

1440 *es*, des Untertbanseins: man müßte ihn länger damit verschont ha-
ben, es hätte länger gedauert bis er sich ergeben hätte. Die Verwundung
durch den Arm gereicht ihm zur Entschuldigung.
    1442 *verbern* absolut: sich enthalten, sich zurückhalten. — 1443 d. h.
Poydiconjuns. — 1445 *geschütze* stn., womit man schießt, Schußwaffen
collectivisch zusammengenommen. — 1446 die Bogenschützen von **Kahati**
waren VII, 402 erwähnt; ebenda (V. 400) die Fußtruppen von **Semblidac**.
— 1449 die *turkopele* sind die *Kahetîne*: diese verstanden auszuweichen,
sie hielten nicht Stand, sondern zogen sich immer wieder rasch zurück. —
1450 sie mußten darauf sinnen. — 1451 was die Feinde von ihren Ver-
theidigungswerken abhalten oder verdrängen könnte. *schiet*: man würde
den Conj. *schiede* erwarten; *schiet* als Verkürzung von *schiede* anzunehmen
ist im Reime nicht ohne Bedenken. — 1452 *ad piet*, zu Fuß: *piet* ist die
burgundisch-lothringische Form von *pié*. — 1454 wie da wo man aufs
beste kämpft: von den besten Kämpfern vertheidigt. — 1456 er wurde in
rauher Weise (indem er das Leben verlor) Obiens Zorn gewahr: denn
diese hatte durch ihre heftige Abfertigung von Meljans die ganze Noth
herbeigeführt. — 1459 was hatte Lippaut verbrochen? er war unschuldig
an der Sache. — 1460 *Schaut*, der Vater von Meljanz. — 1461 hätte ihn
mit so etwas verschont. — 1462 *müeden* swv. intrans., müde werden; sonst
steht in diesem Sinne *muoden*, während *müeden* heißt: müde machen. —
1463 *dennoch*, noch immer. Wir hatten ihn nach dem Streit mit **Kardefablet**
verlassen; vgl. 1304. —

op sin schilt wære ganz?
des enwas niht hende breit beliben: 1465
dô hete in verr' hin dan getriben
der hérzóge Kardéfablèt.
der túrnéï al stille stèt
ûf einem blüeminen plân.
dô kom ouch min hèr Gâwân. 1470
387 des kom Meljacanz in nôt,
daz ime der werde Lanzilôt
nie sô vaste zuo getrat,
do er von der swertbrücke pfat
kom und dâ nâch mit im streit. 1475
im was gevancnusse leit,
die frou Ginóvêr dolte,
die'r dâ mit strite holte.

Dô punierte Lôtes sun.
waz mohte Meljacanz nu tuon, 1480
er'n tribe och'z ors mit sporen dar?
vil liute nam der tjoste war.
wer da hínder'm orse læge?
den der von Norwæge
gevellet hete ûf de ouwe. 1485
manc riter unde frouwe
dise tjost ersâhen,
die Gâwân prises jâhen.
den frowen ez guot ze sehenne was

1465 von dem war auch nicht eine Handbreit übrig geblieben. — 1466 *in*, Meljacanz. — *verr' hin dan*, weit hinweg. — 1467 der zuerst von Meljacanz niedergeworfen, aber von seinen Leuten gerettet worden war, und nun Revanche nahm. — 1468 das Turnier kommt zum Stehen, indem die turnierenden Scharen so fest aneinander gerathen sind, daß ein weiteres Vordringen von beiden Seiten unmöglich ist. Ein Turnier, wie hier, zwischen feindlichen Heeren wird auch im Biterolf geschildert: in diesem Falle wurde das Spiel zu blutigem Ernste. — 1471 *des*, dadurch. — *in nôt*, *daz*, in solche Noth. — 1472 *Lanzilôt*: eine Beziehung auf die Befreiung der von Meljacanz geraubten Königin Ginover, welche Lanzilot befreite. Auf dasselbe Abenteuer spielt auch XII, 8 an. Aus dem deutschen Lanzelot Ulrichs von Zatzikhoven (um 1195) hat Wolfram die Beziehung nicht entnommen, denn dort fehlt dies Abenteuer, sondern aus Crestien's Chevalier de la Charrete, wo der Ritter *Maleagans* heißt. — 1473 durchaus nicht so scharf zusetzte. — 1474 die Schwertbrücke *(pons de l'espee)* erwähnt auch XII, 9. — 1476 *gevancnusse* stf., Gefangenschaft.
   1480 was anderes konnte er jetzt thun? was blieb ihm übrig? — 1481 als daß er trieb. — 1482 gaben Acht auf das Zusammenrennen der beiden, die für die tapfersten Kämpfer der beiden Parteien galten. — 1484 *den*, derjenige, welchen d. h. Meljacanz. — *der von Norwæge*, Gawan: sein Vater *Lôt* heißt von Norwegen. — 1489 die Frauen konnten es ganz bequem ansehen. —

her nider von dem palas.   1490
Meljacanz wart getretet,
durch sin kursit gewetet
maneg órs daz sit nie gruose enbeiz:
ez reis úf in der bluotec sweiz.
da ergienc der orse schelmetac,   1495
dar nàch den giren ir bejac.
dò nam der herzoge Astor
Meljacánzen den von Jàmor:
der was vil nàch gevangen.
der turney was ergangen.   1500

388   Wer dà nàch prise wol rite
und nàch der wibe lône strite?
i'ne möht' ir niht erkennen.
solt ich se iu alle nennen,
ich wurde ein unmüezec man.   1505
inrehalp wart ez dà guot getàn
durch die jungen Obilót,
und úzerhalp ein riter rôt,
die zwêne behielten dà den pris,
für sie niemen keinen wis.   1510
dò des úzern hers gast
innen wart daz ime gebrast
dienst dankes von dem meister sin

1490 *her nider* mit *sehenne* zu verbinden. — 1491 **es wurde auf ihn ge-
treten.** — 1492 *weten* swv., gehen machen (zu *waten*): **manches Ross wurde
getrieben durch seinen Rock zu treten.** — 1493 *gruose* stf., ablautend zu
gras: gewöhnlich Pflanzensaft, hier wol Gras, Futter: **das nachher nichts
mehr fraß, das hier fiel.** — 1494 *reis* præt. zu *rîsen*, fallen. — 1495 *schelmetac*
stm., Viehsterben, Viehseuche: **da wurden die Rosse wie von einer Seuche
hingerafft.** In dieser und ähnlichen Zusammensetzungen hat *tac* keine
prägnante Bedeutung, sondern dient nur als Bildung von Abstracten. —
1496 hinterher fanden die Geier ihre Beute an den liegengebliebenen Ca-
davern. — 1497 er befreite ihn. — 1500 *ergàn* stv., zu Ende gehen, ein
Ende nehmen.
    1501 *nàch prise*, entweder: um Ruhm zu erwerben, oder: dem **Ruhme**
gemäß. — *riten*, hier in prägnantem Sinne: turnieren. — 1503 ich ver-
möchte nicht sie zu bezeichnen: so viele sind es. — 1505 da hätte ich viel
zu thun. — 1506 auf Seiten der *inren*, der Belagerten. — 1507 d. h. von
Gawan. — 1508 *úzerhalp*, auf Seiten der Belagerer. Die Construction än-
dert sich: der Nominativ steht wegen des folgenden *behielten.* — Der rothe
Ritter ist wieder Parzival; vgl. 1374. — 1510 *für sie*, über sie hinaus, vor
ihnen. — 1511 d. h. Parzival. — 1513 von *gebrast* ist zunächst *dankes* ab-
hängig, das für *dankens* steht: des Dankens, und damit zu verbinden
dienst. Bei *danken* steht allerdings sonst der Gen. der Sache, allein
wo schon ein Gen. da ist, finden wir im Mhd. nicht selten den Acc. an-
gewendet: des Dankens für den Dienst. — Sein *meister* ist Meljanz;
vgl. 1378. —

(der was gevángén hin ìn),
·er reit da er sine knappen sach.   1515
ze sin gevangen er dô sprach
»ir hêrren gâbt mir sicherheit.
mir ist hie widervarcu leit,
gevangen ist der künec von Líz:
nu kêret allen iuwern fliz,   1520
ober ledec müge sìn,
máger sô vil geniezen mìn»,
sprach er zem künec von Avendroyn
unt ze Schírnìel von Lyrivoyn
unt zem hérzógen Marangliez. *   1525
mit spæher gelübede er sie liez
von im rîten in die stat:
Meljanzen er sie lœsen hat,
odr daz si erwurben im den grâl.
sine kunden ime ze keinem mâl   1530
389 niht gesagen wâ der was,
wan sin pflæge ein künec, hiez Anfortas.
dô diu rede von in geschach,
der rôte rîter aber sprach
»ob mìner bete niht ergèt,   1535
sô vart dâ Pelrapeire stét.
bringt der künegin iuwer sicherheit,
und saget ir, der durch sie dâ streit
mit Kingrûne und mit Clâmidè,
dem si nu nâch dem grâle wê,   1540
unt doch wider nâch ir minne.
nâch bêdén ich iemer sinne.
nu saget ir sus, ich sande iuch dar.
ir helde, daz iuch got bewar.»

1514 der war gefangen in die Stadt abgeführt; vgl. 1433. — 1515 *da*, dort-
hin wo. — *sine knappen*, die zwölf von Meljanz ihm beigegebenen; vgl.
1382. — 1516 seine Gefangenen sind Maranglies, Schirniel und dessen
Bruder; vgl. 1388. — 1517 vgl. 1389. 1391. — 1522 falls er so viel Nutzen
von mir haben kann, indem ich durch Auslösung der von mir Gefangenen
ihm die Freiheit verschaffe. — 1526 *spæhe* adj., klug, schlau, vorsichtig.
— 1527 *von ím*, von sich weg, aus seiner Haft. — 1529 wenn sie den
König nicht befreien könnten, sollten sie ihm behülflich sein den Gral zu
erwerben. — 1530 *ze keinem mâl*, durchaus nicht. — 1532 außer daß über
ihn herrschte. — *hiez = der hiez*. — 1533 als sie ihm dies gesagt hatten,
was in V. 1530—32 enthalten ist. — 1535 wenn ihr meinen Wunsch den
Gral zu finden nicht erfüllen könnt. — 1537 d. h. Herzeloiden. Stellt
euch ihr zur Verfügung, gebt euch in ihre Gewalt. — 1540 der sehne sich
nach dem Grale, und doch auch zurück nach ihrer Minne. — 1542 *sinnen*
stv. mit *nâch*, seine Gedanken auf etwas richten. — 1544 *daz*, einen Wunsch
ausdrückend: Gott sei mit euch.

Mit úrloubé sie riten ín.   1545
dô sprach ouch er zen knappen sîn
«wir sîn gewinnes unverzaget.
nemt swaz hie orsé sî bejaget.
wan einz lât mir an dirre stunt:
ir seht wol'z mîn ist sêre wunt.»   1550
dô sprâchén die knappen guot
«hêrre, iuwer gnâd' daz ir uns tuot
iwer hélfe sô grózlîche.
wir sîn nu iemer rîche.»
er welt' im einz ûf sîne vart,   1555
mit den kûrzen ôren Ingliart,
daz dort von Gâwâne gienc,
innen dés er Meljanzen vienc.
dâ holt'z des rôten riters hant:
des wart verdürkelt etslîch rant.   1560

390   Mit urloub tet er dánkére.
fünfzehen ors oder mére
liez er in âne wunden.
die knappen danken kunden.
sie bâten in belîben vil: 1565
fürbaz gestôzen was sîn zil.
dô kêrte der gehiure
dâ grôz gemach was tiure:
er'n suochte niht wan strîten.
ich wæn' bî sînen zîten   1570
ie déchein man sô vil gestreit.
daz ûzer her al zogende reit
ze herbergen durch gemach.

1545 *în*, in die Stadt. — 1547 *unversaget*, nicht verzweifelnd, un-
esorgt; *gewinnes*, wegen des Gewinnes: wir haben reichlich Gewinn. —
550 *'z = das*. — 1552 wir danken euch (zu VI, 701) daß ihr. — 1553 *grós-
iche* adv., dasselbe was *græstîche* (zu V, 963), sehr. — 1556 der Name
ieses Rosses wie überhaupt das Eingreifen Parzival's kommt bei Crestien
icht vor. Vgl. VII, 59. — 1557 das Gawan weglief, nachdem derselbe
urch das Zertrümmern seines Sattelbogens herabgestürzt war; vgl. 1421.
- 1558 *innen des*, während. — 1560 *des*, dadurch daß er ein frisches Ross
ekam, also aufs neue streiten konnte. — *verdürkeln* swv. (*zu dürkel*),
urchlöchern. — *rant* stm., Schild: mancher Schild = viele Schilde.
1561 *dankére* stf., das sich von dannen wenden; *tet d.*, wandte sich
on dannen, zog weiter. — 1564 verstanden zu danken. — 1566 sein Ziel
var weiter hinausgesteckt (zu I, 55). — 1568 dahin wo große Bequem-
ichkeit selten (= nicht vorhanden) war: er mied ein behagliches ruhiges
eben. — 1569 vgl. *ja geruowete vil selten der recke lobesam suochte niwan
strîten* Nibel. 43, 6—7 C, welchen Versen genau 1567—69 entspricht. —
571 *ie = nie*. — 1573 *durch gemach*, um auszuruhen. —

dort inn' der fürste Lippaut sprach,
und vrâgte wie'z dà wære komen: 1575
wander hḗté vernomen,
Meljanz wære gevangen.
daz was im liebe ergangen:
ez kom im sît ze trôste.
Gâwân den ermel lôste 1580
âne zerren vonme schilte
(sînen prîs er bôher zilte):
den gap er Clauditten:
an dem órte und da'n mitten
was er durchstochen und durchslagen: 1585
er hiez in Obilôte tragen.
dô wart der magede fröude grôz.
ir arm was blanc unde blôz:
dar über hefte s'in dô sân.
sie sprach «wer hât mir dâ getân?» 1590
391 iemer swénn' sie für ir swester gienc,
diu disen schimph mit zorne enpfienc.

Den ritern dâ was ruowe nôt,
wand' in grôz müede daz gebôt.
Scherules nam Gâwân 1595
unt den grâven Láhedumãn.
dennoch mêr riter er dâ vant,
die Gâwân mit sîner hant
des tages ûf dem velde vienc,
dâ manec grôziu hurte ergienc. 1600
dô sazte sẹ riterlîche
der burcgrâve rîche.
er und al sîn müediu schar

---

dort inne, dort in der Stadt. — 1575 wie es sich zugetragen hätte,
lich mit Meljanz' Gefangenschaft, von der er bereits vernommen hatte.
578 *liebe* adv., zur Freude; *ergangen*, ausgeschlagen. — 1581 ohne ihn
zerreißen. — *vonme = voneme, von deme*. — 1582 er stellte den Werth
Ärmels zu hoch, als daß er ihn hätte gewaltsam abreißen sollen. —
am Ende und dort in der Mitte; *da'n = da en*. — 1586 er beauftragte
ditten, ihn Obilot zu überbringen. — 1588 sie heftete den vom Schilde
sten Ärmel auf den einen Arm, von welchem er abgenommen worden
. vgl. 1190. — 1590 wer hat mir da etwas gethan? wer mag es wol
, der mir das gethan hat? — 1591 *für*, vorbei an. — 1592 zornig
ihm.
1596 *Lahedumán*, einer der Fürsten des feindlichen Heeres: Gawan
s ihn gefangen genommen (VII. 1326). — 1597 *dennoch mêr*, noch mehr.
301 *riterlîche* adv., ihrer Ritterwürde entsprechend: gab er ihnen einen
r am Tische. — 1602 d. h. Scherules. —

stuonden vor dem künege gar,
unze Meljanz enbeiz: 1605
guoter hándelunge er sich vleiz.
des dûhte Gâwân ze vil:
«ob ez der künec erlouben wil,
hêr wirt, sô sult ir sitzen»,
sprach Gâwân mit witzen: 1610
sin zuht in dar zuo jagete.
der wirt die bete versagete:
er sprach «mîn hêrre ist 's küneges man.
disen dienst het er getân,
obe den künec des gezæme   1615
daz er sinen dienest næme.
mîn hêrrę durch zuht sin niht ensiht:
wand' er'n hât siner hulde niht.
gesáment die fríwentschaft femer got,
sô leist' wir alle sin gebot.»   1620

392   Dô sprach der junge Meljanz
«iuwer zuht was ie sô ganz,
die wile daz ich wonte hie,
daz iuwer rât mich nie verlie.
het ich iu baz gevolget dô,   1625
sô sæhe man mich hiute frô.
nu helft mir, grâve Scherules,
wand' ich iu wol getrûwe des,
umb' mînen hêrrn der mich hie hât,
(sie hœrnt wol bêde iuwern rât)   1630
und Lyppáut, der ander vater mîn,

1604 *gar*, sämmtlich, alle. — 1605 *enbeiz*, gegessen hatte. — 1606 *handelunge* stf., Behandlung, Bewirthung. — 1610 *mit witzen*, verständig. — 1611 seine Wohlerzogenheit, sein Anstandsgefühl trieb ihn dazu. Er fand es unpassend. — 1613 *mîn herre*, Lippaut: dieser ist Meljanz' Dienstmann. — 1615 wenn es dem König gefallen wollte. — 1616 *næme*, annähme. — 1617 Wohlanständigkeit, Takt veranlaßt meinen Herrn, nicht vor dem Angesichte des Königs zu erscheinen, weil dieser ihm noch zürnt. — 1619 *gesamenen* swv., zusammenbringen: wenn Gott jemals das freundliche Verhältniss wieder herstellt. — 1620 so sind wir alle wieder des Königs gehorsame Unterthanen.
     1622 ihr zeigtet immer solches feines Anstandsgefühl, so feinen Takt. — 1624 daß mir euer Rath immer zur Seite stand, ich ihm immer folgte. — 1627 *helfen* mit dat. *umbe ein d.*, jemand bei etwas helfen. — 1628 ich traue euch wol zu daß ihr mir helfen könnt und wollt. — 1629 *mînen herrn*, d. h. Gawan, denn durch die Ergebung (VII, 1455) ist dieser sein Herr geworden. — *hât*, gefangen hält, in seiner Macht hat. — 1630 *hæren*, auf etwas hören, befolgen. — *bede*, Gawan und der gleich darauf genannte Lippaut. — 1631 mein zweiter Vater. —

der tuo sîn zuht nu gein mir schîn.
sîner húlde het ich niht verloren,
wold' es sîn tohter hân enboren.
diu prüevẹte gein mir tôren schimpf: 1635
daz was unfrouwenlich gelimpf.»
dô sprach der werde Gâwân
«hie wirt ein súoné getân,
die niemen scheidet wan der tôt.»
dô kômen, die der rîter rôt   1640
hin ûz hete gevangen,
ûf für den künec gegangen:
die sageten wie'z dâ wære komen.
dô Gâwân hệté vernomen
sinịu wâpen, der mit in dâ streit,   1645
und wem sie gâben sicherheit,
und dô s' im sagten umben grâl,
dô dâhter des, daz Parzivâl
diss mæres wære ein urhap.
sîn nigen er gein himele gap,   1650
393 daz got ir strîtes gegenniet
des tages von ein ander schiet.
des was ir helendiu zuht ein pfant,
daz ir neweder wart genant.
sine erkande ouch niemen dâ: 1655
daz tet man aber anderswâ.

Zuo Méljánz sprach Scherules
«hêrrẹ, muoz ich iuch biten des,

1633 *sîner hulde* abhängig von *niht.* — 1634 *enboren* part. von *enbern* stv.,
unterlassen, sich enthalten; *es* gen., dessen was im Folgenden gesagt ist.
— 1635 die úbte mir gegenüber Scherz, wie man ihn mit einem Narren
treibt. — 1636 *unfrouwenlich* adj., was einer *frouwe*, einem Weibe von
edler Abkunft, nicht geziemt. — *gelimpf* stm., angemessenes Benehmen;
Benehmen überhaupt. — 1640 die drei gefangenen Fürsten; vgl. zu 1516.
— 1641 *hin ûz*, vgl. *hin în* 1514. — 1642 *ûf:* weil die Stadt höher lag als
die Ebene um sie. — *den künec*, Meljanz. — 1643 wie es da zugegangen
war, daß sie von dem rothen Ritter gefangen genommen und zur Be-
freiung des Königs hereingeschickt waren. — 1645 *sîniu wâpen, der*, das
Wappen, die Waffenrüstung desjenigen, der. — 1647 *umben grâl*, vom
Gral; vgl. 1529. — 1648 da kam er auf den Gedanken. — 1649 derjenige
wäre, auf den diese Erzählung zurückgienge, sich bezöge. — 1650 *nigen*
gerund., Danken: er dankte dem Himmel. — 1651 *gegenniet* stm. oder
stn., Gegenanstreben: ihre feindliche Begegnung in dem heutigen Kampfe
verhinderte. — 1653 dafür war ein Unterpfand, dafür gab Sicherheit. —
ir helendiu zuht, ihre sich verhehlende Bescheidenheit. — 1654 *neweder*,
keiner von beiden. — *wart genant*, sich beim Namen nannte, sich zu er-
kennen gab.
1658 wenn ich euch darum bitten darf. —

sô ruochet mînen hérren sehen.
swes frîwent dâ bĕdenthalben jchen,　　　　　　1660
des sult ir gerne volgen,
unt sît im niht erbolgen.»
daz dûhte sę guot über al.
dô fuoren s' ûf des küneges sal,
daz inner her von der stat:　　　　　　1665
des fürsten marschalc sie des bat.
dô nam mîn hêr Gâwân
den grĕvĕn Lahédumãn
und ander sîné gevangen
(die kŏmĕn dar zuo gegangen):　　　　　　1670
er bat sie geben sicherheit,
die 'r des tages ab in erstreit,
Scherulese sime wirt.
männeglîch nu niht verbirt,
sinę füern, als dâ gelobet was,　　　　　　1675
ze Béârosche üfen palas.
Meljanze gap diu purcgrâvin
richiu kléider und ein riselln,
da'r sînen wunden arm in hienc,
dâ Gâwâns tjóst dúrch gienc.　　　　　　1680

394　　Gâwân bî Scherulese enbót
sîner frouwen Obilót,
daz er sie gerne wolde sehen
und ouch mit wârheite jehen
sines lîbes undertân,　　　　　　1685
und ér wolt' óuch ir urloup hân.

1659 *sehen*, aufsuchen, besuchen. — 1660 *swes* abhängig von *jehen*, Subject
ist *friwent* nom. pl. in unflect. Form: was die beiderseitigen Freunde sa-
gen, rathen. — 1663 das schien ihnen allen zweckmäßig. — 1665 *inner*
adj., inner: die Mannen und Bundesgenossen Lippaut's. — 1666 *des fůr-
sten*, Lippaut's. — 1669 unter den andern Gefangenen sind die Ritter zu
verstehen, die Gawan niedergestochen und deren Rosse er seines Wirthes
Leuten geschenkt hatte (1269 fg.). — 1672 *ab in erstreit*, im Kampfe ihnen
abgenommen hatte. — 1674 *männeglîch*, männiglich: aus *manne* (gen. pl.)
gelîch, jeglicher der Männer: der Umlaut in *männe* ist durch Rückwirkung
des *î* zu erklären. Unterläßt nun nicht sich zu begeben: da *verbirt* er-
zählendes Præsens ist, also für das Præter. steht, so ist nicht auffallend,
daß das Præter. *füern* darauf folgt. — 1677 Scherules' Gemahlin. —
1678 *riselîn* stn. (zu *rîse* stf.), Schleier. — 1680 *dâ — durch*, durch welchen;
vgl. 1418. 1431.
　　1681 *bî*, durch; vgl. engl. *by*. — *enbôt*, ließ wissen. — 1682 sie heißt
seine *frouwe*, Herrin, weil er in ihren Dienst sich begeben hat. —
1684—85 und daß er ihr auch in Aufrichtigkeit und Treue sein Leben
unterthänig zu eigen geben wolle, sie seiner unterthänigen Dienstwilligkeit
versichern wolle. — 1686 auch wolle er von ihr sich verabschieden. —

«und saget, ich lâze ir'n künec hie:
bit sie sich bedenken wie
daz s'in alsô behalte
daz pris ir fuore walte.»   1690
dise réde hôrte Meljanz.
er sprach «Obilôt wirt kranz
aller wiplichen güete.
daz sénftet mir mîn gemüete,
ob ich ir sicherheit muoz geben,   1695
daz ich ir frides hie sol leben.»
«ir sult sie dâ für hân erkant,
iuch envienc hie niemen wan ir hant:»
sus sprach der werde Gâwân
«mínen prîs sol sie al eine hân.»   1700

    Scherules kom für geriten.
nune was ze hove niht vermiten,
dane wære mâget man únde wîp
in solher wæte ieslîches lip,
daz man dâ kranker armer wât   1705
des tages dâ hete lîhten rât.
mit Meljanz ze hove reit
al die dort ûze ir sicherheit
ze pfande heten lâzen.
dort elliu vieriu sâzen,   1710
395 Lyppaut, sin wip und sîniu kint.
ûf giengen die dâ komen sint.
der wirt gein sime hèrren spranc:

1687 Übergang in directe Rede (zu I, 872). — 'n künec, Meljanz. — 1688 bit
= bitet. — wie das gehört zusammen: wie sie es mache, daß. — 1689 be-
halte, versorge, aufnehme. — 1690 daß das Lob über ihre Handlungsweise,
ihr Benehmen gebiete: daß ihr Benehmen zu loben sei. — 1692 kranz, mit
Weglassung des Artikels (ein), ein Inbegriff, ein Ideal. — 1696 ir frides,
durch ihren Schutz, unter ihrem Schutze. — 1697 ihr sollt sie als eine
solche kennen, ihr sollt von ihr wissen. — 1698 mit Beziehung auf das
frühere Gespräch mit Obilot; vgl. VII, 985 fg.
    1701 für, voraus. — 1702 ze hove, oben in der Burg des Herrn, Lip-
paut's. — 1703 alle hatten sich zum Empfang der Gäste festlich gekleidet.
— 1704 ieslîches lîp, sie alle. — 1705 kranc adj., gering, schlecht. — arm,
ärmlich. — 1706 das doppelte dâ ist nicht pleonastisch: das zweite ist
verstärkend mit des tages zu verbinden: an jenem Tage da, das erste local,
dâ ze hove. — lîhten adj. zu rât, leicht überhoben war, entbehren konnte.
— 1707 reit sing. mit folgendem Plur. des Subjects. — 1708 dort ûze, vor
der Stadt, im Kampfe. — 1709 ze pfande lâzen, als Pfand zurücklassen,
verpfänden. — 1710 dort, auf der Burg, im Palas. — elliu vieriu neutr.,
weil Personen verschiedenen Geschlechtes. — 1712 die nun angekommen
sind. — 1713 Lippaut sprang beim Herannahen von Meljanz auf. —

úf dém paláse was gróz gedranc,
da er 'n vient und die friwende enpfienc.   1715
Meljanz bi Gâwâne gienc.
«kund' ez iu niht versmâhen,
mit kusse iuch wolde enpfâhen
iuwer altiu friwendin:
ich mein' min wip, die herzogin.»   1720
Meljanz antwurte dem wirte sân
«ich wil gérne ir kus mit gruoze hân,
zweier frouwen die'ch hie sihe:
der dritten ich niht suone gihe.»
des weinden d' éltéren dô: 1725
Obilôt was vaste vrô.
der künec mit kusse enpfangen wart,
unt zwên' ánder künege âne bart:
als tet der herzoge Marangliez.
Gâwânn man kuss ouch niht erliez,   1730
und daz er næm' sin frouwen dar.
er druct' daz kint wol gevar
als eine tockn an sine brust:
des twang in friwentlich gelust.
hin ze Meljanze er sprach   1735
«iwer hânt mir sicherheite jach:
der sit nu ledec, und gebet sie her.
aller miner fröuden wer
sitzet an dem arme min:
ir gevangen sult ir sin.»   1740

396   Meljanz durch daz dar nâher gienc.
diu maget Gâwânn zuo z'ir gevienc:

1715 *vient* sing. in collectivem Sinne. — 1717 **Lippaut ist der Redende.** —
kund' ez, falls es von solcher Art ist (zu I, 32), daß es euch nicht ver-
ächtlich erscheint, falls ihr es nicht verschmäht. — 1719 *friwendín* stf.,
Freundin. — 1722 *ir* nimmt das folgende *zweier frouwen* voraus. — *mit*
soviel als *und:* ihren Kuss und ihre freundliche Begrüßung. — 1723 die
beiden sind die alte Herzogin und Obilot; die dritte, mit der er sich nicht
versöhnen will, ist Obie. — 1725 *elteren* nom. pl. des Compar., Ältern. —
1728 die beiden andern jugendlichen Könige sind Schirniel und sein Bru-
der. — 1729 *tet* = *wart enpfangen:* zu II, 1596, also hier ein passives Ver-
bum vertretend. — 1730 *kuss* gen. sing. für *kusses:* Gawanen verschonte
man auch nicht mit Küssen. — 1731 *das* von *erliez* abhängig: man erließ
es ihm nicht, daß. — *sine frouwen*, Obilot; vgl. zu 1682. — *dar*, zu sich,
in seine Arme. — 1734 *friwentlich* adj., nach Art eines Liebhabers, wie es
einem Liebhaber zukommt. — 1737 von der spreche ich euch los; *her*,
hierher, an Obilot. — 1738 *wer*, Gewährung, oder diejenige, die mir alle
Freude gewährt; zu I, 1108.
   1741 *durch das*, in dieser Absicht, um ihr *sicherheit* zu geben. —
1742 schloß Gawanen in ihre Arme. —

Obilôt doch sicherheit geschach,
da ez manec werder rîter sach.
«hêr künec, nu habet ir missetân,   1745
sol mîn rîter sîn ein koufman,
des mich mîn swester vil an streit,
daz ir im gâbet sicherheit.»
sus sprach diu maget Obilôt:
Meljanze sie dâ nâch gebôt   1750
daz er sicherheit verjæhe,
diu in ir hant geschæhe,
ir swester Óbïen.
«z'einer âmïen
sult ir sie hân durch riters prîs: 1755
z'einem hêrrn und z'einem âmis
sol sie iuch iemer gerne hân.
i'ne wil's iuch dwederhalp erlân.»
got ûz ir jungen munde sprach:
ir bete bêdenthalp geschach.   1760
dâ méistertè frou Minne
mit ir kréfteclichem sinne,
und herzenlichiu triuwe,
der zweier liebe al niuwe.
Obïen hant für'n mantel sleif,   1765
dâ sie Meljánzes arm begreif:
al weinde kuste ir rôter munt
dâ der was von der tjoste wunt.
manc zaher ime den arm begôz,
der von ir liehten ougen vlôz.   1770
397 wer macht' sie vor der diet sô balt?
daz tet diu minne junc unt alt.

1744 in Gegenwart manches werthen Ritters. — 1745 Obilot ist die Redende. — 1747 an strîten mit acc. und gen., jemand wegen etwas bekämpfen: was meine Schwester so hartnäckig im Wortwechsel mit mir behauptete. — 1748 daz ist mit missetân zu verbinden: darin gefehlt, daß. — 1750 nachdem er ihr gesichert hatte, konnte sie ihm befehlen, ohne daß er ihrem Befehle sich entziehen durfte. — 1753 swester dat. von verjæhe abhängig. — 1754 z'einer, zur; vgl. zu VI, 1708. — 1755 bei eurer Ritterehre. — 1757 sol sie gerne, hat sie gut und gerne Ursache. — 1758 dwederhalp = dewederhalp, auf keiner von beiden Seiten: keinem von euch beiden. — 1760 ihre Bitte wurde von beiden erfüllt. — 1761 meistern swv., lenken, durch Macht bewirken. — 1762 mit der Macht ihres Geistes. — 1764 die Zuneigung der beiden, Obiens und Meljanzens; liebe Object von meisterte. — 1765 sleif præt. von slîfen stv., gleiten: glitt aus dem Mantel heraus. — 1766 dâ, wobei, indem. — 1768 dâ, auf die Stelle wo. — der, derselbe. — 1771 vor der diet, in Gegenwart der Leute, so vieler Menschen. Wer gab ihr den Muth, die Dreistigkeit. — 1772 junc unt alt, die uralt und doch immer wieder jung, neu ist (vgl. IV, 717) oder speciell auf die Minne der beiden zu beziehen (vgl. V. 1764).

Lyppaut dô sinen willen sach,
wand' ime sô liebe nie geschach
sit got der êrn in niht erliez,   1775
sin tohter er dô frouwe hiez.

    Wie diu hôchzit ergienc,
des vrâgt dèn dér dâ gâbe enphienc:
und war dô männeglîch rite,
er hete gemach oder er stritc,   1780
des mag ich niht ein ende hân.
man sagete mir daz Gâwân
urlóup nam ûf dem pálás,
dar er durch urloup komen was.
Obilôt des weinde vil: 1785
sie sprach «nu füert mich mit iu hin.»
dô wart der jungen süezen maget
diu bete von Gâwâne versaget;
ir muotr sie kûm' von ime gebrach.
urloup er dô z'in allen sprach.   1790
Lyppaut im dienes bôt genuoc,
wand' er im holdez herze truoc.
Scherules, sin stolzer wirt,
mit al den sinen niht verbirt,
er'n rite ûz mit dem degene balt.   1795
Gâwânes strâze ûf einen walt
gienc: dar sander weideman
und spîse verre mit im dan.
urloup nam der werde helt:
Gâwân gein kumber was verselt.   ,   1800

1773 sah da seinen Wunsch erfüllt. — 1776 er nannte fortan seine Tochter
Herrin, weil sie die Gemablin seines Herrn wurde.
    1777 wie das Hochzeitsfest verlief. — 1778 d. h. das fabrende Volk. —
1780 ob zu einem bequemen Leben oder in Kampf; vgl. zu VII, 1568. —
1781 *ein ende hân* mit gen., etwas genau wissen; ebenso *ein ende geben*,
etwas genau, vollständig sagen. — 1784 um Abschied zu nehmen; vgl. 1686.
— 1785 *des*, darüber. — *vil: hin*, Assonanz, die zu mannichfachen Ände-
rungen des Textes veranlaßt hat. — 1786 *hin*, von hinnen. — 1789 *brechen*
stv., losreißen: konnte sie nur mit Mühe von ihm losreißen. — 1790 er
sagte ihnen allen Lebewohl. — 1791 erbot sich ihm zu jedem Dienste. —
1795 *rite:* ebenso richtig wäre das Præt. *rite;* vgl. zu 1674: unterließ nicht
zu reiten. — 1796 *ûf,* auf — zu. — 1798 er ließ ihn eine weite Strecke
hinaus geleiten und mit Zehrung versehen: die Jäger sandte er mit, damit
er sich nicht im Walde verirre. — 1800 war dem Kummer preisgegeben;
zu IV, 1170.

ACHTES BUCH.

GAWAN UND ANTIKONIE.

Gawan kommt ins Land Ascalon, zur Burg Schanpfanzun, und trifft den König des Landes, Vergulaht, auf der Jagd. Derselbe sendet ihn an seine Schwester Antikonie und verspricht bald zurückzukehren. Allein mit der schönen Jungfrau, wirbt er um ihre Minne, und ist eben dem Ziele seiner Wünsche nahe, als ein alter Ritter eintritt, Gawan anklagt, daß er nicht nur seinen Herrn erschlagen habe, sondern auch dessen Tochter verführen wolle, und ruft das Volk zu den Waffen. Gawan und Antikonie flüchten in einen Thurm, er nimmt den Thorriegel und ein Schachbret als Waffen, während die Jungfrau die Schachfiguren auf die Angreifer schleudert. Vergulaht kommt hinzu und treibt das Volk zu neuem Sturme; allein Kingrimursel, der Gawan Geleit zugesagt, steht diesem bei und eilt zu ihm in den Thurm. Auf Zureden der Seinigen gewährt der König einen Waffenstillstand. Antikonie und Kingrimursel tadeln ihn wegen Verletzung des Gastrechts. Wortwechsel zwischen Kingrimursel und dem feigen Liddamus. Ersterer verabredet mit Gawan die Sache nach einem Jahre in Barbigœl vor dem König Meljans auszufechten. Vergulaht hält Rath mit seinen Fürsten und erzählt ihnen, daß ein Ritter (Parzival) ihn besiegt und ihm das Versprechen abgenommen, ihm den Gral zu erwerben oder sich der Königin von Pelrapeire zu stellen. Liddamus räth, Gawan unter der Bedingung loszugeben, daß er für den König nach dem Gral ziehe. Abschied Gawan's von Antikonie. Kingrimursel begleitet ihn und verspricht, für die Rückkehr von Gawan's Knappen in ihre Heimat zu sorgen.

---

398   Swer was ze Beârosche komen,
    doch hete Gâwân dâ genomen
    den prîs ze bêder sît al ein;
    wan daz dervor ein rîter schein,
    bî rôtem wâpen unrekant,   5
    des prîs man in die hœhe bant.

---

1 so viele auch nach Bearosche gekommen waren. — 2 *genomen*, errungen. — 3 *ze bêder sît*, in beiden Heeren. — 4 nur einer beeinträchtigte seinen Ruhm. *schein*, sich zeigte. — 5 *unrekant*, unerkannt: dessen rothe Waffenrüstung niemand kannte. — 6 *in die hœhe bant*, hoch erhob: das Bild ist von der Fahne entnommen. —

Gâwân het êre unde heil,
ietweders volleclichen teil:
nu nâhet ouch sîns kampfes zît.
der walt was lanc unde wît,   10
dâ durch er muose strîchen,
wolder kámpfes niht entwîchen:
âne schúlde er was derzuo erkoren.
nu was ouch Ingliart verloren,
sîn ors mit kurzen ôren: 15
in Tabronit von Môren
wart nie bézzer ors ersprenget.
nu wart der walt gemenget,
hie ein schache, dort ein velt,
etslîchz sô breit daz ein gezelt   20
vil kûme drûffe stüende.
mit sehen gewan er künde
erbûwens lands, hiez Ascalûn.
dâ vrâgte er gegen Schanpfanzûn
swaz im volkes widerfuor.   25
hôch gebirge und manec muor,
des het er vil durchstrichen dar.
dô nam er einer bürge war:
âvoy diu gap vil werden glast:
dâ kêrte engegen des landes gast.   30

399   Nu hœrt von âventiure sagen,
       und helfet mir dar under klagen
       Gâwâns grôzen kumber.
       min wîser und mîn tumber,
       die tuon'z durch ir gesellekeit   35

:il, Glück. — 8 von beidem reiche Fülle. — 9 der für seinen Zwei-
ipf auf Schanpfanzun bestimmte Termin. — 14 *Ingliart*, das Ross mit
zen Ohren; vgl. VII, 1556. — *verloren*, zu Grunde gerichtet: durch die
itrengungen, nicht mehr brauchbar. Vgl. Crestien 7066 *qu'il sent son
ú qu'il redoie sous lui, si l'en anuie trop; mais il ne set qui l'a fait clop,
'os el pié ne feru l'a.* — 18 nicht ununterbrochener Wald, sondern da-
schen Stücke Feldes. — 19 *schache*, ahd. *scahho*, promontorium; der
zaum des Waldes, ein abgetrenntes Stück Wald. — 20 wir würden
r erwarten: so schmal. — 22 hierauf erblickte er und lernte kennen. —
regen, um den Weg nach. — 25 alle Leute die ihm begegneten. —
far, bis er dahin gelangte. — 29 *werden*, stattlichen. — 30 nach dieser
wendete sich der in dem Lande fremd war.
32 *dar under*, dabei. — 34 mein alter und mein junger Zuhörer: in
ectivem Sinne. — 35 *tuon* conj.: mögen es thun, um ihrer freundlichen
innung willen. —

und lâzen in mit mir leit.
ôwê nu solt' ich swigen.
nein, lât fürbaz sigen
der etswenne gelücke neic
und zu gein ungemache seic.   40
disiu bûrc was gehêret sô,
daz Enêas Kartâgô
nie sô hêrrenliche vant,
da froun Tŷdôn tôt was minneu pfant.
waz sie palase pflæge,   45
und wie vil dâ tûrne læge?
ir hete Acratôn genuoe,
diu âne Babylonje ie truoc
amę grif die grœsten wîte
nâch heiden worte strîte.   50
sie was alumbe wol sô hôch,
unt dâ sie gein dem mer gezôch:
decheinen sturm sie widersaz,
noch grôzen ungefüegen haz.
dervor lac raste breit ein plân: 55
dar über reit hêr Gâwân.
fünf hundert rîter oder mêr
(obe den alln was einer hêr)
die kômen im dâ widerriten
in liehten kleidern wol gesniten.   60
400 als mir d'âventiure sagete,
ir vederspil dâ jagete
den kranch od swaz vor in dâ vlôch.
ein râvît von Spâne hôch

---

36 *lâzen* mit zu ergänsendem *sîn*; vgl. zu I, 707. — *in* dat., ihneu = sich;
es ist aber noch ein *in* zu ergänsen, ihn, den *kumber*. — 38 *sîgen* stv.,
sinken: ins Leid und Unglück; *fürbaz*, noch mehr. — 39 *der*, ihn der
manchmal (= oft) Ursache hatte dem Glücke dankbar zu sein. — 40 *gein*,
auf — zu. — 42 — 44 wieder eine Beziehung auf Heinrich's von Veldeke
Eneide. — 43 *hêrrenlîche* acc. des Adj., stattlich. — 44 *da*, wo, auf wel-
cher. Die Minne nahm Dido's Leben als Pfand, beraubte sie des Lebens. —
45 ihr fragt wie viel Palase sie hatte. — 47 *hete* conj.: an ihnen würde
genug haben. — *Acratôn*, «vielleicht Agra, südöstlich von Dahli», mhd.
Wörterb. — 48 *âne*, mit Ausnahme von. — *ie*, immer, überhaupt. — 49 *grif*
stm., Umfang. — 50 *worte strît*, Behauptung in einem Wortgefechte; Be-
hauptung im Allgemeinen. — 52 *unt dâ*, auch auf der Seite wo. — *siehen*
stv., sich hinziehen: auf der Meeresseite. — 53 *widersitzen* stv., sich ent-
setzen, mit acc. vor etwas: sie fürchtete keine Belagerung. — 55 *raste*
stf., ein Wegmaß, wahrscheinlich eine Stunde = ½ Meile. — 57 die Zahl
gibt Crestien V. 7082 nicht an; er sagt nur *gens*. — 58 *hêr*, vornehm: vor-
nehmer als all die andern. — 63 *kranch* stm. aus *kranech*, Kranich; *den*
in collectivem Sinne. — 64 *râvît* stn., Streitross, aus altfranz. *arabit*, ara-
bisches Ross. —

reit der künec Vergulaht.   65
sin blic was tac wol bi der naht.
sin geslähte sante Mazadân
für den berc ze Fâmorgân:
sin art was von der feien.
in dûhte er sæhe den meien   70
in rehter zit von bluomen gar,
swer nam des küneges varwe war.
Gâwânen des bedûhte,
do der künec sô géin im lûhte,
ez wær' der ander Parzivâl,   75
unt daz er Gahmuretes mâl
hete als ditze mære weiz,
dô der reit in ze Kanvoleiz.

    Ein reiger tet durch fluht entwich
in einen mûorigen tich: 80
den brâhten valken dar gehurt.
der künec suochte unréhten furt,
in valken helfe wart er naz:
sin ors verlôs er umbe daz,
dar zuo al diu kleider sin   85
(doch schiet er valken von ir pin):
daz nâmen die valkenære.
op daz ir reht iht wære?
ez was ir reht, sie solten'z hân:
man muose och sie bi rehte lân.   90
401 ein ander ors man ime dô lech:

---

65 den Namen kennt Crestien nicht: es heißt bei ihm nur V. 7093 *dont li
uns estoit jouvenciaus sor tos les autres grans et biaus* (= VIII, 58). —
66 sein Glanz machte die Nacht zum Tage. — 67 vgl. I, 1667—68. — 70 *in,*
denjenigen, der (*swer* 72). — 71 in seiner herrlichsten Blumenpracht. —
73 *bedunken* mit acc. der Person, gen. der Sache, bedünken: es kam ihm
so vor. — 74 *lûhte* præt. von *liuhten* swv., leuchten, strahlen. — 75 *der
ander,* ein zweiter; vgl. zu III, 1543. — 76 *mâl,* Zeichen, Merkmal: daß er
Gahmuret glich. Er war auch wirklich mit ihm verwandt; seine Mutter
war Gahmuret's Schwester. Vgl. VIII, 382. — 77. 78 damals als er, wie
diese Erzählung weiß und berichtet, in Kanvoleis einritt; vgl. II, 122 ff.
    79 *entwich* stm., Entweichen; *tet entwich,* war entwichen, entronnen.
— 80 *muoric* adj., moorig, morastig. — *tich* stm., Teich. — 81 den hatten
Falken, indem sie auf ihn stießen, dorthin zu entfliehen genöthigt. —
82 er ritt in den Teich hinein, aber an einer Stelle, wo keine Furt war. —
83 indem er den Falken helfen wollte. — 85 die Kleider wurden von dem
Morast schmuzig und daher für ihn ferner untragbar. — 86 er machte
der Noth der Falken ein Ende, indem er den Reiher wirklich fieng. —
87 *daz,* Ross und Kleider; vgl. 94. — 90 man durfte ihnen ihr Recht auch
nicht verkümmern und beeinträchtigen. — 91 einer seiner Ritter lieh ihm
sein Ross. —

des sinen er sich gar verzêch.
man hienc och ander kleit an in:
jenz was der valkenære gewin.
hie kom Gâwân zuo geriten.   95
âvoy nu wart dâ niht vermiten,
erne wurde baz enpfangen
dan ze Káridœl wǽre ergangen
Éréckés enpfâhen,
do er begunde ·nâhen   100
Artûs nâch sîme strite,
unt dô frou Ênîte
sîner frœude was ein condewier,
sît im Maliclîsier
daz twerc sîn vel unsanfte brach   105
mit der gêisel da'z Gynóvèr sach,
unt dô ze Tulmein ein strît
ergienc in dem kreize wît
umbe'n spærwære.
Idêrs fil Noyt der mære   110
im sîne sicherheit dâ bôt:
er muost' se im bieten für den tôt.
die rede lât sîn, und hœrt'z och hie:
ich wæne sô vriescht ir nie
werdern antpfanc noch gruoz.   115
ouwê des wirt unsanfte buoz
des werden Lôtes kinde.
rât ir'z, ich erwinde
unt sage iu fürbáz niht mêre.

---

92 *verzéch* præt. von *verzíhen* stv., refl. mit gen., sich von etwas lossagen,
auf etwas verzichten. — 95 *hie*, in diesem Augenblicke. — 96 man unter-
ließ nicht ihn zu empfangen. — 98—112 Beziehungen auf Hartmann's
Erec, und zwar auf den vorderen Theil des Gedichtes, etwa bis V. 1836.
Der Empfang an Artus' Hofe V. 1500 ff. — 101 *nâch sîme strite:* der Kampf
mit Iders ist gemeint. — 103 *condewier* stn., Geleite: ihm seine (verlorene)
Freude zuführte. — 104 *sît*, nachdem: dieser Schlag beraubte ihn seiner
Freude. — *Maliclisier:* bei Hartmann, Erec 1076, führt der Zwerg den
Namen *Maledicur*. — 105 *brach*, zerbrach, zerschlug; vgl. Erec 96. —
106 in Ginover's Gegenwart; vgl. Erec 105—107. — 107 *Tulmein*, die Burg
des Herzogs Imain, auf welcher der Sperberkampf stattfindet; Erec 174.
— 108 inmitten eines großen Kampfplatzes. — 110 bei Hartmann *Y'dêrs
fil Niut* Erec 464, mit welchem Erec kämpft und den er besiegt zu Artus
sendet. — 112 *für den tôt*, zum Ersatz für den Tod, oder um den Tod von
sich abzuwehren. — 113 *die rede*, diese Beziehung auf Hartmann's Erec. —
hört wie es auch hier sich zutrug. — 114 *sô*, dann: wenn ihr meinen Be-
richt vernommen. — 115 *antpfanc* (zu *entphâhen*) stm., Empfang. — 116 die-
sen stattlichen Empfang muß er schlimm entgelten. — 118 *rât (râtet) ir'z*,
wenn ihr damit einverstanden seid. — *erwinden* stv., ablassen, aufhören:
so erzähle ich nicht weiter. Vgl. 35. —

durch trûren tuon ich widerkère.   120
402 doch vernemet durch iuwer güete,
wie ein lûtér gemüete
fremder válsch gefrumte trüebe.
ob ich iu fúrbaz üebe
diz mæré mit rehter sage,   125
sô kumt ir's mit mir in klage.

Dô sprach der künec Vergulaht
«hêrre, ich hân mich des bedâht,
ir sult rîten dort hin în.
magez mit iweren hulden sîn,   130
ich priche iu nu gesellekeit.
ist ab iu mîn fürbaz rîten leit,
ich lâz' swaz ich ze schaffen hân.»
dô sprach der werde Gâwân
«hêrre, swaz ir gebietet,   135
pillîche ir iuch des nietet:
daz ist och âne mînen zorn
mit guotem willen gar verkorn.»
dô sprach der künec von Ascalûn
«hêrre, ir seht wol Schanpfanzûn.   140
da ist mîn swester ûf, ein maget:
swaz munt von schœne hât gesaget,
des hât sie volleclîchen teil.
welt ir'z iu prüeven für ein heil,
deiswâr sô muoz sie sich bewegen   145

---

120 *durch trûren*, weil mich der Bericht traurig machen würde: kehre ich
um auf dem eingeschlagenen Pfade der Erzählung. — 121 *doch:* er be-
sinnt sich eines andern, und beschließt weiter zu erzählen. — 122 Gawan
ist gemeint, unter der folgenden Zeile Vergulaht. — 124 *üeben* swv., ins
Werk setzen: wenn ich weiter führe. — 125 *sage* stf., Erzählung, Bericht:
in geordneter Erzählung. — 126 ir's, ihr dadurch.
128 ich habe mir die Sache so überlegt. — 129 vgl. Crestien 7098
ales-vous ent la dont je vieng. — 130 wenn ihr es erlaubt, nichts dagegen
habt. — 131 so breche ich euch gegenüber das Gebot der *gesellekeit*, so
begleite ich euch nicht: was sonst seine Pflicht als Wirth gewesen wäre.
— 132 wenn es euch aber verdrießt, daß ich weiter reite, so lasse ich sein,
was ich zu thun habe, und kehre mit euch um. — 135 *swas ir gebietet,
«was ihr zu thun geruht»*, Simrock. — 136 es ist ganz in der Ordnung
wenn ihr das betreibt: laßt euch darin nicht stören. — 137 ohne daß ich
euch deswegen zürne. — 138 ist euch gutwillig und gern verziehen; zu
I, 1719. — 140 ihr seht jene Burg dort, Schanpfanzun genannt. Es wäre
nicht unmöglich, daß der bei Crestien nicht vorkommende Name aus Ent-
stellung der Worte 7099 *bien descendres en mes maisons, bien est huimais
tans et raisons de herberger* entstanden wäre; vgl. 7446. — 141 vgl. Crestien
7102 *j'ai une seror mout cortoise.* — 144 wenn ihr es als ein euch wider-
fahrenes Glück betrachtet, wenn es eurem Wunsche entspricht. —

daz sę iuwer unze an mich sol pflegen.
ich kume iu schierre denne ich sol:
ouch erbeit ir mîn vil wol,
gesehet ir die swester mîn:
iren ruocht, wolt' ich noch lenger sîn.» 150
403 «ich sihe iuch gerne, als túon ich sie.
doch hânt mich grôze frouwen ie
ir werden handelunge erlân.»
sus sprach der stolze Gâwân.
der künec sand' éinen rîter dar, 155
und enbôt der magt daz sie sîn war
sô næm' daz langiu wîle
in diuhte ein kurziu île.
Gâwân fuor dar der künec gebôt.
welt ir, noch swîge ich grôzer nôt. 160
nein, ich wil'z iu fürbaz sagen.
strâze únd ein pfärt begunde tragen
Gâwânn gein der porte
.an des palases orte.
swer bûwes ie begunde, 165
baz denne ich sprechen kunde
von dises bûwes veste.
`dâ lac ein burc, diu beste
diu ie genant wart ertstift:
unmâzen wît was ir begrift. 170

---

146 *unze an mich*, bis auf mich: bis ich zurückkomme. Ein anderer Sinn
könnte in den Worten liegen nach Crestien 7115 *et k'ele autant face de lui
com de moi ki ses freres sui*; doch vgl. 7119. — 147 *schierre* compar. des
Adv. *schiere*, aus *schierere*, ahd. *scieroro*, schneller: als ihr verlangen
werdet. — 148 *erbeit*＝*erbeitet* (zu III, 823): auch werdet ihr meine Ankunft
gern erwarten können. — 150 *iren ruocht*, es wird euch nicht kümmern. —
151 Gawan lehnt damit höflich die Anmuthung ab, als trage er kein Ver-
langen, den König bald wieder zu sehen. — *als tuon* (＝ *sihe*) *ich*, ebenso
sehe ich sie gern. — 152 *grôze*, vornehme. — *ie*, immer, bis jetzt. —
153 nicht mit werther Bewirthung empfangen. — 156 *sîn war næme*, ihn
mit solcher Aufmerksamkeit behandelte. — 157 daß eine lange Zeit ihm
wie ein kurz enteilender Moment erscheine. Vgl. Crestien 7117 *tel solas et
tel compagnie li face qu'il ne li griet mie*. — 159 *dar — gebôt*, wohin sich zu
begeben ihm gebot. — 160 vgl. 118. Noch ist das für Gawan Schmerz-
liche nicht ausgesprochen. — 162 zu *strâse* muß der Artikel *ein* ebenfalls
ergänzt werden. — *ein pfärt*, welches man ihm gegeben hatte: denn das
seinige war zum Reiten untauglich; vgl. zu VIII, 14. — 164 *orte*, Ende,
Anfang; auch Ecke. Der *palas* stieß unmittelbar an die Pforte. — 165 wer
je mit Bauten zu thun hatte: ein Baumeister. — 166 *kunde* conj. —
167 *veste*, Festigkeit; vgl. Crestien 7135 *si fors que nule rien ne dote*. —
169 *ertstift* stf., Bau auf Erden, irdischer Bau. — 170 *begrift* stf., Umfang;
vgl. *grif* VIII, 49.

Der bürge lop sul wir hie lân,
wand' ich iu vil ze sagene hàn
von des küneges swester, einer maget.
hie ist von bûwe vil gesaget:
die prüeve ich rehte als ich sol.   175
was sie schœn', daz stuont ir wol:
und hete sie dar zuo rehten muot,
daz was gein werdekeit ir guot;
sô daz ir site und ir sin
was gelîch der marcgràvin   180
404 diu dicke vonme Heitstein
über al die marke schein.
wol im' der'z heinliche an ir
sol prüeven! des geloubet mir,
der vindet kurzewîle dâ   185
bezzer denne anderswâ.
ich mac des von frouwen jehen
als mir diu ougen kunnen spehen.
swar ich rede kêr' ze guote,
diu bedarf wol zühte huote.   190
nu hœre dise âventiure
der getriuwe unt der gehiure:
ich enruoche umb' d'ungetriuwen.
mit türkélen triuwen.
hânt sẹ alle ir sælekeit verlorn: 195
des muoz ir sêle liden zorn.

---

171 *sul wir hie lân*, davon wollen wir hier nicht weiter reden. —
174 hier war viel von Bauten die Rede, von denen ich nicht viel verstehe:
auf Beurtheilung und Schilderung von Frauenschönheit verstehe ich mich
schon besser. — 175 die schildere ich wie sich's gehört. Er schildert aber
wieder in seiner originellen Weise, nicht mit einer jener stereotypen Per-
sonalbeschreibungen. — 177 *rehten muot*, die richtige Gesinnung. — 178 *was
ir guot gein*, verhalf ihr zu. Die Schönheit allein macht ein Weib noch
nicht *wert*; vgl. Walther 36, 21, Pf. — 179 sodaß wenn sie beides, Schön-
heit und rechte Gesinnung vereinigte. — 180 vgl. Einleitung, S. VIII. —
182 *marke* stf., Grenzland, Landschaft, abgegrenzter Landtheil. — 183 *es*,
ihre innere und äußere Beschaffenheit. — *heinliche* adv., in vertraulicher
Weise, in vertraulichem Verkehre. — 184 *prüeven*, erfahren. — 187 fg. nach-
dem ich mit meinen Augen eine Frau prüfend betrachtet, kann ich ein
Urtheil über sie fällen: ich urtheile nur nach Prüfung mit eigenen Au-
gen. — 189 wohin, auf welche Frau, ich meine Rede im guten Sinne
richte, die muß wol unter der Hut der Zucht stehen: eine andere werde
ich nicht loben. — 192 *der gehiure* (collectiv), die freundlich Gesinnten. —
193 nach den Untreuen frage ich nichts. — 194 *türkel* = *dürkel* (I, 1706;
VI, 348), durchlöchert, hohl. — *triuwen*: so ist nach Lachmann sicher zu
lesen; die Schreiber stießen sich an den rührenden Reim. — 196 nach dem
Tode; *zorn*, den Zorn Gottes.

Ûf den hóf dort für den palas reit
Gâwân gein der gesellekeit,
als in der künec sande,
der sich sélben an im schande.   200
ein ríter, der in brâhte dar,
in fuorte dâ saz wol gevar
Antikoní diu künegin.
sol wíplích êre sín gewin,
des koufes hete sie vil gepflegen   205
und alles valsches sich bewegen:
dâ mite ir kiusche prîs erwarp.
óuwê daz sô fruo erstarp
von Veldeke der wîse man!
der kunde s' baz gelobet hân.   210
405 dô Gâwân die maget ersach,
der bote gienc nâher unde sprach
al daz der künec werben hiez.
diu künegin dô niht enliez,
sin' spræche «hêrre, gêt nâher mir.   215
mîner zühte meister daz sît ir:
nu gebietet unde lêret.
wirt iu kurzewîle gemêret,
daz muoz an iwerm gebote sîn.
sît daz iuch der bruoder mîn   220
mir bevolhen hât sô wol,
ich küsse iuch, obe ich küssen sol.
nu gebíet nâch iweren mâzen
mîn tuon oder mîn lâzen.»

---

198 zu der Gesellin, d. h. der Königstochter, die ihn gesellig unter-
halten sollte. — 200 an im, an Gawan, indem er das heilige Gastrecht ver-
letzte. — 202 vgl. Crestien 7166 *li chevaliers..l'en maine, pris par la main,
jusqu'en la cambre à la pucele.* — 203 den Namen der Königin hat Crestien
nicht: er ist vielleicht wieder aus einem Missverständniss entstanden;
Crestien 7382, wo Antikonie die Bretsteine auf die Angreifer schleudert,
heißt es *et jure com femme anuie*; vgl. auch 7331 *la damoiselle..come
hardie.* — 204 wenn weibliche Ehre ein (kaufmännischer) Gewinn ist,
wenn man dadurch reich wird, von diesem Artikel hatte sie viel einge-
kauft. — 207 dâ mite auf den ganzen vorausgehenden Satz zu beziehen.
— *kiusche*, sittsames, bescheidenes Wesen. — 210 der würde es besser
verstanden haben sie zu loben. — 212 *der bote*, der mit Gawan gesendete
Ritter des Königs. — 213 alles was der König ihm befohlen hatte aus-
zurichten; vgl. VIII, 156. — 216 wird durch die folgende Zeile näher er-
klärt: was ihr mir als Zucht, als Anstand empfiehlt, werde ich thun, ich
werde ganz euch zu Wunsche handeln. — 318 wenn ihr viel Unterhaltung
findet. — 219 das muß von eurem Befehl abhängen, das kommt nur auf
euch an. — 222 wenn ihr wünscht daß ich küsse. — 223 *nâch iweren
mâzen*, nach eurem Ermessen. — 224 ob ich es zu thun oder zu unter-
lassen habe.

Mit grôzer zuht sie vor im stuont.   225
Gâwân sprach «frouwe, iuwer munt
ist sô küssenlîch getân,
ich sol íweren kus mit gruoze hân.»
ir munt was heiz, dick' unde rôt,
dar an Gâwân den sînen bôt,   230
da ergienc ein kus ungastlîch.
zuo der megde zühte rich
saz der wol geborne gast.
süezer rede in niht gebrast
bêdenthalp mit triuwen.   235
sie kunden wol geniuwen,
er sîne bête, sie ír versagen.
daz begúnder herzenlîchen klagen:
och bat er sie genâden vil.
. diu maget sprach als i'u sagen wil.   240
406 «hêrre, sît ir anders kluoc,
sô mages dunken iuch genuoc.
ich erbiut'z iu durch mîns bruoder bete,
daz ez Anpflîse Gahmurete
mimę œheim nie baz erbôt;   245
âne bî́ lígen. mîn triuwe ein lôt
an dem orte fürbaz wæge,
der uns wegens ze rehte pflæge:
und enwéiz doch, hêrre, wer ir sît,
doch ir an sô kurzer zît   · 250
wellet mîne minne hân.»

---

227 *küssenlîch* adj., kusslich, zum Küssen geeignet. — 228 *ich sol*, ich
will. — *mit gruoze*, soviel als *und íweren gruos.* — 229 *dick'*, schwellend;
vgl. II, 142. — 231 *ungastlîch*, wie es unter Fremden nicht üblich ist:
vertraulicher und inniger als der Kuss von Fremden. Vgl. *gastlîch* V, 209.
— 235 *bêdenthalp*, auf beiden Seiten: ihnen beiden. — *mit triuwen*, in auf-
richtigem, wohlwollendem Sinne sprachen sie miteinander. — 236 *geniuwen*
swv., erneuern: daß Gawan sie um Liebe gebeten habe (vgl. Crestien 7905
mesire Gauvains le requiert d'amort et prie) war noch nicht gesagt, also
heißt es: er bat sie wiederholt um Minne, und sie schlug es ihm jedes-
mal ab. — 241 *anders*, sonst, im Übrigen. — 242 *es*, an dem was ich euch
gewährt habe. — 243 zu *erbiut's* muß ergänzt werden *sô wol*, davon hängt
daz ab. — 245 *œheim:* sie war verwandt mit Gahmuret durch die gemein-
same Abstammung von *Mazadân;* vgl. zu VIII, 67. — 246 ausgenommen
das Beiliegen: darauf war Gawan's *bete* (237) hinausgelaufen. — *mîn
triuwe,* das Wohlwollen, das ich euch erwiesen habe. — 247 *an dem orte,*
am Ende: hier ist also der Vergleich vom Längenmaß, in *lôt* vom Ge-
wichte entnommen. — *fürbaz wœge,* würde um ein Loth mehr wiegen, um
ein Endchen länger sein als das von Anpflîsen Gahmuret bewiesene Wohl-
wollen, wenn man beides zusammenhielte. — 248 wenn man uns recht
wägen wollte. — 249 und doch weiß ich noch gar nicht einmal wer ihr
seid; — 250 *doch* mit conj. (vgl. VII, 393), obgleich. —

dô sprach der werde Gâwân
«mich lêret mîner künde sin,
ich sage iu, frouwe, daz ich pin
mîner basen bruoder sun.   255
welt ir mir genâde tuon,
dáz ęnlât niht durch mînen art:
der'st gein iuwerm só bewart,
daz sie bêdę ál gelîche stênt
unt in rehter mâze gênt.»   260

   Ein maget begunde in schenken,
dar nâch schier' von in wenken.
mêr frówen dennóch dâ sâzen,
die och des niht vergâzen,
sie giengn und schuofen umbe ir pflege.   265
ouch was der riter von dem wege,
der in dár brâhte.
Gâwân des gedâhte,
dô sį alle von im kômen ûz,
daz dícké den grôzen strûz   270
407 væhet ein vil kranker ar.
er greif ir under'n mantel dar:
ich wæne, er ruorte ir'z hüffelin.
des wart gemêrét sîn pin.
von der Jiebe alsölhe nôt gewan   275
beidiu maget und ouch der man,
daz dâ nâch was ein dinc geschehen,

---

253 *künde* stf., Bekanntschaft, die heimischen Verhältnisse: das Ver-
ständniss, die Kenntniss meiner verwandtschaftlichen Verhältnisse. —
255 die Art und Weise, wie Gawan seine Verwandtschaft bezeichnet, und
die Antikonien in Wahrheit nicht über seine Herkunft aufklärt, hat etwas
Humoristisches, das ganz in Wolfram's Sinne ist. Mit andern Worten: ich
bin meines Vaters Sohn. — 257 so unterläßt es nicht um meiner Herkunft
willen. — 259 daß beide einander vollkommen gleich sind. — 260 und beide
ganz in der Ordnung sind.
  262 *wenken* swv. intrans., sich wenden: fortgehen. — 263 auch die
übrigen Frauen (ihres Gefolges) die dort saßen. — 265 *und* ist mit Wacker-
nagel vielleicht zu streichen, da Wolfram zuweilen zwischen zwei Verben
die Copula ausläßt. — *schuofen*, sorgten. — *pflege* stf., Obliegenheit, Amt.
— 266 *von dem wege*, hinweggegangen. — 269 von ihm weg und hinaus-
gegangen waren. — 271 *kranc*, hier in der Bedeutung: klein. Vermuthlich
ein Sprichwort, das ich aber sonst nicht nachzuweisen vermag. — 272 diese
etwas derbsinnliche Manier, um Liebe zu werben, hat für uns etwas An-
stößiges: nach den Schilderungen aus der damaligen Zeit scheint jedoch
ein derartiges Benehmen sehr natürlich gefunden worden zu sein. —
274 dadurch wurde seine Liebesnoth nur noch vermehrt. — 275 *liebe*, gegen-
seitige Zuneigung. — 277 *nâch*, beinahe, nicht etwa mit *dâ* zu verbinden.
— *ein dinc*, etwas: was sich leicht errathen läßt. —

heten'z übel ougen niht ersehen.
des willn sie bêde wârn bereit:
nu seht, dô nâht' ir herzeleit.   280
dô gienc zer tür in aldâ
ein riter blanc, wand' er was grâ.
in wâfenheiz er nante
Gâwânen, do er'n erkante.
dâ bî er dicke lûte schrei   285
«óuwê unde heiâ hei
mîns hêrren, den ir sluoget,
daz iuch des niht genuoget,
ir'n nôtzogt och sîn tohter hie.»
dem wâfenheiz man volget ie: 290
der selbe site aldâ geschach.
Gâwân zer juncfrouwen sprach
«frowe, nu gebet iweren rât:
unser dwéderz niht vil wer hie hât.»
er sprach «wan het ich doch mîn swert!»   295
dô sprach diu juncfrouwe wert
«wir sulen ze wer uns ziehen,
ûf jenen turn dort fliehen,
der bî mîner kemenâten stêt.
genædeclîchez lihte ergêt.»   300

408   Hie der rîter, dort der koufman,
diu juncfrouwe erhôrte sân
den povel komen ûz der stat.
mit Gâwân sie gein dem turne trat.

---

278 *übel*, böswillig, bösmeinend. — 279 an ihrem Willen hätte es nicht
gefehlt; vgl. Crestien (der übrigens hier viel kürzer ist) V. 7908 *et elle nel
refuse mie*. — 282 *blanc*, weiß: damit man es nicht auf weiße Kleidung be-
ziehe, fügt Wolfram *wand' er was grâ* hinzu. — 283 *wâfenheis* stm., Auf-
forderung des Volkes zu den Waffen zu greifen: er rief dabei Gawan's
Namen als desjenigen aus, gegen den das Volk zu Hülfe eilen sollte. —
286 *heiâ hei*, vgl. zu II, 1344, wo der Vers ganz wie hier lautet. — 287 *mîns
hêrren* ist mit *ouwé* zu verbinden. Bei Crestien schilt der Ritter die
Jungfrau, daß sie von dem Mörder ihres Vaters sich umarmen lasse. —
289 *nôtzogt* ist conj. mit beschränkendem *en*, ohne daß ihr nothzüchtigt:
sondern daß ihr nothzüchtigt. — 294 *dweder = deweder* (III, 1037) mit der
Negat., keiner von beiden. — *wer*, Schutzwehr, Vertheidigungsmittel. —
295 daß Gawan sein Schwert abgelegt, war allerdings nicht ausdrücklich
gesagt. Es ist aber selbstverständlich, da gewaffnet zu den Frauen zu
gehen die Sitte verbot. — 297 wir wollen uns an einen befestigten Ort
zurückziehen. — 300 dann ist es leicht möglich, daß die Sache glimpflich
verläuft.
301 Die beiden Nominative stehen wieder außerhalb der Construction
und werden durch *den povet* in dieselbe aufgenommen: man wird also
besser V. 302. 303 voranfnehmen. Bei Crestien 7283 *une assemblée de voisins,
le majeur et les eskievins et autre borgois*. — 304 auf den Thurm zu. —

ir friunt muost' kumber lîden. 305
sie bat si'z dicke mîden:
ir kradem und ir dôz was sô
daz ez ir keiner marcte dô.
durch strît sie drungen gein der tür:
Gâwân stuont ze wer derfür. 310
ir în gên er bewarte:
ein rigel der'n turn besparte,
den zucter ûz der mûre.
sin arge nâchgebûre
entwichn im dicke mit ir schar. 315
diu künegin lief her unt dar,
ob ûf dem turne iht wær' ze wer
gein disem ungetriuwen her.
dô vant diu maget reine
ein schâchzâbelgesteine, 320
unt ein brét, wól erléit, wît:
daz brâht' sie Gâwânę in den strît.
an eim îseninen ringe ez hienc,
dâ mite ez Gâwân enpfienc.
ûf disen fierecken schilt 325
was schâchzabels vil gespilt:
der wart im sêr' zerhouwen.
nu hœrt och von der frouwen.
ez wære künec oder roch,
daz warf sie gein den vinden doch: 330
409 ez was grôz und swære.
man saget von ir diu mære,
swen dâ erreichte ir wurfes swanc,
der strûchet' âne sinen danc.

---

306 sie bat die Leute wiederholt die Sache zu lassen. — 307 *kradem* stm.,
Geschrei, Lärm. — 309 *durch strît*, um zu kämpfen. — 310 *stuont derfür*,
nicht: stand davor, sondern: stellte sich davor. — 311 *bewarn* swv., ver-
hüten, verhindern. — 314 seine böswilligen Nachbarn: weil sie ihm so
nahe waren; vgl. *grimmen nâchgebûren* Kudrun 87, 4 u. öfter. — 315 wichen
vor ihm. — 320 *schâchzabelgesteine* stn., die Steine eines Schachbretes
(*zabel = tabula*). — 321 *bret*, Schachbret. — *erleit* part. von *erlegen*, aus-
breiten. Schachbreter und Schachfiguren waren im Mittelalter häufig von
enormer Größe und konnten daher wirklich eine Waffe abgeben. —
323 *îsenín*, dasselbe was *îserín* (V, 1130), eisern. — 321 *dâ mite*, mit wel-
chem, an welchem. — 325 *fierecke* adj., viereckig. Man sagt im Mhd. *spiln
ûf daz bret*, nicht *ûf dem brete*, wenigstens ist ersteres üblicher. Das
Schachbret diente ihm als Schild; vgl. Crestien *si fist escu d'un eskiekier*
7271. — 326 *schâchzabel* stn., Schachspiel. — 329 *ez wære*, es mochte nun
sein. — *roch* stn., Thurm im Schachspiel, franz. *roc* vom persischen *rokh*,
Kamel. — 333 *swanc* stm., Schwung. — 334 *strûchen* swv., straucheln:
gegen seinen Willen, unfreiwillig (zu III, 1136). —

diu küneginne riche   335
streit dâ riterliche,
bi Gâwân sie werlïche schein,
daz diu kóufwïp ze Tolenstein
an der vásnáht nie baz gestriten:
wand' sie tuont'z von gampelsiten   340
und müent âne nôt ir lip.
swâ harnaschrâmec wirt ein wip,
diu hât ir rehts vergezzen,
sol man ir kiusche mezzen,
sinẹ tuo'z dan durch ir triuwe.   345
Antikonien riuwe
wart ze Schanpfanzûn erzeiget
unt ir hôher muot geneiget.
in strit sie sêre weinde:
wol sie daz bescheinde,   350
daz friwentlich liebe ist stæte.
waz Gâwân dô tæte?
swennẹ im diu múozé geschach,
daz er die maget rehte ersach
ir munt, ir ougen, unde ir nasen.   355
baz geschict an spizze hasen,
ich wæne den gesâht ir nie,
dan sie was dort unde hie,
zwischèn der hüffe unde ir brust.
minne gerende gelust   360

---

337 *werlîche* adv., wehrhaft: zeigte sie sich so wehrhaft, streitbar. —
338 *koufwîp* stn., Kauffrau. — *Tolenstein*, Dollnstein, ein Städtchen an der
Altmühl. Beziehung auf einen Fastnachtscherz, bei welchem die Frauen
vielleicht eine Art Turnei aufführten, wie dergleichen Frauenturneie in
altdeutschen und altfranzösischen Gedichten geschildert werden (vgl. Ger-
mania VII, 467). Denn daß nicht eine zufällig entstandene Schlägerei ge-
meint ist, geht aus *âne nôt* V. 341 hervor. — 340 deshalb steht Antikoniens
Kampf höher, weil sie aus Noth kämpfte, jene Frauen aber zum Scherz.
— *pampelsite* stm., possenhafte Art: aus Spaßmacherei. — 341 *müent* aus
müejent, quälen. — 342 *harnaschrâmec* adj., vom Harnisch schmuzig; vgl.
râm zu III, 1680. — 343 die hat vergessen was sich für ein Weib schickt.
— 344 *kiusche*, zurückhaltendes, bescheidenes Wesen. — 345 es sei denn
daß sie es thue: wie Antikonie in diesem Falle. — 346 es kam etwas zu
Tage, geschah etwas was Betrübniss verursachte. — 350 *bescheinen* stv.,
sichtbar werden lassen, zeigen. — 351 *friwentlîch liebe*, die Zuneigung
eines liebenden Herzens (*friwent*, Geliebter, Geliebte). — 353 wenn der
Kampf ihm die Zeit ließ. — 354 *das* hängt nicht von *tæte* oder einem dar-
aus zu entnehmenden *er tete* ab, sondern von *geschach*: die Jungfrau so
recht zu betrachten. — 355 Nachsatz, zu welchem das Verbum aus *ersach*
ergänzt werden muß, also auch ein ἀπὸ κοινοῦ. — 356 *geschict*, beschaffen.
— *spiz* (mit weichem *z*) stm., Bratspieß. Der Vergleich bezieht sich auf die
Schlankheit. — 359 also in der Taille, der *krenke* (zu V, 269). —

410 kunde ir lip vil wol gereizen.
　ir'n gesâht nie âmeizen,
　diu bézzérs gelenkes pflac,
　dan sie was dâ der gürtel lac.
　daz gap ir gesellen　　　　　　　　　365
　Gâwâne manlîch ellen.
　sie tûrte mit im in der nôt.
　sin benántez gisel was der tôt,
　und anders kein gedinge.
　Gâwânen wac vil ringe　　　　　　　370
　vinde ház, swenn' er die maget erkôs;
　dâ von ir vil den lip verlôs.

　　Dô kom der künec Vergulaht.
　der sach die striteclichen maht
　gégen Gâwâne kriegen.　　　　　　375
　ich ęnwolt' iuch denne triegen,
　sonę mag i'n niht beschœnen,
　er'n well' sich selben hœnen
　an sinem werden gaste.
　der stuont ze wer al vaste:　　　　　380
　dô tet der wirt selbe schîn,
　daz mich riuwet Gandin,
　der künec von Anschouwe,
　daz ein sô werdiu frouwe,
　sin tohter, ie den sun gebar,　　　　385
　der mit ungetriuwer schar
　sin volc bat sêre striten.
　Gâwân muose biten

---

363 *gelenke* stn., ein anderer Ausdruck für Taille, der Theil des Leibes und Kleides, der oben an die Hüfte grenzt. — 365 ihr Anblick, der dem Liebenden Muth und Kraft verlieh. — 367 *tûren*, auch *dûren* swv., ausdauern, aushalten. — *in der nôt*, im Kampfe. — 368 die Geisel, die ihm bestimmt war, die man von ihm verlangte, war nichts anderes als der Tod; es könnte, etwas anders gewendet, auch heißen: sein Leben. — 369 *gedinge* stn., Vertrag: auf sonst einen Vertrag konnte er nicht rechnen. — 370 er schlug gering an; zu II, 256. — 372 *dâ von*, durch dieses Anblicken (*erkiesen*), welches ihm neue Kraft verlieh; vgl. zu 365.
　373 Bei Crestien V. 7406 heißt es *de trestout çou riens ne savoit li sires ki herbergié l'ot*; aus den letzten Silben *bergielot* scheint der Name *Vergulaht* bei Wolfram entstanden zu sein. — 374 *maht*, Übermacht, Menge. — 376 ich müßte denn betrügen wollen. — 377 *beschœnen* swv., beschönigen, rechtfertigen: ihn nicht von dem Vorwurf freisprechen. — 378 *hœnen* swv., entehren; *an*, in. — 381 *tet schîn*, zeigte sc. solche Thaten, solches Benehmen. — 382 *Gandîn*, Gahmuret's Vater: Parzival und Vergulaht sind also Geschwisterkinder. — 387 zum Streite heftig anspornte. —

unze der künec gewâpent wart:
er huop sich selbe an strites vart.   390
411 Gâwân dô muose entwichen,
doch unlasterlîchen:
under's túrnes tür er wart getân.
nu seht, dô kom der selbe man,
der in kampflîche an ê sprach: 395
vor Artûse daz geschach.
der lantgrâve Kingrimursel
gram durch swarten unt durch vel,
durch Gâwâns nôt sîn hende er want:
wan des was sîn triuwe pfant,   400
daz er dâ solte haben vride,
ez'n wær' daz eines mannes lide
in in kampfe twungen.
die alten unt die jungen
treib er vonme turne wider: 405
den hiez der künec brechen nider.
Kingrimursel dô sprach
hin ûf da er Gâwânen sach
«helt, gib mir vride zuo dir dar in.
ich wil geselleclîchen pin   410
mit dir hân in dirre nôt.
mich muoz der künec slahen tôt,
odr ich behalte dir dîn leben.»
Gâwân den vride begunde geben:
der lantgrâve spranc zuo z'im dar.   415
des zwivelte diu ûzer schar
(er was ouch burcgrâve aldâ):

---

392 *unlasterlîchen* adv., ohne Schande für ihn unter diesen Verhältnissen,
da er der Übermacht gegenüberstand. — 393 *getân*, geschafft, hingedrängt;
vgl. das häufige *in tuon*, hinein (in die belagerte Stadt) drängen. — 395 der
ihn zum Kampfe herausgefordert hatte. Vgl. VI, 1235 ff. — 398 *gram*
præt. von *grimmen, krimmen* stv., heftig packen: er zerkratzte im Schmerz
sich Kopfhaut und Haut. — 400 dafür hatte er seine Treue verpfändet.
Diese war durch den Angriff auf Gawan in Gefahr verloren zu gehen: da-
her sein Schmerz. Vgl. VI, 1345. — 402 er sollte nur mit éinem kämpfen,
vor allen andern aber Frieden haben. — 405 *wider*, zurück. — 406 er will
den Thurm abbrechen, weil auf andere Weise Gawan nicht in seine Ge-
walt zu bekommen ist. Vgl. Crestien 7426. — 409 laß mich mit deinem
vride, d. h. ohne daß du mich feindlich angreifst, zu dir hineinkommen. —
410 ich will die Noth mit dir theilen wie ein *geselle*, ein Freund. — 412 ich
sterbe mit dir im Thurme oder der Umstand, daß ich darin bin, veranlaßt
den König den Streit aufzuheben. — 416 *zwivcln* swv., zaudern, unsicher
werden: sie wußten nicht, ob sie gegen den Burggrafen den Kampf fort-
setzen dürften oder sollten. Die Schar der Belagerer: es sind ganz die
Ausdrücke, die von der Belagerung gebraucht werden. —

sie wæren junc oder grâ,
die blûgten an ir strîte.
Gâwân spranc an die wîte, 420
412 als tet ouch Kingrimursel:
gein elln sie bêde wâren snel.

Der künec mant' die sîne.
«wie lange sulen wir pîne
von disen zwein mannen pflegen? 425
mîns veteren sun hât sich bewegen,
er wil erneren disen man,
der mir den schaden hât getân,
dén er billîcher ræche,
obe im ellens niht gebræche.» 430
genuoge, den's ir triuwe jach,
kurn einen der zem künege sprach
«hêrre, müeze wir'z iu sagen,
der lantgrâve ist unerslagen
hie von manger hende. 435
got iuch an site wende,
die man iu vervâhe baz.
wereltlich prîs iu sînen haz
teilt, erslahet ir iwern gast:
ir ladet ûf iuch der schanden last. 440
so ist der ander iuwer mâc,
in des geleite ir disen bâc
hebet. daz sult ir lâzen:
ir sît dervon verwâzen.

---

419 *blûgen* swv., schüchtern werden, zaghaft werden. — 420 Gawan benutzte
den Augenblick, wo sie im Kampfe einhielten, um das Freie zu gewinnen.
— 422 *gein elln*, in Bezug auf Muth. — 423 *mant'*, trieb zum Kampfe an. — 424 *pîne* gen., entweder sing. von
pîne stf. oder pl. von *pîn* stm.: Noth haben. — 426 *mîns veteren sun*,
Kingrimursel. — 427 *erneren* swv., erretten. — 428 *den schaden*, solchen
Schaden. — 431 denen ihre Treue, wohlwollende Gesinnung das eingab. —
432 *kurn* præt. pl. von *kiesen*, wählten. — 433 wenn wir's euch sagen dür-
fen. — 434 *ist unerslagen*, nicht: ist noch nicht todt, sondern: ist und
bleibt ungetödtet. — 435 von vielen hier unter uns. Viele unter uns sind
entschlossen, nicht gegen ihn zu kämpfen. — 436 *wenden* swv., hinwenden:
Gott führe euch zu solchem Benehmen, gebe es euch ein. — 437 *vervâhen*
stv., aufnehmen, auslegen. — 438 alle Ehre, die man in der Welt hat,
wendet sich zürnend von euch ab. — 439 weil der Bruch des Gastrechts
für die größte Schande galt. — 441 *so*, andererseits: auch nach der andern
Seite bringt der Kampf euch nur Schande. — 442 auf dessen Geleit ihr
diesen Streit erhebt: weil Kingrimursel Gawan Geleit und Schutz zu-
gesichert hatte. — 444 *verwâzen* part. von dem defect. starken Verbum
verwâzen, verwünschen, verfluchen; *dervon*, dadurch. —

uu gebet uns einen vride her,   445
die wil' daz dirre tac gewer:
der vride si och dise naht.
wes ir iuch drumbe habet bedâht,
daz stêt dannoch z'iwerre hant,
ir sît geprîset oder geschant.   450
413 min frouwe Antikonie,
vor válschéit diu vrie,
dort al weinde bi im stêt.
ob iu daz niht ze herzen gêt,
sit iuch pêde èin muoter truoc,   455
so gedénket, hêrre, ob ir sit kluoc,
ir sandet in der magede her:
wær' niemen sins geleites wer,
er solt' iedoch durch sie genesen.»
der künec liez einen vride wesen,   460
unz er sich baz bespræche
wie'r sinen vater ræche.
unschuldec was hêr Gàwân:
ez hete ein ander hant getân,
want der stolze Ehcunat   465
ein lanzen durch in lêrte pfat,
do er Jofreiden fìz Idœl
fuorte gegen Barbigœl,
den er bî Gàwâne vienc.
durch dén disiu nôt ergienc.   470
dô der vride wart getân,
daz volc huop sich von strite sân,
manneglîch zen herbergen sin.
Antikoni diu künegin
ir veteren sun vast' umbevienc: 475

:u ihr euch in Bezug darauf entschlossen habt, das steht dann im-
'oh in eurer Hand. — 450 *sît* conj.: ihr mögt nun Ehre und
e als Resultat davon haben, jenachdem euer Entschluß ausfällt. —
ı *frouwe*, meine junge Herrin. — 455 *pêde* = *bêde*, nach *ch;* vgl. zu
. — 458 wenn auch sonst niemand (aber **Kingrimursel** hat sich ver-
Bürge für seine Sicherheit wäre. — 461 *bespréchen* stv. refl. mit
'ofür hier der abhängige Satz), sich berathen über etwas. — 464 die
nes andern Mannes; *ein ander man* liest Lachmann mit D, allein
'und wol noch mehr Hss.) haben, was Lachmann nicht angibt,
— 465 *Ehcunat*, derselbe der schon III, 1875 erwähnt war: er hatte
ın, Vergulaht's Vater, mit der Lanze durchbohrt. Vgl. X, 16. —
-eil, ein Ritter an Artus' Hofe; vgl. V, 1596. — 469 *bî Gàwàne*, an
ı Seite. — 470 *durch dén*, um seinetwillen, Ehcunat's willen. —
ıneylích dasselbe was *männeglích;* vgl. zu VII, 1674. — 475 **Kingri-**
ıst gemeint; vgl. 426. —

manc kus an sinen munt ergienc,
daz er Gàwànen het eruert
und sich sélben úntât erwert.
sie sprach «du bist mins vetern 'sun:
dun' kundst durch niemen missetuon.» 480

414 Welt ir nu hœrn, ich tuon iu kunt
wà von ê sprach min munt
daz lûtcr gemüete trüebe wart.
gunêret sî diu strîtes vart,
die ze Schánpfanzûn tet Vergulaht: 485
wan daz was im niht geslaht
von vater noch von muoter.
der junge man vil guoter
von schame leit vil grôzen pin,
dô sin swestr diu künegin 490
in begunde vêhen:
man hôrte in sêre vlêhen.
dô sprach diu juncfrouwe wert
«hêr Vergulaht, trüege ich'z swert
und wær' von gotes gebote ein man, 495
daz ich schíldes ambet solde hàn,
iwer strîten wær' hie gar verdaget.
dô was ich âne wer ein maget,
wan daz ich truoc doch einen schilt,
ûf den ist werdekeit gezilt: 500
des wàpen sol ich nennen,
ob ir rúochet diu bekennen.
guot gebærde und kiuscher site,
den zwein wont vil stæte mite.

untât stf., übele That: es kann Dativ oder Genetiv sein; *sich erwern* *n d.* und *eines d.* — 480 *dun' kundest*, es lag nicht in deiner Art; zu I, 32.
482 mit welchem Rechte, aus welchem Grunde ich vorher gesagt habe. 83 vgl. VIII, 122. — 486 *geslaht* adj., von Natur eigen, angeboren. — Vergulaht ist gemeint. — 490 Antikonie. — 491 *véhen* swv., hassen, 1ten. — 493 *dô* nicht eine Fortsetzung der Erzählung, sondern eine .uterung zu dem vorausgehenden *véhen*: da sprach nämlich. — 495 nach es Willen. — 496 daß ich Ritterschaft triebe, die Waffen führte. — dann wäre von einem Streit eurerseits gar nicht die Rede gewesen: wären, schon ehe ihr gekommen, mit den Angreifern fertig geworden. Lesart von D, die hier allein allen Hss. gegenübersteht, *versaget*, ist leicht begreifliche Änderung. — 498 nun war ich eine Jungfrau und noch ungewaffnet. — 500 dem ist Ehre zuerkannt, bestimmt. — *tol ich*, will ich. — 502 wenn ihr es kennen wollt: *diu wàpen*, das 'pen. — 504 diese Zwei besitzen große Festigkeit, Standhaftigkeit. —

den bôt ich für den rîter mîn,   505
den ir mir sandet dâ her în:
anders schermes het ich niht.
swâ man`iuch nu bî wandel siht,
ir habt doch an mir missetân,
ob wîplîch prîs sîn reht sol hân.   510
415 ich hôrte ie ságen, swa ẹz sô̆ gezôch
daz man gein wîbes scherme vlôch,
dâ solt' ellenthaftez jagen
an sime strîte gar verzagen,
op dâ wære manlîch zuht.   515
hêr Vergulaht, iurs gastes vluht,
die'r gein mir tet für den tôt,
lêrt iuwern prîs noch lasters nôt.»

Kingrimursel dô sprach
«hêrre, ûf iuwern trôst geschach   520
daz ich dem hêrren Gâwân
ûf dem Plimizœles plân
gap vride her in iuwer lant.
iuwer sicherheit was pfant,
ob in sîn ellen trüege her,   525
daz ich des für iuch wurde wer,
in bestüend' hie niht wan einec man.
hêrrẹ, dấ bin ich bekrenket an.
hie sehen mîne gnôze zuo:
diz laster ist uns gar ze fruo.   530
`kunnẹt ír niht fürsten schônen,
wir krenken ouch die krônen.

---

505 *den sc. schilt.* — *bôt ich*, streckte ich aus: zum Schutze meines Rit-
ters. — 508 *wandel*, Umkehr: hier vom Bösen zum Guten: wenn ihr nun
auch euren Sinn ändert, andern Sinnes werdet. — '510 wenn weibliche
Ehre beachtet werden soll: ihr habt sie nicht beachtet, indem ihr den in
meinen Schutz geflüchteten Mann bekämpftet und angrifft. — 511 wo es
sich so traf. — 513 *jagen*, Verfolgen. — 514 von dem Streite mit ihm ab-
lassen: seine eifrigen Verfolger. — 515 wenn die Verfolger mannhafte
Zucht haben. — 517 *für den tôt*, zum Schutze gegen den Tod.
520 *ûf iuwern trôst*, im Vertrauen auf euch. — 522 am Plimizœl hatte
Artus sein Lager aufgeschlagen, als Kingrimursel an seinen Hof kam. —
523 *vride*, sicheres Geleit. — 524 eure Zusicherung, euer Versprechen war
das Unterpfand: ihr hattet eure Zusicherung dafür verpfändet, gegeben.
— 526 daß ich an eurer Stelle Bürgschaft leistete. — 527 *einec*, ein ein-
zelner: mit Weglassung von *ein* wie I, 715. — 528 *bekrenken* swv., schwä-
chen, verletzen: meine Ehre ist damit gekränkt, ihr seid Schuld, daß ich
mein Wort nicht gehalten. — 529 *sehen*, mögen sehen. — *mîne gnôze*, meine
Standesgenossen mögen die Sache beurtheilen. — 532 so erniedrigen wir
die Würde eines gekrönten Hauptes. — *krône* selten wie hier als swf. —

sol man iuch bi zühten sehen,
só muoz des iuwer zuht verjehen
daz sippe reicht ab iu an mich.   535
wær' daz ein kebeslicher slich
mínhálp, swâ uns diu wirt gezilt,
ir hetet iuch gâhs gein mir bevilt:
wande ich pin ein riter doch,
an dem nie valsch wart funden noch: 540
416 ouch sol mîn pris erwerben
daz ih's âne müeze ersterben;
des ich vil wol getrûwe gote:
des si mín.sælde gein im bote.
ouch swâ diz mære wirt vernomen,   545
Artûses swester sun si komen
in mîne geleite ûf Schanpfanzûn,
Franzoys oder Britûn,
Provenzâle od Burgunjoys,
Galiciâne unt die von Punturtoys,   550
erhœrent die Gâwânes nôt,
hân ich pris, der'st denne tôt.
mir frümet sin angestlicher strit
vil engez lop, mîn laster wît.
daz sol mir frôude swenden   555
und mich ûf êren pfenden.»

Dô disiu rede was getân,
dô stuont dâ einer 's küneges man,
der was geheizen Liddamus.

---

533 wenn man euch im Besitz von Wohlanständigkeit sehen soll. —
535 daß ihr mit mir blutsverwandt seid. — 536 *kebeslích* adj., unehelich,
unecht. — *slich* stm., Schleichweg, Kniff: wenn aber auch meinerseits die
Verwandtschaft nicht echt, wenn ein Schleichweg dabei wäre: wenn ich
auch nicht euer rechter Verwandter wäre. — 537 *diu* sc. *sippe*, wo man
unsere Verwandtschaft bestimmt und prüft. — 538 *gâhs* = *gâhes* (I, 182),
schnell, voreilig. — *beviln*, hier persönl. und refl., sich zu viel dünken,
sich überheben: auch dann hättet ihr euch voreilig mir gegenüber über-
hoben, wärt zu weit gegangen. — 539 denn ihr hättet in jedem Falle, ab-
gesehen von der Verwandtschaft, meine Ritterehre wahren müssen. —
542 *es âne* = *valsches âne*, frei von dem Makel der Falschheit. — 543 das
hoffe ich zu Gott. — 544 der Sinn ist: so wahr ich irdisches und ewiges
Heil zu haben hoffe. Er sendet sein Heil an Gott als Boten, derselbe
möge es ihm nicht zurückgeben, wenn er je untreu handelt. — 549 *Bur-
gunjoys*, lat. *Burgundiensis*, aus Burgund. — 550 König derer von *Puntur-
toys* ist Brandelidelin II, 260. — 554 verkleinert mein Lob, vergrößert meine
Schande. — 555 das was in der vorgehenden Zeile gesagt war. — *sol*,
wird. — 556 *ûf êren*, in Beziehung auf Ehre: mich der Ehre berauben.
558 *man* ist nicht gen. pl., sondern nom. sing., einer, der ein Lehns-
mann des Königs war. —

Klôt in selbe nennet sus.   560
Klôt la schantiure hiez,
den sin kunst des niht erliez,
er ensunge unde spræche sô
des noch genúoge werdent frô.
Klôt ist ein Provenzâl,   565
der dise ăventiur von Parzivâl
héidénsch geschriben sach.
swaz ér en franzóys dâ von gesprach,
bin ich niht der witze laz,
daz sage ich tiuschen fürbaz.   570
417 dô sprach der fürste Liddamus
«waz solt' der in mins hêrren hûs,
der im sînen vater sluoc
und daz láster ime sô nâhe truoc?
ist mîn hêrre wer bekant,   575
daz richt alhie sîn selbes hant.
sô gelte ein tôt den andern tôt:
ich wæne geliche sîn die nôt.»
nu seht ir wie Gâwân dô stuont:
alrêst was im grôz angest kunt.   580

Dô sprach Kingrimursel
«swer mit der drô wær' sô snel,
der solte och gâhen in den strît.
ir habet gedrenge oder wîţ,
man mac sich iuwer lîhte erweren.   585
hêr Liddamus, vil wol erneren
trûwe ich vor iu disen man:

---

560 Wolfram beruft sich hier zum ersten mal auf Kyot, und in der That
entspricht im Folgenden weniges der Darstellung bei Crestien, der hier
viel kürzer ist. — 561 *schantiure* stf., altfranz. *chanteor*, norm. *chantêur*,
Sänger, was Wolfram als Fem. auffaßt, wol wegen der Endung *ure*, wo-
mit er *ur* gleichbedeutend nahm. Vgl. provenz. *la papa, la propheta*. —
562 den seine Kunst dazu veranlaßte, zu singen. — 564 *des*, daß darüber:
dés zu schreiben ist unnöthige Genauigkeit. — 567 *heidensch*, auf heidnisch,
in heidnischer, d. h. arabischer Sprache. — 570 *tiuschen*, auf deutsch: dat.
sing. fem. in schwacher Form von *tiusch, tiutsch*, wobei *sungen*, Sprache,
zu ergänzen ist. — 574 und ihm die Schande so nahe brachte. — 575 *wer*
gen. von *bekant* abhängig: durch Wehrhaftigkeit bekannt. Auf diese Les-
art weisen die Abweichungen der Hss. als die echte hin. — 578 *die nôt*,
seltene Bildung des Plurals statt *die næte*. — 579 wie es mit Gawan stand.
— 580 *angest*, Gefahr: jetzt erst recht befand er sich in Gefahr.
583 der sollte es auch eilig zum Kampfe haben. — 584 *habet* ist der
Conjunctiv: *gedrenge* bezieht sich auf das Schlachtgedränge, *wît*, weiter
Raum, auf den Einzelkampf im abgeschlossenen Kreise: in der Schlacht
wie im Einzelkampf. —

swáz iu dér héte getán,
ir liezet'z ungerochen.
ir habet iuch gar versprochen.   590
man sol iu wol gelouben,
daz iuch nie mannes ougen
gesáhn ze vorderst dà man streit:
iu was ie striten wol sô leit
daz ir der fluht begundet.   595
dennóch ir mêr wol kundet:
swà man ie gein strite dranc,
dà tæt ir wîbes widerwanc.
swelch künec sich lât an iweren rât,
vil twerhes dem diu krône stât.   600
118 dà wær' von minen handen
in kréizé bestanden
Gâwân der ellenthafte degen:
des hete ich mich gein im bewegen,
daz der kámpf wære alhie getán,   605
wolt' es min hêrre gestatet hân.
der treit mit sünden minen haz:
ich getrűwte im ander dinge baz.
hêr Gâwân, lobet mir her für wâr
daz ir von hiute über ein jâr   610
mir ze gegenrede stêt
in kampfe, ob ez sô hie ergêt
daz iu min hêrre lât dez leben:
dà wirt iu kampf von mir gegeben.
ich sprach iuch an zem Plimizœl: 615
nu si der kampf ze Parbigœl
vor dem künec Meljanze.

.nn er auch etwas gethan hätte. — 590 *sich versprechen*, im Sprechen
.t gehen. — 593 *ze vorderst*, an der Spitze, vorn dran. — 594 *ie*, von
immer. — *sô leit*, so verhaßt, so zuwider. — 596 *dennoch* mit *mêr*
binden: noch mehr. — *kundet*, verstandet. — 598 *tæt* für *tætet* mit
t für *tátet*, wie alle Hss. außer D haben; vgl. zu I, 483. — *wider-*
tm., Zurückweichen: wie ein Weib. — 599 *sich lâzen an* mit acc.,
erlassen auf etwas. — 600 *twerhes* adv. gen. von *twerch*, quer, ver-
— 601 *dâ*, einen leichten Gegensatz bezeichnend. — 602 *kreis* stm.,
fplatz: im Zweikampfe. — *wær' bestanden*, im Sinne des Plusquam-
— 606 *staten* swv., Gelegenheit geben: wenn mein Herr mir Gelegen-
azu gegeben hätte, wenn er durch sein Verfahren es nicht vereitelt
— 607 *der*, mein Herr. — *mit sünden*, und Sünde dazu. — 608 ich
ihm eher anderes zugetraut als ein solches Verfahren. — 609 *her*,
in mîne hant. — 611 *stêt*, euch stellt. — 614 *dâ*, bei dieser Ge-
eit. — 615 *ich sprach iuch an*, ich forderte euch zur Verantwor-

der sorgen z'eime kranze
trag' ich unz ûf daz tegedinc
daz ich gein iu kum in den rinc :   620
dâ sol mir sorge tuon bekant
iuwer manlîchiu hant. »

Gâwân der ellens rîche
bôt gezogenlîche
nâch dirre bete sicherheit.   625
dô was mit rede aldâ bereit
der herzoge Liddamus
begunde ouch sîner rede alsus
mit spæhelîchen worten,
aldâ si'z alle hôrten.   630
419 er sprach, wand' im was sprechens zît :
«swâ ich kume zuome strît,
hân ich dâ vehtens pflihte
odę fluht mit ungeschihte,
bin ich verzagetlîche ein zage,   635
ode obe ich pris aldâ bejage,
·hêr lantgrâvę, des danket ir
als ir'z geprüeven kunnt an mir.
enpfâhe ih's niemer iweren solt,
ich pin iedoch mir selben holt. »   640
sus sprach der rîche Liddamus.
« welt ir'z sîn hêr Turnus,
sô lât mich sîn hêr Tranzes,
und strâft mich ob ir wizzet wes,
unde enhebet iuch niht ze grôze.   645

---

618 so viel Sorgen, daß sie einen Kranz bilden: daß sie mein Herz wie
ein Kranz ganz umringen. — 619 *tegedinc* stn., bestimmter Tag, Termin.
624 *gezogenlîche* adv., in wohlerzogener Weise, wie es sich gehörte. —
625 *nâch*, entsprechend dieser Aufforderung. — 627 ist gemeinsames Subject
zu dem vorausgehenden wie zu dem folgenden Satze. — 629 *spæhelîch* adj.,
klug, schlau. — 630 in ihrer aller Gegenwart. — 631 für ihn war die Zeit
des Sprechens da: er hielt es für eine passende Gelegenheit zu sprechen.
— 633 wenn ich da Theil habe am Fechten (zu IV, 1163). — 634 *ungeschiht*,
Unglück: oder in unseliger Weise die Flucht ergreife. — 635 *versagetlîche*
adv., in verzagter Weise; wie *ein zage*, ein Feigling. — 637 dafür sprecht
mir euren Dank, oder das Gegentheil, euer Lob oder euren Tadel aus, je
nachdem ihr mich handeln seht. — 639 fg. jedoch wenn ich's euch auch
nie recht mache, in meiner eigenen Achtung werde ich dadurch nicht
sinken. — 642 fg. Besiehung auf Heinrich's von Veldeke Eneide 230, 5 fg.
Drances wird wegen seiner Feigheit und geringen Kampflust von Turnus
beschuldigt, und leugnet auch gar nicht, daß ihm der Kampf kein Ver-
gnügen mache, wie hier Liddamus. — 644 und scheltet mich, wenn ihr
einen Grund dazu habt. — 645 *grôse* adv., sehr. —

obe ir fürsten miner genôze
der edeleste und der hœhste birt,
ich pin och lándes hêrre und landes wirt.
ich hân in Galiciâ
beidiu her unde dâ   650
mange búrc reht' únze an Vedrún.
swaz ir unt ieslich Britûn
mir dâ ze schaden meget getuon,
ine geflœhe niemer vor iu huon.
her ist von Britâne komen   655
gein dem ir kampf hàt genomen:
nu rechet hêrren unt den mâc.
mich sol vermîden iuwer bâc.
iuwern vetern (ir wârt sîn man),
swer dem sîn leben an gewan,   660
420 dâ rechet'z. ich entet im niht:
ich wæne mir's och iemen giht.
iwern véteren sol ich wol verklagen:
sîn sun die krón' nâch ime sol tragen:
der'st mir ze hêrren hôch genuoc.   665
diu künegin Flûrdâmûrs in truoc:
sîn vater was Kingrisîn,
sîn ane der künec Gandin.
ich wil iuch baz bescheiden des,
Gahmuret und Gâlôes   670
sin' œheime wâren.
ine wolt' sîn gerne vâren,
ich möht' mit êrn von sîner hant
mit vanen enpfâhén mîn laut.
swer vehten welle, dér tuo dâz.   675

---

646 *fürsten* gen.: unter den mir ebenbürtigen Fürsten. — 647 *birt* 2. pl.
præs., von dem Stamme *bin*, seid. — 650 *her unde dâ*: dieselbe Incongruenz
des Ausdruckes trafen wir schon mehrfach. In verschiedenen Gegenden
von Galizien. — 651 *Vedrún*, vielleicht *Pontevedra* in Galizien. — 652 jeder
beliebige Bretone, hier wol zunächst Anspielung auf Gawan. — 654 *ge-*
flœhen swv., flüchten, in Sicherheit bringen: den Schaden, den ihr mir
dort thun könnt, ist so gering, daß ich auch nicht ein Huhn vor euch
flüchten würde. — 656 mit dem zu kämpfen ihr übernommen habt: das
ist jetzt eure Aufgabe, nicht aber mit mir zu zanken. — 660 *an gewinnen*,
abgewinnen, nehmen. — 661 *dâ*, an dem. Ich hatte nichts mit ihm zu
thun. — 662 ich glaube auch nicht, daß das jemand (*iemen* = *niemen*) von
mir behauptet. — 663 *verklagen*, zu beklagen aufhören, verschmerzen;
sol, habe Ursache. Ich habe keinen Grund ewig um ihn zu klagen. —
666 *Flûrdâmûrs*, altfranz. *flor d'amors*, Liebesblume: der Name findet sich
nicht bei Crestien. — 672 ich müßte denn absichtlich Böses gegen ihn sin-
nen, so muß ich sagen. — 674 *mit vanen*, vgl. zu I, 1527. —

bin ich gein dem strite laz,
ich vreische iedoch diu mære wol.
swer pris ime strite hol,
des danken im diu stolzen wip.
ich wil durch niemen minen lip   680
verleiten in ze scharpfen pin.
waz Wolfhartes solt' ich sin?
mir'st in den strit der wec vergrabet,
gein véhtén diu gir verhabet.
wurdet ir mir's niemer holt,   685
ich tæte è alse Rûmolt,
der'm künege Gunthere riet,
do er von Wórmze gein den Hiunen schiet:
er bat in lange sniten bæn
und ineme kezzel umbe dræn. »   690

421   Der lantgráve ellens riche
sprach «ir redet dem gelîche
als manger weiz an iu für wâr
iuwer zit unt iuwer jâr.
ir rât mir dar ich wolt' iedoch,   695
unt sprecht, ir tæt als riet ein koch
den küenen Nibelungen,
die sich unbetwungen

---

676 wenn ich weniger auf Streit versessen bin. — 677 ich erfahre den-
noch die Sache, den Ausgang, ganz wohl: ich lasse mir an dem Berichte
genügen. — 679 *danken* conj., dem mögen dafür danken. Ich verlange
keinen Dank aus Frauenmunde. — 680 vgl. Eneit 234, 8 *ich enwil dorch
ûwer gût nimmer unsenften slach enphân noch nieman se dôde slân noch
verderben den lip.* — 682 *was Wolfhartes*, was für ein (zweiter) Wolfhart?
Wolfhart, Hildebrand's Schwestersohn, durch seine Kampflust aus dem
Nibelungenliede bekannt. — 683 *vergraben* (zu VII, 1152), durch einen
Graben versperrt. — 684 *verhaben* swv., verhalten; vgl. Wolfram's Lie-
der 5, 19 *mir wart ouch nie diu gir verhabet.* — 685 wenn ihr mir auch
zeitlebens feindlich gesinnt bleibt. — 686 *Rûmolt*, der Koch der burgun-
dischen Könige, der Gunthern rieth, der Einladung Etzel's nicht zu fol-
gen, sondern sich's zu Hause wohl sein zu lassen; Nibel. 1466 fg. —
688 *gein den Hiunen*, um zu den Hennen, nach Heunenland, zu ziehen. —
689 er forderte ihn auf, sich lange Schnitten bähen zu lassen, oder: er
bot ihm an, sie zu bähen. — *bæn = bæjen*, bähen, dämpfen, schmoren.
Sie wurden mit Fett begossen (*begossen brôt*). Die Stelle, auf die Wolfram
sich bezieht, steht nur in einer Zusatzstrophe der Bearbeitung C, 1468, 5—8.
— 690 *ineme = in deme.*
    692 ihr redet gerade so wie man es an euch seit Jahren schon kennt.
— 695 dorthin wohin ich ohnedies wollte, d. h. zum Streite. — 696 *tæt*,
wie *rât*, synkopierte Formen: und doch sagt ihr, ihr würdet wie Rumolt
thun, der den Nibelungen vom Streite, und der Gefahr abrieth. —
697—699 auch diese Stelle läßt mit ihren wörtlichen Anklängen sich im
Nibelungenliede nachweisen: *die snellen Burgonden sich ûz huoben* 1522, 1
in beiden Texten. — 698 *unbetwungen*, unbekümmert. —

úz huoben dâ man an in rach
·daz Sivride dâ vor geschach.   700
mich muoz hêr Gâwân slahen tôt,
ode ich gelêre in râche nôt.»
«des volge ich», sprach Liddamus.
«wan swaz sîn œheim Artûs
hât, unt die von Indiâ,   705
der mir'z hie gæbe als si'z hânt dâ,
der mir'z ledecliche bræhte,
ich liezez ê daz ich væhte.
nu beháldet pris des man iu giht.
Segramors enbin ich niht,   710
den man durch vehten binden muoz:
ich erwírbe sus wol küneges gruoz.
Sibeche nie swert erzôch,
ér was íe dâ man vlôch:
doch muose man in vlêhen,   715
grôz gebe und starkiu lêhen
enpfiengẹr von Ermenrîche gnuoc:
nie swert er doch durch helm gesluoc.
mir wirt verschert niemer vel
durch iuch, hêr Kingrimursel: 720
422 des hân ich mich gein iu bedâht.»
dô sprach der künec Vergulaht
«swiget iuwerr wehselmære.
ez ist mir von iu bêden swære,
daz ir der worte sît sô vri.   725
ich pin iu alze nâhen bî

---

699 *sich ûz huoben*, aufbrachen; *dâ*, dorthin wo. — 700 *daz*, dasjenige was. — 701 ihr mögt rathen was ihr wollt; ich werde den Kampf unternehmen. — 702 oder ich lehre ihn die Noth kennen, in die man durch Rache kommt. — 703 dem stimme ich bei. — 705 Indien: als das Land der reichsten Schätze, wie es namentlich der Brief des Priesters Johannes schildert, dessen Inhalt Wolfram aus deutschen Dichtungen kannte. — 706 wenn mir's jemand hier zu Füßen legte, daß ich's gar nicht zu holen brauchte. — 707 *ledeclîche* adv., zu freier Verfügung. — 708 ich würde es eher fahren lassen. — 710 *Segramors*, ein Ritter an Artus' Hofe, den Wolfram selbst in seiner Kampflust mit ähnlichen Worten schildert; zu VI, 152 fg. — 711 *durch vehten*, weil er fechten will. — 712 *sus*, auch ohne das. — 713 *Sibeche*, der treulose Rathgeber König Ermenrich's, an dem er sich für die Schändung seiner Ehre durch den Rath rächt, sein (Ermenrich's) ganzes Geschlecht zu vertilgen. Die Sage schildert ihn als ebenso treulos wie feige. — *erziehen*, herausziehen (aus der Scheide). — 715 dennoch hatte er großen Einfluß und man mußte ihn deshalb demüthig bitten. — 719 *verschert = verschertet* (zu I, 84). — 723 *swîgen* mit gen., mit etwas schweigen. — *wehselmære* stn., Wortwechsel: hier Plural. — 724 *swære* adj., beschwerlich, ärgerlich. — 725 daß ihr in meiner Gegenwart solche freie Reden führt. —

ze sus getâném gebrehte:　　　　　　　　　　　　　　　　
ez stêt mir noch iu niht rehte.»
diz was ûfem palas,
aldâ sin swester komen was.　　　　　　　　　　　　　730
bî ir stuont hêr Gâwân
und manec ander werder man.
der künec sprach zer swester sin
«nu nim den gesellen dîn
und ouch den lántgrâven zúo dir.　　　　　　　　　735
die mir gúotes günn, die gên mit mir,
und rât mir'z wægest waz ich tuo.»
sie sprach «dâ lege dîn triuwe zuo.»

　　Nu gêt der künec an sinen rât.
diu küneginne genomen hât　　　　　　　　　　　　740
ir veteren sun unt ir gast:
dez dritte was der sorgen last.
àn' alle missewende
nam si Gâwânn mit ir hende
unt fuorte in dâ sie wolte wesen.　　　　　　　　　745
sie sprach z'im «wært ir niht genesen,
des heten schaden elliu lant.»
an der küneginne hant
gienc des werden Lôtes sun:
er moht'z och dô vil gerne tuon.　　　　　　　　　750
423 in die kemenâten sân
gienc diu küngîn und die zwêne man:
vor den ándern bleip sie lære:
des pflâgen kamerære.
wan clâriu juncfröuwelîn,　　　　　　　　　　　　755
der muose vil dort inne sîn.
diu künegin mit zühten pflac
Gâwâns, der ir ze herzen lac.

---

sus getân, so beschaffen, solch. — _gebrehte_ collect. zu _braht_ stn., Lärm,
änk. — 730 _aldä:_ gewöhnlich heißt es in diesem Falle _aldar_, wie auch
ı Hs. liest. — 736 _günn_ = _günnen_ conjunct.; ebenso _gên_, sollen gehen.
'37 _rât_ = _râtet:_ Übergang von der 3. in die 2. Person. — _wæge_ adj.,
twiegend, entscheidend; vortheilhaft, gut. — 738 deine Treue lege zu
Berathung oder auf die Wagschale (vgl. _wæge_).
742 ihr dritter Begleiter war die Sorge, wie die Entscheidung für
ran ausfallen werde. — 743 ohne allen Tadel: in aller geziemenden
anständigen Weise. — 744 daß Männer und Frauen Hand in Hand
ıgen, war in der ritterlichen Hofgesellschaft des 13. Jahrh. durchaus
ch. — 754 dafür, daß niemand anders hereinkam, sorgten. — 755 _wan_,
ȷenommen. —

dâ was der lautgrâve mite:
der schiet sie niender von dem site.   760
doch sorgte vil diu werde maget
umb' Gâwâns lîp, wart mir gesaget.
sus wârn die zwên' dâ inne
bî der küneginne,
unz daz der tac liez sînen strît.   765
diu naht kom: dô was ezzens zît.
môraz, win, lûtertranc,
brâhten juncfrówen dâ mitten kranc,
und ander guote spîse,
fasân, pardrîse,   770
guote vîsche und blankiu wastel.
Gâwân und Kingrimursel
wâren komen ûz grôzer nôt.
sît ez diu künegîn gebôt,
sie âzen als sie solten,   775
unt ander die's iht wolten.
Antikonie in selbe sneit:
daz was durch zuht in bêden leit.
swaz man dâ kniender schenken sach,
ir dehéim diu hosennestel brach: 780
424 ez wâren megde, als von der zît,
den man diu besten jâr noch gît.
ich pin des unerværet,

---

760 der hinderte sie durchaus nicht in ihrem Gebahren, an der Pflege
Gawan's. — 761 *doch:* wiewol der Landgraf zugegen war, ließ sie sich in
der Sorge um Gawan's leibliches Wohlbefinden nicht stören. — 763 *wærn*
könnte stehen, da Wolfram nicht selten den Umlaut im Plur. præt. des Indic.
hat (zu I, 483); aber keine Hs., auch D nicht, hat hier den Umlaut. — 765 bis
der Tag von seinem Streit mit der Nacht abließ, bis er besiegt und er-
müdet entwich. — 766 die Hauptmahlzeit fand immer am Abend statt. —
768 *dâ mitten kranc,* die in der Mitte des Körpers schwach, dünn waren,
d. h. von schlanker Taille. — 770 *pardrîs* stm., frans. *perdrix,* Rebhuhn;
das Demin. *pardrîsekîn* stand III, 474. — 771 *wastel,* auch *gastel* stn., fei-
nes Brot; vom altfranz. *gastel, wastel,* welches aus dem Deutschen stammt
(vgl. *wist,* Speise), also Rückkehr eines ursprünglich deutschen Wortes
durch das Romanische. — *blankiu,* weiße. — 776 wer die andern sind, wird
nicht gesagt: vorher war bemerkt, daß die beiden allein im Gemache bei
der Königin waren. Es ist nicht nothwendig, daß die andern auch in
demselben Zimmer sind: gesagt soll nur sein, daß nicht für die drei allein
Speise hergerichtet war. — 779 *schenke* swm., einschenkender Diener. —
780 *hosennestel* stf., die Schleife, der Schnürriemen, womit die Hose be-
festigt wurde: denn Knöpfe hatte man nicht. Gemeint ist, was in der
folgenden Zeile deutlicher ausgedrückt ist, daß die Dienerschaft aus weib-
lichen Wesen bestand. — 781 *als,* wie; ungefähr. — 782 die besten Jahre:
die Jahre bester Mannbarkeit. — *noch,* noch heutzutage. — 783 *unerværet,*
unerschrocken, nicht aus der Fassung gebracht: bei seiner Meinung
bleibend. —

heten sie geschæret
als ein válke sin gevidere: 785
dâ rede ich niht widere.

   Nu hœrt, ê sich der rât geschiet,
waz man des landes künege riet.
die wisen hete er z'im genomen:
an sinen rât die wâren komen.   790
etslîcher sinen willen sprach,
als ime sin bester sin verjach.
dô mâzen si'z an manege stat:
der künec sin rede och hœren bat.
er sprach «ez wart mit mir gestriten.   795
ich kom durch âventiur geriten
in'z fôrest Læhtámrîs.
ein rîter alze hôhen prîs
in dirre wochen an mir sach,
wand' er mich flügelingen stach   800
hinder'z ors al sunder twâl.
er twanc mich des daz ich den grâl
gelobete ime z'erwerben.
solt' ich nu drumbe ersterben,
sô muoz ich leisten sicherheit   805
die sin hant an mir restreit.
dâ râtet umbe: des ist nôt.
min bester schilt was für den tôt
daz ich dar umb' bôt mîne hant,
als iu mit rede ist hie bekant.   810

---

784 *schœren*, auch *schären* swv., die Mause bestehen: das Bild ist von den
Jagdvögeln, namentlich den Falken hergenommen und auf die Mannbar-
keit angewendet. Vgl. Bech in Germania VII, 296. — 786 das ist ganz
meine Meinung.
787 ehe die Rathsversammlung (vgl. 739) auseinandergieng. — 791 viele
sprachen ihre Meinung aus nach ihrem besten Wissen und Verständnisse.
— 793 sie überlegten, erwogen es nach verschiedenen Seiten. Vgl. Nibel.
128, 5 (Zusatzstrophe von C) *Dô si eines tages sâzen, der künec unt sîne man.
manigen ende si es mâzen beidiu wider unt dan.* — 795 bezieht sich nicht
auf den Streit mit Gawan, sondern den im Folgenden erwähnten. —
797 *Læhtamrîs* gebildet wie *Læprisîn* XVI, 1032. *tamrîs* und *prisîn* sind
Bäume, XII, 552. *læh* ist vermuthlich altfranz. *les*, neben; vgl. zu VI, 1354.
— 798 *ein rîter:* kein anderer als Parzival. Ihm schien es, als sei mein
Ruhm allzu hoch, drum wollte er ihn etwas dämpfen. — 804 wenn es auch
mein Leben kosten sollte, ich muß mein Wort erfüllen und halten. —
806 *restreit = erstreit*, durch Streit erwarb: die Metathesis nach *r* am üb-
lichsten. — 808 mein bester Schutz gegen den Tod, der mir sonst zu Theil
geworden wäre. — 809 *dar umb'*, in Bezug darauf, auf seine Forderung:
mit Handschlag einwilligte. — 810 wie ich euch hier mitgetheilt habe. —

425 er ist mánhéit und ellens hér.
der helt gebôt mir dennoch mér
daz ich ân' arge liste
inre jâres vriste,
ob ich's grâls erwurbe niht,   815
daz ich ir kœme, der man giht
der krôn' ze Pelrapeire
(ir vater hiez Tampenteire);
swenne sie mîn ouge an sæhe,
daz ich sicherheit ir jæhe.   820
er enbôt ir, ob sie dæhte an in,
daz wære an fröuden sîn gewin,
und ér wær'z der sie lôste ê
von dem künege Clâmidê.»

Dô sie die rede erhôrten sus,   825
dô sprach aber Liddamus
«mit dirre hêrrn urlóube ich nu
spriche: och râten sie derzuo.
swes iuch dort twanc der eine man,
des sî hie pfant hêr Gâwân: 830
der vederslaget ûf iweren kloben.
bitt in iu vor uns allen loben,
daz er íu den grâl gewinne.
lât in mit guoter minne
von iu hinnen rîten   835
und nâch dem grâle strîten.
die schame wir alle mûesen klagen,
wurd' er in iwerem hûse erslagen.
nu vergébet im sîne schulde
durch iwerre swester hulde.   840
426 er hât hie erliten grôze nôt

ân' arge liste pl., aufrichtig, ehrlich, zuverlässig. — 814 inre præp.,
irhalb: mit dem Dat. verbunden, seltener mit dem Gen. — 816 das noch-
s wiederholt, wegen des Zwischensatzes. Daß ich mich zu derjenigen
ibe. — 817 Condwiramurs, Parzival's Gemahlin. — 820 daß ich mich
unterworfen erklären sollte. — 821 er ließ ihr sagen, durch mich.
827 urloube, Erlaubniss. — 828 sie mögen dann auch ihren Rath und
Meinung darüber äußern. — 831 vederslagen swv., mit den Flügeln
agen, wie ein gefangener Vogel, der sich aus der Schlinge zu befreien
it. — kloben (zu V, 149⁵⁴) ist acc.: er schlägt mit den Flügeln auf den
bem. — 832 bitt = bitet. — vor, in Gegenwart. — 833 die Forderung,
Gawan den Gral für den König gewinnen soll, hat auch Crestien,
: ohne die Motivirung, die allein erst der Forderung Sinn gibt, durch
Zweikampf mit Parzival. — 834 mit guoter minne, in liebreicher freund-
er Weise. — 837 schame, Schande. —

und muoz nu kêren in den tôt.
swaz erden hât umbslagen'z mere,
dane gelác nie hûs sô wol ze were
als Munsalvæsche: swâ diu stêt,   845
von strite rûher wec dar gêt.
bî sime gemach in hînaht lât:
morgen sage man ime den rât.»
des volgten al die râtgeben.
sus behielt hêr Gâwân dâ sin leben.   850

Man pflac des heledes unverzaget
des nahts aldâ, wart mir gesaget,
daz harte guot was sîn gemach.
dô man den mitten morgen sach
unt dô man méssé gesanc,   855
ûf dem pálasè was grôz gedranc
von povele unt von werder diet.
der künec tet als man im riet,
er hiez Gâwânen bringen:
den wolter nihtes dwingen,   860
wan als ir selbe hât gehôrt.
nu seht wâ in brâhte dort
Antikonî diu wol gevar:
ir vetern sun kom mit ir dar,
unt ander gnuoge des küneges man.   865
diu künegin fuorte Gâwân
für den künec an ir hende.
ein scháppél was ir gebende.
ir munt den bluomen nam ir prîs:
ûf dem schápelé decheinen wis   870

---

842 er muß nun ein Abenteuer aufsuchen, welches wahrscheinlich seinen
Tod zur Folge hat, wenigstens ihn in Lebensgefahr bringt. — 843 *swaz
erden*, so viel Erde, so viel Länder auch. — *umbeslagen'z* = *umbeslagen das*,
von *umbeslahen*, umfassen, umgeben. — 844 *se were*, in wehrhaftem Zu-
stande: — 845 *diu* sc. *burc:* Munsalvæsche ist Femininum. — 846 *rûher*,
rauher: ein Weg, wobei man durch Streit fortwährend aufgehalten wird.
— 847 *hînaht*, heute Nacht: heute Nacht läßt ihn ruhen. — 848 *den rât*,
den Beschluß der Rathsversammlung. — 849 *râtgebe* swm., Rathgeber.
    855 *gesanc*, gesungen hatte. — 857 von Niedrigen und von Vornehmen.
— 858 *riet*, gerathen hatte. — 860 *nihtes*, zu Nichts: aus der häufigen Ver-
bindung *nihtes niht* (verstärktes *niht*) ist unser neuhd. Nichts entstanden.
— 861 außer zu dem was ihr gehört habt: der Fahrt nach dem Gral. —
864 der Landgraf Kingrimursel. — 865 und viele andere von den Mannen
des Königs; aber *man* ist nom., nicht gen. pl. — 866 *Gâwân* verkürzt aus
Gâwânen. — 868 *schappel*, dasselbe was *schapel*; zu V, 256. — *gebende:* vgl.
die ganz ähnliche Stelle V, 257. — 869 die frische Farbe ihres Mundes
überstrahlte die der Blumen. —

427 stuont niender keiniu alsô rôt.
 swem sie güetlîche ir küssen bôt,
 des muose swenden sich der walt
 mit manger tjost ungezalt.

  Mit lobe wir solden grüezen   875
 die kiuschen unt die süezen
 Antíkonîen,
 vor valscheit die vrîen.
 wand' sie lebetę in solhen siten,
 daz niendér was underriten   880
 ir prîs mit valschen worten.
 al die ir prîs gehôrten,
 ieslîch munt ir wunschte dô
 daz ir prîs bestüende alsô
 bewart vor valscher trüeben jehe.   885
 lûter vírrec als ein valkensehe
 was balsemmæzec stæte an ir.
 daz riet ir werdeclîchiu gir:
 diu süeze sælden rîche
 sprach gezogenlîche   890
 «bruoder, hie bring' ich den degen,
 des tu mich selbe hieze pflegen.
 nu lâz in mîn geniezen:
 des ęnsol dich niht verdriezen.
 denke an brüederlîche triuwe,   895
 unde tuo daz âne riuwe.
 dir stêt manlîchiu triuwe baz,
 dan daz du dolest der werlde haz,

---

871 *niender keiniu*, durchaus keine. — 873 der Nachsatz steht nicht in
genauer Congruenz zum Vordersatze: wenn sie einen Mann küßte, der
mußte dadurch zu solcher Tapferkeit entflammt werden, daß der Wald u. s. w.
Wegen des Ausdrucks vgl. *waltswende* zu I, 1703.
  880 *underriten* stv., dazwischenreiten, und dadurch trennen, verhin-
dern: daß ihr Preis nicht im geringsten beeinträchtigt ward. — 881 *valschen
worten*, welche anders über sie äußerten. — 885 *trüebe*, unlauter. —
jehe stf., Äußerung. — 886 *valkensehe* stf., Blick des Falken, dessen Klar-
heit und Schärfe oft zum Vergleich bei mhd. Dichtern dient. — 887 *balsem-
mæsec* adj., balsamartig: nicht auf den Duft, sondern das helle Leuchten
zu beziehen. Denn *balsem* diente als Beleuchtungsmittel; zu V, 364. —
888 *das* auf das Folgende zu beziehen: ihr Streben nach *werdekeit* ver-
anlaßte sie zu sprechen. — 892 *hieze* 2. sing. præter. — 893 laß ihm
meine Fürbitte zu Gute kommen. — 894 du hast Grund das gern zu thun.
— 896 *âne riuwe*, ohne widerwillige Empfindung. — 898 als daß du erfährst,
dir gefallen lassen mußt. —

und mînen, kunde ich hazen:
den lêr' mich gein dir mâzen.»   900

428   Dô sprach der werde süeze man
«daz tuon ich, swester, obe ich kan:
dar zuo gip selbe dînen rât.
dich dunket daz mir missetât
werdekéit habe underswungen,   905
von prîse mich gedrungen:
waz töhte ich dan ze bruoder dir?
wan dienden alle krône mir,
der stüende ich abe durch dîn gebot:
dîn hazzen wær' mîn hœstiu nôt.   910
mir'st unmære fröude und êre,
niht wán nâch dîner lêre.
hêr Gâwân, ich wil iuch des biten:
ir kômt durch prîs dâ her geriten:
nu tuot'z durch prîses hulde,   915
helft mir daz mîne schulde
mîn swestr ûf mich verkiese.
ê daz ich sie verliese,
ich verkíuse ûf iuch mîn herzeleit,
welt ir mir geben sicherheit   920
daz ir mir werbet sunder twâl
mit guoten triuwen umbe'n grâl.»

Dâ wart diu suone gendet
unt Gâwân gesendet
an dem selben mâle   925

---- - - --

899 wenn es überhaupt in meiner Natur läge zu hassen; vgl. zu I, 32. —
900 *mäzen*, nicht: mäßigen, sondern hier in stärkerem Sinne: gar nicht
haben. Veranlasse durch dein Thun, daß ich dich nicht etwa hassen muß.
   902 *obe ich kan*, wenn es in den Verhältnissen liegt; *obe ich mac*,
wenn ich die Macht habe. *daz tuon ich* schließt sich an V. 893 an. —
903 dazu trage auch du etwas bei durch deinen Rath. — 905 *underswingen*
stv., sich dazwischen schwingen, dadurch etwas verhindern, unmöglich
machen, wegnehmen (vgl. zu VIII, 880). — 906 *dringen* stv., verdrängen.
— 908 *wan*, denn: dienten mir auch alle Kronen und du haßtest mich. —
909 *stân abe* mit gen., von etwas ablassen, auf etwas verzichten. — 911 mir
ist an Freude und Ehre nichts gelegen. — 912 *niht wan*, außer: wenn
ich sie nicht habe in einem Sinne, der dir entspricht, der auch deine
Meinung ist. — 914 *durch prîs*, um Ruhm zu erwerben. — 915 *durch prîses
hulde*, so wahr der Ruhm, die Ehre euch lieb ist. — 917 *ûf mich verkiese*,
mir verzeihe. — 919 so verzeihe ich euch das Herzeleid, das ihr mir ge-
than: durch den vermeinten Tod seines Vaters. — 920 wenn ihr mir ver-
sprechen wollt. — 922 *mit guoten triuwen*, ehrlich und aufrichtig.
   925 *an dem selben mâle*, in diesem Zeitpunkt, alsbald. —

durch striten nâch dem grâle.
Kingrimursel och verkôs
ûfen künec, der in dâ vor verlôs,
daz er im sîn geleite brach.
vor al den fürsten daz geschach;   930
429 da ir swért wârn gehangen:
diu wârn in undergangen,
Gâwâns knappn, an's strites stunt,
daz ir deheinr was worden wunt:
ein gewáltec man von der stat,   935
der in vrídes vor den andern bat,
der vienc sę und leit' sę in prísün.
ez wær' Franzeis od Britûn,
starke knappn unt kleiniu kint,
von swelhen landen sie komen sint,   940
die brâhte man dô ledeclîchen
Gâwâné dem ellens richen.
dô in diu kint ersâhen,
dâ wart grôz umbevâhen.
ieslichz sich weinendę an in hienc: 945
daz weinn iedoch von liebe ergienc.
von Kurnewâls mit ime dâ was
cons Lâiz fîz Tinas.
ein edel kint wont' ime och bî,
duc Gandilûz, fîz Gurzgrî   950
der durch Schóydelakúrt den lîp verlôs,
dâ manec frouwe ir jâmer kôs.
Liâze was des kindes base.

---

926 *nâch* ist mit *strîten*, nicht mit *gesendet* zu verbinden. — 928 *verlôs*, in
demselben Sinne wie V. 918; der ihn von sich entfremdet hatte. —
929 *das*, dadurch daß: daß er den Gawan von Kingrimursel zugesicherten
Schutz nicht achtete. — 931 *da*, dort wo: in dem Rittersaale, wo die Tro-
phäen der Besiegten aufgehängt wurden. — *ir* bezieht sich nicht auf die
Fürsten, sondern auf Gawan's Knappen. — 932 *undergän* stv., dazwischen-
treten, unterlaufen: vgl. X, 1061. — 933 zur Zeit des Kampfes. — 934 sie
hatten gar keine Zeit am Kampfe theilzunehmen, sondern wurden vorher
entwaffnet. — 935 *gewaltec* adj., Gewalt habend, mächtig. — 936 der in
Gegenwart der andern um Schutz für sie bat. — 937 *leit'*, legte. —
prísün stf., franz. *prison*, Gefängniss. — 939 *kleiniu kint*, zarte Pagen:
die *knappen* sind älter als die *kint*. — 946 *von liebe*, vor Freude. —
947 *Kurnewâls*, Cornwallis. — 950 *Gursgrî* war der Sohn von Gurnemanz,
der im Kampfe mit Mabonagrin das Leben verlor; vgl. III, 1871 fg. —
952 ihren Jammer sah, d. h. das sah, was ihr Jammer verursachte: den
Tod ihres Geliebten. — 953 *Liâze*, Gurnemanz' Tochter, also die Tante
von Gandiluz. Die Namen der Knappen kennt Crestien nicht, der aller-
dings das Weinen der Knappen bei Gawan's Abschiede erwähnt (V. 7584):
die Namen sind romanisch, *gandilus* von *gandir*, fliehen, *luis* prov., Licht,
imperat. gebildet. —

sin munt, sin ougen unt sin nase
was reht der minne kerne: 955
al diu wérlt sáh in gerne.
dar zuo sehs ander kindelin.
dise ahte juncbérren sin
wârn gebürte des bewart,
elliu von edeler hôhen art.   960
430 sie wâren ime durch sippe holt
unt dienden ime ûf sinen solt.
werdekeit gap er ze lône,
unde pflag ir anders schône.

Gâwân sprach zen kindelin   965
«wol iu, süezen mâge min!
mich dunket des, ir wolt mich klagen,
obe ich wære albie erslagen.»
man mohte in klage getrûwen wol:
sie wârn halt sus in jâmers dol.   970
er sprach «mir was umb' iuch vil leit.
wâ wârt ir dô man mit mir streit?»
sie sageten'z ime, ir keiner louc.
«ein mûzersprinzelin enpflouc
uns, dô ir bi der künegin   975
sâzt: dâ lief' wir elliu hin.»
die da stûonden unde sâzen,
die merkens niht vergâzen,
die pruoften daz hêr Gâwân
wære ein manlich höfsch man.   980
urlóubes er dô gerte,
des in der künec gewerte

---

955 der Mittelpunkt, der Zielpunkt der Minne. — 959 waren in Bezug auf
ihre Geburt darin versehen, ausgestattet, daß sie alle von hoher Abkunft
waren. — 961 durch sippe, weil sie mit ihm verwandt waren: wie, ist schwer
zu ermitteln. — 962 ûf, in Erwartung von. — 964 anders, auch im übrigen:
auch in materieller Beziehung sorgte er gut für sie.
965 kindelîn dat. pl. für kindelînen. — 966 ihr verdient Glück für eure
liebreiche treue Gesinnung. — 967 wolt = wollet: ihr würdet mich beklagt
haben. — 969 man konnte ihnen wol zutrauen, daß sie geklagt hätten. —
970 halt sus, auch so schon, wo er doch noch lebte. — 971 ich hatte Kum-
mer und Sorge um euertwillen. — 974 mûzersprinzelîn stn., Sperber-
weibchen, das sich gemausert hat: benannt nach der gesprenkelten Brust.
— enpflouc, entflog: npf entstanden durch Angleichung aus nf. — 976 lief
für liefe, und dies für liefen: n abgeworfen vor folgendem wir. — 978 die
nicht unterließen genau zu beobachten. — 979 die urtheilten. — 981 er
verabschiedete sich vom Könige und allen übrigen, ausgenommen von An-
tikonie und Kingrimursel. —

unt daz volc al gemeine,
wan der lantgráve al eine.
die zwêne nam diu künegin, 985
unt Gâwâns junchêrrelîn:
sie fuorte sẹ dâ ir pflâgen
juncfrouwen âne bâgen.
dô nam ir wol mit zühten war
manc juncfrouwe wol gevar. 990

431 Dô Gâwân enbizzen was
(ich sage iu als Kiôt las),
durch herzenliche triuwe
huop sich dâ grôziu riuwe.
er sprach zer küneginne 995
«frouwe, hân ich sinne
unt sol mir got den lip bewaren,
sô muoz ich dienstlichez varen
unt riterlîch gemüete
iur wiplichen güete 1000
ze dienest iemer kêren.
wandẹ iuch kan sælde lêren,
daz ir habt valsche an gesiget:
iwer prîs für alle prise wiget.
gelücke iuch müeze sælden weren. 1005
frouwe, ich wil úrlóubes geren:
den gebet mir, unde lât mich varen.
iwer zúht müez' iuwern pris bewaren.»
ir was siṛ dan scheiden leit:
dô weinden durch gesellekeit 1010
mit ir manc juncfrouwe clâr.
diu küngin sprach ân' allen vâr
«het ir mîn genozzen mêr,

âne bâgen, ohne Zanken, in einträchtigem Zusammenwirken.
991 als Gawan gefrühstückt hatte. — 992 auch hier bezieht sich
fram auf seinen zweiten Gewährsmann: Creatien ist hier wieder ganz
:. — 996 wenn ich bei Verstand bleibe. — 997 und wenn mich Gott
Leben erhält. — 998 *dienstliches varen*. Umherziehen im Dienste (einer
1). — 1000 so müssen alle meine Fahrten und mein ritterlicher Sinn
Dienste eurer weiblichen Güte fortan gewidmet bleiben. — 1003 *vai-*
dat. von *der valsch*, die Falschheit. — 1005 glückliche Fügung möge
ι dauerndes Heil (auf Erden und im Himmel) gewähren; *sælde* ist das
bste, was man einem wünschen kann. — 1009 *dan scheiden*, scheiden
da; vgl. *dankêre* VII, 1561; auch hier dürfte man ein Compositum an-
nen. — 1010 *weinden* pl., weil das Subject das collective *manc* bei sich
 — *durch gesellekeit*, nicht: um der Gesellschaft willen, worauf Sim-
's «stimmten ein» führen könnte, sondern: aus freundschaftlicher Ge-
ung. — 1013 wenn ich mehr für euch hätte thun können. —

min fröude wær' gein sorgen hêr:
nu moht' iur vride niht bezzer sin.   1015
des gloubt ab, swenne ir lidet pîn,
ob iuch vertreit ritterschaft
in riuwebære kumbers kraft,
sô wizzet, mîn hêr Gâwân,
des sol mîn herze pflihte hân   1020
432 ze flüste odr ze gewinne.»
diu edele küneginne
kuste den Gâwânes munt.
der wart an fröuden ungesunt,
daz er sô gâhes von ir reit.   1025
ich wæne, ez was in beiden leit.

Sin' knappen heten sich bedâht,
daz siniu ors wâren brâht
ûf den hóf fûr den palas,
aldâ der linden schate was.   1030
ouch wârn dem lantgrâven komen
sine geséllen (sus hân ich'z vernomen):
der reit mit ime ûz fûr die stat.
Gâwân in zühteclîchen bat
daz er sich arbeite   1035
unt sîn gezoc im leite
ze Beâroschè. «da ist Scherules:
den sulen sie selbe biten des,
geleits ze Dîanazdrûn.
dâ wonet etslîch Britûn   1040

1014 *gein sorgen hêr*, der Sorge gegenüber hoch erhaben: hätte alle Sorge
überwunden. — 1015 *nu*, unter den obwaltenden Umständen: konnte ich
für euch keinen vortheilhafteren Frieden machen. — 1017 *vertreit* 3. præt.
von *vertragen* stv., forttragen, führen. — 1018 *riuwebære* adj., Trauer brin-
gend. — *kumbers kraft*, großer Kummer. — 1020 mein Herz wird daran
betheiligt sein, möge es nun für euch zu Verlust oder zu Gewinn aus-
schlagen. — 1023 *den Gâwânes munt*, die Zwischenstellung des Namens
zwischen Artikel und Substant., die in der volksthümlichen Poesie (Ni-
belungen, Kudrun) sehr üblich ist, lieben die höfischen Dichter wenig:
bei Wolfram darf sie uns nicht befremden.
    1027 *heten sich bedâht*, hatten darauf gedacht, dafür gesorgt. — 1030 *lin-
den*: die Linde bildet in der Schilderung der Burghöfe einen wesentlichen
Bestandtheil; sie steht immer in der Mitte des Burghofes. — 1035 daß er
sich der Mühe unterzöge. — 1036 *gezoc*, Gefolge: Gawan's Knappen sind
gemeint. — *leite* für *leitte*, wie *arbeite* für *arbeitte*. — 1037 *Beârosche*, die
Stadt, in welcher das siebente Buch gespielt hat: Scherules, der Burggraf
derselben. — 1038 *des* nehme ich nicht mit Lachmann für den Artikel zu
geleites, sondern für das demonstr., darum, und *geleites* ist Apposition,
nämlich um Geleit. Wolfram würde wol nur *geleites biten*, nicht *des ge-
leites biten* gesagt haben. — 1039 *Dîanazdrûn* liegt schon in Artus' Lande;
vgl. IV, 1105. —

der sę bringet an den hêrren mîn
ode an Gínovêrn die künegîn.»
daz lobt' im Kingrimursel:
urloup nam der degen snel.
Gringùljet wart gewâpent sân,   1045
daz ors, und mîn hêr Gâwân.
er kust' sîn' mâg' diu kindelîn
und ouch die werden knappen sîn.
nâch dem grâle im sicherheit gebôt:
er reit al ein gein wunders nôt.   1050

1041 *an*, bis zu. — 1045 *Gringuljet*, das Ross mit den rothen Ohren, welches
Gawan von Orilus bekommen hatte; vgl. VII, 59. — 1049 die Fahrt nach
dem Grale gebot ihm das gegebene Versprechen. — 1050 der Gefahr außer-
ordentlicher Ereignisse entgegen.

NEUNTES BUCH.

PARZIVAL BEI TREVRIZENT.

Frau Aventüre verlangt Einlaß in des Dichters Herz, der sie um
Auskunft über Parzival fragt. Nach kurzer Andeutung seiner Schicksale
in der Zwischenzeit fährt er fort. Parzival kommt zu Sigunen, die als
Klausnerin des Geliebten Leichnam beweint. Nachdem sie ihn erkannt,
fragt sie ihn nach dem Gral; er schildert seinen Gemüthszustand, sie ver-
zeiht ihm die früher unterlassene Frage und räth Kundrien nachzureiten,
die ihr alle Samstage Speise vom Grale bringe und sie eben verlassen
habe. Parzival folgt dem Rathe, verliert aber die Spur, und trifft einen
Gralritter, den er besiegt und dessen Ross er mit sich nimmt, da das seine
todt geblieben. Hierauf begegnet ihm ein alter Ritter mit Familie und
Gefolge; er hat eine Bußfahrt zu einem Einsiedler unternommen und
klagt, daß Parzival am heil. Charfreitage gewaffnet reite; er räth ihm, den
Einsiedler aufzusuchen. Auf Vorschlag seiner Töchter ladet er ihn in
sein Zelt; allein Parzival lehnt es ab. Zum ersten mal wieder an Gott
denkend, überläßt er dem Rosse die Zügel, damit Gott ihm den Weg
weise. So kommt er nach der wilden Quelle zu Trevrizent und erhält
hier Kunde vom Gral. Er erkennt die Stelle, wo er Orilus den Eid ge-
schworen. Trevrizent nimmt ihn auf, so gut er kann. Nun erfährt er wie
lange er, ohne ein Gotteshaus zu besuchen, umhergeirrt sei. Der Ein-
siedler belehrt ihn über Gottes Güte und Erbarmen, warnt ihn vor Hof-
fahrt am Beispiele Lucifer's und fragt nach seinem Kummer. Parzival
nennt sein Weib und den Gral als Gegenstände seiner Sehnsucht. Er-
steres lobt, letzteres schilt Trevrizent als thöricht, weil man zum Gral
von Gott erwählt sein müsse. Er enthüllt ihm Herkunft und Art des
Grals, und hält ihm Anfortas' Beispiel zur Warnung vor, der die Grenzen
überschritten, in denen ein Gralritter sich halten muß. Nur einer sei
ohne Vorherbestimmung zum Gral gekommen, und König Lähelin bis an
den See Brumbane gelangt, wo er einen Gralritter erschlagen und dessen
Ross genommen habe. Für Lähelin hält er Parzival wegen seines Gral-
rosses, doch Parzival sagt, wer er sei, und bekennt, daß auch er einst an
einem Todten Raub geübt, an Ither. Trevrizent entdeckt ihm, daß er da
einen Verwandten getödtet und daß er auch an seiner Mutter Tode Schuld
sei. Er erzählt weiter die Geschichte der Familie, Anfortas' Verwundung
und die vergeblichen Heilungsversuche, die Schrift am Gral, die die An-
kunft eines Ritters verkündet, dessen Frage ihn heilen werde; dieser aber
habe nicht gefragt. Nach dem kargen Mahle enthüllt Parzival, daß er
der Ritter gewesen. Trevrizent beklagt und tröstet ihn, nur müsse er an

Gott nicht zweifeln. Er erklärt ihm alles, was er in der Gralburg gesehen, schildert das Leben der Gralritter und sein eigenes früheres Weltleben im Dienst der Minne. Fünfzehn Tage bleibt Parzival da; beim Abschiede mahnt ihn der Einsiedler, Frauen und Priester zu ehren, und spricht ihn von Sünde los.

---

433   «Tuot ûf.» wém? wer sît ir?
«ich wil in'z herze dîn zuo dir.»
sô gert ir z'engem rûme.
«waz denne, belîbe ich kûme?
mîn dringen soltu selten klagen: 5
ich wil dir nu von wunder sagen.»
ja sît ir'z, frou Âventiure?
wie vert der gehiure?
ich meine den werden Parzivâl,
den Cundrîe nâch dem grâl   10
mit unsüezen worten jagete,
dâ manec frouwe klagete
daz niht wendec wart sîn reise.
von Artûse dem Britâneise
huob er sich dô: wie vert er nu?   15
den selben mæren grîfet zuo,
óber an fróuden sì verzaget,
ode hât er hôhen prîs bejaget?
ode óbe sîn ganziu werdekeit
sî beidiu lang unde breit,   20
odę ist sie kurz ode smal?
nu prüevet uns die selben zal,
waz von sîn henden sì geschehen.

Dieses Buch bildet, wie es etwa in der Mitte des Gedichtes liegt, so auch geistig den Mittelpunkt der ganzen Dichtung: es ist die innere Wendung in der Seele des Helden.

1—40 Statt dieses hochpoetischen Einganges hat Crestien die trockenen Worte *de monsignor Gauvain se taist ici le contes à estut; si comence de Perceval* 7588—90. Den Eingang hat Rudolf von Ems in der bekannten literarischen Stelle des Willehalm nachgeahmt. — 2 *hin zuo dir*, wie Lachmann liest, hat keine Hs. — 4 was thut es denn, wenn ich mit Mühe unterkomme? Ich brauche keinen großen Raum. — 5 du sollst nicht darüber zu klagen haben, daß ich mich dränge, mich breit mache. — 7 ah, ihr seid es? — 8 *varn* stv., sich befinden. — 11 *unsüeze* adj., unfreundlich. — 12 *dâ*, an Artus' Hofe, wo. — 13 *wendec* adj., rückgängig: daß er von seinem Entschlusse, dem Gral nachzuziehen, nicht abgebracht werden konnte. — 16 den Bericht nehmt nun in Angriff, darüber berichtet uns nun. — 19 *ganziu*, woran kein Makel ist. — 21 *kurz ode smal*: man sollte nach dem Vorausgehenden eher erwarten *kurz unde smal*. — 23 *sal* stf., Bericht, Erzählung: macht nur die Erzählung zurecht, schickt euch an zu erzählen. —

hât er Múnsalvæsche sụ̣t gesehen,
unt den süezen Anfortas,   25
des herze dô vil siufzec was?
durch iuwer güete gebet uns trôst,
op der von jâmer si erlôst.
lât hœren uns diu mære,
ob Parzivâl dâ wære,   30
434 beidiu iur hêrre und ouch der min.
nu erliuhtet mir die fuore sin:
der süezen Herzeloiden barn,
wie hât Gáhmuretes sun gevarn,
sit er von Artûse reit?   35
ob er liep od herzeleit
sit habe bezalt an strite.
habt er sich an die wite,
ode hât er sider sich verlegen?
sagt mir sin' site und al sin pflegen.   40

Nu tuot uns dẹ âventiure bekant,
er habe erstrichen manec lant,
z'ors, únt in schiffen ûf dem wâc;
ez wære lantman oder màc,
der tjoste poinder gein im maz,   45
daz der decheiner nie gesaz.
sus kan sin wâge seigen
sin selbes pris ûf steigen
unt d'andern lêren sigen.
in mangen herten wigen   50

---

24 *sit*, seitdem: seit er von Artus' Hofe schied. — 26 *dô*, damals: als Par-
zival zum ersten male auf die Gralsburg kam. — 27 *gebet uns trôst*, gebt
uns Beruhigung darüber. — 30 *dâ*, in Munsalvæsche. — 31 *iur hérre*: er
heißt *des mæres hérre* VII, 7, und in diesem Sinne auch *min hérre*, mein
Held. — 32 *erliuhten* swv., aufklären: klärt mich auf über sein Leben und
seine Schicksale. — 36 *ob*, sagt mir ob. — 37 *besalt*, erworben, errungen.
— 38 *habt er sich*, hält er sich, strebt er hinaus in die Weite. — 39 *sich
verligen* stv., zu lange liegen, in Trägheit versinken. — 40 *sin' site* acc. pl.,
sein Gebahren.
41 *bekant tuon*, kund thun, berichten. — 42 *erstrichen* stv., durch-
streichen, durchwandern. — 44 *lantman* stm., der in demselben Lande
heimisch ist, Landsmann. — 45 *tjoste* gen. von *poinder* abhängig: der sich
im Ansturm des Zusammenrennens mit ihm maß. — 46 *gesaz*, im Sattel
sitzen blieb. — 47 *seigen* swv. factit. zu *sigen*, aber hier nicht: sinken
machen, denn dies drückt V. 49 aus, sondern: wägen. — 48 *sin selbes pris*
ist gemeinsames Object von *seigen* und *steigen*: doch kann man auch *seigen*
ohne Object nehmen. — *ûf steigen* swv., zum Aufsteigen bringen. — 49 und
den Ruhm anderer, seiner Gegner. — 50 vgl. *n'onques n'enprist cose si grief
dont il ne venist bien à cief* Crestien 7605; nach Crestien sendete er in fünf
Jahren 60 Ritter besiegt an Artus. —

hât er sich schumpfentiure erwert,
den lip gein strite alsô gezert,
swer prîs z'im wolde borgen,
der müese'z tuon mit sorgen.
sin swert, daz im Anfortas   55
gap do er bîme grâle was,
brast sît do er bestanden wart:
dô machte'z ganz des brunnen art
bî Karnant, der dâ heizet Lac.
daz swert gehalf im prîss bejac.   60

435   Swer'z niht geloubt, der sündet.
diu âventiure uns kündet
daz Parzivâl der degen balt
kom geriten ûf einen walt,
i'ne weiz ze welhen stunden;   65
aldâ sîn ougen funden
ein' klôsen niuwes bûwes stên,
dâ durch ein snellen brunnen gên:
einhalp sie drüber was geworht.
der junge degen unervorht   70
reit durch ằventiur versuochen:
sin wolte got dô ruochen.
er vant êin' klôsnærinne,
diu durch die gotes minne
ir mâgetuom únt ir fröude gap.   75
wiplîcher sorgen urhap
ûz ir hérzen blüete alniuwe,

---

52 sein Leben so zum Streite verwendet, im Streite hingebracht. — 53 wer
bei ihm, im Kampfe mit ihm, Ruhm erlangen wollte. — 54 der hätte es
mit Besorgniss wegen des Ausgangs thun müssen. — 55 vgl. V, 474. —
57 zerbrach nachher (d. h. während dieser Zeit) in einem Kampfe. —
58 von der Wunderkraft dieses Brunnens hatte ihm Signe nach seiner
Rückkehr von der Gralsburg erzählt; vgl. V, 900 ff. — art, Eigenschaft. —
60 *priss bejac* statt *prîses bejages:* verhalf ihm zur Erwerbung von Ruhm.
Im Reim steht, wenn schon ein Gen. voraufgeht, statt des zweiten häufig
der Nom. bei Wolfram.
64 *ûf einen walt:* ûf gebraucht das Mhd. oft wo wir: in sagen. Vgl.
IX, 399. 495. Crest. 7613 *par un desert aloit ceminant.* — 65 in welcher Zeit.
— 68 die Klause stand über einem Quell, war darüber gebaut. Man be-
nutzte häufig heilig geltende Quellen zur Anlage von Kapellen. — 69 die
eine Seite der Klause stand über der Quelle. — 71 zwischen *durch* und dem
Infinitiv wird häufig das von dem Verbum abhängige Substantiv gescho-
ben; vgl. Albrecht von Halberstadt, S. 454. — 72 Gott wollte sich seiner
da annehmen. — 73 *klôsnærinne* stf., Klausnerin, Einsiedlerin. — 75 die
Gottes Liebe ihre Jungfräulichkeit und ihre Freude opferte. — 76 *urhap*
stm., Grundlage, Stoff: zur Sorge und Trauer für ein weibliches Herz. —
77 *alniuwe* adj., stets erneut, ewig neu. Ihr Herz war ein fruchtbarer
Boden der Trauer. —

unt doch durch alte triuwe.
Schîanatulander
unt Sigûnen vander.   80
der helt lac dinne begraben tôt:
ir lében leit ûf dem sarke nôt.
Sigûne doschesse
hôrte selten messe:
ir leben was doch ein venje gar.   85
ir dicker munt heiz rôt gevar
was dô erblichen unde bleich,
sît werltlich fröude ir gar gesweich.
ez erléit nie maget sô hôhen pîn:
durch klage sie muoz al eine sîn.   90

436   Durch minne diu an ime erstarp,
       daz sie der fürste niht erwarp,
       sie minnete sînen tôten lîp.
       ob sie worden wær' sîn wîp,
       dâ hete sich frou Lûnéte   95
       gesûmet an sô gæher bete
       als si ríet ir selber frouwen.
       man mac noch dicke schouwen
       froun Lûneten rîten zuo
       etslîchem râte gar ze fruo.   100
       swelch wîp nu durch geselleschaft
       verbirt, und durch ir zühte kraft,
       pflihte an vremeder minne,

---

78 *doch*, im Gegensatz zu *alaiuwe:* und doch war alte Treue der Grund
davon. — 82 *ûf dem sarke*, indem sie immer über den Sarg gebückt war,
führte sie ein qualvolles Leben. — 83 *doschesse*, franz. *duchesse*, Herzogin.
— 84 *selten*, niemals. — 85 *venje* stf., lat. *venia*, Kniebeugung zum Gebet:
ihr Leben war ein beständiger Gottesdienst. — 86 als Parzival Sigunen
zum ersten und zweiten male sah, war noch nicht lange Zeit seit Schionatu-
lander's Tode verflossen. — 88 *ir gesweich*, sie im Stiche ließ, von ihr
wich; zu III, 1562. — 90 *durch klage*, um zu klagen: muß ihr die Einsam-
keit der liebste Ort sein.
   91 Weil die Minne mit ihm starb, ohne daß er und sie einen Genuß
davon gehabt hätten. — 95 so würde schwerlich eine Lunete ihr gegen-
über eine so voreilige Bitte gewagt haben, daß sie nämlich den Mörder
ihres Gatten zum Manne nehmen solle: eine Beziehung auf Hartmann's
Iwein, mit verstecktem Tadel von Laudinens Verfahren. In demselben
Zusammenhange hatte diese Beziehung der Dichter schon V, 880 fg. ge-
braucht. — 96 *sich gesûmet*, gezögert; *an*, mit. — 98 *mac noch*, kann noch
heutiges Tages. — 99 *rîten suo*, hinzureiten, im Sinne von: es sehr eilig
haben. *suo* ist nicht præp. mit *râte* zu verbinden, sondern adverb. —
100 mancher Frau zu rathen. — 101 *durch geselleschaft*, aus treuer An-
hänglichkeit. — 102 und infolge des Einflusses ihrer Wohlerzogenheit. —
103 sich der Theilnahme an fremder Minne, d. h. einer andern als die ihr
gebührt, enthält. —

als ich mich's versinne,
lât si'z bî ir mannes leben, 105
dem wart an ir der wunsch gegeben.
kein beiten stêt ir alsô wol:
daz erziuge ich ob ich sol.
dar nâch tuo als si'z lêre:
behelt sie dennoch êre, 110
sine treit deheinn sô liehten kranz,
gêt sie durch fröude an den tanz.
wes mizze ich fröude gein der nôt
als Sigûn ir triwe gebôt?
daz möht' ich gerne lâzen. 115
über rónen âne strâzen
Parzivâl für'z venster reit
alze nâhn: daz was im leit.
dô wolde er vrâgen umbe'n walt,
ode wár sin reise wær' gezalt. 120
437 er gerte der gegenrede aldâ:
«ist iemen dinne?» sie sprach «jâ».
do er hôrt' deiz frouwen stimme was,
her dan ûf ungetretet gras
warf er'z ors vil drâte. 125
ez dûhte in alze spâte:
daz er niht was erbeizet ê,
diu selbe schame tet im wê.

Er bant daz ors vil vaste
z'eins gevállen ronen aste: 130

---

104 sofern ich mich darauf verstehe, ist mit V. 100 zu verbinden. — 106 in
einem solchen Weibe besitzt der Mann das höchste denkbare Glück.
Welche tiefe Empfindung der Dichter für das Glück der Ehe hat, zeigen
mehrere Aussprüche: wir dürfen daraus wol auf sein eigenes Glück
schließen. — 107 *beiten*, warten, sich enthalten. — 108 *erziugen* swv., be-
weisen: wenn es nöthig ist. — 109 wenn ihr Mann gestorben ist, möge
sie thun wie sie es für gut findet. — 110 bewahrt sie auch dann noch
ihre Ehre. — 112 so ist das strahlender als jeder Kranz, mit dem ge-
schmückt sie zum frohen Tanze gehen könnte. — 113 warum stelle ich
vergleichend Freude mit dem Jammer zusammen. — 114 *als*, wie ihn, wel-
chen. — *Sigûn = Sigûnen*. — 115 ich hätte triftige Ursache das lieber zu
lassen. — 118 das war für ihn ein Anlaß zum Verdruß; vgl. 127. —
119 *umbe'n walt*, was das für ein Wald wäre. — 120 *war — gezalt*, worauf
berechnet: wohin sein Weg, den er eingeschlagen, ihn schließlich führen
würde. — 124 *her dan*, hinweg. — *ungetretet* (*treten* swv.), unzertreten. —
125 *warf* bezeichnet die heftige Schwenkung, die er mit dem Rosse machte.
— 126 zu spät: daß er das Roß wendete; er hätte nicht so nahe an die
Hütte, die eine Frau barg, heranreiten sollen; denn dies galt für sehr
unpassend.
130 *gevallen = gevallenen*, umgestürz'en. —

sinen dürkeln schilt hienc er ouch dran.
dô der kiusche vrävel man
durch zuht sin swert von im gebant,
er gienc für'z venster zuo der want:
dâ wolde er vrâgen mære.   135
diu klôs' was fröuden lære,
dar zuo aller schimpfe blôz:
er vant dâ niht wan jâmer grôz.
er gert' ir an'z venster dar.
diu juncfrouwe bleich gevar   140
mit zuht ûf von ir venje stuont.
dennoch was im hárte unkúnt
wer sie wære od möhte sin.
sie truog ein hémede hǽrîn
undr grâwem roc zenœhst ir hût.   145
grôz jâmer was ir sundertrût:
die het ir hôhen muot geleget,
vonme hérzen siufzens vil erweget.
mit zuht diu maget zem venster gienc,
mit süezen worten s'in enpfienc.   150
438 sie truog ein salter in der hant:
Parzivâl der wigant
ein kleinez vingerlin dâ kôs,
daz sie durch arbeit nie verlôs,
sinę behielt'z durch rehter minne rât.   155
dez steinlin was ein grânât:
des blic gap ûz der vinster schin
reht' als ein ander gänsterlin.
senlich was ir gebende.
«dâ ûzen bî der wende»,   160

---

133 *durch zuht*, um des Anstands willen: weil es nicht anständig war, mit
Schwert vor einer Frau zu erscheinen. Vgl. zu VIII, 295. — *gebant*, los-
gebunden hatte. — 137 *blôz*, baar. — 139 er wünschte sie ans Fenster
hin: daß sie ans Fenster träte, er rief sie dahin. — 142 *dennoch*, in diesem
Augenblicke noch. — 144 *hærin* adj., häٰren. — 145 *zenœhst*, unmittelbar
auf. — 146 *sundertrût* stm., besonderer Liebling: an nichts hieng ihr Herz
mehr als am Jammer. — 147 *die = der* ac. *jâmer*; vgl. zu III, 72. — *legen*
swv., zum Liegen bringen; gebeugt. — 148 *erwegen* swv., aus *irwagjan*,
während *erwegen* stv. aus *irwigan*, aufwärts bewegen, erwecken. —
151 *salter*, lat. *psalterium*, Psalter. — 154 welches sie trotz all ihrer
Mühsal nicht aufgab. — 155 *behielt'* conj. mit *ne*: daß sie es nicht auf-
bewahrt hätte: weil rechte Minne ihr das rieth. — 157 *des*, des Granats;
blic, Glanz. — 158 *gänsterlin* stn., Funken; *ander* in dem Sinne wie III, 1543
und öfter, im Vergleiche; hier könnten wir sagen: wie eine leibhaftige
Flamme. — 159 *senlich* adj., dem Seelenschmerze entsprechend. — 160 *wende*
dat. sing. von *want* stf. nach *i*-Declination. —

sprach sie, «hèrrẹ, dâ stêt ein banc:
ruocht sitzen, lêrt'z iuch iwer gedanc
unt ander unmuoze.
daz ich her z'iwerem gruoze
pin komen, daz vergelt' iu got: 165
der gilt getriulien urbot.»

Der helt ir râtes niht vergaz,
für daz venster er dô saz:
er bat ouch dinne sitzen sie.
sie sprach «nu hân ich selten hie   170
gesezzen bî decheinem man.»
der helt sie vrâgén began
umbe ir site und umbe ir pflege,
«daz ir sô verre von dem wege
sitzt in dirre wilde.   175
ich hân'z für unbilde,
frouwe, wes ir iwech begêt,
sit hie niht bûwes umbe iuch stêt.»
sie sprach «dâ kumt mir vonme grâl
mîn spîs' dâ her al sunder twâl.   180
439 Cundrîe la surziere
mir dannen bringet schiere
alle sameztage naht
mîn spîs' (des hât sie sich bedâht),
die ich ganze wochen haben sol.»   185

---

162 wenn eure Gedanken, euer Sinn euch dazu treibt. — 163 *unmuoze* stf.,
Beschäftigung: wenn eure übrigen Geschäfte es euch gestatten, wenn ihr
nichts weiter zu thun habt. — 164 daß ihr mich gegrüßt und dadurch
veranlaßt habt, her ans Fenster zu kommen. — 166 *gilt = giltet*, vergilt. —
getriulien für *getriulîchen*, wie *wunderlier, ieslier* für *wunderlîcher, ieslîcher*,
treugemeint. — *urbot* (zu *erbieten*), Erbieten, Behandlungsweise: das Wort
ist allerdings sonst neutr., bei Wolfram entscheidet Willeh. 260, 5 auch
dafür, hier aber haben alle Hss. das Mascul., die andern Stellen sind nicht
beweisend.
169 er bat daß auch sie in der Hütte sich setzen möchte. — 170 *selten*
wieder im Sinne von niemals. Bemerkenswerth ist *hân ich gesezzen*, wo
bin mhd. üblich: es ist wol auch thüringischer Einfluß. — 173 *pflege* stf.,
Beschäftigung, Lebensart: er will wissen, weniger wié, als wovon sie
lebt. — 174 Übergang von indirecter in directe Rede: bei Wolfram häufig.
— 175 *wilde* stf., Wildnis. — 176 *unbilde* stn., was ohne Beispiel ist,
Wunder. — 177 *iwech* alterthümliche Form für *iuch*, auch. — *sich begén*
stv. mit gen., sich wovon ernähren. — 178 *bû* kann Gebäude, aber auch
bebautes Land sein: letzteres passt wol noch besser in den Zusammen-
hang. — 179 *dâ* wieder erklärend am Anfange einer Rede: das verhält sich
so. — 182 *dannen*, von dort: vom Gral. — 183 *sameztac* stm., Samstag,
Sabbatstag, Sonnabend. — 184 das hat sie sich vorgenommen, zur Regel
gemacht. — 185 soviel ich für eine ganze Woche nöthig habe. —

sie sprach «wær' mir anders wol,
ich sorgęte wênec umb' die nar:
der bin ich bereitet gar.»

Dô wânde Parzivâl, sie lüge,
unt daz s'in anders gerne trüge.   190
er sprach in schimpfe z'ir dar în
«durch wen tragt ir daz vingerlîn?
ich hòrte ie sagen mære,
klôsnærînne unt klôsnære
die solden mîden âmûrschâft.»   195
sie sprach «het iuwer rede kraft,
ir wolt mich velschen gerne.
swennę ich nu valsch gelerne,
sô hebet mir'n ûf, sît ir dâ bî.
ruocht's got, ich pin vor valsche vrî: 200
ich ęnkan dęcheinen widersaz.»
sie sprach «disen mähelschaz
trag' ich durch einen lieben man,
des minne ich nie an mich gewan
mit menneschlîcher tæte: 205
magtuomlichs herzen ræte
mir gein im râtent minne.»
sie sprach «den hân ich hinne,
des kleinœte ich sider truoc,
sît Orilus tjost in sluoc.   210
440 miner jæmerlîchen zîte jâr
wil ich im minne geben für wâr.

---

186 wir müssen denken, daß sie nach einer kleinen Pause fortfährt. Wenn mir nur sonst wohl wäre, fuhr sie fort. — 187 Sorgen um die Nahrung brauchte ich nicht zu haben.

190 *anders*, auch im übrigen. — 191 *dar în*, durchs Fenster hinein. — 192 *durch wen*, um wessentwillen. — 194 *klôsnære* verkürzt aus *klôsnæres* stm., Klausner. — 195 *âmûrschaft* stf., Liebschaft. Der Dichter braucht wol absichtlich das fremde, nicht das deutsche Wort *trûtschaft*, um ein Liebesverhältniss in höfischem Sinne zu bezeichnen, was einer Klausnerin am wenigsten ansteht. — 196 wenn das was ihr sagt ernstlich gemeint sein sollte. — 197 *wolt* = *woltet*, denn das Præs. wäre *welt*. Ihr wolltet mich gern als falsch, als eine nicht aufrichtige Klausnerin darstellen. — 198 wenn ich mich jemals auf Falschheit verstehe und Proben davon gebe. — 199 *ûf heben* stv., vorwerfen: dann werft mir sie vor, wenn ihr Augenzeuge gewesen. Bis jetzt habe ich euch noch keinen Beweis von Falschheit geliefert. — 200 will's Gott. — 201 *widersaz* stm., Ausweichen, Abweichen vom Rechten, also etwa was *wanc*, *wandel*, Falschheit, Untreue. — 202 *mähelschaz* stm., Geschenk bei der Verlobung. — 204 ich nie genoß. — 205 in sinnlicher, fleischlicher Weise. — *tæte* dat. sing. von *tât*. — 210 *Orilus* = *Oriluses*. — 211 *jâr* acc. der Zeitdauer: alle Jahre meines jammervollen Daseins hindurch. —

der rehten minne ich pin sin wer,
wand' er mit schilde und ouch mit sper
dâ nâch mit riters handen warp,   215
unz er in mîme dienste erstarp.
magetuom ich ledecliche hân:
er ist iedoch vor gote mîn man.
ob gedânke wurken sulen diu werc,
sô trag' ich niender den geberc   220
der underswinge mir mîn ê.
mîme lébene tet sîn sterben wê.
der rehten ê diz vingerlîn
für got sol mîn geleite sîn.
daz ist ob mîner triuwe ein slôz,   225
vonme hérzen mîner ougen vlôz.
ich pin hinn' selbe ander:
Schîânatulander
ist daz ein', dez ander ich.»
Parzivâl verstuont dô sich   230
daz ez Sigûne wære:
ir kumber was im swære.
den helt dô wênec des verdrôz,
vonme hérsenier dez houbet blôz
er machte ê daz er gein ir sprach.   235
diu juncfrouwe an ime ersach
durch îsers râm vil liehtez vel:
do erkande sie den degen snel:
sie sprach «ir sit'z hér Parzivâl.
sagt an, wie stet'z iu umbe'n grâl?   240

---

213 ich bin diejenige, die ihm rechte Minne gewährt. — 217 *ledecliche* adv.,
völlig, gänzlich: meine Jungfräulichkeit ist unversehrt. — 218 dennoch
ist er vor Gott mein ehelicher Mann, ich sein Weib. — 219 ich lebe in
Gedanken mit ihm fort in ehelicher Vereinigung: wenn solche Gedanken
die Wirkungskraft der That, der wirklichen ehelichen Gemeinschaft ha-
ben. — 220 *geberc* stm., heimlicher Gedanke; *den*, einen solchen. — 221 der
mir mein Recht, ihn als Gatten zu betrachten, beeinträchtige. — 224 *für
got* ist mit *geleite* zu verbinden: dieses Ringlein soll mich als Zeugniss
der rechtmäßigen Ehe vor Gottes Angesicht hin begleiten: ich will es
noch im Tode tragen. — 225 der Schlußstein über meiner Treue (vgl. zu
I, 65), das Siegel und Unterpfand derselben. — 226 *vlôz* stm., Flut, Strom:
der Strom meiner Augen aus dem Herzen, meine Herzensthränen, deren
Zeuge dieser Ring ist, den sie so oft benetzt haben. — 227 *selbe ander*,
ich selbst als zweite, zu zweit. — 230 *sich verstân* stv., verstehen, wahr-
nehmen, bemerken. — 233 er ließ sich die Mühe nicht verdrießen, er unter-
ließ es nicht. — 238 *snel* ist natürlich adj. zu *degen*. — 239 nicht: seid
ihr's, Herr Parzival, wie beide Übersetzungen haben, sondern *es* steht für
uns pleonastisch. — 240 *iu* dat. commodi. —

441 habt ir geprüevet noch sin art?
oder wie'st bewendet iuwer vart?»

     Er sprach zer megde wol geborn
«dâ hân ich fröude vil verlorn.
der grâl mir sorgen git genuoc.   245
ich liez ein lant da ich krône truoc,
dar zuo dez minneclichste wip:
ûf erde nie sô schœner lip
wart geborn von menneschlicher fruht.
ich sene mich nâch ir kiuschen zuht,   250
nâch ir minne ich trûre vil;
und mer nâch dem hôhen zil,
wie ich Múnsalvæsche mege gesehen,
und den grâl: daz ist noch ungeschehen.
niftel Sigûn', du tuost gewalt,   255
sit du min kumber manecvalt
erkennest, daz du vêhest mich.»
diu maget sprach «al min gerich
sol ûf dich, neve, sin verkorn.
du hâst doch fröuden vil verlorn,   260
sît tu lieze dich betrâgen
umb' daz werdecliche vrâgen,
unt dô der süeze Anfortas
din wirt unt din gelücke was.
dâ hete dir vrâgen wunsch bejaget: 265
nu muoz din fröude sin verzaget,
unt al din hôher muot erlemet.
din herze sorge hât gezemet,

---

241 *noch,* aufs neue. — *sin* verkürzt aus *sines,* wie auch die besten Hss. haben: *art* ist bei Wolfram mascul. — 242 zu welchem Resultate seid ihr bei eurer Fahrt gekommen?
     244 *dâ* nicht dort, auf den Gral bezüglich, sondern wieder am Anfang einer Rede, die eine Frage beantwortet; zu IX, 179. — 246 *liez,* verließ. — 252 *und mer,* und doch noch mehr als nach meinem Weibe verlange ich schmerzlich. — 254 dieses Ziel habe ich noch nicht erreicht. — 255 *gewalt tuon,* Unrecht thun. — 256 *min* = *minen,* wie auch fast alle Hss. haben; bei zweisilbigem Auftakte wäre *minen* zu dulden. — 257 *erkennest,* kennst, weißt. — 258 alles was ich an dir zu rächen habe. — 260 *doch,* ohnedies schon: ich will dich also nicht noch trauriger machen. — 261 da du zögertest mit, da du unterließest. — 262 *werdecliche,* das dir große *werdekeit* gebracht hätte. — 263 *unt,* in explicativem Sinne: und zwar. — 264 *dîn gelücke:* er brachte dir das Glück auf den Händen entgegen, indem er dir auf jede Weise die Frage so nahe als möglich legte. — 265 *wunsch,* das höchste Glück: selten wie hier ohne Artikel, vielleicht auch XII, 1003, wo wenigstens die eine Klasse von Hss. *wunsches hêrre* hat. — 268 *zemen swv.,* zahm, vertraulich machen: die Sorge ist deinem Herzen vertraut geworden. —

diu dir vil wilde wære,
hetest dú gevrâgt der mære.» 270

442 «Ich warp als der den schaden hât.
liebiu niftel, gip mir rât,
gedenke rehter sippe an mir,
und sage mir ouch, wie stêt ez dir?
ich solde trûrn umb' dîne klage, 275
wan daz ich hœhern kumber trage
denne ie man getrüege.
min nôt ist z'ungefüege.»
sie sprach «nu helfe dir dês hant,
dem aller kumber ist bekant; 280
ob dir sô wol gelinge,
daz dich ein slâ dar bringe,
aldâ du Munsalvæsche sihest,
dâ du mir dîner fröuden gihest.
Cundrie la surziere reit 285
vil niulich hinnen: mir ist leit
daz ich niht vrâgete ob sie dar
wolde kêrn od anderswar.
iemer swénn' sie kumet, ir mûl dort stêt,
da der brúnne ûzem velse gêt. 290
ich rât' daz tu ir rites nâch:
ir ist libte vor dir niht sô gâch,
dune mügest sie schiere hân erriten.»
dane wart niht langer dô gebiten,
urloup nam der helt aldâ: 295
dô kêrter ûf die niuwen slâ.
Cundrien mûl die reise gienc,
daz ungeverte im undervienc

---

269 *wilde*, fremd; die du nicht kennen würdest: zugleich Gegensatz zu *sam*.
271 Ich handelte wie einer, der Unglück hat. — 276 nur daß ich:
wenn ich nicht trüge. — 281 *ob*, vielleicht daß es dir so gut ausschlägt:
durch Gottes Hülfe. Ich kann nichts dazu thun. — 284 *dâ*, wo (in Munsal-
væsche) wie du mir sagst deine Freude weilt: du kannst sie nicht wieder-
finden, als wenn du dahin kommst. — 286 *niulich*, aus *niuwelich*, erst vor
kurzem; *vil n.*, erst vor ganz kurzer Zeit. — 287 wenn ich gefragt hätte,
würde ich dir bestimmt sagen können, welchen Weg nach der Gralburg
du einzuschlagen hättest. — 291 *rites* = *rîtest*. — 292 es kann leicht sein,
daß sie dir nicht so sehr vorauseilt, daß du sie nicht bald eingeholt haben
kannst. — 294 *gebiten* part. præt. von *bîten*, warten, zögern. — 296 *niuwe*,
frisch: die frisch erkennbaren Spuren der Hufe. — 297 *die*, eine solche. —
reise, Weg: gieng auf so ungebahntem Wege. — 298 *ungeverte* stn., Weg-
losigkeit, das Verschwinden aller Wegspuren. — *undervâhen* stv., da-
zwischengreifen, benehmen. —

eine slâ die'r hete erkorn.
sus wart aber der grâl verlorn.   300
443 al sîner vröude er dô vergaz.
ich wæne er hete gevrâget baz,
wær' er ze Munsalvæsche komen,
denne als ir ê hât vernomen.

   Nu lât in rîten: war sol er?   305
dort gein im kom geriten her
ein man: dem was daz houbet blôz,
sîn wâpenroc von koste grôz,
dar under'z harnasch blanc gevar:
ân'z houbt was er gewâpent gar.   310
gein Parzivâle er vaste reit:
dô sprach er «hêrre, mir ist leit
daz ir mîns hêrren walt sus pant.
ir wert schiere drumbe ermant
dâ von sich iwer gemüete sent.   315
Munsalvæsche ist niht gewent
daz iemen ir sô nâhe rite,
ez'n wær' der angestliche strite,
ode dér alsolhen wandel bôt
als man vor'm walde heizet tôt.»   320
einen hélm er in der hende
fuorte, des gebende
wâren snüere sîdîn,
unt eine scharpfe glævîn,
dar inne al niuwe was der schaft.   325
der helt bant mit zornes kraft

---

299 die Spur, der er nachfolgte, verschwand gänzlich. — 300 aber, zum
zweiten male. — 304 besser als damals, als zum ersten male, wie ich es
euch erzählt habe. Die ganze Begegnung mit Sigunen fehlt bei Crestien,
ebenso die Erwähnung Cundriens und Parzival's Kampf mit dem Ritter
von Munsalvæsche. Erst bei 391 trifft Wolfram mit Crestien wieder zu-
sammen.
  305 war sol er? wohin soll er sich jetzt wenden, da er das Ziel, den
Gral, verfehlt hat. — 310 ân'z houbt, mit Ausnahme des Hauptes. —
311 vaste, geradewegs, direct. — 312 mir ist leit, es verdrießt mich. —
313 pant von panen, banen swv., zur Bahn machen, betreten. — 314 drumbe,
deswegen, dafür. — ermanen swv., einen Denkzettel geben: ihr bekommt
auf der Stelle einen solchen Denkzettel. — 315 daß dadurch eure Stim-
mung eine sehr schmerzliche wird. — 318 er müßte denn erst einen ge-
fahrvollen Kampf bestanden haben. — 319 wandel stm., Ersatz, Buße. —
320 als man, wie man ihn, den man. — vor'm walde, draußen in der Welt,
im Leben. — 322 gebende stn. collect., Bänder; die helmbant sind gemeint.
— 325 dar inne, in welcher: das Speereisen ist an dem untern breiten
Ende hohl (rund) und in diese Höhlung wird der Schaft hineingesteckt.
— 326 mit zornes kraft, in großem Zorne. —

dèn helm ûf'z houbet ebene.
ez ęnstuont in niht vergebene
an den selben zìten
sìn dröun und ouch sìn strìten: 330
444 iedoch bereit' er sich zer tjost.
Parzivàl mit solher kost
het ouch sper vil verzert:
er dâhte «ich wære unernert,
rìte ich über diss mannes sât: 335
wie wurde denn' sìns zornes rât?
nu trite ich hie den wilden varm.
mir'n geswîchen hende, ietweder arm,
ich gibe für mìne reise ein pfant,
daz niender bindet mich sìn hant.» 340

Daz wart ze bêder sìt getàn,
diu ors in den walàp verlàn,
mit sporn getriben und ouch gefuort
vaste ûf der rabbìne hurt:
ir 'nweders tjost dà misseriet. 345
manger tjost ein gegenniet
was Parzivâles hôbiu brust:
den lêrte kunst unt sìn gelust
daz sìn tjost als ebene fuor
reht' in den stric der helmsnuor. 350

---

327 *ebene*, nicht wie unser: eben, sondern: gerade, daß er gerade auf dem
Kopfe saß. — 328 *vergebene stàn*, umsonst zu stehen kommen, nichts ko-
sten, also negativ: theuer zu stehen kommen. Die Übersetzungen ver-
fehlen beide hier den richtigen Sinn. — 329 im nächsten Augenblicke. —
331 *iedoch*, wie auch der Ausgang sein mochte, doch. — 332 Parzival hatte
mit ebenso prächtig ausgestatteten Rittern schon viele Speere verthan. —
334 *unernert*, nicht beim Leben erhalten: ich wäre des Todes. — 335 wenn
ich über sein Saatfeld ritte: wie könnte man dann erst seinen Zorn ver-
meiden, wie zornig würde er dann erst sein? — 337 *varm* stm., Farn-
kraut: ich betrete hier doch nur etwas, womit ihm kein Schaden geschieht,
was der Fall wäre, wenn ich seine Saat beträte: dann hätte er Ursache
so zu zürnen. — 338 wenn mich nicht im Stiche lassen. — 339 auf dem
Saatfeld das man betritt, wird man gepfändet, muß ein Pfand als Strafe
lassen. Ich will auch ein Pfand geben für den Weg, den ich hier betreten
habe, aber ein solches, daß er nicht im Stande sein soll mich zu binden:
tüchtige Schläge.
341 *Das*, auf das Folgende zu beziehen. — 342 *verlàn* stv., loslassen:
mit verhängtem Zügel. — 344 *rabbìne*, verkürzt *rabbìn* I, 1103. Vgl. XII, 512
swie bêdiu ors warn getriben mit sporn ûf tjoste hurte. — 345 *misseràten*
stv., misslingen: keiner von beiden verfehlte den Gegner. — 346 *gegenniet*,
Gegenstreben, Gegenwehr. — 348 *kunst*, das Erlernte; *gelust*, die ange-
borene Neigung, Talent. — 349 *als ebene*, so gerade, daß er gerade den
Knoten der Helmschnur traf. — 350 *dà man den helm dà stricket*, Kon-
rad's Schwanritter 975; vgl. zu Turn. 215. —

er traf in dà man hæht den schilt,
sò man riterschefte spilt;
daz von Múnsalvæsche der templéis
von dem órse in eine halden reis,
sò verr' hin abe (diu was sò tief),   355
daz dà sin leger wênec slief.
Parzivàl der tjoste nàch
volgt'. dem orse was ze gàch:
ez viel hin abe, deiz gar zebrast.
Parzivàl eins zèders ast   360
445 begreif mit sinen handen.
nu jeht's im niht ze schanden,
daz er sich àne schergen hienc.
mit den fuozen er gevienc
undr im des velses herte.   365
in grôzem ungeverte
lac daz ors dort niden tôt.
der riter gàhte von der nòt
anderhálp ûf die halden hin:
wolt' er teilen den gewin   370
den er erwarp an Parzivàl,
sò half im baz dà heime der grál.
Parzivàl her wider steic.
der zügel gein der erden seic:
dà hete daz ors durch getreten,   375
als ob ez bitens wære gebeten,
des jener riter dà vergaz.

---

351 *hæht* 3. præs. von *hähen* stv., aufhängen; es geschah dies mittels des *schiltvezzels*. — 352 *riterschefte* gen.: wenn man ritterliches Kampfspiel treibt. — 353 *das* von *traf in* abhängig. — *templeis* stm., lat. *templensis*, Tempelritter: so heißen die Ritter der Gralburg. — 354 *reis* præt. von *risen*, II, 636. — 356 ungenaue Ausdrucksweise: daß er bei seinem Lagern, Liegen wenig schlief: daß er zwar ein Lager hatte, aber nichts weniger als zum Schlafen. — 357 Parzival war so im Schusse, daß er ebenfalls mit seinem Rosse den Abhang hinunterstürzte. — 359 *zebrast* præt. von *zebresten* stv., zerbrechen: daß es ganz zerrissen wurde. — 360 *sèder* stm., Cederbaum. — 362 rechnet es ihm für keine Schande an. — 363 *scherge* swm., Büttel: er hieng sich selbst auf, nicht der Büttel. Die Strafe des Hängens war eine schandbare, die gewöhnliche für Diebe. — 364 *gevienc*, erfaßte. — 366 *ungeverte* stn., unzugänglicher Ort. — 368 *der riter*, von der Gralburg. — *von der nôt*, nachdem er der Gefahr entronnen war. — 369 auf der andern Seite des Abhangs empor. — 371 den er im Kampfe mit Parzival erwarb. — 372 so gewährte der Gral zu Hause ihm größeren Nutzen: vom Gral hatte er alles was er brauchte, hier aber war sein Gewinn nichts, ja weniger als nichts, ein Verlust. — 373 stieg wieder den Abhang empor, auf der Seite, von wo er herabgefallen war. — 374 der Zügel des Rosses des Gralritters war, als der Ritter herabfiel, zur Erde gesunken: das Ross hatte sich mit den Beinen darin verwickelt und stand daher still. —

dô Parzivâl dar ûf gesaz,
done was niht wan sîn sper verlorn:
diu vlust gein vinden was verkorn.   380
ich wæne, der starke Lähelîn
noch der stolze Kingrisîn
nóch róys Grámoflanz
noch cons Lascoit fiz Gurnemanz
níe bézzer tjost geriten,   385
denne als diz ors wart erstriten.
dô reit er, erne wesse war,
sô daz diu Munsalvæscher schar
in mit strîte gar vermeit.
des grâles vremede was im leit.   390

446 Swer'z ruocht vernemen, dem tuon ich kunt
wie im sîn dinc dâ nâch gestuont.
des'n prüeve ich niht der wochen zal,
über wie lanc sider Parzivâl
reit durch âventiure als ê.   395
eins morgens was ein dünner snê,
iedoch sô dicke wol, gesnît,
als der noch frost den liuten git.
ez was ûf einem grôzen walt.
im widergienc ein riter alt,   400
des part al grâ was gevar,
dâ bî sîn vel lind' unde clâr:
die selben varwe truoc sîn wip;
diu bêdiu über blôzen lip

---

378 *dô*, nachdem. — 380 dieser Verlust war für ihn zu verschmerzen im
Vergleich mit dem Funde (des Rosses), den er gemacht hatte. — 381 *Lä-
helîn*, der Bruder von Orilus. — 382 *Kingrisîn*, der Vater des Königs
Vergulaht und Antikoniens (Buch VIII). — 383 *Gramoflans:* von ihm und
seiner Begegnung mit Gawan erzählt das 12. Buch. — 384 *Lascoit:* vgl.
III, 1867. — 386 als diejenige war, mit welcher. — 387 *wesse* præt. von
weiz, wußte. — 388 ohne ferner von den Gralrittern behelligt zu werden.
— 390 *vremede* stf., Unbekanntsein, Fremdsein, daß der Gral ihm fremd
blieb. Denn in dem Ritter, mit dem er eben gekämpft, hatte er den Gral-
ritter nicht erkannt.
  392 wie es ihm danach ergieng. — 393 *des*, auf das Folgende hindeu-
tend. — *prüeven*, nachrechnen. Wol hindeutend auf Crestien, der fünf
Jahre als Dauer seiner ziellosen Reise bis zur Ankunft bei dem Einsiedler
angibt, V. 7612. — 394 *über*, Ausdehnung in Raum und Zeit: wie lange
Zeit hindurch. — 395 *als ê*, wie vor der Begegnung mit Sigunen und dem
Gralritter. — 398 wie ein solcher, der noch heut den Leuten Frost macht:
wobei man friert. — 399 *ûf*, vgl. zu IX, 64. — 400 bei Crestien sind es
drei Ritter mit etwa zehn Damen. — 403 *die selben varwe*, die graue: auch
sein Weib war alt. — 404 *diu bêdiu* neutr., weil Personen verschiedenen
Geschlechts. —

truogen grâwe röcke herte   405
ûf ir bîhte verte.
sîniu kint, zwuo juncfrouwen,
die man gerne mohte schouwen,
dâ giengen in der selben wât.
daz riet in kiusches herzen rât: 410
sie giengen alle barfuoz.
Parzivâl bôt sînen gruoz
dem grâwen rîter der dâ gienc;
von des râte er sît gelücke enphienc.
ez mohte wol ein hêrre sîn.   415
dâ liefen frouwen bräckelîn.
mit senften siten niht ze hêr
gienc dâ rîtr und knappen mêr
mit zühten ûf der gotes vart;
gnuogè sô junc, gar âne bart.   420

447   Parzivâl der werde degen
het des lîbes sô gepflegen
daz sîn zimierde rîche
stuont gar rîterlîche:
in selhem harnasche er reit,   425
dem ungelîch was jeniu kleit
die gein im truoc der grâwe man.
daz ors ûzem pfade sân
kêrt' er mit dem zoume.
dô nam sîn vrâgen goume   430
umb' der guoten liute vart:
mit süezer rede er's innen wart.
dô was des grâwen rîters klage,
daz ime die heileclîchen tage

405 *grâwe röcke*: Crestien V. 7618 *lor ciès en lor caperons mis*. — *herte*,
von rauhem, grobem Stoffe; Gegensatz *linde*. — 406 Crestien 7625 *lor pe-
nitance a piè faisoient*. — 410 *kiuscha*, bescheiden, demüthig. — 411 Crestien
7619 *si aloient trestuit ù pie et en langes et descauciè*. — 414 der Rath, zum
Einsiedler Trevrizent zu gehen, der Parzival von seinem Seelenunfrieden
heilte. — 416 *bräckelîn* stn., kleiner Jagdhund: wie sie Frauen hatten.
— 417 *niht se hêr*, nichts weniger als stolz. — 418 noch mehr Ritter
und Knappen: das Gefolge des alten Ritters; vgl. Crestien 7616.
420 *gnuoge*, viele.
   422 hatte ein solches Äußere, hatte sich so ausgestattet. — 425 *selch*
Nebenform von *solch*. — 426 *was* sing. des Verbums bei nachfolgendem
Plural des Subjects. — 427 *die* geschwächt aus *diu* neutr. pl. — ihm ent-
gegentrug, der ihm begegnende trug. — 428 er bog aus dem Wege, um
Platz zu machen. — 430 *goume nemen*, prüfen: er fragte aufmerksam und
prüfend. — 432 in freundlicher Antwort erfuhr er, wie es sich damit ver-
hielt. — 434 *íme*, Parzival. —

niht hulfen gein alselhem site, 435
daz er sunder wâpen rite
ode daz er barfuoz gienge
unt des tages zît begienge.
Parzivâl sprach z'ime dô
«hêrrẹ, ich erkenne sus noch sô, 440
wie des jâres urháp gestêt
ode wie der wochen zal gét.
swie die tage sint genant,
daz ist mir allez unbekant.
ich diende eim' der heizet got, 445
ê daz sô lasterlichen spot
sin gunst übr mich erhancte:
mîn sin im nie gewancte,
von dem mir helfe was gesaget:
nu ist sin helfe an mir verzaget.» 450

448   Dô sprach der riter grâ gevar
«meint ír gòt den diu maget gebar?
geloubt ir sîner mennescheit,
waz er als hiut' durch uns erleit,
als man diss tages zît begêt, 455
unrehte iu denne 'ez harnasch stêt.
ez ist hiute der karfrîtac,
des al diu werlt sich fröwen mac
unt da bĭ mit angest siufzec sin.
wâ wart ie hôher triuwe schîn, 460

---

435 nicht zu einem solchen Gebahren verhalfen: daß er durch die heiligen
Tage (der Charwoche) nicht veranlaßt wurde zu reiten u. s. w. — 438 sît
hier in kirchlichem Sinne: die heiligen Stunden. — begàn stv., feiern, fest-
lich begehen. — 440 ich weiß von nichts; vgl. Crestien 7691 *Percevaus a
si perdue sa memoire que de dui ne li souint mes.* — 441 wie es mit dem
Anfang des Jahres steht, wann das Jahr anfängt. — 443 *swie* nicht von
unbekant abhängig, sonst müßte es *wie* heißen: wie auch immer. —
446 bezieht sich auf die höhnenden Reden, welche Cundrie an Artus' Hofe
gegen Parzival geführt hatte. — 447 *gunst* in ironischem Sinne: seine Liebe
statt sein Haß. — *erhengen* swv., verhängen: hergenommen von dem
Reiter, der dem Ross den Zügel überläßt. — 448 *gewancte* nicht von *wan-
ken*, sondern *wenken*, wanken, treulos werden. — 449 von dem mir gesagt
war, daß er helfen kann und hilft. — 450 an mir hat sich seine Hülfe
machtlos erwiesen.
     453 *sîner mennescheit* ist gen., an seine Menschwerdung: *si deuint hom
por nos peciés* Crestien 7649, dem das Nächstfolgende sich ziemlich treu
anschließt. — 454 *als hiut',* an einem Tage wie dem heutigen, d. h. am
ersten Charfreitage. — 455 *als,* wie man dem entsprechend, danach. —
456 *'es = des,* geschwächt aus *das.* — 459 und trotz der Freude doch
Herzensbeklommenheit und Seufzen haben kann. — 460 *hôher* com-
parat. —

dan die got durch uns begienc,
den man durh uns an'z kriuze hienc?
hêrre, pfleget ir toufes,
sô jâmer iuch des koufes:
er hât sin werdeclîchez leben   465
mit tôt für unser schult gegeben,
durch daz der mensche was verlorn,
durch schulde hin zer helle erkorn.
ob ir niht ein heiden sît,
sô denket, hêrre, an dise zît.   470
ritet fürbâz ûf unser spor.
iu ensitzet niht ze verre vor
ein heilec man: der gît iu rât,
wandèl für iuwer missetât.
welt ir im riuwe künden,   475
er scheidet iuch von sünden.»

      Sin tohter begunden sprechen
«waz wilt tu, vater, rechen?
sô bœse weter wir nu hân,
waz râts nimstû dich gein im an?   480
449 wan füerstu'n dá er erwarme?
sinẹ gïsérten arme,
swie rîterlich die sin gestalt,
uns dunkt doch des, sie haben kalt:
er erfrüre, wærn sin eines drî.   485
du hâst hie stênde nâhen bî
gezelt und slavenîen hûs:

---

463 wenn ihr die Taufe habt, getauft seid: wenn ihr ein Christ seid. —
464 der kouf, der Handel: daß er mit seinem Leben unsere Schuld bezahlt
hat. — jâmer conj. für jâmere. aber e wird in diesem Falle nach der Li-
quida immer abgeworfen. — 466 mit tôt, im Tode. — 467 durch daz, darum
weil. — 468 wegen seiner Schuld zur Hölle bestimmt. — 471 reitet auf
dem Wege weiter, den wir gekommen sind: denn sie kommen bereits von
dem Einsiedler her. — 472 sitzet vor, sitzt vor euch: auf dem Wege, der
vor euch liegt, ist eine Wohnstätte.
  477 tohter pl., häufig ohne Umlaut. Den folgenden V. 477—540 ent-
spricht nichts bei Crestien, der auch die begleitenden Damen (zu 400)
nicht zu Töchtern des einen Ritters macht. — 478 rechen ein d. an einem,
jemand wofür unfreundlich behandeln; an im muß ergänzt werden. —
479 bei dem schlechten Wetter, das wir haben. — 480 sich an nemen mit
acc., nicht mit gen., sich annehmen, übernehmen, beginnen: der Acc. ist
was, waz râts, was für einen Rath. — 481 wan, warum nicht. — 484 sie
seien erkältet, durchfroren. — 485 wäre er auch noch dreimal so kräftig
als er ist. — 487 slavenîe swf., grober wollener Stoff und daraus gefer-
tigter Mantel, wie ihn namentlich Pilger trugen; altfranz. esclavine: sla-
venîen hûs, also ein zeltartiges Haus, welches mit solchem Stoffe bedeckt
ist: eine Pilgerhütte. —

kœm' dir der künec Artûs,
du behîeltst in ouch mit spîse wol.
nu tuo als ein wirt sol, 490
füer' disen rîter mit dir dan.»
dô sprach aber der grâwe man
»hêrrę, mîn tohter sagent al wâr.
hie nâhen bî élliu jâr
var ich ûf disen wilden walt, 495
ez sî warm oder kalt,
iemer gein dès marter zît,
der stæten lôn nâch dienste gît.
swaz spîse ich ûz brâht' durch got,
die teile ich mit iu âne spot.» 500
die'z mit gúoten willen tâten,
die juncfrouwen bâten
in belîben sêre,
unt er héte belîbens êre;
ietwederiu daz mit triuwen sprach. 505
Parzivâl an in ersach,
swie tiur von frost dâ was der sweiz,
ir munde wârn rôt, dicke, heiz:
die stuonden niht senlîche,
des tages zîte gelîche. 510
450 ob ich kléinez dinc dar ræche,
ungerne ich daz verspræche,
ich'n holte ein kus durch suone dâ,
op sie der suone spræchen jâ.
wîp sint et iemer wîp: 515

---

488 wenn Artus dich besuchte. — 489 du wärst auch hinreichend mit Speise
versorgt, um ihn zu beherbergen. — 493 sagen völlig die Wahrheit. —
494 in die Nähe des Platzes, wo wir jetzt sind. — 497 immer um die Zeit,
wo derjenige die Marter erlitt. — 498 *stæten*, dauernden, ewigen. — *nâch
dienste*, wenn der Mensch ihm auf Erden gedient hat. — 499 *ûz brâht'*, auf
die Ausfahrt von Hause mitbrachte. — 500 *âne spot*, aufrichtig, ehrlich.—
504 auch fügten sie hinzu, daß ihm das Dableiben keine Schande bringen
werde. — 507 *tiur*, selten, nicht vorhanden: wiewol infolge des Frostes
da von Schweiß keine Rede sein konnte, wiewol es nichts weniger als
warm war. — 508 daß ihr Mund doch so roth schwellend und heiß war,
als wäre es mitten im Sommer. — 509 *senlîche* adv., schmerzlich. — 510 wie
es dem heiligen Feste, das an dem Tage gefeiert wurde, entsprochen
hätte. — 511 wenn ich ein kleines Ding mit Bezug auf sie zu rächen
hätte, wenn ich sie für etwas zu bestrafen hätte. — 512 ich wollte es
schwerlich verreden. — 513 daß ich nicht holte, zu holen. — *durch suone*,
zur Versöhnung, zur Buße. — 514 wenn sie mit dieser Sühne einverstan-
den wären: *der suone* ist gen. — 515 *et*, nun einmal. Die Macht des
Weibes zeigt sich auch dem in Waffen gehüllten Manne gegenüber: die
Waffen helfen da nichts. —

wérlīches mannes lip
hânt sie schier' betwungen:
in ist dicke alsus gelungen.

Parzivâl hie unde dort
mit bete hôrte ir süezen wort,   520
des vater, muoter unt der kinde.
er dâhte «ob ich erwinde,
ich gên ungerne in dirre schar.
dise mégede sint sô wol gevar,
daz mîn rîten bî in übel stêt,   525
sit man und wîp ze fuoz hie gêt.
sich füeget mîn scheiden von in baz,
sît ich gein dem trage haz,
den sie von herzen minnent
unt sich hélfe dâ versinnent.   530
der hât sîn' helfe mir verspart
und mich von sorgen niht bewart.»
Parzivâl sprach z'in dô sân
«hêrre und frouwe, lât mich hân
iuwern urloup. glücke iu heil   535
gebe, und fröuden vollen teil.
ir juncfrouwen süeze,
iwer zûht iu danken müeze,
sît ir gúndet mir gemaches wol.
iwern úrlóup ich haben sol.»   540
451 er neic, unt die andern nigen.
dâ wart ir klage niht verswigen.

---

517 Simrock übersetzt unrichtig, indem er die Frauen bezwungen meint.
— 518 so haben sie oft den Sieg erlangt.
520 *mit bete* = *unde ir bete:* ihre freundlichen Worte und Bitten. —
522 wenn ich mit ihnen umkehre. — 523 *ungerne,* nicht unser ungerne,
sondern: mit geringem Fug, wie *gerne* im Sinne von: gut und gerne, mit
Fug. Vgl. 525. Ich passe nicht zu ihnen. — 525 daß es sich übel schickt,
wenn ich reite und sie daneben zu Fuße gehen. — 527 *füegen* swv. refl.,
sich passen. — 530 wir würden erwarten *unt dâ si helfe sich versinnent.* —
sich versinnen stv. mit gen., etwas erwarten: bei dem sie Hülfe erwarten.
Wenn diese kleine Episode voll feinen Seelenverständnisses bei Guiot
sich fand, dann war dieser sicherlich ein bedeutender Dichter: wahr-
scheinlich ist sie jedoch Wolfram's Zuthat. — 534 *frouwe* vocat. pl., der
sehr häufig so, nicht *frouwen,* lautet. — 535 *glücke iu heil gebe,* vgl. zu
VIII, 1005. — 538 mögt ihr in dem Bewußtsein eures feingebildeten Ge-
fühls, dessen Ausdruck die freundliche Einladung war, euren Dank und
Lohn finden. — 539 *gundet,* gegönnt hättet. — 540 *ich sol,* ich will. —
541 er verneigte sich grüßend.

Hin rîtet Herzeloyden fruht.
dem riet sîn manlîchiu zuht
kiusch' únt erbármúnge: 545
sit Herzeloyd' diu junge
in het ûf g'erbet triuwe,
sich huop sîns herzen riuwe.
alrêrste er dô gedâhte,
wer al die werlt volbrâhte,   550
an sînen schépfære,
wie gewaltec dér wære.
er sprach «waz ob got helfe phliget,
diu mînem trûren an gesiget?
wart ab er ie rîter holt,   555
gediende ie rîter sînen solt,
ode mac schilt unde swert
sîner helfe sîn sô wert,
und rehtiu manlîchiu wer,
daz sîn hélfe mich vor sorgen ner,   560
ist hiute sîn helfîcher tac,
sô helfe er, ob er helfen mac.»
er kêrt' sich wider dann ér dâ reit.
sie stuonden dannoch, den was leit
daz er von in kêrte.   565
ir triuwe sie daz lêrte:
die júncfrówen im sâhen nâch;
gein den ouch im sîn herze jach
daz er sie gerne sæhe,
wand' ir blíc in schœne jæhe.   570

---

544 *dem* dem Sinne nach, wiewol auf das Fem. *fruht* bezogen. —
545 *kiusche* stf., Enthaltsamkeit. — 547 *ûf erben* mit doppeltem Acc., etwas
auf jemand vererben. — 548 so begann sein Herz traurig zu werden. Das
treue Festhalten, das ihm angeboren war, ließ ihn nicht ganz an Gott
verzagen, sondern wieder zu ihm sich wenden. — 549 nun erst in der
Einsamkeit, bei einsamem Nachdenken. — 553 *was ob*, wie wenn: es ist
ja doch möglich daß. — *hůlfe phliget*, Hülfe hat, über Hülfe verfügt. —
555 wenn er doch jemals einem Ritter seine Huld erzeigte. — 557 oder
wenn die Führung von Schild und Schwert seine Hülfe verdienen kann:
wie ich beides geführt habe. — 560 wenn er dadurch verdient habe,
daß. — 561 noch ein Vordersatz: wenn heute der Tag ist, an welchem er
hilft. — 562 wenn er überhaupt Macht hat zu helfen. — 563 *dann = dan-
nen*; *dâ* dient zur Verstärkung von *dann*, ist nicht mit *reit* zu verbinden.
— 564 der Ritter mit seiner Familie. — 566 *triuwe*, ihr Wohlwollen. —
das, daß es ihnen leid that. — 568 in Bezug auf welche auch sein Herz
ihm sagte. — 570 *jæhe* im Sinne Parsival's: weil sie so schön wären. Er
war einen andern Weg geritten als derjenige, den ihm der Ritter als zum
Einsiedler führend gezeigt hatte: daher kehrt er um und kommt wieder
an die Stelle, wo er mit den Pilgern zusammengetroffen war, um von dort
aus den Weg zu dem Einsiedler einzuschlagen. Er weiß den Weg, will
aber das Pferd denselben finden lassen, um Gottes Lenkung zu erproben.

452   Er sprach «ist gotes kraft sô fier
        daz si béidiu ors unde tier
        unt die liute mác wîsen,.
        sine kraft wil ich im prîsen.
        mac gotes kunst die helfe hân,   575
        diu wîse mir diz kastelân
        dez wægest umb' die reise mîn:
        sô tuot sîn güete helfe schîn:
        du genc nâch der gotes kür.»
        den zügel gein den ôren für   580
        er dem orse legete,
        mit den spórn er'z vaste regete.
        gein Funtâne la salvâtsche ez gienc,
        dâ Orilus den eit enphienc.
        der kiusche Trevrizent dâ saz,   585
        der manegen mæntac übel gaz:
        als tet er gar die wochen.
        er hete gar versprochen
        môraz, wîn, und ouch'ez prôt.
        sîn kiusche im dennoch mêr gebôt,   590
        der spîse het er keinen muot,
        vischè noch fleisch, swaz trüege bluot.
        sus stuont sîn heileclîchez leben.
        got het im den muot gegeben:
        der hêrre sich bereite gar   595
        gein der himelischen schar.
        mit vaste er grôzen kumber leit:
        sîn kiusche gein dem tievel streit.

---

571 *fier* adj., gebieterisch, mächtig. — 574 *im*, an ihm. — 575 *die*,
solche, wie im Vorausgegangenen gesagt war. — 576 so möge seine Hülfe
diesem Rosse dasjenige zeigen, was meiner Reise am meisten frommt. Be-
merkenswerth ist, daß *wîsen* mit doppeltem Acc. verbunden ist: doch ist
wol eher eine Construction ἀπὸ κοινοῦ anzunehmen, nur daß der gemein-
same Begriff, das Verbum, von dem zwei Objecte abhängig sind, nicht wie
sonst in der Mitte steht. — 579 *genc* imper. von *gân*, geh. — *kür* stf.,
Wahl, Entscheidung. — 580 nach den Ohren vorwärts: mit andern Wor-
ten *er verhancte dem orse.* — 583 die «wilde Quelle», welche hier genannt
wird, ist die Wohnstätte Trevrizent's: auch seine Einsiedelei ist auf einem
Quell erbaut; vgl. zu IX, 68. — 584 vgl. V, 1347 ff. — 586 *mæntac* stm.,
Montag; gewöhnlich *mântac*: der seine Woche am Montag mit schlechtem
Essen anfieng und das durch die ganze Woche fortsetzte. — 587 *als*,
ebenso. — 588 *versprechen* mit acc., auf etwas verzichten. — 591 *muot*,
Lust, Gelüst. — 592 *vische noch fleisch*, Apposition zu *spîse*: zu solcher
Speise, die wie Fleisch und Fische Blut enthielt. Er nährte sich nur von
Vegetabilien. — 594 *den muot*, die Gesinnung: davon hängt das Folgende
ab. — 596 zur Aufnahme in die Schar der Seligen. — 597 *vaste* stf., das
Fasten. — *kumber* stm., Mühsal, Entbehrung. — 598 mit Enthaltsamkeit
bekämpfte er die Versuchungen des Teufels. —

an dem ervert nu Parzivâl
diu verhólnen mære umbe'n grâl.   600
453 swer mich dervon ê frâgte
unt drumbe mit mir bâgte,
ob ich's im niht sagete,
umpris der dran bejagete.
mich batez helen Klôt,   605
wand' im diu âventiure gebôt
daz es iemer man gedæhte,
ê ez diu âventiure bræhte
mit worten an der mære gruoz,
daz man dervon doch sprechen muoz.   610

Kyôt der meister wol bekant
ze Dôlét verworfen ligen vant
in heidenischer schrifte
dirre âventiure gestifte.
der karacter â b c   615
muoser hân gelernet ê,
ân' den list von nigromanzi.
ez half daz im der touf was bi:
anders wær' diz mær' noch unvernumen.
kein heidensch list möht' uns gefrumen   620
ze künden umbe's grâles art,
wie man sîner tougen innen wart.

Ein heiden Flegetânis
bejagete an künste hôhen pris.

5y9 *an dem,* bei dem. — 600 die geheimnissvolle Kunde. — 601 hier recht-
fertigt der Dichter sein Abbrechen und Schweigen im 5. Buche, V. 511 ff.
Wenn mich jemand früher darum fragte. — 604 *umpris = unpris* (m für n
wegen des folgenden Lippenlautes), Tadel: der verdiente sich nur Tadel
damit. — 607 *iemer = niemer:* daß niemand dessen gedächte, darnach fra-
gen sollte. — 608 bevor die Erzählung dahin gelangt sei. — 609 *gruoz,*
das Entgegenkommen: bis dahin, wo der Stoff, die Fabel, einer solchen
Mittheilung entgegenkommt. — 610 *doch,* doch ohnehin.

612 *Dôlet,* Toledo in Spanien. — *verworfen,* bei Seite geworfen, nicht
beachtet und gekannt. — 614 *gestifte* stn., Begründung, Grundlage: die
Quelle dieser Erzählung. — 615 *karacter* stm., Buchstaben: die fremde
Schrift, d. h. die arabischen Schriftzeichen. — 616 *ê:* bevor er die Quelle
lesen konnte. — 617 *ân',* abgerechnet: außerdem noch. — *nigromanzi,*
griech. νεκρομαντεία, die Kunst Todte zu beschwören: man faßte den
ersten Theil als lat. *niger,* daher: schwarze Kunst. — 618 daß er ein
Christ war: sonst würde ihm auch die Kenntniss der heidnischen Schrift
das Verständniss nicht erschlossen haben. — 619 sonst würde die Erzäh-
lung noch heute uns unbekannt sein. — 622 *tougen* stn., Geheimniss,
Wunderkraft.

624 *erwarb* in Bezug auf seine Kenntnisse, seine Gelehrsamkeit hohen
Ruhm. —

dér sélbe fisìòn   625
was geborn von Salmòn,
ûz israhêlscher sippe erzilt
von alter her, unz unser schilt
der touf wart für'z hellefiur.
der schreip von's gráles áventiur.   630
454 er was ein heiden vaterhalp,
Flégetánïs, der an ein kalp
bette als ob ez wær' sin got.
wie mac der tievel selhen spot
gefüegen an sô wiser diet,   635
daz sie niht scheidet ode schiet
dá von der treit die hœhsten hant
unt dem élliu wunder sint bekant?
Flégetánïs der heiden
kunde uns wol bescheiden   640
iesliches sternen hinganc
unt siner künfte widerwanc;
wie lange ieslïcher umbe gèt,
è er wider an sin zil gestêt.
mit der stérnen umbereise vart   645
ist geprüevet aller menschlich art.
Flégetánïs der heiden sach,
dá von er blûwecliche sprach,
im gestírn' mit sinen ougen
verholenbæriu tougen.   650
er jach, ez hiez ein dinc der grál:
des namen las er sunder twál

---

625 *fisiòn* stm., Kenner der Natur. — 626 *Salmón* und *Salamón* sind die im
Mhd. üblichen Namenformen für Salomon. — 627 *erziln* swv., erzeugen. —
628 vor der Zeit als Christus in die Welt kam. — 629 *für*, zum Schutze
gegen. — 631 von Seiten seines Vaters: während er mütterlicherseits aus
jüdischem Geschlechte stammte. — 632 *beten an* (præp.) = *ane beten*, an-
beten. — 634 *spot*, Gegenstand des Spottes, verachtungswerthes Thun. —
635 *gefüegen* swv., bewerkstelligen. — *diet*, Volk, Leute: an so weisen Leu-
ten. — 636 *daz*, wie kommt es daß, oder: indem. — 637 *dá von*, von dem
spot. — Umschreibung für Gott: mehrfach bei Wolfram; vgl. zu V, 1368.
— 641 *hinganc* stm., das Verschwinden aus dem Gesichtskreise, der Unter-
gang der Sterne. — 642 *widerwanc* stm., Rückkehr. — 644 *zil*, Anfangs-
und Endpunkt. — 645 *umbereise* stf., Kreislauf: mit der kreislaufartigen
Bewegung der Sterne. — 646 *geprüevet*: dies ist ohne Frage die richtige
Lesart, aus welcher sich durch unrichtige Auflösung der Abkürzung und
Verlesung von *t* als *l* die alleinstehende Lesart von D erklärt: der Kreis-
lauf der Sterne ordnet, reguliert alle menschlichen Verhältnisse. —
648 *blûwecliche* adv., schüchtern, zaghaft. — 649 *gestirne* stm., die Ge-
sammtheit der Sterne: in der Constellation der Gestirne. — 650 *verholen-
bære* adj., Verborgenes enthaltend. — 651 es gäbe ein Ding, der Gral ge-
nannt. — 652 *las*, hatte er gelesen. —

inme gestirne, wie der hiez.
· ein schar in ûf der erden liez:
diu fuor ûf über die sternen hôch,   655
op die ir unschult wider zôch,
sit mnox sin pflegen getouftiu fruht
mit alsô kiuschlicher zuht:
diu mennischeit ist iemer wert,
der zuo dem grâle wirt gegert. ·   660

455 Sus schreip dervon Flégetânis.
Kyôt der meister wis
diz mære begunde suochen
in latînschen buochen,
wâ gewesen wære   665
ein volc dâ zuo gebære
daz ez des grâles pflæge
unt der kiusche sich bewæge.
er las der lande chrônicâ
ze Britâne unt anderswâ,   670
ze Francriche unt in Îrlant:
ze Anschouwe er diu mære vant.
er las von Mázádân
mit wârheite sunder wân:
umb’ allez sin geslehte   675
stuont dâ geschriben rehte,
unt anderhalp wie Tyturel
unt des sun Frimutel
den grâl bræhte ûf Anfortas,
des swester Herzeloyde was,   680
bi der Gahmuret ein kint
gewan, des disiu mære sint.
der rit nu ûf die niuwen slâ,

---

ein schar, eine Schar von Engeln. — *liez*, ließ zurück. — 656 wenn
Reinheit sie wieder in den Himmel zurückführte, weil die Erde keine
dige Stätte für sie war. — 657 *sit*, seitdem. — *getouftiu fruht*, christ-
e Menschen. — 658 *alsô*, ebenso, wie die Engel sie hatten. — 659 *diu
mischeit*, diejenigen Menschen: haben dauernde Würde und Ansehen. —
welche man zur Pflege des Grals verlangt.
663 *mære*, Kunde. — 666 *gebære* adj., passend. — 668 und der ent-
ossen wäre die dazu nöthige Enthaltsamkeit zu üben. — 669 vermuth-
also berief sich Kyot auf eine Chronik, um seiner Verlegung der Sage
las Herrscherhaus von Anjou den Anschein historischer Glaubwürdig-
zu verleihen. — 672 in Anjou fand er jenes Volk, das zur Pflege des
ls geeignet schien. — 677 *anderhalp*, auf der andern Seite. — 679 *bræhte*,
rbte. — 682 von dem diese Erzählung handelt. — 683 *rit* = *rîtet*. —

die gein im kom der riter grâ.
er erkande ein' stat, swie læge der snê   685
dâ liehte bluomen stuonden ê.
daz was vor eins gebirges want,
aldâ sîn manlichiu hant
froun Jeschûtén die hulde erwarp,
únt dâ Órilus zórn verdarp.   690
456 diu slâ in dâ niht halden liez:
Funtâne la salvâtsche hiez
ein wesen, dar sin reise gienc.
er vant den wirt, der in enphienc.

Der einsidel z'ime sprach   695
«ouwê, hêrre, daz iu sus geschach
in dirre heileclîchen zît!
hât iuch angestlîcher strit
in diz harnasch getriben?
ode sît ir âne strit beliben?   700
sô stüende iu baz ein ander wât,
lieze iuch hôchferte rât.
nu ruocht erbeizen, hêrre,
(ich wæne iu daz iht werre)
und erwármt bî einem fiure.   705
hât iuch âventiure
ûz gesant durch minnen solt,
sît ir rehter minne holt,
sô minnt als nu diu minne gét,
als disses tages minne stêt: 710
dient her nâch umb' wîbe gruoz.

---

685 *erkande*, erkannte wieder. — *ein' stat*, eine gewisse Stelle: wiewol sie jetzt mit Schnee bedeckt war. — 686 *ê*, früher: als er zum ersten male dort war; vgl. V, 1347 ff. — 689 *die hulde*, die Versöhnung mit ihrem Gatten. — 691 die Hufspuren führten noch weiter; er hielt sich daher an dieser Stelle nicht auf. — 693 *wesen* stn., Aufenthalt, Wohnstätte.

696 daß es sich für euch so traf, nämlich an diesem heiligen Tage so gewaffnet zu reiten. — 700 oder bliebt ihr verschont vom Streite? In letzterem Falle ist es nicht zu entschuldigen, was im ersteren die Noth rechtfertigen kann. — 701 *sô*, dann. — 702 wenn der Rath des Stolzes es euch gestattete: er verhindert euch in demüthiger Kleidung, wie es dem Tage geziemt, zu erscheinen. — 704 *iht = niht*: ich hoffe, das wird euch nicht verdrießen, nicht unangenehm sein. — 706 *âventiure*, der Drang nach Thaten und ritterlichen Abenteuern. — 707 um durch dieselben die Liebe einer geliebten Frau zu erringen. — 708 *holt*, ergeben. — 709 *als*, dem entsprechend wie nun die Minne angemessen ist. — 710 *disses* mit unorganischer Verlängerung der Stammsilbe durch Gemination, die schon frühe vorkommt: wie es der Minne dieses Tages entspricht. — 711 *her nâch*: wenn diese heilige nicht weltliche Zeit vorüber ist. —

ruocht erbéizen, ob ih's biten muoz.»
Parzivál der wigant
erbeizte nider al zehant,
mit grôzer zuht er vor im stuont.   715
er tet im von den liuten kunt,
die in dâr wîsten,
wie die sîn râten pristen.
dô sprach er «hèrre, nu gebet mir ràt:
ich bin ein man der sünde hât.»   720

457   Dô disiu rede was getân,
dô sprach aber der guote man
«ich bin râtes iuwer wer.
nu saget mir wer iuch wiste her.»
«hèrre, ûf dem walt mir widergienc   725
ein grâ mau, der mich wol enpfienc:
als tet sin massenîe.
der selbe valsches frîe
hât mich zuo z'iu her gesant:
ich reit sin' slâ, unz ich iuch vant.»   730
der wirt sprach «daz was Kahenis:
der ist werdeclîcher fuore al wîs.
der fürste ist ein Punturteis:
der rîche künec von Kâreis
sin' swester hât ze wîbe.   735
nie kiuscher fruht von libe
wart gebóren dan sîn selbes kint,
diu iu dâ widergangen sint.
der fürste ist von küneges art.
alle jâr ist zuo mir her sîn vart.»   740

Parzivál zem wirte sprach
«do ich iuch vor mir stênde sach,
vorht ir iu iht, do ich zuo z'iu reit?

was iu mīn komen dô iht leit?»
dô sprach er «hêrre, geloubet mir'z,   745
mich hât der ber und ouch der hirz
erschrecket dicker dan der man.
ein' wârheit ich iu sagen kan,
ich'n fürhte niht swaz mennisch ist:
ich hân ouch mennischlîchen list.   750
458 het ir'z niht für einen ruom,
sô trüege ich fluht noch magetuom.
mīn herze enpfienc noch nie den kranc
daz ich von were getæte wanc
bī mīner werlîchen zīt.   755
ich was ein rîter als ir sīt,
der ouch nâch hôher minne ranc.
etswenne ich sündebærn gedanc
gein der kiusche pârrîerte.
mīn leben ich dar ûf zierte,   760
daz mir genâde tæte ein wip.
des hât vergezzen nu mīn lip.
gebt mir den zoum in mīne hant.
dort under jenes velses want
sol iuwer ors durch ruowe stên.   765
bī einer wîle sul wir beide gên
und brechn im grazzach unde varm:
anders fuoters bin ich arm.
wir sulen'z doch harte wol ernern.»
Parzivâl sich wolde wern,   770
daz er's zoums enpfienge niht.
«iuwer zuht iu des niht giht,

---

746 *der ber, der hirs* collect., Bären und Hirsche. — 747 *dicker* compar.
von *dicke,* öfter, häufiger. — 749 *mennisch* adj., menschlich: ich fürchte
keinen Menschen. — 750 *mennischlîch* adj., von Menschenart: ich habe
auch menschliche Erfahrung, ich kenne die Menschen auch. — 751 *het =*
hetet, hieltet ihr's nicht für eine Prahlerei. — 752 so darf ich wol sagen,
daß ich nicht an mir trage. — *fluht,* Entfliehen, Feigheit. — *magetuom,*
Mädchenhaftigkeit, mädchenhafte Zaghaftigkeit. — 753 *kranc* stm., Schwä-
che. — 754 daß ich gewichen wäre, wo es die Vertheidigung galt. — 755 in
der Zeit meines Lebens, wo Wehrhaftigkeit mir angemessen war: als ich
noch draußen im Leben stand, noch kein Einsiedler war. — 758 *sünde-*
bære adj., sündhaft, sündig. — 759 stellte ich neben die Enthaltsamkeit. —
760 ich suchte meinem Leben Schmuck und Glanz zu verleihen: *dar ûf,*
in der Absicht, zu dem Zwecke. — 765 *durch ruowe,* um auszuruhen. —
766 nach Verlauf einiger Zeit. — 767 *brechen* nicht infin., sondern adhortat.
Conjunctiv: wir wollen brechen. — *grazzach* stn., collectivum zu *gras,*
Fichten- und Tannensprossen; die Endung *ach* dient zur Bildung von
Collectiven. — 771 daß er, der Einsiedler, den Zaum nicht nähme: es
schien ihm unwürdig eines so heiligen Mannes. — 772 eure Wohlerzogen-
heit erlaubt euch das nicht: Trevrizent spricht. —

daz ir strîtet wider decheinen wirt,
ob unfuoge iuwer zuht verbirt. »
alsus sprach der guote man.   775
dem wirte wart der zoum verlân.
der zôch dez ors underen stein,
dâ selten sunne hin erschein.
daz was ein wilder marstal:
dâ durch gienc eins brunnen val.   780

459   Parzivâl stuont ûffem snê.
ez tæte eim kranken manne wê,
ob er harnasch trüege
da der frôst sus an in slüege.
der wirt in fuorte in eine gruft,   785
dar selten kom des windes luft.
dâ lâgen glüendíge kolen:
die mohte der gast vil gerne dolen.
ein' kerzen zunt' des wirtes hant:
do entwâpent' sich der wigant.   790
undr im lac ramschoup unde varm.
al sine lide im wurden warm,
sô daz sin vel gap liehten schîn.
er moht' wol wâltmûede sin:
wan er hét der strâzen wênc geriten,   795
âne dách die naht des tages erbiten:
als het er manege ander.
getriuwen wirt dâ vander.
dâ lac ein roc: den lêch im an
der wirt, unt fuort' in mit im dan   800
z'einer ándern gruft: dâ inne was
siniu bûoch dar an der kiusche las.

_____

774 *unfuoge* ist Subject: wenn unziemendes Wesen eurer Wohlerzogenheit
fremd ist. — 776 *verlân* stv., überlassen. — 778 *selten*, niemals. — 779 *wil-
der*, wunderbarer, seltsamer. — *marstal* aus *marhstal*, Pferdestall. —
780 *val* stm., Sturz, Herabfließen.
   782 ein schwacher Mann könnte es nicht aushalten. — 785 *gruft* stf.,
unterirdischer Raum, Höhle. — 788 die konnte der Gast sich gérn ge-
fallen lassen. — 789 *zunt'* præt. von *zünden*, anzünden. — 791 *ramschoup*
stm., Reisighaufen, der für die *fiwerram* (zu V, 189) bestimmt ist. —
793 daß seine Haut wieder ordentliche Farbe bekam. — 794 *wâltmüede*
adj., müde vom Aufenthalt im Walde. — 795 er war keine bewohnte
Straße geritten, wo er eine Herberge hätte finden können. — 796 *die naht*,
die verflossene Nacht: hatte er unter freiem Himmel zugebracht. — 797 *als*,
ebenso. — *ander sc. naht.* — 798 *getriuwen*, der es gut mit ihm meinte. —
799 *lêch* (præt. von *lîhen*) *im an*, lieh ihm zum Anziehen. — 800 *dan*, hin-
weg. — 801 *was* sing. des Verbums bei nachfolgendem Plural des Subjects.
— 802 mhd. sagt man *an einem buoche lesen.* —

nâch des táges site ein alterstein
dâ stuont al blôz. dar ûf erschein
ein kefse: diu wart schiere erkant;   805
dar ûffe Parzivâles hant
swuor einen ungefelschten eit,
dâ von froun Jeschûten leit
ze liebe wart verkêret
unt ir fröude gemêret.   810

460   Parzivâl zem wirte sin
        sprach «hêrre, dirre kefsen schîn
        erkenne ich, wand' ich drûffe swuor
        z'einen zîten do ich hie für sie fuor.
        ein gemâlet sper derbî ich vant: 815
        hêrre, daz nam alhie min hant;
        dâ mite ich pris bejagete,
        als man mir sider sagete.
        ich verdâht' mich an min selbes wip
        sô daz von witzen kom min lip.   820
        zwuo rîche tjoste dermit ich reit:
        unwizzende ich die bêde streit.
        dannoch het ich êre:
        nu hân ich sorgen mêre
        denne ir an manne ie wart geseheu.   825
        durch iuwer zuht sult ir des jehen,
        wie lanc ist von der zite her,
        dáz ich híe nám daz sper?»

        Dô sprach aber der guote man
        «des vergáz min friunt Tauriàn   830
        hie: er kom mir's sit in klage.
        fünfthalp jàr unt dri tage

)3 wie es an dem Tage Sitte ist: daß der Altar mit einer Decke bedeckt
ird, eine Sitte, die am Charfreitag noch heute gilt. — alterstein stm.,
ltarstein. — 805 die erkannte Parzival auf der Stelle wieder; vgl. V, 1350.
· 807 swuor, geschworen hatte. — 808 dâ von, infolge dessen. — 809 in
reude verwandelt ward.
    812 schín, Bild, Gestalt. — 814 z'einen zíten, einst, früher einmal. —
ir sie, vor sie hin. — fuor, mich begab. — 815 vgl. V, 1422. — 817 dâ
ite, mit welchem Speere. — 819 ich hatte mich in Gedanken verloren. —
20 mîn líp, ich. — 821 die Begegnung mit Segramors und Keie ist ge-
ieint; vgl. VI, 219 ff. — 822 unwizzende, ohne es zu wissen, ein Be-
·ußtsein davon zu haben. — 823 damals war ich noch ein geehrter Mann.
- 825 ir gen. pl., ihrer: der Sorgen.
    830 vgl. V, 1424. — 831 mir dat. ethicus; es, dadurch. —

ist daz ir'z im nâmet hie.
welt ir'z hœrn, ich prüeve iu wie.»
amę salter láser im über al   835
diu jâr und gar der wochen zal,
die dâ zwischen wâren hin.
«alrêrst ich innen worden bin
wie lange ich var wiselôs
unt daz fröuden helfe mich verkôs»,   840
461 sprach Parzivâl. «mir'st fröude ein troum:
ich trage der riuwe swæren soum.
hêrre, ich tuon iu mêr noch kunt.
swâ kirchen ode münster stuont,
dâ man gotes êre sprach,   845
kein ouge mich dâ nie gesach
sit den selben zîten:
ich'n suochte niht wan strîten.
ouch trage ich hazzes vil gein gote:
wand' er ist mîner sorgen tote.   850
die hât er alze hôhe erhaben:
mîn fröude ist lebendéc begraben.
kunde gotes kraft mit helfe sîn,
waz ankers wær' diu vröude mîn?
diu sinket durh der riuwe grunt.   855
ist mîn manlîch herze wunt,
od mag ez dâ vor wesen ganz,

---

834 *prüeven*, beweisen. — 835 *salter*: das Psalterium enthielt vorn einen
Kalender, wie man in den mittelalterlichen Brevierhandschriften es ge-
wöhnlich findet. — *laser*: wenn das Pronomen angelehnt wird, kann es
mit dem kurzsilbigen Verbum zu éiner Silbe verschleift werden. — 836 *gar*,
sämmtlich, vollständig. — 839 *wiselôs* adj., ohne Lenkung, in der Irre. —
840 und wie lange es her ist daß. — *mich verkôs*, achtlos an mir vorüber-
gieng. — 842 *soum*, Last; vgl. zu VI, 377. — 844 vgl. Crestien 7595 *ce
sont cinc ans trestot entier, ains que il entrast en mostier.* — *kirchen* pl.;
münster kann sing. und pl. sein: wenn letzteres, steht mit häufiger Frei-
heit bei Wolfram das nachfolgende Verbum im Singular. — *münster* etn.,
monasterium, Kloster. — 845 *sprach*, verkündete. — 848 vgl. *der recke lobe-
sam suochte niwan strîten* Nibel. 43, 6. 7, in einer Zusatzstrophe von C. —
850 *tote* swm. Pathe: der das Kind aus der Taufe hebt und für dasselbe
wenn die Ältern sterben sorgt. Gott hat meine Sorge gepflegt und ge-
fördert. Der Ausdruck *erheben*, aus der Taufe heben, veranlaßt das Wort-
spiel der folgenden Zeile. — 851 or hat meinen Kummer aufschießen,
wachsen lassen; meine Freude dagegen in den Grund der Erde versenkt.
— 853 wenn Gott zu helfen verstände. — 854 welcher Anker wäre meine
Freude: so würde meine Freude anderswo Anker schlagen als sie jetzt
thut, wo sie tief in Trauer versinkt, darin begraben wird. — 857 oder
ist eine Möglichkeit, daß es davor (vor dem Folgenden mit *das* eingelei-
teten) bewahrt sei, tritt aber diese Möglichkeit nicht wirklich ein, weil
Gott nicht will. —

daz diu riuwe ir scharpfen kranz
mir sétzét ûf werdekeit,
die schildes ambet mir erstreit   860
gein werltchen handen,
des gihe ich dem ze schanden,
der aller helfe hât gewalt,
ist sin helfe helfe balt,
daz er mir denne hilfet niht,   865
sô vil man im der helfe giht.»

Der wirt ersiufte unt sah an in.
dô sprach er «hêrre, habet ir sin,
sô schult ir gote getrûwen wol:
er hilft iu, wand' er helfen sol.   870
462 got müeze uns helfen beiden.
hêrre, ir sult mich bescheiden
(ruochet alrêrst sitzen),
sagt mir mit kiuschen witzen,
wie der zorn sich an gevienc,   875
dâ von got iuwern haz enpfienc.
durh iuwer zühté gedolt
vernemet von mir sin' unscholt,
ê daz ir mir von im iht klaget.
sin helfe ist iemer unverzaget.   880
doch ich ein leie wære,
der wâren buoche mære
kunde ich lesen unde schriben,
wie der mensche sol beliben
mit dienste gein des helfe grôz,   885
den der stæten helfe nie verdrôz
für der sêle senken.
sît getriuwe ân' allez wenken,

---

scharpfen, herben: der wie ein Dornenkranz das Haupt verwundet. —
die ich durch ritterliche Thaten mir erworben. — 861 im Kampfe
en streitbare Männer. — 862 das rechne ich dem zur Schande an. —
das zweite *helfe* ist gen., von *balt* abhängig: kühn, bereit zur Hülfe.
867 *sah an in*, blickte auf ihn, sah ihn an. — 869 *schult* 2. pl. von
in, die ursprünglichere Form von *soln*. — 870 denn er hat die Pflicht
helfen. — 874 in besonnener und verständiger Weise. — 877 *gedolt*
, das Sichgefallenlassen: laßt es euch aus Wohlerzogenheit gefallen,
ich euch zuerst auseinandersetze, daß er unschuldig ist. — 880 er ist
ıer bereit zu helfen. — 881 *doch*, wiewol. — 882 *der wären buoche*.
Buch der Wahrheit, die Bibel. — 885 beharren bei der dienstwilligen
ebenheit gegen die mächtige Hülfe dessen. — 887 *für*, zum Schutz,
Abwehr gegen. — *senken* swv., das Versinken: der Fall, Sturz in die
le. —

sit got selbe ein triuwe ist:
dem was ummære ie falscher list.   890
wir suln in des geniezen lân:
er hât vil durch uns getân,
sit sin edel hôher art
durch uns ze menschen bilde wart.
got heizt und ist diu wârheit: 895
dem was ie falschiu fuore leit.
daz sult ir gar bedenken.
er'n kan an niemen wenken.
nu lêret iwer gedanke,
hüet iuch gein im an wanke.   900

463   Ir'n megt im abe erzürnen niht:
swer iuch gein im in hazze siht,
der hât iuch an den witzen kranc.
nu prüeft wie Lucifern gelanc
und sinen nôtgestallen.   905
sie wârn doch âne gallen:
jâ hêrre, wâ nâmen sie den nît,
dâ von ir endelôser strît
zer helle enpfæhet sûren lôn?
Astiroth und Belcimôn,   910
Bêlét und Radamant,
unt ander die'ch dâ hân erkant,
diu liehte himelische schar

---

889 *ein triuwe*, ein Inbegriff der Treue: *triuwe* in dem Sinne, wie die Einleitung des Gedichtes es ausführt. — 890 *ummære = unmære*, unlieb, verhaßt. — 891 *des*, auf das Folgende zu beziehen: wir sollen ihm das zu Gute kommen lassen, uns dafür erkenntlich und dankbar beweisen. — 892 *durch uns*, um unsertwillen. — 893 *sin hôher art*, er, der von so hoher Herkunft ist, der vom Himmel selbst stammt. — 898 es liegt nicht in seinem Wesen, an jemand untreu zu handeln. — 900 *hüet = hüetet*. — *gein im*, ihm gegenüber.

901 *abe ersürnen* mit dat. und acc., jemand durch Zorn etwas abnöthigen. Die Übersetzungen haben nur: Gott zürnen, was den Sinn nicht trifft. — 903 der hält euch für schwach am Verstande. — 904 *gelingen* wird in gutem und bösem Sinne gebraucht, nicht bloß in ersterem, wie nhd.: wie ihnen ihr Beginnen ausschlug. — 905 *nôtgestalle* swm., Genosse in der Noth, im Kampfe; *gestalle*, der in demselben Stalle ist, wie *geselle* von *sal*. — 906 *galle* swf., vgl. V, 945: ohne Falschheit; sie waren rein und unschuldig. — 907 *jâ hêrre*, ausrufend: Herr Gott! — *nît*, Haß, «Bitterkeit» Simrock. — 908 infolge deren sie den Kampf gegen Gott aufnahmen, der aber nicht sein Ziel, seinen Zweck erreichte, und wofür sie in die Hölle verstoßen wurden. — 910 ff. diese Namen stammen aus talmudischer Tradition: *Astiroth*, gewöhnlich *Astaroth*, Astarte, die phönizische Gottheit; *Belcimôn*, Baal-Bohemen, Gottheit der Syrer; *Bêlet*, der Baal der Chaldäer; *Radamant*, der griechische Richter der Unterwelt. — 912 *dâ* verstärkend zu *die*. —

wart durch nit nàch helle var.
dô Lúcifer fùor die hellevart   915
mit schar, ein mensche nàch im wart.
got worhte ûz der erden
Adāmén den werden:
von Adāmes verhe er Èven brach,
diu uns gap an dàz ungemach,   920
daz s' ir schépfære̜ überhòrte
unt unser fröude stôrte.
von ín zwèin kom gebûrte fruht:
einem riet sin ungenuht
daz er durch gîteclichen ruom   925
siner ánen nam den magetuom.
nu beginnet gnuoge des gezemen,
è sie diz mæré vernemen,
daz si fréischen wie daz möhte sin:
ez wart iedoch mit sünden schin.»   930

464   Parzivâl hin z'im dô sprach
«hèrre, ich wæn' daz ie geschach.
von wem was der man erborn,
von dem sin ane hât verlorn
den magetuom, als ir mir saget?   935
daz möht ir gerne hân verdaget.»
der wirt sprach aber wider z'im
«von dem zwivel ich iuch nim.
sag i'uch niht wâr die wârheit,
sô lât iu min triegen leit.   940

---

914 *nâch helle var:* vgl. zu I, 12. — 916 *mit schar*, mit seinen Genossen;
vgl. Bech in Germania, VII, 298. Lachmann interpungiert *hellevart, mit
schâr:* bei *schâr* könnte man nur an *schâren, schæren* (VIII, 784) in bild-
lichem Sinne denken; aber auch dann müßte nach *schâr* interpungiert
werden. — *ein mensche*, zum Ersatz für den durch Lucifer's Fall leer-
gewordenen Platz in den himmlischen Chören. — 919 *verch* stn., Leib. —
brach, löste er ab, nahm. — 920 die uns der Qual überlieferte. — 921 *das*,
dadurch daß. — *überhœren* swv., nicht hören; ebenso in der Sequenz von
Muri *frouwe, du hâst virsuonit das Ève zirstôrte, diu got ubirhôrte.* —
922 *stœren* swv., zerstören. — 923 *gebûrte fruht*, geborene Frucht. —
924 *ungenuht* stf., Ungenügsamkeit. — 925 *gîteclich* adj., habsüchtig. —
ruom stm., Überhebung. — 926 *ane* swf., Ahnfrau. — 927 nun beginnt es
vielen zu gefallen, gefällt es vielen zu fragen. — 928 ehe sie den Sach-
verhalt und Zusammenhang verstehen. — 929 *freischen*, forschen. — 930 *es
wart schin*, es kam zur Erscheinung, wurde zur Thatsache.
932 *ie = nie:* ich glaube, das ist nicht möglich. — 936 *möht = möhtet;
gerne:* ihr hättet wol Ursache, von solchen unmöglichen Dingen zu
schweigen. — 939 wenn ich euch nicht wahrhaftig das berichte, was
wahr ist. — 940 *lât iu* so. *sin:* zu I, 707. Dann darf euch verdrießen
meine trügerische Rede. —

diu erde Adâmes muoter was:
von erden fruht Adâm genas.
dannoch was diu erde ein maget:
noch hân ich iu niht gesaget
wer ir den magetuom benam.   945
Kâins vater was Adâm:
der sluoc Abêln umb' krankez guot.
dô ûf die reinen erden'z bluot
viel, ir mágetuom wás vervarn:
den nam ir Adâmes barn.   950

dô huop sich êrst der menschen nît:
alsô wert er iemer sît.
in der wérlt doch niht sô reines ist,
sô diu maget ân' valschen list.
nu prüeft wie rein' die megede sint: · 955
got was selbe der megede kint.
von megeden sint zwei mensche komen.
got selbe antlítze hât genomen
nâch der êrsten megede fruht:
daz was sînr hôhen art ein zuht.   960

465 von Adâmes künne
huop sich riuwe und wünne,
sît er uns sippe lougent niht,
den ieslich engel ob im siht,
unt daz diu sippe ist sünden wagen,   965
sô daz wir sünde müezen tragen.
dar über erbarme sich des kraft,
dem erbärmde gît geselleschaft,
sît sîn getriuwiu mennischeit

---

942 die Früchte der Erde gewährten Adam seinen Lebensunterhalt. —
943 damals, als Adam geschaffen wurde, war sie noch eine Jungfrau: über
diese Vorstellung vgl. R. Köhler, Germania, VII, 476 ff. — 947 *sluoc*,
erschlug. — *umb' krankez guot*, um geringfügigen Besitz. — 949 *vervarn*
stv., vergehen, verloren gehen. — 951 da erst begannen die Menschen
einander zu hassen. — 955 die Reinheit einer Jungfrau läßt sich daran
ermessen, daß Gott selbst eine solche zu seiner Mutter erwählte. —
957 *zwei* neutr., denn *mensche* ist mhd. neutr. — 959 das Kind der ersten
Jungfrau, d. h. der Erde, ist der Mensch: nach dem Bilde des Menschen
wählte Gott seine irdische Erscheinung. — 960 das war bei seiner hohen
Abkunft eine feine Rücksicht, die er dem Menschen erwies. — 963 die
Wonne liegt darin, daß wir durch unsere Abstammung von Adam mit
Gott verwandt wurden, der menschliche Gestalt annahm. — 964 *ob im*,
über sich: als seinen Herrn. — 965 darin liegt die Trauer: daß unsere
Verwandtschaft mit Adam auch die Last der Sünde auf uns überträgt. —
967 darüber, daß wir der Sünde verfallen sind. — 968 *erbärmde* stf., Barm-
herzigkeit, Erbarmen: Gesellschaft leistet, von dem Barmherzigkeit un-
zertrennlich ist. — 969 seine liebreiche Menschwerdung. —

mit triuwen gein untriuwe streit.   970
ir sult ûf in verkiesen,
welt ir sælde niht verliesen.
lât wandel iu für sünde bî.
sit rede und werke niht sô frî:
wan der sîn leit sô richet   975
daz er unkiusche sprichet,
von des lôn tuon ich iu kunt,
in úrtéilt sîn selbes munt.
nemt altiu mær' für niuwe,
op sie iuch lêren triuwe.   980
der pareliure Plâtô
sprach bî sînen zîten dô,
unt Sibille diu prophêtisse,
sunder fâlierens misse
sie sageten dâ vor manec jâr,   985
uns solde komen al für wâr
für die hœhsten schulde pfant.
zer helle uns nam diu hœhste hant
mit der gotelîchen minne.
die unkiuschen liez er dinne.   990

466   Von dem wâren minnære
sagent disiu süezen mære.
der ist ein durchliuhtec lieht,

---

970 gegen die Untreue, die Sünde, das Böse. — 971 ihr sollt ihm nichts
nachtragen. — 973 bî sc. wesen: laßt bei euch wohnen Buße für eure
Sünde. — 974 rede und werke sind Genetive, von frî abhängig. — 975 wer
für sein Leid darin Entschädigung sucht. — 976 unkiusche adv., unent-
haltsam, maßlos. — 977 ich sage euch, welcher Lohn (d. h. Strafe) dem
wird. — 978 urteilen swv., verurtheilen. — 979 betrachtet alte Kunde als
neu, als noch heute geltend: die alten prophetischen Aussprüche haben
ihre Kraft nicht verloren. — 980 lêren conj., von op abhängig. — 981 pare-
liure stm., altfranz. parleor, norm. parlëur (vgl. schantiure zu VIII, 561),
Sprecher, Verkünder, Prophet. Plato's Stellung als Vorläufer christlicher
Ideen wird schon in den ersten Jahrhunderten des Christenthums an-
gedeutet: mehr noch wirkte dahin der Neuplatonismus, der wirklich mit
christlichen Ideen gemischt war. — 982 damals als er lebte. — 983 pro-
phêtisse, lat. prophetissa, Prophetin. Die Weissagungen der verschiedenen
Sibyllen über Christus gehen durch das ganze Mittelalter: die verbrei-
tetste war die der erythräischen Sibylle. — 984 fâlieren swv., fehlen,
irren; hier Gerundium. — misse stf., Fehle, Irrthum: ohne Irrthum und
Fehle. — 985 manches Jahr vorher. — 986 solde, würde. — 987 für die
größte Schuld ein Ersatz, eine Auslösung. — 988 zer helle, in der Hölle:
mit Bezug auf Christi Höllenfahrt. — diu hœhste hant, die Hand des
Höchsten; vgl. zu V, 1368. Sie faßte uns in der Hölle und führte uns
heraus.
     991 minnære stm., Liebenden: von demjenigen der wahrhaft liebt, der
die wahre Liebe ist. — 992 disiu süezen mære: die Verheißungen der Pro-
pheten verkünden uns Gottes Liebe zum menschlichen Geschlechte. —

und wenket síner minne niht.
swem er minne erzeigen sol,   995
dem wirt mit síner minne wol.
die selben sint geteilet:
al der wérlde ist geveilet
bêdiu sin minne und ouch sin haz.
nu prüevet wederz helfe baz.   1000
der schuldige âne riuwe
fliuht die gótelichen triuwe:
swer ab wándelt sünden schulde,
der dient nâch werder hulde.
die treit der durch gedanke vert.   1005
gedanc sich sunnen blickes wert:
gedanc ist âne slôz bespart,
vor aller crêâtiure bewart:
gedanc ist vinster âne schîn.
diu gótheit kan lûter sin,   1010
sie glestet durch der vinster want,
und hât den heleden sprunc gerant,
der endiuzet noch enklinget,
so er vome herzen springet.
ez ist dehein gedanc sô snel,   1015
ê er vome herzen für'ez vel
kum, er'n si versuochet:
des kiuschen got geruochet.
sit got gedanke speht sô wol,
ouwê der brœden werke dol!   1020

---

994 *síner minne* gen., in seiner Liebe. — 995 *sol*, will. — 997 *die selben*, diejenigen, denen Gott seine Liebe erzeigen will: die Menschen sondern sich in solche, die der Liebesbotschaft folgen, und solche, die es nicht thun. — 998 *veilen* swv., käuflich geben: die Menschen können wählen, können erwerben seine Liebe und seinen Haß. — 1000 *wederz*, welches von beiden. — 1002 die göttliche Liebe. — 1003 *wandeln* swv., büßen. — 1004 der dient mit der Aussicht auf kostbare Gnade. — 1005 *die*, diese Gnade. Umschreibung für Gott: der die Gedanken des Menschen durchdringt. — 1006 der Blick der Sonne vermag iu das Herz des Menschen nicht zu dringen. — 1007 Gedanken sind verschlossen, ohne daß ein Schloß den Zutritt wehrt. — 1010 *kan*, es liegt in ihrem Wesen. Sie ist das Licht selbst. — 1011 die Wand der Finsterniss: die undurchdringliche Wand des Herzens, das die dunkeln Gedanken birgt. — 1012 *helede* part. von *helen*, für *helende*, heimlich, verborgen. Sie springt unbemerkt ins Herz der Menschen. — 1013 ohne Geräusch und ohne Klang. — *diuzet* 3. præs. von *diezen* stv., laut tönen. — 1014 so unbemerkt und still wie sie ins Herz drang, kehrt sie auch vom Herzen zurück. — 1016 *für'ez vel*, hinaus an die Oberfläche des Leibes. — 1017 *versuochet*, erprobt, geprüft: von Gott. — 1018 *des kiuschen*, des reinen sc. Gedankens: nimmt Gott sich an. — 1020 *brœde* adj., gebrechlich, schwach, schlecht. — *dol* stf., das Ertragen: weh daß wir es über uns vermögen, schlechte Werke zu thun. —

467 swâ werc verwurkent sinen gruoz,
daz gotheit sich schamen muoz,
wem lât den mennischlichiu zuht?
war hât diu arme sêle fluht?
welt ir nu gote füegen leit,   1025
der ze bêden sîten ist bereit,
zer minne und gein dem zorne,
sô sît ir der verlorne.
nu kêret iwer gemüete,
daz er iu danke güete.»   1030

Parzivâl sprach z'ime dô
«hêrre, ich bin des iemer frô,
daz ir mich von dem bescheiden hât,
der nihtes ungelônet lât,
der missewende noch der tugent.   1035
ich hân mit sorgen mine jugent
alsus brâht an disen tac,
daz ich durch triuwe kumbers pflac.»
der wirt sprach aber wider z'im
«nimt's iuch niht hæl', gern' ich vernim   1040
waz ir kúmbers unde sünden hât.
ob ir mich diu prüeven lât,
dar zuo gib' ich iu lihte rât,
des ir selbe niht enbât.»
dô sprach aber Parzivâl   1045
«min hœhstiu nôt ist umbe'n grâl;
dâ nâch umb' min selbes wîp:
ûf erde nie schœner lîp
gesouc an keiner muoter brust.
nâch den bêiden senet sich min gelust.»   1050

1021 *verwurken* stv., durch sein Thun verscherzen. — *gruoz* stm., Freund-
lichkeit, freundliche Behandlung. — 1023 *wem lât*, in wessen Schutze
lâßt: was kann dem alle menschliche Bildung und Wohlerzogenheit hel-
fen? — 1025 *füegen leit*, thun was ihm verhaßt ist. — 1026 vgl. 999. —
1028 ihr könnt nicht Gott, nur euch selbst damit schaden; vgl. zu IX, 901.
— 1030 *güete* ist gen., von *danke* abhängig: daß er für euer Gutsein euch
danke und lohne.
1034 *lônen eines d.*, und so ist auch *ungelônet* construiert: für nichts
(den Menschen) unbelohnt lâßt. — 1036 *mit sorgen*, im Kummer. — *mine
jugent*, mein junges Leben. — 1037 *brâht*, hingebracht, verbracht. —
1038 *durch triuwe*, um meiner Treue willen Kummer hatte: ich habe bis
jetzt nicht empfunden, daß Gott das redliche Streben des Menschen be-
lohnt. — 1040 *hæle* stf., Verhehlung; *mich nimt hæle eines d.*, ich halte
geheim, habe Ursache geheim zu halten. — 1042 *diu* neutr., weil auf Be-
griffe verschiedenen Geschlechtes bezüglich. — 1043 es kann leicht sein,
daß ich für euch einen Rath weiß. — 1049 *gesouc* præt. von *sûgen*, saugen.
— 1050 *senet sich*, verlangt schmerzlich. — *min gelust*, meine Neigung.

468   Der wirt sprach «hêrre, ir sprechet wol.
ir sit in rehter kumbers dol,
sit ir nâch iuwer selbes wîbe
sorgen pflihte gebet dem lîbe.
wert ir erfundn an rehter ê,   1055
iu mac zer helle werden wê,
diu nôt sol schiere ein ende hân,
und wert von bandn aldâ verlân
mit der gótes helfe al sunder twâl.
ir jehet, ir senet iuch umbe'n grâl: 1060
ir tumber man, daz muoz ich klagen.
janę mac den grâl niemán bejagen,
wan der ze hîmel ist sô bekant
daz er zem grâle sî benant.
des muoz ich vome grâle jehen: 1065
ich weiz'z und hân'z für wâr gesehen.»
Parzivâl sprach «wârt ir dâ?»
der wirt sprach gein im «hêrre, jâ.»
Parzivâl versweic in gar
daz ouch er was komen dar: 1070
er frâgte in von der künde,
wie'z umbe'n grâl·dâ stüende.

     Der wirt sprach «mir ist wol bekant,
ez wónet manc wérlîchiu hant
ze Munsalvæsche bîme grâl.   1075
durch âventiur die alle mâl
ritent manege reise:
die selben templeise,

1053 *nâch*, in Sehnsucht nach. — 1054 Antheil an Sorgen gebt: von
Sorgen ergriffen seid. — 1055 *wert = werdet:* erfunden als in rechter Ehe
ebend. — 1056 so könnt ihr vielleicht (aus andern Gründen, wegen an-
derer Sünden) in der Hölle Pein erdulden. — 1057 allein euer Wohl-
verhalten in der Ehe wird euch bald aus der Hölle befreien. Der hohe
Werth, welchen der Dichter auf die sittliche Reinheit der Ehe hier und
anderwärts legt, bestätigt uns, was wir aus andern Quellen auch wissen,
daß in seiner Zeit es damit nicht sonderlich stand. — 1060 ihr empfindet
Schmerz wegen des Grals. — 1061 *tumber*, unerfahrener: dann muß ich
euch beklagen. Trevrizent weiß natürlich nicht, daß Parsival den Gral
schon einmal gefunden hat. — 1063 außer derjenige, den man im Himmel
als einen solchen kennt. — 1066 *weiz's = weis ez.* — 1069 *verswîgen* mit
doppeltem Acc., statt des Acc. der Sache hier ein Satz mit *daz.* — 1071 er
fragte ihn um Nachricht, um Auskunft.
    1074 manch wehrhafter, streitbarer Ritter. — 1076 *die*, genau genom-
men auf *hant* zu beziehen: gemeint sind eben die Ritter. — *alle mâl*, be-
ständig, fortwährend. —

swa si kúmber ode pris bejagent,
für ir sünde sie daz tragent.   1080
469 dâ wont ein werlîchiu schar.
'   ich wil iu künden umb' ir nar.
sie lebent von einem steine:
des geslähte ist vil reine.
hât ir des niht erkennet,   1085
der wirt iu hie genennet.
er heizet lapsit exillis.
von des stéines kraft der fênîs
verbrinnet, daz er z'aschen wirt:
diu asche im aber leben birt.   1090
sus rêrt der fênîs mûze sîn
unt gît dar nâch vil liehten schîn,
daz er schœne wirt als ê.
ouch wart nie ménschén sô wê,
swelhes táges ez den stein gesiht,   1095
die wochen mac ez sterben niht,
diu aller schierst dar nâch gestêt.
sîn varwe im niemer ouch zergêt:
man muoz im sölher varwe jehen,
dâ mite ez hât den stein gesehen,   1100
ez sî maget ode man,
als dô sîn bestiu zît huop an,
sæh' ez den stein zwei hundert jâr,
im enwúrde denne grâ sîn hâr.
selhe kráft dem menschen gît der stein,   1105
daz im fleisch unde bein

1080 als Buße für ihre Sünde: ist zunächst nur auf *kumber* zu beziehen.
Sie nehmen jeden Ausgang geduldig hin. — 1084 *geslähte* stn., Art: der
ist von sehr reiner Art. — 1085 wenn ihr ihn nicht kennt. — 1087 *lapsit*
ist entstellt aus *lapis*, wie mehrere Hss. auch haben. — *exillis:* San-Marte
(Germania, II, 88) liest nach Anleitung von G *(erillis) herilis*, und erklärt
lapis herilis, der Stein des Herrn. — 1088 *fênîs* stm., Phönix. — 1089 *ver-
brinnen* stv., verbrennen, intrans. — 1090 *aber*, wiederum, aufs neue. —
birt, gebiert, bringt. — 1091 *rêren* swv. (zu *rîsen*), fallen lassen, abwerfen.
— *mûze* stf., die beim Mausern ausfallenden Federn: er wirft seine Federn
ab. — 1094 kein Mensch kann auch noch so übel dran, noch so krank
sein: wie krank ein Mensch auch ist. — 1095 *es*, d. h. *das mensche.* —
1096 die ganze Woche von dem Tage an gerechnet, an welchem er den
Stein erblickt. Dieser Stein ist kein anderer als der Gral. — 1097 die
unmittelbar darauf folgt. — 1098 *sîn varwe*, sein Ansehen, seine äußere
Erscheinung bleibt unverändert, er altert nicht. — 1100 *dâ mite*, mit dem
Augenblicke, wo er den Stein ansieht. — 1102 *als* ist mit *sölher* 1099 zu
verbinden: er sieht dann so aus wie ein Mensch in der Blüthe seines Le-
bens; auch wenn er vorher schon älter war, wird er durch den Anblick
verjüngt. — *bestiu zît*, die Zeit kräftigster Lebensfülle. — 1104 ist mit 1098
zu verbinden: es müßte denn sein Haar grau werden; im übrigen bleibt
sein Aussehen unverändert.

jugent enpfæht al sunder twâl.
der stein ist ouch genant der grâl.

    Dar ûf kumt hiute ein bótscháft,
dar an doch lît sin hœhste kraft.   1110
470 ez ist hiute der karfrîtac,
daz man für wâr dâ warten mac,
ein tûb' von himel swinget:
ûf den stein diu bringet
ein kleine wîz oblàt.   1115
    ûf dem steine sie die lât:
diu tûbe ist durchliuhtec blanc,
ze himel tuot sie widerwanc.
iemer alle kárfrîtáge
bringt sî ûf den stein, als ich iu sage,   1120
dâ von der stein enpfæhet
swaz guots ûf erden dræhet
von trinken und von spîse,
als den wúnsch von párdîse:
ich mein' swaz d'erde mac geberen.   1125
der stein sie fürbaz mêr sol weren
swaz wildes under'm lufte lebet,
ez fliege od loufe, unt daz swebet.
der riterlichen bruoderschaft,
die pfrüende in git des grâles kraft.   1130

    Die aber zem grâle sint benant,
hœrt wie die wérdént bekant.

1109 *Dar úf*, auf den Stein: läßt sich nieder. — *hiute*, am heutigen
Tage: immer am Charfreitage. — *ein botschaft*, etwas was ein Bote über-
bringt: gemeint ist die Oblate, das Sinnbild von Christi Leib. — 1110 diese
von dem Boten, der Taube, überbrachte Gabe verleiht dem Steine seine
Kraft. — 1112 *daz man*, so daß man, an welchem man. — *warten*, sehen. —
1113 wie eine Taube. — 1115 *oblât* stf., Oblate: *kleine wíz* sind unflectierte
Adjectiva. — 1118 sie kehrt in den Himmel zurück. — 1120 das Object
von *bringt* liegt in *dâ von*, dasjenige wodurch: die Oblate. Vielleicht aber
ist zu schreiben *bringts s'úf*, bringt sie sie (die Oblate) auf den Stein. —
1122 *dræhen* swv., duften. — 1124 gleichsam wie das Höchste und Voll-
kommenste was aus dem Paradiese kommt. — 1126 *sie* auf das Voraus-
gehende zu beziehen müßte man bis V. 1083 zurückgehen: nach seiner
freieren Weise hat der Dichter schon das folgende *bruoderschaft* im Sinne.
— *fürbaz mêr*, ferner noch. — *sol sie wern*, muß ihnen gewähren. Im
Vorausgehenden waren nur die Früchte der Erde gemeint. — 1128 *swebet*
bezieht sich auf die Fische: schwimmt; vgl. zu I, 1713. — 1129 *bruoder-
schaft* stf., Genossenschaft. — 1130 *pfrüende* stf., aus lat. *præbenda*, Ein-
künfte von einem geistlichen Amte; Einkünfte, Unterhalt überhaupt.
    1131 *benant*, bestimmt; zu I, 714. — 1132 wie man die kennen lernt,
ihre Namen erfährt. —

z'ende an des steines drum
von karácten ein epítafúm
sagt sínen namen und sínen art,   1135
swer dár tùon sol die sælden vart.
ez sì von megeden ode von knaben,
die schrift darf niemen danne schaben:
sô man den namen gelesen hât,
vor ir ougen sie zergât.   1140
471 sie kômen alle dar für kint,
die nu dâ grôze liute sint.
wol die múoter diu daz kint gebar,
daz sol ze dienste hœren dar!
der arme unt der rîche   1145
fröunt sich al gelîche,
ob man ir kint eischet dar,
daz si'z suln senden an die schar:
man holt sj in manegen landen.
vor sündebæren schanden   1150
sint sie iemer mèr behuot,
und wirt ir lôn ze himel guot.
swenne in erstirbet hie daz leben,
sô wirt in dort der wunsch gegeben.
di newéderhalp gestuonden,   1155
dô strîtén begunden
Lucifer unt Trinitas,
swaz der selben engel was,
die edelen unt die werden
muosen ûf die erden   1160

1133 *drum* stn., Ende, Rand: synonym mit *ende*; etwa: am áußersten
Rande. — 1134 *karacté* swm., Schriftzeichen, mit dem Nebensinne des My-
stischen, Räthselhaften. — *epitafum*, hier nicht: Grabinschrift (vgl. II, 1474),
sondern überhaupt: Inschrift. — 1135 *sínen art*, die Herkunft desjenigen.
— 1136 *die sælden vart*, die heilbringende Fahrt. — 1137 die Inschrift
möge handeln von Mädchen oder Knaben: denn auch jene werden zur
Pflege des Grals auserwählt. — 1138 *danne* = *dannen*, hinweg. — *darf*,
bedarf, braucht. Nicht ist der Sinn, den die Übersetzungen hineinlegen:
man kann sie nicht wegschaben. — 1141 *für kint*, als Kinder. — 1143 *wol*
mit dem Acc.: gesegnet sei die Mutter. — 1144 das zu dem Dienste des
Grals bestimmt ist. — 1147 *eischen* stv., fordern; *dar*, dahin. — 1149 *si*,
die Kinder. — 1150 vor schändlichen Gedanken, welche sündige Werke
zur Folge haben. — 1151 *iemer mér*, in aller Zukunft, ihr ganzes Leben
hindurch. — 1154 so wird ihnen dort das höchste Glück zu Theil. —
1155 *newederhalp*, auf keiner von beiden Seiten: die im Kampfe zwischen
Lucifer und der Dreieinigkeit für keine Seite Partei nahmen. Ihren In-
differentismus läßt der Dichter strafen auf Grund von Apokal. 3, 15. —
1158 *swas*, soviel. — 1159 diese an sich guten, die nur der Gleichgültigkeit
sich schuldig machten. — 1160 Gott verstieß sie aus dem Himmel auf die
Erde und übergab ihnen die Pflege des Grals. —

zuo dem selben steine.
der stein ist iemer reine.
ich enweiz op got ûf sie verkôs,
ode ob er s' fürbaz verlôs.
was daz sîn reht, er nam se wider. 1165
des steines pfliget iemer sider
die got derzuo benande
unt in sîn engel sande.
hêrre, sus stêt ez umbe'n grâl.»
dô sprach aber Parzivâl 1170

472 «Mac rîterschaft des lîbes prîs
unt doch der sêle pardîs
bejagen mit schilt und ouch mit sper,
sô was ie rîterschaft mîn ger.
ich streit ie swâ ich strîten vant, 1175
sô daz mîn werlîchiu hant
sich næhért dem prîse.
ist got an strîte wîse,
der sol mich dar benennen,
daz sie mich dâ bekennen: 1180
mîn hant dâ strîtes niht verbirt.»
dô sprach aber sîn kiuscher wirt
«ir müest aldâ vor hôchvart
mit senften willen sîn bewart.
iuch verléite lîhte iuwer jugent 1185
daz ir der kiusche bræchet tugent.

1162 auch die Berührung dieser Indifferenten hat ihn nicht verunreinigt. —
1163 ob Gott ihnen verzieh. — 1164 oder ob er sie noch weiterem Ver-
derben preisgab. — 1165 wenn er dies letztere (unzweifelhaft) auch durfte,
so nahm er sie doch wieder zu Gnaden auf. Diese Ansicht nimmt Trevri-
zent später (XVI, 341) wieder zurück und sagt, er habe sie nur mit Rück-
sicht auf Parzival's Seelenzustand so gestaltet. — 1166 *pfliget* sing. des
Verbums bei nachfolgendem Plural des Subjects. — 1168 *unt in*, und denen
er. — *sîn = sînen*, wie die Hss. alle haben.
1171 *des lîbes prîs*, Ruhm im irdischen Leben. — 1172 *der sêle pardîs*,
das höchste Glück der Seele, im ewigen Leben. — 1174 mit dem Zwischen-
gedanken: so hätte ich wol einigen Anspruch darauf, denn mein ganzes
Sinnen und Streben war auf Ritterschaft gerichtet. — 1177 das was man
Ruhm nennt, annähernd errungen hat. — 1178 wenn Gott sich auf Kampf
versteht, ihn zu beurtheilen weiß. — 1179 *dar*, zum Gral. — 1180 *beken-
nen*, kennen lernen. — 1181 ich werde keinem Kampfe mich entziehen,
den man dort von mir verlangen wird. — 1183 *müest*, müßtet: wenn ihr
Gralritter werden wolltet. — *hôchvart*: Trevrizent stößt sich an dem ritter-
lichen Selbstgefühl. — 1184 *senften = senftem*, mit Schwächung des *m*: de-
müthig. — 1185 *verleite = verleitete*, würde verleiten. — 1186 *der kiusche*
dat., der Bescheidenheit. — *bræchet tugent*, ihre Tüchtigkeit brächet. —

hôchvárt ie seic unde viel»,
sprach der wírt: ietweder ouge im wiel,
dô er an diz mære dâhte,
daz er dâ mit rede volbrâhte.   1190

    Dô sprach er «hêrre, ein künec dâ was:
der hiez und heizt noch Anfortas.
daz sól iuch und mich armen
iemer mêr erbarmen
umb' sîne herzebære nôt,   1195
die hôchvart ime ze lône bôt.
sîn jugent unt sîn rîcheit
der werelde an im fuogte leit,
unt daz er gerte minne
ûzerhálp der kiusche sinne.   1200

473 der site ist niht dem grâle reht:
dâ muoz der riter unt der kneht
bewart sîn vor lôsheit.
diemüet ie hôchvart überstreit.
dâ wont ein werdiu bruoderschaft: 1205
die hânt mit werlicher kraft
erwert mit ir handen
der diet von al den landen,
daz der grâl ist unerkennet,
wan die dar sint benennet   1210
ze Munsalvæsche an's grâles schar.
wan einr kom unbenennet dar:
der selbe was ein tumber man
und fuorte ouch sünde mit im dan,

1187 *ie*, von jeher. — 1188 beide Augen flossen ihm über. — 1190 welches
er nun Parzival vollständig erzählte.
   1191 *Dô*, darauf: nach einer kleinen Pause. — 1193 auch hier haben
wir ein ἀπὸ κοινοῦ: *daz sol iuch erbarmen*, und *iuch sol erbarmen umb' sîne
nôt*. — 1194 *iemer mêr* wie V. 1151. — 1195 *herzebære* adj., das Herz tref-
fend, zu Herzen gehend. — 1198 verursachte in ihm der Welt den
Schmerz: sie waren die Ursache seiner Noth und verursachten auch der
Welt Leid, die dadurch seiner beraubt ward. Man kann aber auch ver-
binden *sîn rîcheit der werelde*, seine weltliche Macht. — 1199 und der Um-
stand daß. — 1200 die über die Grenzen enthaltsamer Gedanken hinaus-
gieng. — 1201 geziemt dem Gral nicht. — 1203 *lôsheit*, vgl. zu II, 1639. —
1204 *überstrîten* stv., im Streite überwinden. — 1207 *erwern* swv., wehren:
sie haben die Völker aller Länder daran verhindert, den Gral kennen zu
lernen. — 1209 wir würden eher erwarten *ist* oder *wirt erkennet*: das Mhd.
drückt es negativ aus, weil das schließliche Resultat ein negatives ist, die
Unbekanntschaft. — 1210 *wan die* = *wan den die*, außer denjenigen, die
(denen allein ist er bekannt). — 1211 *an*, für. — 1212 *unbenennet*, ohne
bestimmt, berufen zu sein. Dieser eine ist Parzival. — 1214 und nahm
Sünde als eine ihn drückende Last mit sich hinweg. —

daz er niht zem wirte sprach 1215
umbe'n kúmber den er an im sach.
ich ęnsol niemen schelten:
doch muoz er sünde engelten,
daz er niht frâgt' des wirtes schaden.
er was mit kumber sô geladen, 1220
ez ęnwart nie ęrkant sô hôher pin.
dâ vor kom roys Lähelin
ze Brumbânę an den sê geriten.
durch tjoste het sîn dâ gebiten
Lybbêâls der werde helt, 1225
des tôt mit tjoste was erwelt.
er was erborn von Prienlascors.
Lähelin des heldes ors   •
dannen zôch mit sîner hant:
dâ wart der rêróup bekant. 1230

474   Hêrre, sît ir'z Lähelin?
sô stêt in dem stalle mîn
den orsn ein ors gelîch gevar,
diu dâ hœrnt an's grâles schar.
amę satel ein turteltûbe stêt: 1235
daz ors von Munsalvæsche gêt.
diu wâpen gap in Anfortas,
do er der fröuden hêrre was.
ir schilte sint von alter sô:
Tyturel sie brâhte dô 1240

1215 *das*, dadurch daß, indem. — 1216 *umbe'n*, von dem. — 1217 *ich sol*,
ich will. — 1218 *engelten* stv., Strafe leiden, zu Schaden kommen; acc.
wofür. — 1219 *schaden* ist gen., von *frâgte* abhängig. — 1220 *er*, der Wirth.
— 1222 *dâ vor*, früher: vor diesem Unbekannten. — 1223 *Brumbâne*, der
See, an welchem Anfortas in seinen gesünderen Tagen zu fischen pflegte;
vgl. IX, 1746. Zu verbinden *an den sê se Brumbâne*. — 1225 *Lybbêâls* =
li beals, der Schöne. — 1226 dem beschieden war, in diesem Zweikampfe
den Tod zu finden. — 1229 *dannen zôch*, führte fort. — 1230 *rêroup* stm.,
Beraubung eines Todten, von *rê*, Leichnam (zu II, 1449). Er nahm dem
Todten sein Ross weg. Auch Lybbeals war einer der Gralritter, denn er
ritt ein Gralpferd. Das gewonnene Ross schenkte Lähelin seinem Bruder
Orilus, der es wieder an Gawan verschenkte: es ist das Ross Gringuljet,
welches Gawan im 8. Buche reitet,
1231 zu dieser Frage veranlaßt den Einsiedler der Umstand, daß Par-
sival's Ross, welches dasjenige des besiegten Gralritters war (vgl. IX, 375),
alle Zeichen eines Gralrosses an sich hatte. — 1232 so muß ich euch sa-
gen, es steht. — 1233 *gelîch gevar*, ebenso aussehend wie die Rosse. —
1236 *von Munsalvæsche gêt*, stammt von Munsalvæsche her. — 1237 *diu
wâpen*, dieses Wappen. — 1238 als er noch in Freuden lebte: ehe er die
tödtliche Verwundung empfieng. — 1239 *sô*, gezeichnet mit dem Wappen
der Turteltaube: als Sinnbild der Treue. — 1240 *brâhte*, vererbte. —

an sînen sun rois Frimutel:
dar unde vlôs der degen snel
von einer tjoste ouch sînen lîp.
der minnete sîn selbes wîp,
daz nie von manne mêre   1245
wîp gemînnet wart sô sêre;
ich mein' mit rehten triuwen.
sîn' site sult ir niuwen,
und minnt von herzen, iuwer konen.
sîner site sult ir wonen: 1250
iwer várwe im treit gelîchiu mâl.
der was ouch hêrre über'n grâl.
ôwî hêrre, wanne ist iuwer vart?
nu ruocht mir prüeven iuwern art.»

    Ietweder vaste an'n andern sach.   1255
Parzivâl zem wirte sprach
«ich bin von einem man erborn,
der mit tjóste hât den lîp verlorn,
unt durch rîterlîch gemüete.
hêrre, durch iuwer güete   1260
475 sult ir'n nemen in iwer gebet.
mîn vater der hiez Gahmuret:
er was von arde ein Anschevîn.
hêrre, ih'n bin'z niht Lähelîn.
genam ich ie den rêroup,   1265
sô was ich an den witzen toup.
ez ist iedoch von mir geschehen:
der selben sünde muoz ich jehen.
Îthêrn von Kucûmerlant

1242 *dar unde* (md. für *dar under:* zu III, 414), unter einem solchen
Schilde. — Frimutel ist gemeint. — 1245 *nie* mit *mêre* zu verbinden, nim-
mer, niemals. — 1247 der Zusatz soll deutlich machen, daß hier nicht von
sinnlicher Liebe die Rede ist, sondern von der treuen beständigen Liebe.
— 1249 *kone* swf., in mhd. Zeit vorzugsweise bairisch-österreichisch, Ehe-
frau. — 1250 *wonen* mit gen., woran festhalten. — 1251 ihr seht ihm ähn-
lich. — 1253 *wanne = wannen:* zu III, 1614, wie *danne = dannen:* zu IX, 563.
Woher kommt ihr? *ôwî* ist hier Ausdruck des Erstaunens; denn er wun-
dert sich über die Ähnlichkeit mit den Gralkönigen. — 1254 *prüeven,* her-
zählen, erzählen.
    1255 Jeder betrachtete den andern aufmerksam. — 1259 und den
sein Rittersinn in den Tod führte. — 1261 schließt ihn in euer Gebet
ein. — 1265 wenn ich jemals einen Todten beraubte: zu V. 1230. —
1266 so geschah es in nicht bewußtem Zustande: im Zustande kindlicher
Unerfahrenheit, nach dem ersten Kampfe, den er bestand; vgl. III, 1185 fg.
— 1267 ich habe es wirklich begangen. — 1268 dieser Sünde muß ich mich
anklagen. —

den sluoc mîn sündebæriu hant: 1270
ich leite in tôten ûffe'z gras,
unt nam swaz dâ ze nemen was.»

«Óuwê wérlt, wie tuostu sô?»
sprach der wirt: der was des mærs unfrô.
«du gist den liuten herzesèr   1275
unt riuwebæres kumbers mêr
dan der fröud'. wie stêt dîn lôn!
sus endet sich dîns mæres dôn.»
dô sprach er «lieber swester sun,
waz râtes möht' ich dir nu tuon?   1280
du hâst dîn eigen verch erslagen.
wiltu für got die schulde tragen,
sît daz ir bêde wârt ein bluot,
ob got dâ reht gerihte tuot,
sô giltet im dîn eigen leben.   1285
waz wilte im dâ ze gelte geben,
Íthêrn von Kahaviez?
der rehten werdekeit geniez,
des diu wérlt was gereinet,
het got an im erscheinet.   1290
476 missewénde was sîn riuwe,
er balsem ob der triuwe.
al werltlîchiu schande in flôch:
werdekéit sich in sîn herze zôch.
dich solden hazzen werdiu wîp   1295
durch sînen minneclîchen lîp:
sîn dienest was gein in sô ganz,
ez machte wîbes ougen glanz,

<hr />

tôten, als er todt war. — ûffe's = ûffe des, das.
1275 herzesêr stn., Schmerz des Herzens, Herzeleid. — 1277 vom Lohn
Welt, der am Ende Trauer statt Freude gibt, wissen die Dichter des
tschen Mittelalters viel zu singen und zu sagen. Vgl. u. s. meine
ierdichter Nr. 89 und Anmerk. — 1278 sus, so: mit Leid. Die Melodie
les Liedes. — 1281 dein eigenes Fleisch und Blut. — 1282 für got,
Gottes Richterstuhl. — 1285 so mußt du mit deinem eigenen Leben
len. — 1286 wilte geschwächt aus wiltu. — 1288 geniez stm., Genuß,
rag, Lohn. — 1289 des, durch welchen. — reinen swv., rein, vollkom-
t machen. — 1291 das Unrecht war seine Trauer: er trauerte darüber,
es Unrecht in der Welt gab. — 1292 balsem = balseme swm., Bal-
; in bildlichem Sinne: das Feinste, Edelste; das Ideal der Treue. —
weil seine liebenswürdige Persönlichkeit nun nicht mehr vorhanden
— 1297 sô ganz, so vollkommen, so untadelig. — 1298 es auf dienest
beziehen. — glanz adj., glänzend, leuchtend. —

die'n gesähn, von sîner süeze.
got daz erbarmen müeze   1300
daz ẹ ie gefrumtest selhe nôt!
mîn swester lac ouch nâch dir tôt,
Herzeloyd' dîn muoter.»
«neinâ hêrre guoter,
waz saget ir nu?» sprach Parzivâl.   1305
«wær' ich dan hêrre über'n grâl,
der möhte mich ergetzen niht .
des mærs mir iuwer munt vergiht.
bin ich iuwer swester kint,
sô tuot als die mit triuwen sint,   1310
und saget mir sunder wankes vâr,
sint disiu mære beidiu wâr?»

Dô sprach aber der guote man
«ich ẹnbin'z niht der dâ triegen kan:
dîner múoter daz ir triuwe erwarp,   1315
do du vón ir schiet, zehant sie starp.
du wær' daz tier daz sie dâ souc,
unt der trâche der von ir dâ flouc.
ez widerfuor in slâfe ir gar,
ê daz diu süeze dich gebar.   1320
477 mînr geswístérde zwei noch sint.
mîn swester Schoysîâne ein kint
gebar: der frühte lac sie tôt.
der herzoge Kŷôt
von Katalange was ir man: 1325

der'n wolde ouch sit niht fröude hân.
Sigûn', des selben töhterlîn,
bevalh man der muoter dîn.
Schoysîânen tôt mich smerzen
muoz enmitten inme herzen: 1330
ir wiplîch herze was sô guot,
ein arke für unkiusche fluot.
ein maget, mîn swester, pfliget noch site
sô daz ir volget kiusche mite.
Repánsé de schoye pfliget   1335
des grâles, der sô swære wiget
daz iu diu falschlîch mennescheit
niemer von der stat getreit.
ir bruodr und mîn ist Anfortas,
der bêdiu ist únde was   1340
von art des grâles hêrre.
dem ist leider fröude verre;
wan daz er hât gedingen,
in süle sîn kumber bringen
zem endelôsem gemache.   1345
mit wunderlicher sache
ist ez im komen an riuwen zil,
als ich dir, neve, künden wil.
pfligestu denne triuwe,
so erbarmet dich sîn riuwe.   1350

478 Dô Frimutel den lip verlôs,
     mîn vater, nâch im man dô kôs
     sînen éltsten sun ze künege dar,
     ze vogte dem grâle und des schar.
     daz was mîn bruoder Anfortas,   1355
     der krône und richeit wirdec was,

dannoch wir wênec wâren.
do mîn brûoder gein den jâren
kom fûr der gransprunge zît,
mit selher jugent hât minne ir strît: 1360
sô twingt sị ir friunt sô sêre,
man mâges ir jéhen z'unêre.
swelch grâles hêrre ab minne gert
anders dan diu schrift in wert,
der muoz es komen zẹ arbeit   1365
und in siufzebæriu herzeleit.
mîn hèrre und der bruoder mîn
kôs im eine frîundîn,
des in dûht', mit guotem site.
swer diu was, daz sị dâ mite.   1370
in ir dienest er sich zôch,
sô daz diu zageheit in flôch.
des wart von sîner clâren hant
verdürkelt manec schildes rant.
da bejágetẹ an âventiure   1375
der sûeze unt der gehiure,
wart ie hôher prîs erkant
über élliu rīterlīchiu lant,
von dem mær' was er der frîe.
Amor was sîn krîe.   1380
479 dèr ruoft ist zer dêmuot
iedoch niht volleclîchen guot.

Eins tages der künec al eine reit
(daz was gar den sînen leit)

1357 *wênec* adj., klein: damals' waren wir noch klein; auch Anfortas war noch jung. — 1359 *gransprunge* stf., das Keimen des Barthaares: vor die Zeit hin, an die Zeit, in welcher das Barthaar sprießt. — 1360 dieses jugendliche Alter wird von der Minne angegriffen. — 1362 man kann sagen, daß es eine Schande für sie ist. — 1364 *diu schrift*, nicht: die heilige Schrift, sondern: die Satzungen des Grals, vielleicht auch die Schrift auf dem Steine; vgl. IX, 1133. — *in wert*, ihm gewährt, gestattet. — 1365 *es*, dadurch. — 1369 von trefflichen Eigenschaften, Charakter, wie ihn bedünkte. — 1370 *das sị dâ mite*, das bleibe dahingestellt. Es war Orgeluse de Logrois; vgl. XII, 1013. — 1371 in ihrem Dienste vollbrachte er ritterliche Thaten, wobei er niemals als Feigling sich bewies. — 1375—79 eine etwas freie Construction: er erlangte, daß er von der Nachrede frei war, wenn (= daß) man je in allen ritterlichen Landen höheren Ruhm kannte als der seinige war: daß man nicht sagen konnte, es habe jemand höheren Ruhm als er. — 1377 *hôher* comparativ. — 1380 *krîe* stf., Feldgeschrei, Losung. — 1381 *ruoft*, Übersetzung von *krîe*. — 1382 *niht volleclîchen guot*, nicht völlig gut, hilft nicht völlig, im Sinne von nichts weniger als gut, wie *niht sô guot*, mit der gewöhnlichen leichten Ironie der mhd. Sprache.
1384 das brachte den Seinen großen Kummer. —

ûz durch âventiure, 1385
durch fröude an minnen stiure:
des twanc in der minnen ger.
mit einem gelüppétem sper
wart er ze tjostieren wunt,
sô daz er niemer mêr gesunt 1390
wart, der süeze œheim dîn,
durch die heidruose sîn.
ez was ein heiden der dâ streit
unt der die selben tjoste reit,
geborn von Ethnîse, 1395
dâ ûzem pardîse
rínnét diu Tigris.
der selbe heiden was gewis,
sîn ellen solt' den grâl behaben.
ime spér was sîn name ergraben: 1400
er suocht' die verren riterschaft,
niht wan durch des grâles kraft
streich er wazzer unde lant.
von sîme strite uns fröude swant.
dîns œheims strît man prîsen 1405
muoz: des speres îsen
fuort' er in sîme lîbe dan.
dô der junge werde man
kom heim zuo den sînen,
dâ sach man jâmer schînen. 1410
480 den heiden het er dort erslagen:
den sul ouch wir ze mâze klagen.

Do uns der künec kom sô bleich,
unt im sîn kraft gar gesweich,

; um sich an der Hülfe der Minne zu erfreuen: er hoffte dadurch die
st der Geliebten zu erlangen. — 1388 *lüppen* swv., vergiften. — 1389 *ze
tieren*, im Zweikampfe. — 1392 *durch* ist mit *wunt* zu verbinden. —
druose, aus *hepedruose* stf., *inguen*, Dünnen, Schamseite. — 1393 die
egnung mit einem Heiden in der Nähe der Gralburg weist auch dar-
hin, daß sich Wolfram den Sitz derselben in Spanien dachte. —
; *Ethnîse*, im fernen Orient zu denken: Sammt daher war VII, 1106
ähnt. — 1398. *was gewis*, hatte die feste Zuversicht. — 1399 *solt'*, würde.
ehaben swv., behaupten, gewinnen. — 1401 er suchte ritterliche Kämpfe
'ernen Landen auf. — 1402 *kraft*, der große Ruf. — 1403 *streich* præt.
strîchen, durchstreichen, durchwandern, mit räumlichem Accusativ. —
son, durch. — 1406 die eiserne Spitze von dem Speere des Heiden
in Anfortas' Wunde stecken geblieben. — 1412 *ze mâze*, mit Maß,
ig, im Sinne von: gar nicht. Wir haben keine Ursache seinen Tod
eklagen.

in de wúnden greif eins arztes hant,   1415
unz er des speres isen vant:
der trúnzún was rœrín,
ein teil in der wunden sín:
diu gewán der arzet beidiu wider.
míne venje viel ich nider: 1420
dá lobet’ ich der gotes kraft,
daz ich deheine riterschaft
getæte niemer mère,
daz got durch sin’ ère
mínem brúoder hulfe von der nòt.   1425
ich verswúor ouch fleisch, win unde bròt,
unt dar nách al daz trüege bluot,
daz ih’s niemer mèr gewünne muot.
daz was der diet ander klage,
lieber neve, als ich dir sage,   1430
daz ich schiet von dem swerte mîn.
sie sprâchen «wer sol schirmer sîn
über des grâles tougen?»
dò weinden liehtiu ougen.

    Sie truogen den künec sunder twâl   1435
durch die gótes helfe für den grâl.
dò der künec den grâl gesach,
daz was sîn ander ungemach,
daz er niht sterben mohte,
wand’ im stérben dò niht tohte,   1440
481 sît daz ich mich hete ergeben

1417 *der trunzûn*, das abgebrochene Stück von dem Speerschafte, an welchem das Eisen befestigt war: er war von spanischem Rohr (vgl. VI, 1671). — 1418 ein Theil davon steckte noch in der Wunde. — 1419 *beidiu*, sowol die eiserne Spitze als das Stück des Schaftes. — 1420 *venje* (vgl. IX, 85) *vallen*, zum Gebete niederknien. — 1421 *der gotes kraft*, dem allmächtigen Gotte. — 1424 *daz*, unter der Voraussetzung daß. — *durch sin’ ère*, um sich an ihm zu verherrlichen. — 1426 *verswern* stv., schwören etwas nicht zu thun, abschwören: ich schwur, nie wieder Fleisch, Wein, Brot zu genießen; vgl. IX, 591. — 1427 *dar nach*, außerdem. — *al das*, alles was. — 1428 daß mich nie wieder danach gelüsten sollte. — 1429 *der diet*, der Gralritter. — *ander klage*, zweiter Gegenstand der Klage. — 1431 daß ich mein Schwert ablegte, um es nie wieder zu führen; vgl. Titurel 22, 4. — 1432 *schirmer* stm., Schutzherr; dasselbe was *voget*, vgl. 1354. — 1434 *liehtiu ougen*, die Augen schöner Frauen; nicht die Gralritter sind die weinenden, wie Sau-Marte es versteht.

1436 daß Gott ihm helfen möge. — 1438 *sin ander ungemach*, wie *ander klage* 1429. — 1439 denn der Anblick des Grals fristete ihm das Leben; vgl. IX, 1095. — 1440 er durfte auch nicht sterben, weil sonst der Gral ganz herrenlos gewesen wäre. — 1441 *sich ergeben* wird besonders von dem Zurückziehen ins Kloster gebraucht. —

in alsus ärmeclīchez leben,
unt des édelen ardes hêrschaft
was komen an sô swache kraft.
deʒ küneges wunde geitert was.　　　　　1445
swaz man der arzetbuoche las,
diene gâben keiner helfe lôn.
gein áspĭs, ecidemon,
ehcontius unt lisĭs,
jĕcĭs unt mēatrĭs　　　　　　　　　　　1450
(die argen slangen'z eiter heiz
trágent), swaz iemen dâ für weiz,
unt für ánder würm' die'z eiter tragent,
swaz die wîsen arzt' dâ für bejagent
mit fîsiken lîste an würzen,　　　　　　1455
(lâ dir die rede kürzen)
der keinz gehelfen kunde:
got selbe uns des verbunde.
wir gewunnen Gêôn
ze helfe unde Fîsôn,　　　　　　　　　1460
Eufrâtes unde Tigris,
diu vier wázzer ûzem pardĭs,
sô nâhn hin zuo, ir süezer smac
dennoch niht sîn verrochen mac,
ob kéin würz dinne quæme,　　　　　　1465

1442 ärmeclīch adj., armselig. — 1443 hêrschaft stf., Herrlichkeit, Stolz:
des edeln Geschlechtes. — 1444 swache kraft: gemeint ist der hülflose Zu-
stand des Königs. — 1445 eitern swv., vergiften. — 1446 arzetbuoch stm.,
Buch eines Arztes, medicinisches Werk. — 1447 die vergalten die Mühe
des Studiums nicht durch die Hülfe, die sie gewährt hätten. — 1448 gein,
zum Schutze gegen. — aspĭs, eine Schlangenart, von deren fabelhaften
Eigenschaften Konrad von Würzburg (MSH. 2, 325ª) Näheres berichtet.
Der Name ist wie die der übrigen aus dem Griechischen entlehnt. —
ecidemon, aus griech. ἐχίδιον, ἐχίδνιον, eine kleine Otter. — 1449 ehcon-
tius, griech. ἀκοντίας, eine schnell schießende Schlangenart, nach ἄκων
Wurfspieß, benannt. — lisĭs, wahrscheinlich auf ἑλίσσω, winden, zurück-
zuführen: die Ringelnatter. — 1450 jĕcĭs kann ἔχις, Natter, sein; vgl. eci-
demon. — mēatrĭs, wol lat. meatrix, die Gehende: danach möchte man
den vorhergehenden Namen auch lateinisch fassen, vielleicht = jaculus,
also eine Übersetzung von ἀκοντίας. — 1451 eiter stn., Gift. — 1452 dâ für,
zum Schutz dagegen. — 1454 swas mit an würzen zu verbinden: so viele
Kräuter zur Heilung ihrer Bisse auch die erfahrenen Ärzte gewinnen. —
1455 fîsike swf., Naturkunde. — 1458 verbunnen anom. verb. (præs. verban),
missgönnen: die Hülfe. — 1459 die vier Flüsse, welche das Paradies
durchströmen, nennt schon die Genesis 2, 11—14, nur daß hier der Tigris
Hiddekel genannt wird, die andern heißen Pison, Gihon, Phraht. Sie
schöpften aus diesem Wasser, weil es heilkräftige Kräuter des Paradieses
enthalten konnte, V. 1465. — 1463 so dicht am Paradiese, an der Stelle,
wo die Flüsse das Paradies verlassen. — ir, daß ihr. — 1464 verrochen von
verriechen stv., verrauchen: wo ihr Duft noch nicht verraucht sein kann.
— 1465 ob, in der Erwartung, daß vielleicht. — wurz stf., Kraut, Pflanze. —

diu unser trûren næme.
daz was verlorniu arbeit:
dô niwet' sich unser herzeleit.
doch versúochte wir'z in mangen wîs.
do gewúnne wir daz selbe rîs   1470
482 dar ûf Síbílle jach
Eneáse für hellesch ungemach
und für den Flegetônen rouch,
für ander flûzz', drin fliezent ouch.
des námen wir uns muoze   1475
unt gewúnnen'z rîs ze buoze,
ob daz spér ungehiure
in dem helschen fiure
wær' gelúppet ode gelœtet,
daz uns an fröuden tœtet.   1480
dô was dem sper niht alsus.
ein vógel heizt péllicánús:
swenne der fruht gewinnet,
alze sêre er die minnet:
in twinget sîner triwe gelust   1485
daz er bîzet durch sîn selbes brust,
unt lât'z blúot den jungen in den munt:
er stirbet an der selben stunt.
do gewúnnen wir des vogels bluot,
ob uns sîn triuwe wære guot,   1490
unt strichen's an die wunden
sô wir beste kunden.
daz mohte uns niht gehelfen sus.

1469 *versuochte* mit Abwerfung des *n* vor folgendem *wir*; ebenso *gewunne*
1470. — 1470 *rîs,* Zweig, Stab: Beziehung auf den Besuch des Aeneas in der
Unterwelt, wahrscheinlich aus Heinrich von Veldeke entlehnt; vgl. Eneit
86, 40 ff. — 1471 auf welches die Sibylle den Aeneas verwies als Schutz
gegen. — 1473 *Flegetôn:* vgl. Veldeke 92, 11; bei Vergil 6, 651 *Phlegethon,*
der Brennende. — 1474 *drin,* die hinein (nicht darin): das Relativum ist
zu ergänzen. — 1475 darauf verwendeten wir viele Zeit, wir betrieben es
ganz gründlich. — 1476 *buoze* stf., Hülfsmittel, Heilmittel. — 1477 *ob,* für
den Fall daß. — *ungehiure,* schrecklich, entsetzlich. — 1479 *lœten* swv.,
fest machen: mit dem Nebensinne des Zauberischen. — 1480 uns unserer
Freude beraubt. — 1481 es stand nicht so mit dem Speere, seine Vergif-
tung stammte nicht aus dieser Quelle: wir suchten daher ein anderes
Mittel. — 1482 *pellicánus,* Pelikan, von dessen Liebe zu seinen Jungen
die mittelalterlichen Naturgeschichten erzählen; vgl. W. Grimm, Goldene
Schmiede, S. LXXXV. — 1483 *fruht,* Junge. — 1490 *wære guot,* helfen könnte.
— *triuwe,* aufopfernde Liebe. Daher wird auch Christus dem Pelikan ver-
glichen. — 1491 *es,* davon, von dem Blute. —

ein tier heizt monícirus:
daz erkénnt der megede rein' só gróz   1495
daz ez slæfet ûf der megede schóz.
wir gewúnnen 's tieres herzen
über des küneges smerzen.
wir nâmen den karfunkelstein
ûf des selben tieres hirnbein,   1500
483   der da wéhset under sime horne.
wir bestríchén die wunden vorne,
und besóuften dén stein drinne gar:
diu wunde was et lüppec var.
daz tet uns mit dem künege wê.   1505
wir gewúnn ein wurz heizt tráchonté
(wir hœren von der würze sagen,
swâ ein trache werde erslagen,
sie wahse von dem bluote.
der würze ist só ze muote,   1510
sie hât al des luftes art),
ob uns des trachen umbevart
dar zuo möhte iht gefromen,
für der sterne wider komen
unt für des mânen wandeltac,   1515
dar an der wunden smerze lac.
der würze edel hóch geslehte
kóm uns dâ für niht rehte.

Unser vénje viel' wir für den grál.
dar an gesáh' wir z'einem mál   1520

1494 *monîcirus*, griech. μονίκοως, das Einhorn, welches der Sage nach nur dadurch gefangen werden konnte, daß es durch seine Vorliebe für Jungfrauen angezogen, im Schoße einer Jungfrau einschlief; vgl. Goldene Schmiede, S. XXXII. — 1495 *reine* stf., Reinheit, Keuschheit: weiß daß sie so groß ist. — 1497 *herzen* gen., von dem Herzen. — 1498 und legten das Herz auf die Wunde des Königs. — 1499 so verbreitet die eben berührte Sage vom Einhorn ist, so vereinzelt steht diese andere, daß das Einhorn unter seinem Horne den Karfunkel berge. — 1500 *hirnbein* stn., Stirnknochen. — 1502 *vorne*, an ihrer Oberfläche. — 1503 *besoufen* swv., versenken. — *gar*, gänzlich. — 1504 *lüppec* adj., vergiftet: hatte nun einmal immer ein giftiges Aussehen. — 1506 *gewunn = gewunnen*. — *trachonté*, griech. δρακόντιον, Natterwurz. — 1510 *ist só ze muote*, ist von solchem Sinne, solcher Beschaffenheit. — 1511 *art*, verwandtschaftliche Beziehung: sie steht in nahem Zusammenhange mit der Luft, dem Äther und den Sternen. — 1512 unter *trache* ist hier das Sternbild gemeint. — *umbevart* stf., Kreislauf. — 1514 *für*, gegen. — *sterne*, genau *sternen*, allein das Wort wird häufig stark flectiert. — 1515 *wandeltac* stm., Tag des Wechsels: der Tag, an welchem der Mond wechselt; vgl. IX, 1717. — 1516 mit welchem der Schmerz der Wunde zusammenhieng: wo ihr Schmerz sich steigerte. — 1517 *geslehte*, Art, Eigenschaften. — 1518 *rehte komen*, zu rechter Zeit kommen, helfen.
1519 *viel' = viele, vielen*, wie *gesáh'* 1520. Wir knieten vor den Gral anbetend hin. —

geschriben, dar sólde ein riter komen:
wurd' des fråge aldå vernomen,
sò solt' der kumber ende hàn:
ez wære kint magt óde man,
daz in der fråge warnet' iht,   1525
sone solt' diu fråge helfen niht,
wan daz der schade stüende als è
und herzelicher tæte wê.
diu schrift sprach «habet ir daz vernomen?
iwer wårnen mac ze schaden komen.   1530
484 frågt er niht bi der êrsten naht,
so zergët siner fråge maht.
wirt sìn fråge an rehter zît getàn,
sò sol er'z künecrîche hàn,
und hât der kumber ende   1535
von der hœhsten hende.
dà mite ist Anfortas genesen,
er'n sol ab niemer künec wesen.»
sus làsen wir am gràle
daz Anfortas quàle   1540
dà mite ein ende næme,
swenne im diu fråge quæme.
wir strichen an die wunden
swà mit wir senften kunden,
die guoten salben nardas,   1545
unt swaz gédriåkelt was,
unt den róuch von lign alôê:
im was et z'allen zìten wê.
dô zöch ich mich dà hér:
swachiu wünne ist miner jàre wer.   1550

1521 die Inschriften kamen und verschwanden wieder; vgl. zu IX, 1134.
1364. — *dar.* dorthin: zum Gral. — 1522 wenn man den dort fragen hörte,
nach der Ursache von des Königs Leiden. — 1524 wenn jemand da wäre,
sei es. — 1525 *warnen* swv., vorbereiten: ihm einen Wink bezüglich der
Frage gäbe. — 1527 *wan daz*, im Gegentheil, sondern. — 1528 *herzelîche*
adv., herzlich, sehr; compar. mehr. — 1532 dann hilft die Frage nicht
mehr: am folgenden Tage hat sie keine Wirkung mehr. — 1536 durch
Gottes Hülfe; vgl. zu V, 1368. — 1537 durch diese Frage, von dem Augen-
blick an. — 1538 *niemer*, nicht mehr, nicht länger. — 1540 *Anfortus* =
Anfortases, wie 1650. 1680. — 1544 *senften* swv., den Schmerz stillen. —
1545 *nardas*, griech. ναρδος, Narde, aus der ein wohlriechendes Öl bereitet
wird: dieses Öl ist gemeint. — 1546 *driåkeln* swv., von *driakel*, griech.
θηριαχή, Arznei gegen Gift, namentlich gegen den Biß wilder Thiere; das
Verbum bedeutet demnach: mit Theriak versehen. — 1547 *rouch*, von ver-
branntem Holze. — 1548 *et*, wie V. 1504. — 1549 *zöch*, zog zurück. —
1550 *swachiu wunne*, geringe Freude: gewähren mir meine Jahre, mein
Leben. —

sît kom ein rîter dar geriten:
der möhte'z gerne hân vermiten;
von dem ich dir ê sagete,
unprîs der dâ bejagete,
sît er den rehten kumber sach,   1555
daʒ er niht zuo dem wirte sprach
«hèrre, wie stêt iuwer nôt?»
sît im sîn tumpheit daz gebôt
daz er aldâ niht vrâgte,
grôzer sælde in dô betrâgte.»   1560

485   Sie bêde wârn mit herzen klage:
dô nâhet' ez dem mittem tage.
der wirt sprach «gê wir nâch der nar.
dîn ors ist unberâten gar:
ich mac uns selben niht gespîsen,   1565
es enwelle uns got bewîsen.
mîn küchen riuchet selten:
des muostu hiute enkelten,
unt al die wîl' du bî mir bist.
ich solt' dich hiute lêren list   1570
an den würzen, lieze uns der snê.
got gebe daz der schier' zergê.
nu brechen die wil' iwîn graz.
ich wæn' dîn ors dicke gaz
ze Munsalvæsche baz dan hie.   1575
du noch ez ze wirte nie
kômt, der iuwer gerner pflæge,
ob ez hie bereitez læge.»

1551 *ein rîter*, Parzival. — 1552 der hätte es lieber bleiben lassen können,
weil sein Kommen doch nichts half. — 1553 *ê*, vgl. IX, 1212. — 1555 *rehten*,
gründlichen, tiefen. — 1557 wie ist es beschaffen mit eurer Noth? —
1560 so hatte er keine Lust, großes Glück zu erwerben; so muß ihm wenig
daran gelegen gewesen sein.
1561 *wârn*, waren beschäftigt. — 1563 wir wollen gehen uns Essen
zu suchen. — 1564 *unberâten*, nicht versehen: mit Futter. — 1565 *gespîsen*
swv., mit Speise versehen. — 1566 *es*, von *bewîsen* abhängig: es, die Speise.
— *bewîsen* swv., zuweisen: mit acc. der Person, mit gen. der Sache. —
1567 *küchen* stf., Küche, von lat. *coquina*. — *riechen* stv., rauchen: von
dem darin brennenden Herdfeuer. — *selten*, niemals: ich habe keine
Küche. — 1568 *enkelten* aus *entgelten*; vgl. IX, 1218. — 1570 *ich solt'*, ich
würde. — *list*, Kenntniss, Kunde: wie man die eßbaren Pflanzen unter-
scheidet. — 1572 wenn nicht Schnee die Pflanzen bedeckte. — 1573 *die*
wil', inzwischen: bis der Schnee zergeht. — *iwîn* adj. von *iwe*, Eibe. —
graz, die jungen Sprossen; vgl. zu IX, 767. — 1577 *kômt* 2. pl. præt. =
kômet, kâmet. — *gerner*. bereitwilliger. — 1578 *ez*, allgemein: die Möglich-
keit, die Mittel dazu. —

sie giengen ûz umb' ir bejac.
Parzivâl des fuoters pflac.   1580
der wirt gruop im würzelin:
daz muoste ir bestiu spîse sin.
der wirt sînr orden niht vergaz:
swie vil er gruop, decheine er az
der würze vor der nône: 1585
an die stûden schône
hienc er s' und suochte mére.
durch die gotes êre
manegen tac ungaz er gienc,
so er vermiste dâ sin spise hienc.   1590

486 Die zwêne gesellen niht verdrôz,
sie giengen dâ der brunne flôz,
sie wuoschen würze unde ir krût.
ir munt wart selten lachens lût.
ietweder sine hende   1595
twuoc. an eime gebende
truoc Parzivâl îwîn loup
für'z ors. ûf ir ramschoup
giengen s' wider zuo den ir koln.
man dorfte in niht mér spise holen: 1600
danę was gesoten noch gebrâten,
unt ir küchen unberâten.
Parzivâl mit sinne,
durch die getriuwe minne
die'r gein sinem wirte truoc,   1605

1579 *bejac* stm., Erwerb, Beute, Nahrung. — 1580 sorgte für das Futter des Rosses. — 1582 derselbe Vers kehrt in gleichem Zusammenhange wieder IX, 2054. — 1583 *orden*, Ordensregel: als Klausner befolgte er die Regeln des Klosterlebens. — 1585 *nône* stf., die neunte Stunde des Tages: man rechnete von sechs Uhr Morgens an, also etwa drei Uhr Nachmittags. — 1588 Gott zu Ehren. — 1589 *ungaz*, ohne gegessen zu haben. — 1590 *vermissen* swv., verfehlen: wenn er die Stauden verfehlte, nicht wieder fand, an welchen er die zum Essen bestimmten Pflanzen aufgehangen. Um Gott zu ehren, d. h. sein Gebot nicht zu brechen, aß er sie nicht gleich, weil es noch nicht die erlaubte Zeit war.
1591 sie ließen sich die Mühe nicht verdrießen. — 1593 *ir* muß auch zu *würze* ergänzt werden. Crestien hat 7875 *mais il n'i ot se herbes non, cierfuel, laitues et creson*; aber auch noch *pain d'orge et d'avaine*. — 1594 sie waren beide fortwährend ernst, keiner lachte. — 1596 *gebende*, Bund: in ein Bund zusammengebunden. — 1599 *den ir*: der Artikel vor dem Possessivpronomen, in der volksthümlichen Poesie häufig. — 1600 sie hatten alle ihre Speise schon bei sich, nämlich was sie aus dem Walde heimgebracht. — 1601 da gab es nichts Gesottenes und Gebratenes. — 1603 *Parzivâl* geht der Construction voraus und wird durch *in* 1606 aufgenommen. — *mit sinne*, in verständiger Weise. —

in dûhte er hete baz genuoc
dan dô sin pflac Gurnemanz,
und do so máneger frouwen varwe glanz
ze Munsalvæsche für in gienc,
da er wirtschaft voneme gràle enpfienc.   1610
der wirt mit triuwen wise
sprach «neve, disiu spise
sol dir niht versmàhen.
dune fündst in allen gàhen
dehein wirt der dir gunde baz   1615
guoter wirtschaft àne haz.»
Parzivàl sprach «hêrre,
der gotes gruoz mir verre,
op mich ie baz gezæme
swes ich von wirte næme.»   · 1620

487   Swaz dâ was spise für getragen,
belíben sie dã nâch ungetwagen,
daz enschadet in an den ougen niht,
als man fischegen handen giht.
ich wil für mich geheizen,   1625
man möhte mit mir beizen,
wær' ich für vederspil rekant,
ich swunge al gernde von der hant,
bi selhen kröpfelinen
tæte ich fliegen schinen.   1630
wes spotte ich der getriuwen diet?

1606 *baz genuoc*, reichlich mehr, viel mehr. — 1607 vgl. III, 1492 ff. —
1608 *glanz* ist adj.: so manche Frau von glänzendem schönem Aussehen. —
1609 vgl. V, 251 ff. — *fur in gienc*, vor ihn hintrat. — 1611 der erfahren
und wohlmeinend war. — 1614 in aller Eile, so schnell, so leicht. —
1615 *dehein = deheinen*. — *gunde* ist conj., gönnen möchte. — 1616 *àne haz*,
ohne feindselige Empfindung. — 1618 Gottes Huld und Freundlichkeit. —
1619 *mich gezimt eines d.*, mir gefällt etwas. — 1620 *swes* Attraction = *des
swaz*. — *næme*, empfieng.
1622 *ungetwagen*, ungewaschen: wenn sie sich nach dem Essen nicht
wuschen, was sonst allgemeine Sitte war. — 1623 so werden in diesem
Falle ihre Augen nicht darunter leiden. — 1624 *fischec*, fischig: wie man das
von Händen sagt, mit denen man Fische gegessen hat und dann die Augen
berührt. Daß dies den Augen schädlich sei, ist ein noch heute in Mecklen-
burg bestehender Aberglaube. — 1625 *für mich*, was mich betrifft. — *ge-
heizen*, versichern: so kann ich versichern. — 1626 man könnte mich als
Vogel bei der Beize benutzen. — 1627 wenn ich ein Jagdvogel wäre. —
1628 *gernde*, verlangend, beutegierig: weil man sie vorher hungern ließ. —
1629 *kröpfelin* stn., kleiner Kropf; übertragen: kleiner Bissen; wenn ich
so wenig gegessen hätte, wie die beiden hier, und wäre ein Jagdvogel. —
1630 ich würde zeigen daß ich fliege. — 1631 *diet*, Leute. —

min alte unfuoge mir daz riet.
ir hàt doch wol gehœret
waz in rîcheit hàt gestœret,
war umb' sie wâren fröuden arm,   1635
dicke kalt unt selten warm.
sie dolten herzen riuwe
niht wan durch rehte triuwe,
ân' alle missewende.
von der hœsten hende   1640
enpfiengen s' umbe ir kumber solt:
got was und wart in bêden holt.
sie stuonden ûf und giengen dan,
Parzivàl unt der guote man,
zem orse gein dem stalle.   1645
mit kranker fröuden schalle
der wirt zem orse sprach «mir'st leit
dîn hungerbæriu arbeit
durch den satel der ûf dir liget,
der Anfortas wàpen pfliget. »   1650

488   Dô sie daz ors begiengen,
niwe klâge sie an geviengen.
Parzivàl zem wirte sîn
sprach «hêrre und lieber œheim mîn,
getorste ich'z iu vor schame gesagen,   1655
mîn ungelüke ich solde klagen.
daz verkîest durch iuwer selbes zuht:
mîn triuwe hàt doch gein iu fluht.
ich hàn sô sêre missetàn,
welt ir mih's engelten làn,   1660
sô scheide ich von dem trôste
unt bin der unerlôste

! in derselben Weise hatte er schon der Belagerten in Pelrapeire ge-
ttet; vgl. IV, 160 ff. — 1639 ohne daß dabei irgend etwas Tadelns-
thes gewesen wäre. — 1641 Gott lohnte ihnen für das ertragene Leid.
|642 *was* bezieht sich auf Trevrizent, *vort* auf Parzival, der Gottes
d erringt. — 1643 *dan*, fort. — 1646 mit Worten, woraus wenig Freude
ig. — 1648 *hungerbære* adj., durch Hunger veranlaßt. — 1649 weil dein
tel dich als ein Gralross kund gibt.
1651 *begän* stv. mit acc., für etwas sorgen; *begiengen* als Plusquam-
fect. — 1652 erneute sich ihre Klage durch die Mittheilung, welche
zival nun machte. — 1655 *getorste ich*, wenn ich wagen dürfte. —
; *ich solde*, ich hätte Ursache. — 1657 *daz*, was ich euch sagen werde.
verkiest, verzeiht. — 1658 meine gute Meinung, mein Zutrauen auf euch
htet sich zu euch. — 1661 so muß ich allen Muth, alle Zuversicht
ren lassen. — 1662 *der unerlôste*, ein solcher, der nie frei wird. —

iemer mêr von riuwe.
ir sult mit râtes triuwe
klagen mîne tumpheit,   1665
der ûf Munsalvæsche reit,
unt der den rehten kumber sach,
unt der deheine vrâge sprach,
daz bin ích unsælec barn:
sus hân ich, hêrre, missevarn.»   1670

    Der wirt sprach «neve, waz sagestu nu?
wir sulen bêde samet zuo
herzenlicher klage grifen
und die fröude lâzen slifen,
sît dîn kúnst sich sælden sus verzêch.   1675
dô dir got fünf sinne lêch,
die hânt ir rât dir vor bespart.
wie was dîn triwe von in bewart
an den selben stunden
bî Anfortas wunden?   1680
489 doch wil ich râtes niht verzagen:
dunę solt och niht ze sére klagen.
du solt in rehten mâzen
klagen und klagen lâzen.
diu mennescheit hât wilden art.   1685
etswâ wil jugent an witze vart:
wil denne'z alter tumpheit üeben
unde lûter site trüeben,
dâ von wirt daz wîze sal

1664 *mit râtes triuce*, mit wohlmeinendem Rathe, indem ihr mir wohl-
wollend rathet. — 1669 bei Crestien hat sich Parzival schon viel früher
(V. 7746) als denjenigen zu erkennen gegeben, der beim Gral gewesen.
Viel wirksamer und dichterischer ist die Mittheilung bei Wolfram. —
unsælec barn. Unglückskind.
    1672 *zuo* ist adv., mit *grifen* zu verbinden: *einem d. zuo grifen*, etwas
anfassen, beginnen. — 1675 *dîa kunst*, dein Verständniss, d. h. dein geringes
Verständniss, deine *tumpheit* (V. 1665): sich von dem Glücke lossagte, es
verscherzte. — 1676 *lêch*, verlieh. — 1677 *einem ein d. vor besperren*, etwas
vor jemand verschließen, ihm versagen. — 1678 wie wenig achteten sie
auf das, was Menschenliebe, wohlwollende Gesinnung von dir forderte.
Allgemein menschliche Theilnahme hätte dich schon zum Fragen ver-
anlassen müssen. — 1681 *verzagen*, ablassen: nicht ablassen dir Rath zu
ertheilen; vgl. 1664. — 1684 *klagen lâzen*, das Klagen einstellen. — 1685 die
Menschen sind seltsam geartet. — 1686 manchmal will die Jugend den
Weg der Klugheit betreten, will sich erfahren stellen. — 1687 *denne*, an-
dererseits, dagegen: unerfahren, einfältig handeln. — 1688 und seine ge-
läuterte Art dadurch trübe machen, die Läuterung eines langen Lebens
verscherzen. — 1689 *daz wîze* ist das geläuterte. — *sal* adj., trübe: dann
wird die geläuterte Anschauung des Bejahrten wieder getrübt und unklar. —

unt diu grüene tugent val,   1690
dâ von bekliben möhte
daz der wérdekeit töhte.
möht' ich dir'z wol begrüenen
unt dîn hérze alsô erküenen
daz du den pris bejagetes   1695
unt an gót niht verzagetes,
sô gestüende noch dîn linge
an sô werdeclichem dinge,
daz wol ergetzet hieze.
got selbe dich niht lieze: 1700
ich bin von gote dîn râtes wer.
nu sage mir, sæhe du daz sper
ze Munsalvæsche ûf dem hûs?
dô der stérne Sâtúrnus
wider an sîn zil gestuont,   1705
daz wart uns bî der wunden kunt,
unt bî dem sumerlichen snê.
im getét der frost nie sô wê,
dem süezen œheime dîn.
daz sper muost' in die wunden sîn: 1710
490 dâ half ein nôt für d'andern nôt:
des wart daz sper bluotec rôt.

Etslicher sterne komende tage
die diet dâ lêret jâmers klage,
die sô hôhe obe ein ander stênt   1715

<hr />

1690 und auf der andern Seite die frischgrünende Tüchtigkeit der Jugend
welk: wenn die Jugend zu früh klug ist, ihr jugendliches Wesen ver-
liert. — 1691 *dâ von*, durch welche sc. *grüene tugent:* Wurzel schlagen
könnte (vgl. I, 763). — 1692 daejenige, diejenigen Eigenschaften oder
Thaten, welche zur Werthschätzung eines Mannes verhelfen. — 1693 *be-
grüenen* swv., grün machen, auffrischen: die jugendliche Tüchtigkeit und
Frische. — 1694 *erküenen* swv., kühn machen. — 1696 an Gott nicht zwei-
feltest. — 1697 so würde sicherlich der Ausfall deines Strebens um so
achtungswerther sein. — 1699 daß man ihn wol eine Vergütung alles
deines Ringens nennen könnte. — 1700 würde dich nicht verlassen. —
1701 *von gote*, in Gottes Namen und Auftrag: bin ich derjenige, der dir
Rath gewährt, erthellt. — 1705 seinen Kreislauf vollendet hatte. — 1706 wir
gewahrten es an dem steigenden Schmerze der Wunde, die von dem Laufe
der Sterne abhängig ist; vgl. 1616. — 1707 und an dem Schnee, der zur
Sommerszeit fiel: eine Einwirkung des Saturnus. — 1708 *nie sô wê*, nie zu
dieser Zeit. — 1710 um ihr den Frost zu benehmen; vgl. V. 1723. —
1711 ein Schmerz, den der Speer verursachte, half gegen den Schmerz
durch den Frost. — 1712 indem er in die Wunde gestoßen ward.
    1713 *komende tage*, die Tage ihrer Ankunft, ihrer Rückkehr nach voll-
endetem Kreislauf. — 1714 *lêret* sing., nach plur. *tage.* —

und ungeliche wider gênt:
unt des mânen wandelkêre
schadet ouch zer wunden sêre.
dise zït die'ch hie benennet hân,
sô muoz der künec ruowe lân: 1720
sô tuot im grôzer frost sô wê,
sîn fleisch wirt kelter dan der snê.
sît man daz gelüppe heiz
an dem spers îsen weiz,
die zît man'z ûf die wunden leit: 1725
den frost ez ûzem lîbe treit,
al umbe'z sper glas var als îs.
daz'n moht' aber deheinen wis
vomę sper niemen bringen dan:
wan Trebuchet der wîse man 1730
der worht' zwei mezzer, diu ez sniten,
ûz silber, diu ez niht vermiten.
den list tet im ein segen kunt,
der an des küneges swerte stuont.
maneger ist der gerne giht, 1735
aspindê 'z holz enbrinne niht:
sô dises glases drûf iht spranc,
fiwers lohen dâ nâch swanc:
aspindê dâ von verbran.
waz wunders diz gelüppe kan! 1740

491   Er mac geriten noch gegên,
      der künec, noch geligen noch gestên:
      er lent, âne sitzen,

1716 *ungelîche* adv., nicht harmonierend. — *wider gênt*, einander entgegen-
gehen. — 1717 *wandelkêre* stf., Periode des Wechsels; vgl. IX, 1515. —
1718 *zer wunden*, bei, an der Wunde. — 1719 *dise zît*, während dieser
Zeit. — 1720 kann er keine Ruhe finden. — 1723 *gelüppe* stn., Gift. —
1725 *ez*, den Speer oder das Speereisen. — 1726 *treit*, zieht, nimmt weg. —
1727 indem sich rings um den Speer Glas, welches wie Eis aussieht, an-
setzt. Wir würden es eher umgekehrt ausgedrückt erwarten: Eis aus-
sehend wie Glas. — 1728 *daz*; dieses Glas. — 1730 *Trebuchet:* vgl. V, 1113.
— 1731 dieselben, welche schon früher (V, 318) erwähnt waren. — 1732 *ver-
miden* stv., unterlassen (zu schneiden). — 1733 *den list*, diese Kunst,
sie so scharf zu machen: lehrte ihn ein Segenspruch. — 1734 vgl.
zu V, 930. — 1735 *gerne giht*, dreist behauptet. — 1736 *aspindê*, Asbest. —
1738 *lohen*, Flammen, Flamme. Weil das Gift ihm solche Hitze verlieh.
1741. 1742 wörtlich ebenso kamen diese Verse V, 827 vor, nur daß
dort das den Vers belastende *der künec* wegblieb. Vielleicht daß es mit *g*
zu streichen und aus einer Glosse entstanden ist. — 1743 *er lent*, vgl.
V, 826. — *âne sitzen*, ohne sitzen zu können. Crestien hat den größeren
Theil dieser Schilderung schon früher gegeben, als Parzival, vom Gral
kommend, mit der Jungfrau (Sigune) zusammentraf, V. 4685 ff. *ne puet
cecaucier ne errer* 4702 = 1741. —

mit siufzebæren witzen.
gein des mânen wandel ist im wê. 1745
Brumbâne ist genant ein sê:
dâ treit man'n ûf durch süezen luft,
durch siner sûren wunden gruft.

daz heizt er sinen weidetac:
swaz er aldâ gevâhen mac 1750
bi só smerzlichem sêre,
er bedarf dâ heime mêre.

dâ von kom ûz ein mære,
er wære ein fischære.

daz mære muost' er liden: 1755
salmen, lampriden
hât er doch lützel veile,
der trûrege, niht der geile.»

Parzivâl sprach al zehant
«in dem sê den künec ich vant 1760
g'ankert ûf dem wâge,
ich wæn' durch vische lâge
od durch ánder kurzewile.

ich hete manege mile
des tages dar gestrichen. 1765
Pelrapéire ich was entwichen
reht' umb' den mitten morgen.

des âbents pflac ich sorgen,
wa diu hérbérge möhte sin:
der beriet mích der œheim min.» 1770

492   «Du rite ein' angestliche vart»,
       sprach der wirt, «durch warte wol bewart.

1744 er ist bei Bewußtsein, aber es ist ein schmerzvolles Bewußtsein. — 1745 vgl. IX, 1515. 1717. — 1746 den Namen des Sees hat Crestien nicht. — 1747 dâ — ûf, auf denselben (See). — 1748 gruft stf., Tiefe: wegen des tiefen herben Schmerzes seiner Wunden. — 1749 weidetac stm., Jagdtag. — 1752 das würde nicht ausreichen um ihn daheim zu ernähren: das ist so gut wie nichts. — 1753 vgl. Crestien 4698 por çou li rois Pesciere a nom. — 1755 liden, sich gefallen lassen. — 1756 main ne quidiés pas que il ait lus. ne lamproie ne saumon 7794. Wolfram hat also beide Stellen ineinander verarbeitet, mit richtigerem Takte aber erst hier die ausführlichere Erklärung gegeben. — 1760 deus homes trovai en une nef Crestien 4678 fg. — 1761 vgl. V, 33. — 1762 um Fischen nachzustellen: lâge, I, 462. Crestien 4680 qui aloient nagant souef. — 1764 vgl. V, 23. — 1765 geeilt, bis ich dahin kam. — 1766 von Pelrapeir war ich aufgebrochen; vgl. IV, 1323. — 1770 beraten, für etwas sorgen: für die sorgte mir. Crestien 4683 et cil sa maison m'ensengna ersoir et si me herbega.
1771 angestliche, gefahrvolle. — rite 2. præt. — 1772 warte stf., Wachtposten; es ist hier der Plural. —

ieslichiu sô besetzet ist
mit rotte, selten iemens list
in hilfet gein der reise: .   1775
er kêrte ie gein der freise,
swer enen her dâ zuo z'in reit.
sie nement niemens sicherheit,
sie wâgnt ir leben gein enes leben:
daz ist für sünde in dâ gegeben.»   1780
«nu kom ich âne striten
an den selben zîten
geriten dâ der künec was»,
sprach Parzivâl. «des pálás
sach ich des âbents jâmers vol.   1785
wie tet in jâmer dô sô wol?
ein knappe aldâ zer tür în spranc,
dâ von der palas jâmers klanc.
der truoc in sînen henden
einen schâft zen vier wenden,   1790
dar inne ein sper bluotec rôt.
des kom diu diet in jâmers nôt.»

Der wirt sprach «neve, sit noch è
wart dem künege nie sô wê,
wan dô sîn komen zeigte sus   1795
der sterne Sâtúrnús:
der kan mit grôzem froste komen.
drûf legen mohte uns niht gefromen.
als man'z ê drûffe ligen sach:
daz sper man in die wunden stach.   1800
493 Sâturnus louft sô hôhe enbor,
daz ez diu wunde wesse vor,

_____

⊢ _mit rotte_, mit einer Schar. Statt des Satzes mit _daz_ wieder ein un-
ängiger. — _selten_, niemals. — 1775 _in_ acc., ihm, auf _iemen_ zu be-
ien. — _gein der reise_, um seinen Weg fortzusetzen. — 1776 er kam
ier in Gefahr. — 1777 _enen her_, von jener Seite; bisher. — _dâ_ gehört
swer, wer da. — 1778 sie geben niemand Pardon: den Besiegten tödten
unnachsichtlich und nehmen seine Ergebung nicht an. — 1780 _für
de_, vgl. IX, 1080. — 1781 _nu_ erklärend: ich kam aber doch. — 1786 wie
es möglich, daß sie sô jammern konnten. — 1787 vgl. V, 227. —
⊢ _dâ ron_, infolge dessen. — _jâmers klanc_, von Jammer erscholl. —
⊢. 1790 vgl. V, 237. 238. — 1791 vgl. V, 228.
1795 _zeigte_, anzeigte, im voraus. — _sus_, auf diese Art: nämlich durch
ihn begleitenden Frost. — 1796 vgl. IX, 1704. — 1797 in dessen
ur liegt es; zu I, 32. — 1798 _drûf legen_, das Auflegen des vergifteten
ers; vgl. 1725. — 1800 vgl. IX, 1710. — 1802 _wesse vor_, im voraus
ᚷte. —

è der ánder frost kœm' her nàch.
dem snê was niender als gàch,
er viel alrèrst an dr ándern naht   1805
in der sumerlìchen maht.
do man's kúneges frost sus werte,
die diet ez fröuden herte.»
dò sprach der kiusche Trevrizent
«si enpfiengen jâmers soldiment: 1810
daz sper in fröude enpfuorte,
daz ir hérzen verch sus ruorte.
dò machte ir jâmers triuwe
des toufes lére al niuwe.»

Parzivàl zem wirte sprach   1815
«fünf und zwéinzec megde ich dâ sach,
die for dem künege stuonden
und wol mit zühten kunden.»
der wirt sprach «es suln megde pflegen
(des hât sich got gein im bewegen),   1820
des gràls, dem sie dâ dienden für.
der gràl ist mit hôher kür.
sô suln sin rìter hüeten
mit kiuschlìchen güeten.
der hôhen sterne komendiu zit   1825

1803 *der ander frost,* der zweite Frost: der erste ist derjenige, den Anfortas
schon vor dem Eintreten des zweiten (wirklichen) empfindet. — 1804 der
Schnee kam noch nicht so schnell, als die Wunde unter dem Einfluß des
Frostes bereits litt. — 1805 in der folgenden Nacht: *dr* kann nur dann
einsilbig gesprochen werden, wenn es mit *andern* zu éinem Worte verbun-
den wird; *drandern* ist wie *dander* statt *die ander.* — 1806 vgl. 1707. Als
der Sommer schon Macht gewonnen, der Frühling siegreich bereits den
Winter verdrängt hatte. — 1807 *sus,* mit dem Auflegen des Speers. —
1808 *hern* swv., verheeren; mit gen. berauben. — 1810 sie standen im Solde
des Jammers, waren von Jammer beherrscht, erfüllt. — 1811 *enpfüeren,*
aus *entvüeren* (vgl. empfangen), entführen. — 1812 *ir herzen verch,* den
Lebenssitz ihres Herzens, ihr innerstes Herz. — 1813 *ir jâmers triuwe,* ihr
von Mitleid eingegebener Jammer. — 1814 die Taufe lehrt den Täufling
im Wasser baden: sie erneuerten demnach ihre Taufe, indem sie sich im
Wasser (ihrer Thränen) badeten.
  1816 es waren 24 außer der Königin Repanse de Schoye; vgl. V, 380.
— 1818 und sich wohl auf Anstand verstanden. — 1819 *es* nimmt das fol-
gende *des gràls* voraus: seiner sollen pflegen. — 1820 dafür hat sich Gott
in Bezug auf ihn (den Gral) entschieden. — 1821 vor welchen sie dienend
traten, aus den innern Gemächern heraus. — 1822 *kür,* Wahl: wählt sich
Hohe aus, ist anspruchsvoll in seiner Wahl. — 1823 *só,* ebenso wie die
Jungfrauen. — 1824 *kiuschlìch* adj., enthaltsam. — *güeten:* mehrfach wie
hier im Plural gebraucht: die die treffliche Eigenschaft der Enthaltsamkeit
haben. — 1825 *komendiu zît,* die Zeit ihres Umlaufs; vgl. *komende tage*
1713. — *hôhen:* weil sie wie der Saturnus in sehr weiter Entfernung von
der Erde kreisen. —

der diet aldâ gróz jâmer git,
den jungen unt den alten.
got hât zorn behalten
gein iu alze lange dâ:
wennę suln sie fröude sprechen jâ?   1830
494 neve, nu wil ich sagen dir
daz du wol maht gelouben mir.
ein tschanze dicke stêt vor in,
sie gebent unde nement gewin.
si ęnpfâhent kleiniu kinder dar   1835
von hôher art und wol gevar.
wirt iender hêrrenlôs ein lant,
erkennt sie dâ die gotęs hant,
sô daz diu diet eins hêrren gert
von's grâles schar, die sint gewert.   1840
des müezn och sie mit zühten pflegen:
sin hüett aldâ der gotes segen.
got schaft verholne dan die man,
offenlîche git man megede dan.
du solt des sin vil gewis,   1845
daz der künec Castis
Herzeloyden gerte,
der man in schône werte:
din' muoter gap man im ze konen.
er solt' ab niht ir minne wonen: 1850
der tôt in ê leite in'z grap.
dâ vor er dîner muoter gap
Wâléis und Nórgâls,
Kanvoleis und Kingrivâls,
daz ir mit sale wart gegeben.   1855

1828 seinen Zorn beibehalten. — 1830 *fr
ude* ist dat.: wann werden sie
auf das Wort Freude mit Ja antworten? — 1832 *das*, dasjenige was, etwas
was. — 1833 *tschanze* stf., dasselbe was *schanze* I, 43, Wechsel: steht ihnen
oft bevor, betrifft sie oft. — 1834 sie nehmen Gewinn, indem sie ihre Schar
durch erwählte Kinder wieder ausfüllen; vgl. IX, 1131 ff. Sie geben die-
selben aber auch wieder fort, wie das Folgende ausführt, 1837 ff. — 1838 *er-
kennt = erkennent*, kennen. — *sie*, die Bewohner dieses Landes: wenn die-
selben sich zu Gott bekennen. — 1840 denen wird ihr Wunsch gewährt.
— 1841 *des*, dieses ihnen zuertheilten Landes. — 1843 *verholne* adv., heim-
lich: werden die so zum Königthum bestimmten Männer fortgeschafft. —
1844 die Vermählung der Graljungfrauen geschieht öffentlich. — 1846 *Castis:*
diesen ersten Gemahl Herzeloidens kennt auch der Titurel, Str. 26. 27.
Auch dort wird gesagt, daß er ihre Minne nicht genoß, und Gahmuret
sie als Jungfrau bekam. — 1850 *wonen* swv., vertraut werden: mit gen.,
mit. — 1851 *ê*, vorher: ehe er ihre Minne genoß. — *leite*, legte. —
1853. 1854 der Titurel erwähnt nur die beiden letzten Länder. — 1855 *sale*
stf., ahd. *sala*, rechtliche Übergabe. —

der künec niht langer solde leben.
diz was ûf siner reise wider:
der künec sich leite sterbens nider.
dô truoc sie krône über zwei lant:
da erwarp sie Gahmuretes hant.   1860

495   Sus gît man voneme grâle dan
       offenlîche megde, verholn' die man,
       durch fruht ze dienste wider dar,
       obe ir kint des grâles schar
       mit dienste süln mêren: 1865
       daz kan sie got wol lêren.
       swer sich diens dem grâle hât bewegen,
       gein wiben minne er muoz verpflegen.
       wan der künec sol haben eine
       ze rehte ein' konen reine,   1870
       unt ander die got hât gesant
       ze hêrrn in hêrrenlôsiu lant.
       über dáz gebot ich mich bewac
       daz ich nâch minne dienes pflac.
       mir geríet mîn flæteclîchiu jugent   1875
       unde eins werden wîbes tugent,
       daz ich in ir dienste reit,
       da ich dicke herteclîchen streit.
       die wilden âventiure
       mich dûhten sô gehiure   1880
       daz ich seltn turnierte.
       ir minne condwierte
       mir fröude in daz herze mîn:
       durch sie tet ich vil strites schîn.

1857 auf seiner Rückreise: als er mit Herzeloiden vom Gral weg in sein
Land zog. — 1858 sterbens, im Sterben. — 1859 zwei lant: vgl. Tit. 27, 3
doch wart sie dâ frouwe zweiger lande: Waleis und Norgals sind gemeint;
vgl. III, 363. — 1860 dâ, dort: in ihrem Lande.
    1863 durch fruht, um Kinder zu erzeugen, welche wieder zum Dienste
beim Gral bestimmt sind. — 1864 obe, in der Erwartung, Hoffnung, daß. —
1867 diens = dienens. Gerundium, mit Rection des Verbums, dem grâle:
wer sich dem Graldienste geweiht hat. — 1868 verpflegen stv. mit gen.,
auf etwas verzichten, etwas aufgeben. — 1869 eine, allein. — 1870 ze rehte,
von Rechts wegen. — 1871 auch diejenigen, welche versendet werden,
dürfen ein Weib nehmen. — 1873 über dieses Gebot setzte ich mich hin-
weg. — 1874 daz, dadurch daß. — nâch minne dienes (= dienens), mit ritter-
lichem Dienst nach Minne ringen. — 1875 flæteclîch adj., schön, schmuck.
— 1878 da, wobei. — herteclîchen adv., hart, ernstlich. — 1879 das wilde
Umherschweifen auf Abenteuer. — 1880 so schön, so reizend. — 1881 daß
ich nie an Turnieren Theil nahm, sondern immer nur ernstliche Kämpfe
(strît 1884) suchte. — 1882 condwieren swv., führen, bringen. —

des twanc mich ir minnen kraft   1885
gein der wilden verren riterschaft.
ir minne ich alsus koufte:
der heidn unt der getoufte
wârn mir strites al gelich.
sie dûhté mich lônes rich.   1890

496   Sus pflac ich's durch die werden
       ûf den drin teiln der erden,
       zę Eurōpie unt in Asiâ
       unde verre in Affricâ.
       so ich riche tjoste wolde tuon,   1895
       sô reit ich für Gauriûn.
       ich hân och manege tjost getân
       vor dem berc ze Fâmorgân.
       ich tet vil richer tjoste schin
       vor dem bérc ze Agremontin.   1900
       swer einhalp wil ir tjoste hân,
       dâ kóment ûz fiurige man:
       anderhalp sie brinnent niht,
       swaz man dâ tjostiure siht.
       und dô ich für den Rôhas   1905
       durch âventiure gestrichen was,
       dâ kom ein werdiu windisch diet
       ûz durch tjoste gegenbiet.
       ich fuor von Sibilje

<hr>

1886 zu wildem ritterlichem Umherstreifen in fernen Ländern. — 1887 auf
diese Weise errang ich ihre Minne, warb ich um sie. — 1888 *der* in col-
lectivem Sinne. — 1889 *strîtes,* was Streit betrifft.
    1891 So trieb ich es. — *werden* acc. sing. fem. in schwacher Form. —
1895 *rîche,* prächtig, stattlich. — 1896 *Gauriun,* ein nur hier erwähnter
Name, den wir in weiter Ferne zu denken haben. Crestien hat für alles
Folgende bis IX, 1990 nichts Entsprechendes. — 1898 *Fâmorgân:* vgl. zu
I, 1668. — 1899 *rîcher tjoste* gen., kann von *schin* abhängig sein, was dann
subst., nicht adj., ist: aber ebenso von *vil,* und dies wol besser: viele präch-
tige Tjosten. — 1900 *Agremontin,* der scharfe, spitze Berg (prov. *agre,* acer).
Dort haben die Salamander ihre Wohnung und weben kostbare Pfellel. —
1901 *einhalp,* auf der einen Seite des Berges. — *ir tjoste hân,* mit ihnen,
den Bewohnern, tjostieren will. — 1903 auf der andern Seite des Berges
sind keine feurigen Bewohner. — 1904 soviel man Tjostierer dort sieht. —
1905 *Rôhas,* der Rohitscher Berg in Steiermark; die dabei liegende Stadt
Rohitsch heißt in Urkunden *Rohas:* vgl. Zeitschrift für deutsches Alter-
thum 11, 46. Am Rohas vorüber. — 1907 *windisch* adj., wendisch, slavisch:
tapfere wendische Ritter. — 1908 *ûz,* hervor, heran. — *gegenbiet* stm.,
das Entgegenbieten: um mir Tjoste entgegenzubieten. Ein Wolfram'sches
Wort, das noch Willeh. 37, 16; 350, 26 vorkommt. — 1909 *Sibilje,* Sevilla:
er kommt also aus Spanien; vgl. zu IX, 1393. —

daz mer alumb' gein Zilje,   1910
durch Friûl ûz für Ágléi.
óuwê unde heiâ hei
daz ich dîn vater ie gesach,
der mir ze sehennẹ aldâ geschach.
do ịch ze Sibilje zogte în,   1915
dô het der werde Anschevin
vor mir gehérbérget ê.
sîn vart tuot mir iemer wê,
die er fuor ze Baldac:
ze tjóstiern ér dâ tòt lac.   1920
497 daz was ê von im dîn sage:
ez ist iemër mîns herzen klage.
mîn bruodr ist guotes rîche:
verholne rîterlîche
er mich dicke von im sande.   1925
so ịch von Munsalvæsche wande,
sîn insigel nam ich dâ
und fuort' ez ze Karcobrâ,
dâ sich sewet der Plimizœl,
in dem bístúom ze Barbigœl.   1930
der burcgrâvẹ mich dâ beriet
ûf'z ínsígel, ê ịch vón im schiet,
knappèn und ander koste
gein der wilden tjoste
und ûf ánder rîterlîche vart: 1935
des wart vil wênc von im gespart.
ich muose al eine komen dar:

1910 *daz mer alumb'*, das Mittelländische Meer, um Italien herum. — *Zilje*,
Cilli iu Steiermark, sechs Meilen von Rohitzsch entfernt. — 1911 *Friûl*,
Friaul. — *Aglei*, Aquileja: an Aquileja vorüber, wo er das Meer verlassen
hatte. — 1914 den zu sehen mir dort zufällig sich ereignete, begegnete. —
1916 Gahmuret. Es war also auf seiner letzten Reise; vgl. II, 1313. Auch
früher schon war er über Sevilla gekommen; vgl. I, 1732. — 1919 *Baldac:*
vgl. II, 1289 ff. — 1921 das hast du mir schon früher gesagt; vgl. IX, 1258.
— 1922 *iemér*, in aller Zukunft, so lange ich lebe. — 1923 *mîn bruodr*, An-
fortas. — 1924 *rîterlîche* adv., in ritterlicher Ausstattung. — 1925 *von im*,
von sich binweg. — 1926 so oft ich mich wandte. — 1927 *insigel* stn.,
Siegel: als Wahr- und Erkennungszeichen. — *dâ*, nahm ich dort mit. —
1929 *sewen* swv. refl., einen See bilden: die Kürze des *e* ergibt sich aus
der Zusammenziehung *seun*, die hier und XIV, 69 mehrere Hss. haben:
goth. *sairs*, abd. *sêu*, wurde *seu*. — *Plimizœl*, ein schon mehrfach er-
wähnter Fluß. — 1931 versah mich mit allem Nothwendigen. — 1932 *ûf*,
auf — hin. — 1933 *ander koste*, was ich sonst auf der Reise brauchte. —
1934 *gein*, zu. — *der*, in collectivem Sinne. — 1937 ich durfte von der
Gralburg keine Dienerschaft mitnehmen: die von ihm mir gegebene ließ
ich auf der Rückreise nach Munsalvæsche wieder bei ihm. —

an der wíderreise liez ich gar
bî im swaz ich gesindes pflac:
ich reit dâ Munsalvæsche lac.   1940

   Nu hœre, lieber neve mìn.
dô mich der werde vater dîn
ze Sibilje alrêrste sach,
balde er mîn ze bruoder jach
Herzelóyden sìnem wîbe.   1945
doch wart von sîme lîbe
mîn ántlitzè nie mêr gesehen.
man muose ouch mir für wâr dâ jehen
daz nie schœner mannes bílde wart:
dannoch was ich âne bart.   1950
498 in mîne herberge er fuor.
für dise rede ich dicke swuor
manegen ungestabeten eit.
do er mich sô vil an gestreit,
verholn’ ih’z im dô sagete;   1955
des er frŏude vil bejagete.
er gap sîn kleinœte mir:
swaz ich im gap, daz was sîn gir.
mìn’ kefsen, die du sæhe ê,
(diu ist noch grüener dan der klê)   1960
hiez ich wúrkn ûz eime steine
den mir gap der reine.
sînen néven er mir ze knehte liez,
Îthêrn, den sîn herze hiez
daz aller valsch an im verswant,   1965
den künec von Kucûmerlant.

---

widerreise stf., Rückreise. — *gar*, sämmtlich.
1943 *alrêrste*, zum ersten male. — 1944 da behauptete er kühnlich,
sei der Bruder: er erkannte mich an der Ähnlichkeit mit meiner
wester, seinem Weibe. — 1945 *Herzeloyden* dat.: für Herzeloyden, statt
Gen. — 1946 und doch hatte er mich nie gesehen... — 1948 *dâ*, dort,
it: damals. — 1950 seine Jugendlichkeit ließ die Ähnlichkeit mit der
wester mehr hervortreten. ⁔ 1952 *für*, zur Abwehr gegen: ich wehrte
, was er behauptete, von mir ab, gab mich nicht zu erkennen. —
ungestabet, nicht vorgesagt; vgl. zu III, 1073. — 1954 als er aber im-
auf seiner Meinung bestand, mir das bestritt. — 1956 das Verschaffte
große Freude. — 1957 das kostbare Geschenk (I, 337) war ein Edel-
1; vgl. 1961. — 1958 ich gab ihm was er wünschte: was er ihm schenkte,
l nicht gesagt. — 1959 die schon V, 1350; IX, 805 erwähnte Reliquien-
sel. — 1963 *sînen neven*: vgl. IX, 1269. 1281. — *se knehte liez*, als Diener
rließ. — 1964 den sein Herz lehrte, vor aller Falschheit sich zu hüten;
IX, 1288—92. —

OLFRAM VON ZSCHENBACH. II. 2. Aufl.   12

wir mohten vart niht langer sparen,
wir muosen von ein ander varen.
er kêrte dâ der bâruc was,
und ich fuor fûr den Rôhas.   1970

    Ûz Zilje ich für den Rôhas reit,
drî mæntage ich dâ vil gestreit.
mich dûhte ich het dâ wol gestriten:
dar nâch ich schierste kom geriten
in die wîten Gándîne,   1975
dâ nâch der ane dîne
Gandîn wart genennet.
dâ wart Îthêr bekennet.
diu selbe stat lît aldâ
dâ diu Greian in die Trâ,   1980
499 mit golde ein wazzer, rinnet.
dâ wart Îthêr geminnet.
dîne basen er dâ vant:
diu was frouwe über'z lant:
Gandîn von Anschouwe   1985
hiez sie dâ wesen frouwe.
sie heizet Lammîre:
so ist'z lant genennet Stîre.
swer schildes ambet üeben wil,
der muoz durchstrichen lande vil.   1990

    Nu riuwet mich mîn knappe rôt,
durch den sie mir grôz êre bôt.
von Îthêrn du bist erborn:
dîn hant die sippe hât verkorn:

1970 *für*, vor den Rohas hin.
1973 ich hätte guten Erfolg im Kampfe gehabt. — 1974 *schierste*
superl. adv., aufs schnellste. — 1975 *Gandîne*, Gandein, eine Stadt in der
Drauebene bei Pettau; vgl. Zeitschrift für deutsches Alterthum 11, 47. —
1976 dein Großvater, Gahmuret's Vater: I, 229. — *dîne:* selten wird das
nachgesetzte Possessivpronomen flectiert. — 1978 «da machte Ither sich
bekannt» Simrock: durch erste ritterliche Thaten. — 1980 *Greian*, der
Grajenabach, der bei Pettau in die Drau (*Trâ*) mündet: Zeitschrift a. a. O.
— 1981 ein Wasser, welches Gold führt: Goldwäsche in der Drau wird in
der That erwähnt. — 1982 da fand Ither Liebeslohn. — 1984 *frouwe*,
Herrin. — 1986 machte sie dort zur Herrin. — 1988 *so*, dagegen: das Land
dagegen wird genannt. — *Stîre*, Steier, Steiermark.
1991 *riuwet mich*, dauert mich: sein Tod. — *rôt*, weil er eine ganz
rothe Rüstung trug; vgl. III, 882. — 1992 *durch den*, dem zu Liebe. —
1993 du stammst von Ither's Geschlechte, bist aus derselben Familie wie
er. — 1994 *verkiesen* stv., nicht beachten. —

got hât ir niht vergezzen doch,　　　　　1995
er kan sie wol geprüeven noch.
wilt du gein got mit triuwen leben,
sô solt’ du im wandel drumbe geben.
mit riuwe ich dir daz künde,
du treist zwuo grôze sünde:　　　　　　2000
Ïthêrn du hâst erslagen,
du solt ouch dîne muoter klagen.
ir grôziu triuwe daz geriet,
dîn vart sie voneme lebenne schiet,
die du jûngest von ir tæte.　　　　　　2005
nu volge mîner ræte,
nim buoz für missewende,
und sorge et umb’ dîn ende,
daz dir dîn arbeit hie erhol
daz dort diu sêle ruowe dol.»　　　　　2010

500　　Der wirt ân’ allez bâgen
begunde in fürbaz frâgen
«neve, noch hân ich niht vernomen
wannen dir diz ors sî komen.»
«hêrre, daz ors ich erstreit,　　　　　2015
dô ich von Sigûnen reit.
vor einer klôsen ich die sprach:
dar nâch ich flügelingen stach
einen rîter drabe und zôch ez dan.
von Munsalvæsche was der man.»　　　2020
der wirt sprach «ist ab der genesen,
des ez von rehte solde wesen?»
«hêrre, ich sach in vor mir gên,
unt vant daz ors bî mir stên.»
«wilt du's grâles volc sus rouben,　　　2025
unt dâ bî des gelouben,

Gott vergißt nicht, daß du einen Verwandten getödtest hast. —
er versteht es wol sie noch einst (dir) vorzuhalten. — 2003 *das
if*, veranlaßte sie dazu, brachte sie dahin. — 2004 deine Abreise, dein
geben. — 2005 *jungest*, zuletzt. — 2006 *volgen einem eines d.*, der Dativ
hier nicht ausgedrückt. — 2007 für dein Vergehen, deinen Fehl. —
damit dein Streben und Ringen hier auf Erden dir (den Lohn) er-
be, daß. — 2010 *dol*, erfahre.
2011 *ân’ allez bâgen*, ganz friedlich. — 2018 vgl. IX, 306 ff. — 2019 und
te es hinweg. — 2020 denn das hatte ihm der Ritter selbst gesagt;
IX, 316. — 2021 *genesen*, mit dem Leben davongekommen. — 2023 *vor
gên*, auf der andern Seite des Abhangs hinauf; vgl. IX, 368. —

12 *

        du gewinnest ir noch minne,
        sô zweient sich die sinne.»
        «hêrre, ich nam'z in eime strit.
        swer, mir dar umbe sünde git,   2030
        der prüeve alrêrste wie diu stê.
        mîn ors het ich verlorn ê.»

        Dô sprach aber Parzivâl
        «wer was ein maget, diu den grâl
        truoc? ir mantel lêch man mir.»   2035
        der wirt sprach «neve, was er ir
        (diu selbe ist dîn muome),
        sine lêch dir's niht ze ruome:
        sie wânt' du solts dâ hêrre sîn
        des grâls unt ir, dar zuo mîn.   2040
  501   dîn œheim gap dir ouch ein swert,
        dâ mit du sünden bist gewert,
        sît daz dîn wól rédender munt
        dâ leider niht tet frâge kunt.
        die sünd' lâ bî den andern stên: 2045
        wir suln ouch tâlanc ruowen gên.»
        wênc wart in bette und kulter brâht:
        sie giengn et ligen ûf ein bâht.
        daz leger was ir hôhen art
        geliche niender dâ bewart.   2050
        sus was er dâ fünfzéhen tage.
        der wirt sin pflac, als ich iu sage:
        krût únde würzelîn

2027 *ir*, von ihnen: in der Regel heißt allerdings *minne gewinnen eines d.*,
Liebe zu etwas gewinnen. — 2028 *zweien* swv. refl., zwiespältig sein: so
sind das zwiespältige, entgegengesetzte Gedanken, die sich nicht mit-
einander vertragen. — 2030 Sünde auf mich ladet. — 2031 *diu* sc. *sünde:*
wie es mit dieser vermeintlichen Sünde sich verhält.
    2034 *ein*, eine gewisse: die mir unbekannte Jungfrau. — 2035 vgl.
V, 129 ff. Repanse de Schoye ist gemeint. — 2036 wenn er ihr gehörte.
— 2038 sie lieh dir ihn (*es*, den Mantel, gen. von *niht* abhängig) nicht daß
du damit prahlen solltest. — 2039 sie erwies dir diese Ehre, weil sie
glaubte, du werdest die bedeutungsvolle Frage thun, und dadurch Gral-
könig werden; vgl. IX, 1534. — 2040 *ir* und *mîn* sind Genetive. — 2041 vgl.
V, 474. — 2042 durch dieses Geschenk bist du der Sünde theilhaftig, schul-
dig geworden: weil es für dich hätte ein Anlaß werden sollen zu fragen.
— 2043 *wol redender*, der doch so gut zu reden weiß. — 2045 wir wollen
aber alle diese Sünden, die zuletzt erwähnte und die beiden früheren
(V. 2000), auf sich beruhen lassen. — *dn*, wie Lachmann schreibt, ist nicht
wie *dr* IX, 1805 zu gestatten, da man wol *drandern*, aber nicht *dnandern*
aussprechen kann. — 2046 *tâlanc*, an dem heutigen Tage; allgemeiner:
endlich. — 2048 *bâht* stn., Schmuz, Kehricht; hier wol ein Haufen Laub,
das zusammengekehrt ist. — 2050 *geliche*, entsprechend. — *niender*, keines-
wegs, nichts weniger als. — *bewart*, ausgestattet. —

daz muose ir bestiu spîse sîn.
Parzivâl die swære   2055
truoc durch süeziu mære,
wand' in der wirt von sünden schiet
unt im doch rîterlîchen riet.

Eins tages frâgte in Parzivâl
«wer was ein man, lac vorme grâl?   2060
der was al grâ bî liehtem vel.»
der wirt sprach «daz was Titurel.
der selbe ist dîner muoter ane.
dem wart alrêrst des grâles vanc
bevólhén durch schermes rât.   2065
ein siechtuom, heizet pôgrât,
treit er, die leme helfelôs.
sin' varwe er iedoch nie verlôs,
wand' er den grâl sô dicke siht:
dâ von mag er ersterben niht.   2070
502 durch rât sie hânt den betterisen.
in sîner jugent fürt' únde wisen
reit ér vil dúrch tjostieren.
wilt du dîn leben zieren
und rehte werdeclîchen varen,   2075
sô muostu haz gein wîben sparen.
wîp unde pfaffen sint erkant,
die trâgent unwérlîche hant:
sô reicht übr pfaffen gotes segen.
der sol dîn dienst mit triuwen pflegen,   2080
dar umbe, ob wirt dîn ende guot;

2054 vgl. IX, 1582. — 2055 dieses beschwerliche Leben. — 2056 ließ sich es
gefallen wegen der süßen Botschaft, die ihm Trevrizent gab. — 2058 und
ihn doch seinen ritterlichen Grundsätzen nicht entfremdete: ihm in ritter-
lichem Sinne rieth.
2060 *ein man*, vgl. 2034. Vgl. V, 504. — *lac*, zu ergänzen: *der*, wel-
cher. — 2061 und hatte doch eine schöne Hautfarbe: *den aller schœnsten
alten man* V, 507. — 2063 *ane*, Großvater: der Vater Frimutel's. — 2064 er
war *der erste Gralkönig*. — 2065 *schermes = schermens: schermen* swv., ver-
theidigen, schützen: um ihn (den Gral) mit Schutz zu versehen. —
2066 *heizet = daz heizet*. — *pôgrât* stn., Podagra. — 2067 *leme* stf., Läh-
mung, Gelähmtheit. — *helfelôs* adj., wobei man nicht helfen kann: un-
heilbar. — 2071 *durch rât*, damit er ihnen rathe: und so tritt er XVI, 795
auf. — *betterise* swm., der ins Bett gesunken ist (von *rîsen*, fallen), bett-
lägerig; ebenso XVI, 796. — 2072 *fürt'* und *wisen* sind gen. von *eit* ab-
hängig. — 2074 *zieren*, schön machen, verherrlichen. — 2075 *varen*, handeln,
leben. — 2076 dich des Hasses gegen Frauen enthalten. — 2077 *sint erkant*
sc. *des*, sind als solche bekannt: tragen bekanntlich. — 2078 *unwerlich* adj.,
nicht wehrhaft, unbewehrt. — 2079 *sô*, doch. — *reichen* swv., sich er-
strecken, sich ausbreiten. — 2080 *der*, der Pfaffen. — 2081 *ob*, in der Er-
wartung, Hoffnung, daß. —

du muost zen pfaffen haben muot.
swaz din ouge ûf erden siht,
daz glichet sich dem priester niht.
sin munt die marter sprichet,   2085
diu unser flust zebrichet:
ouch grifet sin gewihtiu hant
an daz hœhéste pfant
daz ie für schult gesetzet wart:
swelch priester sich hât sô bewart   2090
daz er dem kiusche kan gegeben,
wie möht' der heileclicher leben?»
diz was ir zweier scheidens tac.
Trevrizent sich des bewac,
er sprach «gip mir din' sünde her: 2095
vor gote ich bin din wandels wer.
und leiste als ich dir hân gesagt:
belip des willen unverzagt.»
von ein ander schieden sie:
ob ir welt, sô prüevet wie.   2100

2082 dich zu den Pfaffen hingezogen fühlen, Sympathie für den geistlichen
Stand haben. — 2084 *gelîchen* swv. refl., gleichkommen. — 2085 verkündet
uns die Passion, den Tod Christi. — 2086 *flust*, Verlorensein, Verderben.
— 2088 d. h. die Hostie, der Leib Christi im Sacrament. — 2089 das je
für eine Schuld eingesetzt wurde. — 2091 daß er diesem höchsten Pfande
reinen Sinn entgegenbringt. — 2093 zwei Gonetive, der eine vom andern
abhängig. — 2095 laß mir deine Sünde hier, ich will sie dir abnehmen.
Er thut es im letzten Augenblicke, damit Parzival vorher bereut habe und
doch mit erleichtertem Gewissen scheide. — 2096 der Bürge deiner Reue
und Umkehr. — 2097 und folge meinen Worten: laß nicht vom Streben. —
2100 *prüeven*, berechnen, nachrechnen. — *wie:* mit welchen Empfindungen
sie sich trennten, wie bewegt und traurig sie waren.

ZEHNTES BUCH.

GAWAN UND ORGELUSE.

Gawan trifft auf seiner Fahrt nach dem Gral eine Frau mit einem
verwundeten Ritter im Schoß, den er zum Bewußtsein bringt und dessen
Gegner er nach Logrois verfolgt. Hier sieht er Orgelusen und wirbt um
ihre Minne; sie verhöhnt ihn, befiehlt ihm ihr Pferd aus einem Baum-
garten zu holen, in welchem man ihn vor der falschen Herzogin warnt.
Er bringt ihr das Pferd; sie verweigert von ihm darauf gehoben zu wer-
den, und besteigt es allein. Gawan pflückt unterwegs ein Heilkraut für
den Verwundeten; Orgeluse verspottet ihn darum. Ein missgestalteter
Knappe, Malcreatüre, Cundriens Bruder, reitet ihnen nach und beleidigt
Gawan, der ihn dafür züchtigt. Der verwundete Ritter warnt Gawan vor
Orgelusen, besteigt dann hinterlistig Gawan's Pferd und reitet fort, nach-
dem er sich als Vrian zu erkennen gegeben, dem Gawan, wie er selbst
Orgelusen erzählt, an Artus' Hofe die vom Könige für Schändung einer
Jungfrau verhängte Todesstrafe in eine vierwöchige Ehrenstrafe gemil-
dert hatte. Gawan besteigt die Mähre des Knappen, von welcher er die-
sen heruntergeworfen, nachdem er sie unter Orgelusens Spott eine Zeit
lang am Zügel geführt. An ihrem Ziele angelangt, wird Orgeluse vom
Fährmann übers Wasser gesetzt, Gawan besteht im Angesicht der jenseit
des Wassers stehenden Burg den Kampf mit Lischois Gwelljus, den er
besiegt und an den Fährmann statt des ihm zukommenden Rosses des
Besiegten abtritt. Der Fährmann ladet ihn ein bei ihm zu herbergen;
Gawan wird von ihm und seiner Tochter Bene bestens bewirthet.

---

503   Ez næht nu wilden mæren,
diu fröuden kunnen læren
und diu hôchgemüete bringent:
mit den bêden sie ringent.
nu wásez ouch über des járes zit.   5

---

1 wilde, fremdartig, wunderbar. — 2 læren swv., leer machen, berau-
ben; mit gen. (fröuden). — 4 den bêden sc. fröude und hôchgemüete. —
ringen, zu thun haben. — 5 wasez, in éin Wort geschrieben, weil beide
Silben auf der Hebung zu éiner verschleift werden. —

gescheiden was des kampfes strit,
den der lántgrăvę zem Plimizœl
erwarp. der was ze Barbigœl
von Tschanfanzûn gesprochen:
dá beleip úngerochen   10
der kúnec Kíngrísíu.
Vergulaht der sun sîn
kom gein Gâwâne dar:
dô nam diu werlt ir sippe war,
und schiet den kampf ir sippe maht;   15
wand' ouch der grâve Ehcunaht
ûf im die grózen schulde truoc,
der man Gâwân zêch genuoc.
des verkôs Kingrimursel
ûf Gâwân den degen snel.   20
sie fuoren beide sunder dan,
Vergulaht unt Gâwân,
an dem selben mâle
durch vorschen nâch dem grâle,
aldâ sie mit ir henden   25
mange tjóste muosen senden.
wan swer's grâles gerte,
der muose mit dem swerte
sich dem prîse nâhen.
sus sol man prises gâhen.   30

504   Wie'z Gâwâne komen sî,
der ie was missewende frî,
sît er von Tschanfanzûn geschiet,
op sîn reise ûf strît geriet,
des jehen die'z dâ sâhen: 35

---

6 *gescheiden*, beigelegt. — 7 *der lantgrâve*, Kingrimursel. — *zem Plimizœl*,
wo Artus gelagert hatte und wohin Kingrimursel die Herausforderung an
Gawan überbrachte. — 8 *der*. der Zweikampf. — *ze*, nach: vgl. VIII, 616.
— 9 *gesprochen*. festgesetzt; vgl. zu II, 44. — 13 *dar*, nach Schanpfanzun.
— 14 Gawan und Vergulaht waren verwandt; vgl. VIII, 670. Ihre Ver-
wandtschaft wurde bei dieser Gelegenheit allen bekannt. — 16 *wand'*, denn:
ein weiterer Grund, daß sie nicht miteinander kämpfen sollten, war der, daß
Gawan wirklich unschuldig war; vgl. VIII, 463. Dazu kam, daß der Graf
Ehcunaht u. s. w. — 18 *zêch* prret. von *zîhen*: VII, 440. — *genuoc*, sehr,
stark. — 19 *des*, deshalb. — 21 *sunder*, gesondert, jeder für sich. — 23 *an
dem selben mâle*, zu gleicher Zeit. — 26 *tjoste senden*, den Speer im An-
rennen auf den Gegner schleudern. — 27—29 vgl. VIII, 846. — 30 *gâhen*
swv. mit gen., es eilig haben mit etwas, um es zu erringen, zu erreichen.
   31 *komen sî*, ergangen sei. — 35 *jehen* conj., mögen sagen; die als
Augenzeugen dabei waren. Der Dichter macht sich damit von der Ver-
pflichtung los, alle Abenteuer seines Helden zu berichten. —

er muoz nu strite nâhen.
eins morgens kom min hêr Gâwän
geriten ûf einen grüenen plân.
dâ sach er blicken einen schilt:
dâ was ein tjoste durch gezilt;   40
und ein pfért daz frowen gereite truoc:
des zoum unt sâtel was tíur genuoc.
ez was gebunden vaste
zuome schílte an einem aste.
dô dâhter «wer mac sin diz wip,   45
diu alsus werlichen lip
hât, dáz sie schildes pfliget?
op sie sich strîts gein mir bewiget,
wie sol ich mich ir danne weren?
ze fuoz trûw' ich mich wol erneren.   50
wil sie die lenge ringen,
sie mac mich nider bringen,
ich erwérbe's haz ode gruoz,
sol dâ ein tjost ergên ze fuoz.
ob ez halt frou Kamille wære,   55
diu mit riterlichem mære
vor Laurente pris erstreit, .
wær' sie gesunt als sie dort reit,
ez wurde iedoch versuocht an sie,
op sie mir striten büte alhie.»   60

505 Der schilt was ouch verhouwen:
  Gâwân begunde in schouwen,

---

36 *nu*, jetzt; die vergangene Zeit lassen wir dahingestellt sein. — 39 *blicken* swv., glänzen, blitzen. — 40 er war von einem Lanzenwurf durchbohrt. — 44 *zuome = zuo deme*, sammt dem. — *an einem aste*: man sagt sonst *binden* mit *an* und acc., und dieser würde auch stehen, wenn die Thätigkeit des Bindens hier bezeichnet wäre; es ist vielmehr das Resultat derselben und die eingetretene Ruhe: es stand festgebunden an einem Aste. — 47 daß sie mit dem Schilde umgebt, ihn handhabt. — 49 er überlegt, auf welche Weise er den Kampf mit einem Weibe gleich machen kann; zu Ross gegen sie zu kämpfen wäre Überlegenheit des Mannes. Beim gerichtlichen Zweikampf stand der Mann in einer Grube, das Weib außerhalb derselben, also höher und in günstigerer Lage. — *weren* mit gen., vertheidigen gegen Jemand. — 51 *die lenge* acc., auf die Länge, Dauer. — 52 er fürchtete doch bei dieser Ungleichheit die Möglichkeit des Unterliegens. — 53 *erwerbe* conj., möge ich nun dadurch erwerben ihren Haß oder ihre Gunst. — 54 *sol*, für den Fall daß. — 55 *Kamille*, Anspielung auf Veldeke's Eneide; vgl. 236, 20. — 56 *mit riterlichem mære*, in ritterlicher Weise. — 58 wenn sie mir lebend entgegenträte: sie fiel im Kampfe, En. 244, 39. — 59 *an sie* ist üblicher als *an ir*, was wir eher erwarten würden.
 61 vgl. X, 40. — 62 *schouwen*, betrachten, als er näher kam. —

do er derzuo kom geriten.
der tjoste venster was gesniten
mit der glävîne wît.   65
alsus mâlet sie der strit:
wer gúltés den schíltæren,
ob ir varwe alsus wæren?
der linden gróz was der stam.
ouch saz ein frouwe an frôuden lam   70
derbíndér ûf grüenem klê:
der tet gróz jâmer áls wê,
daz sie der frôude gar vergaz.
er reit hin umbe gein ir baz.
ir lac ein rîter in der schôz,   75
dâ von ir jâmer was sô gróz.

    Gâwân sin grüezen niht versweic:
diu frouwe im danket' unde neic.
er vant ir stimme heise,
verschrit durch ir freise.   80
do erbeizte min hêr Gâwân.
dâ lac durchstóchén ein man:
dem gienc dez bluot in den lip.
dô frâget' er des heldes wîp,
op der rîter lebete   85
odę mit dem tôde strebete.
dô sprach sie «hêrre, er lebet noch:
îch wæn' daz ist unlenge doch.
got sande iuch mir ze trôste her:
nu rât nâch iwerre triuwen ger.   90
506 ir habt kúmbers mêr dan ich geschen:

---

64 *venster* stn., Öffnung, Loch: welches der Lanzenwurf gemacht hatte. —
65 *gläsíne* stf., dasselbe was *glæsín:* zu V, 228. — *wît* ist mit *venster* zu
verbinden. — 66 solche Malereien macht erst der Kampf auf die Schilde.
— 67 die Schildmaler würden schlecht bezahlt werden, wenn sie in diesem
Zustande die Schilde herrichteten. — 69 es war eine breite Linde; des-
halb bemerkte Gawan nicht sogleich die dahintersitzende Jungfrau. Bei
Crestien V. 7900 ist es eine Eiche. — 72 *als,* so. — 74 *gein ir bas,* näher
auf sie zu; *hin umbe,* auf die andere Seite der Linde. — 76 *dá von,* auf
die ganze vorhergehende Zeile zu beziehen.
    77 unterließ nicht sie zu grüßen. — 79 *heis* adj., heiser; doch lautet
die unflect. Form auch *heise.* — 80 *verschrien* swv., durch Schreien ver-
derben, überschreien. — *durch,* nicht: durch, sondern: wegen; weil sie in
so furchtbarer Lage sich befand. — 83 *in den lîp,* nach innen. — 86 *stre-
ben,* ringen, kämpfen. — 88 *unlenge* adj., nicht von langer Dauer. — 90 *rât
= rätt, rätet:* wie euer Wohlwollen es euch lehrt. — 91 ihr habt öfter als
ich solche schwierige Fälle gesehen. —

lât iuwern trôst an mir geschehen,
daz ich íuwer helfe schouwe.»
«ich tuon», sprach er, «frouwe.
disem rîter wolt' ich sterben weren,   95
ich trûwt' in harte wol erneren,
het ich eine rœren:
sehen unde hœren
möht ir'n dicke noch gesunt.
wand' er ist niht ze verhe wunt: 100
daz bluot ist sînes herzen last.»
er begréif der linden einen ast,
er sleiz ein louft drabe áls ein rôr
(er was zer wunden niht ein tôr):
den schoup er zér tjòst in den lip.   105
dô bat er sûgén daz wîp,
unz daz bluot gein ir flôz.
des heldes kraft sich ûf entslôz,
daz er wol redete unde sprach.
do er Gâwânn ob im ersach,   110
dô dancte er im sêre,
und jach, er hetes êre
daz er in schied' von unkraft,
und frâgt' in óber durch rîterschaft
wær' komen dar gein Lôgrois.   115
«ich streich ouch verr' von Punturtois·
und wolt' hie âventiur bejagen.
von herzen sol ich'z iemer klagen
daz ich sô nâhe geriten bin.
ir sult'z ouch miden, habt ir sin.   120
507 i'ne wânde niht dêz kœm' alsus.

---

92 richtet meinen Muth dadurch auf. — 94 *ich tuon*, mit ausgelassenem
Objecte (*ez, daz*), das aber in kurzem Antwortsatze in der Regel weg-
bleibt. — 95 *weren*, abwehren: den Tod fern von ihm halten, ihn davor
retten. — 99 *gesunt* kann genau genommen nur mit *sehen* verbunden wer-
den. — 100 *ze verhe*, daß es ihm ans Leben geht, tödtlich. — 103 *sleiz*
præt. von *slîzen* stv., reißen, loslösen. — *louft* stm. (*ein* = *einen*), Hülse;
er zieht die frische Rinde, doch ohne sie zu verletzen, von dem Zweige
ab, sodaß sie eine Röhre bildet. — 104 er verstand sich wohl darauf, die
Wunde zu behandeln. — 105 *zer tjost*, an der Stelle, wo er durch den
Lanzenwurf verwundet war; vgl. zu X, 26. — 107 *gein ir*, auf sie zu, in
ihren Mund; auf diese Weise entleerte er die Wunde vom Blute. —
108 er kam wieder zur Besinnung. — 112 *hetes*, hätte davon. — 113 *schied'*,
befreit hätte. — *unkraft* stf., Ohnmacht. — 114 *ober*, éine Silbe, wie oben
wases, vgl. X, 5. — 116 er fährt in directer Rede fort. — *verre*, weither.
— 118 *sol ich*, habe ich Ursache. — 119 *sô nähe*, an Logrois heran. —
120 *habt ir sin*, wenn ihr verständig seid. — 121 *dêz* = *daz ez*; vgl. *deiz* zu
I, 778. —

Líshóys Gwélljús
hàt mich sêre geletzet
und hinder'z ors gesetzet
mit einer tjoste riche: 125
diu ergienc sô hurtecliche
durch mînen schilt und durch den lip.
dô half mir ditze guote wîp
ûf ir pfert an dise stat.»
Gàwàn er sêre bliben bat.   130
Gàwàn sprach, er wolde sehen
wa im der schade dà wær' geschehen.
«lit Lôgroys sô nâhen,
mac i'n dervor ergàben,
sô muoz er ántwúrten mir: 135
ich fràge in waz er ræche an dir.»
«des entuo niht», sprach der wunde man.
«der wàrheit ich dir jehen kan.
dar engêt niht kinde reise:
ez mac wol heizen freise.»   140

    Gàwàn die wúndén verbant
mit der frouwen houbtgewant,
er sprach zer wunden wunden segen,
er bat got man und wîbes pflegen.
er vant al blúotéc ir slà,   145
als éin hîrz wære erschozzen dà.
daz enliez niht irre in rîten:
er sach in kurzen zîten
Lôgroys die gehêrten.
vil liut' mit lobe sie êrten.   150

---

22 Lischoys ist der Ritter der Herzogin Orgeluse. — 129 *úf* und *an*, bei-
es von *half* abhängig; sie half mir ihr Pferd besteigen, und half mir hier-
er. Einige Hss. setzen *pferde:* sie half mir auf ihrem Pferde hierher-
ommen. — 130 *Gàwàn = Gàwànn, Gàwänen.* — 131 er wolle die Stätte
esehen, wo ihm. — 132 *dà* gehört als Verstärkung zu *wa,* wo da. —
34 daß ich ihn einholen kann, ehe er in die Burg hineingeritten ist. —
35 *antwurten* swv., Rechenschaft geben. — 136 *ræche,* zu rächen hatte. —
39 die Reise dahin ist nicht ein Kinderspiel. — 140 *freise,* Gefahr.
    142 *houbtgewant* stn., Kopftuch, ungefähr dasselbe was *gebende* be-
eutet. — 143 *zer wounden,* für die Wunde. — *wunden segen,* Wundsegen:
olcher haben sich mehrere erhalten und gibt es noch heute viele im
'olksmunde. Eine Sammlung findet sich im Anhange von Grimm's My-
ologie, 1. Ausgabe. — 144 *man* gen. in unflect. Form. — 147 die Blut-
puren wiesen ihm den richtigen Weg. — 149 *die gehérten* swf. des
.dj., *Lôgroys* als *burc* ist fem. — 150 *liut'* gen. pl. von *vit* abhängig, für
ute. —

508 an der bürge lâgen lobes werc.
nâch trendeln mâze was ir berc:
swâ sie verre sach der tumbe,
er wândé sie liefe alumbe.

der bürge man noch hiute giht   155
daz gein ir sturmes hôrte niht:
sie forhte wênec selhe nôt,
swâ man hazzen gein ir bôt.

alumbe 'en berc lac ein hac,
des man mit edelen boumen pflac.   160
vigen boum, grânât,
öle, win und ander rât,
des wuohs dâ ganziu richeit.

Gâwân die strâze al ûf hin reit:
da ersaher niderhalben sin   165
fröude und sines herzen pin.

ein brunne ûzem velse schôz:
dâ vander des in niht verdrôz,
ein' alsô clâre frouwen,
die'r gerne muose schouwen,   170
aller wîbes varwe ein bêâ flûrs.

âne Condwîrn âmûrs
wart nie geborn sô schœner lip.
mit clârheit süeze was daz wip,
wol geschict unt kurtoys.   175
si hiez Órgelûse de Lógróys.

och sagt uns d'âventiur von ir,
sie wære ein reizel minnen gir,

---

151 *lobes werc*, Werke, die man loben konnte; sie war in rühmenswerther
Weise gebaut. — 152 *trendel* swf., Schraube, Spirale; spiralförmig. —
154 sie drehte sich fortwährend im Kreise. — 156 *hæren*, gehören, zukom-
men: daß ein Angriff ihr gegenüber nicht am Platze war. In ähnlicher
Weise wird die Festigkeit geschildert XI, 360; vgl. Bech in Germania
VII, 299. — 159 *hac* stm., umfriedeter Wald, Park. —᾽ 160 den man mit
edeln Bäumen bepflanzt hatte. — 161 *vige* swf., Feige. — *grânât* stm.,
Granatapfel: hier für den betreffenden Baum. — 162 *rât* stm., Nahrungs-
mittel. — 164 *al ûf hin*, immer aufwärts weiter. — 165 *niderhalben*, unter-
halb; mit gen.: weil er zu Ross war und die Frau am Wege saß. —
166 zu *fröude* muß auch *sines herzen* oder *sine* ergänzt werden. — 168 *des*,
etwas das. — 171 *flûrs*, Blume: die Vollendung, das Schönste bezeichnend;
vgl. *bluome* zu I, 1162: das Ideal aller weiblichen Schönheit. — 172 *âne*,
mit Ausnahme von. — 174 *mit clârheit süeze*, soviel als *süeze und clâr*
(vgl. zu VIII, 228), lieblich und schön. — 175 *wol geschict*, wohl gestaltet.
— 176 bei Crestien 10007 *Orguellouse de Logres*. — 178 *reizel* stm., Reiz-
mittel: für Liebeslust; geeignet Liebeslust zu erwecken. —

ougen süeze ân’ smerzen,
unt ein spansenwe des herzen. 180

509 Gâwân bôt ir sînen gruoz.
er sprach «ob ich erbeizen muoz
mit iweren hulden, frouwe,
ob ich îuch des willen schouwe
daz ir mich gerne bî iu hât, 185
grôz riuwe mich bî fröuden lât:
sone wart nie riter mêr sô frô.
min lip muoz ersterben sô
daz mir niemer wip gevellet baz.»
«deist et wól: nu wéiz ích ouch dáz:» 190
selch was ir rede, dô si an in sach.
ir süezer munt mêr dannoch sprach
«nu enlobet mich niht ze sêre:
ir enpfâhtes lîhte unêre.
ich’n wil niht daz ieslich munt 195
gein mir tuo sin prüeven kunt.
wær’ min lop gemeine,
daz hieze ein wirde kleine,
dem wisen unt dem tumben,
dem slehten und dem krumben: 200
wâ riht’ ez sich danne für
nâch der werdekeite kür?
ich sol min lop behalten,
daz es die wisen walten.
ich’n weiz niht, hêrre, wer ir sît: 205

179 eine Freude der Augen ohne Schmerz. — 180 *spansenwe* swf., Sehne,
die gespannt wird: sie brachte das Herz aus seiner Lage und Ruhe, wie
die Sehne, wenn sie gespannt wird.
182 *muoz*, darf. — 183 mit eurer Erlaubniss. — 184 *des willen* hängt
von einem zu ergänzenden *wesen* oder *wesende* ab: wenn ich sehe, daß ihr
so gesonnen, gestimmt seid. — 186 dann läßt mich die Trauer in Ge-
sellschaft der Freude, sie weicht dann von mir. — 188 *sô*, unter solchen
Verhältnissen, in solchem Zustande. — 190 die kurze schnippische Rede
zeigt gleich wie sie zu Gawan sich stellen will. Das ist nun gut, das
weiß ich: habt ihr sonst noch etwas zu sagen? — 194 es könnte euch
leicht schlimm bekommen. — 196 sein Urtheil, auch wenn es lobend aus-
fällt, über mich abgibt. — 197 wenn ich von allen gelobt würde. —
198 das brächte mir kein sonderliches Ansehen. — 199 *dem* mit *gemeine*
zu verbinden. — 200 *sleht* und *krump* in übertragenem Sinne zu nehmen,
gut und schlecht. — 201 *sich rihten*, sich aufrichten; *für*, daß man über
etwas emporragt. Wo könnte mein Lob sich dann so erheben, daß es in
ansehnlicher Weise über das allgemeine Lob emporragte? Das Lob derer,
auf deren Beifall wirklich Werth zu legen ist, würde in dem allgemeinen
untergehen. — 204 daß nur diejenigen, die Erfahrung von solchen Dingen
haben, darüber zu verfügen haben. —

iwers rîtens wære von mir zît.
mîn prüeven lât iuch doch niht frî:
ir sit mînem herzen bi,
verre ûzerhalp, niht drinne.
·gert ir mîner minne,   210
510 wie habet ir minne an mich erholt?
maneger sîniu ougen bolt,
er möht' s' ûf einer slingen
ze senfterm wurfe bringen,
ob er séhen niht vermîdet   215
daz im sîn herze snîdet.
lât walzen iuwer kranken gir
ûf ander minne dan ze mir.
dient nâch minne iuwer hant,
hât iuch âventiur gesant   ·   220
nâch minne ûf riterlîche tât,
des lônes ir an mir niht hât:
ir muget wol laster hie bejagen,
muoz ich iu die wârheit sagen.»

Dô sprach er «frouwe, ir saget mir wâr.   225
mîn ougen sint des herzen vâr:
die hânt an iwerem lîbe ersehen,
daz ich mit wârheit des muoz jehen
daz ich iwer gevangen bin.
kêrt gein mir wîplîchen sin.   230
swie's iuch habe verdrozzen,
ir habet mich in geslozzen:
nu lœset oder bindet.
des willen ir mich vindet,

---

206 *iwers rîtens* mit *von mir* zu verbinden und von *zît* abhängig: es wäre
Zeit daß ihr von mir rittet. — 207 doch will ich mein Urtheil über euch
vorher abgeben, wie ich zu euch stehe. — 208 ihr wohnt bei meinem
Herzen, aber ganz weit draußen, nicht drinnen. — 211 *erholn* swv., ver-
dienen: welchen Anspruch auf Liebe habt ihr an mich? — 212 *boln* swv.,
schleudern, werfen. — 213 *slinge* swf., Schleuder: der Wurf auf einer
Schleuder ist sanfter als der Wurf der Augen, die auf einen das Herz
verwundenden Gegenstand fallen. — 217 *walzen* stv., sich wenden, drehen.
— *kranken*, weil sie ihr Ziel nicht erreicht. — 220 *âventiur*, hier: der
Drang nach Abenteuern. — 221 *gesant* ist zunächst *ûf* zu verbinden;
nâch minne, um durch Ritterthaten Minne zu erwerben.
225 Gawan knüpft in seiner Antwort nicht an die letzten Worte an,
die er überhört, sondern an V. 212—216. — 226 *vâr*, Gefährdung: sind
das, was das Herz in Gefahr gebracht hat. — 227 *die*, geschwächt aus
diu. — *ersehen*, so etwas, solche Reize. — 230 zeigt euch weiblich gesinnt
gegen mich. — 231 wenn es auch wider euren Willen ist. — 234 ihr
seht mich so gestimmt. —

het ich iuch swâ ich wolde,   235
den wunsch ich gerne dolde.»
sie sprach «nu füert mich mit iu hin.
welt ir teilen den gewin,
den ir mit minne an mir bejaget,
mit laster ir'z dâ nâch beklaget.   240
1 ich wesse gerne ob ir der sît,
der durch mích getorste liden strît.
daz verbért, bedurft ir êre.
solt' ich iu râten mêre,
spræcht ir denne der volge jâ,   245
sô suocht ir minne anderswâ.
obe ir miner minne gert,
minne und fröude ir sît entwert.
ob ir mich hinnen füeret,
grôz sorge iuch dâ nâch rüeret.»   250
dô sprach mîn hêr Gâwân
«wer mác minne ungedienet hân?
muoz ich iu daz künden,
der treit sie hin mit sünden.
swem ist ze werder minne gâch,   255
dâ hœret dienst vor unde nâch.»
sie sprach «welt ir mir diènest geben,
sô müezt ir werlîche leben,
und megt doch laster wol bejagen.
mîn dienst bedarf decheines zagen.   260
vart jenen pfat (èst niht ein wec)
dort über enen hôhen stec
in enen boumgarten.
mîns pfärts sult ir dâ warten.
dâ hœrt ir únd sèht manege diet,   265

---

les willen zu verbinden: daß ich mir gerne das Höchste gefallen
enn ich euch in meiner Gewalt hätte. — 237 sie geht scheinbar
Wünsche ein, indem sie ihm erlaubt, sie mit sich zu nehmen. —
ihr euren Antheil an dem Gewinn auf euch nehmt. — 240 das
ir in einer euch schandebringenden Weise zu beklagen haben. —
derjenige, ein solcher. — 243 wenn ihr eure Ehre nöthig habt,
leichtsinnig opfern wollt. — 245 der volge ist dat.; wenn ihr
meiner Abstimmung Ja sagen, mir beipflichten wolltet. — 246 so
n Rath, daß ihr suchtet; suocht = suochtet. — 248 entwern swv.,
Besitze bringen, berauben. — 250 rüeret, trifft. — 253 wenn ich
sagen darf. — 254 der, derjenige der Minne genießt, ohne sie
zu haben. — 258 werlîche adv., in wehrhafter Weise, streitbar. —
lem pfat, weil er zu eng ist, kann Gawan mit seinem Pferde nicht
r steigt daher ab, V. 271. — 262 stec stm., schmale Brücke. —
n, besorgen. — 265 diet, Leute. —

die tanzent unde singent liet,
tambûren, floitieren.
swie sie iuch condewieren,
gêt dúrch sie dâ mîn pfärt dort stêt,
unt læst ez ûf: nâch iu ez gêt.»   270

512   Gâwân von dem orse spranc.
dô het er manigen gedanc,
wie daz ors sîn erbite.
dem brunnen wonete niender mite
da er'z geheften möhte.   275
er dâhte, ob ime daz töhte
daz si'z ze behalten næme,
ob ime diu bete gezæme.
«ich sihe wol wes ir angest hât»,
sprach sie. «diz ors mir stên hie lât: 280
daz behált' ich unze ir wider kumet.
min dienst iu doch vil kleine frumet.»
dô nám mîn hêr Gâwân
den zügel von dem orse dan:
er sprach «nu habet mir'z, frouwe.»   285
«bî tumpheit ich iuch schouwe»,
sprach sie: «wan dâ lac iuwer hant,
der grif sol mir sîn unbekant.»
dô sprach der minne gerende man
«frouwe, i'ne greif nie vorn dran.»   290
«nu, dâ wil ich'z enpfâhen»,
sprach sie. «nu sult ir gâhen,
und bringt mir báldé mîn pfert.

---

267 *tambûren* swv., die Handtrommel (zu I, 549) spielen, hängt ab von
hært ir. — *floitieren* swv., die Flöte blasen. — 268 wenn sie euch auch
gesellig begleiten, laßt euch dadurch nicht aufhalten. — 270 *læst ez ûf*,
löst ihm den Halfter; vgl. X, 342.
   272 es machte ihm viel zu denken, er überlegte bei sich hin und her.
— 273 *das ors*, sein eigenes: er wußte nicht wo er es lassen sollte. —
274 an der Quelle war nirgend etwas. — 275 *geheften* swv., befestigen,
anbinden. — 276 *ime töhte*, passend für ihn wäre, nochmals durch V. 278
erläutert. — 279 was euch bekümmert macht. — 282 der Dienst, den ich
euch durch die Bewahrung des Rosses erweise, nützt euch wenig: die euch
drohenden Gefahren werden damit nicht vermindert. — 284 vom Rosse
herab, der Zügel lag auf dem Rücken desselben. — 285 *habet*, haltet. —
286 ich sehe daß ihr einfältig seid. — 287 *dâ*, dort wo. — 288 dahin zu
greifen, dort den Zügel anzufassen, ziemt mir nicht. — 290 *vorn:* sie faßt
den Zügel weiter vorn an, um nicht die Stelle zu berühren, wo er ihn
angefaßt hat. — 291 wenn ihr's auch nicht thatet, so will ich's doch
thun. —

miner réise ir sit mit iu gewert.»
daz dûhte in fröudehaft gewin: 295
dô gâht' er balde von ir hin
über'n stec zer porten în.
dâ saher maniger frouwen schîn
und manigen rîter jungen,
die tanzten unde sungen.   `300

513   Dô wás mîn hèr Gâwân
sô gezímîert ein man,
daz ez sie lêrte riuwe:
want sie heten triuwe,
di des bóumgárten pflâgen.   305
sie stuonden ode lâgen
ode sæzen in gezelten,
die vergâzen des vil selten,
sine klageten sînen kumber grôz.
man unt wîp des niht verdrôz,   310
genuoge sprâchen, den'z was leit,
«miner frouwen trügeheit
wil disen man verleiten
ze grôzen arbeiten.
ouwê daz er ir volgen wil   315
ûf alsus riubæriu zil.»
mánec wert mán dâ gein im gienc,
der in mit armen umbevienc
durch friwentlîch enpfâhen.
dar nâch begunde er nâhen   320
einem öleboum: dâ stuont dez pfert:
ouch was maneger marke wert
der zoum unt sîn gereite.

_____

ich gewähre euch daß ich mit euch dann weiter reise; vgl. 237. —
fröudehaft adj., Freude enthaltend, bringend. — 298 manche leuchtende
schöne) Frau; vgl. clâr zu II, 101.
    302 ein so ausgerüsteter Mann: er machte durch seine ganze Er-
scheinung einen solchen Eindruck. — 303 daß es (sein Kommen und sein
(blick) sie Trauer kennen lehrte, sie traurig machte. — 304 sie waren
ihm einend gesinnt. — 306 man sollte auch hier wie im folgenden Verse
n Conjunctiv erwarten: sie mochten stehen oder liegen. — 308 die
terließen es keinen Augenblick, zu beklagen. — 311 nach verdrôz sollte
n erwarten sine spræchen, das neue Subject genuoge veranlaßt aber
en selbständigen Satz im Indicativ. — 312 frouwe, Herrin, Gebieterin.
trügeheit stf., trügerisches Wesen, Falschheit. — 316 riubære adj., das-
lbe was riuwebære (zu VIII, 1018), Trauer bringend. — 319 friwentlich
j., freundlich, liebevoll. — 321 auch bei Crestien 8145 sous un olivier
rdoiant. —

mit einem barte breite,
wol geflohten unde grâ,   325
stuont derbî ein rîter dâ
über éine krücken geleinet:
von dem wart ez beweinet,
daz Gâwân zuo dem pfärde gienc.
mit süezer rede er'n doch enpfienc.   330

514   Er sprach «welt ir râtes pflegen,
ir sult diss pfärdes iuch bewegen.
ez'n wért iu doch niemen hie.
getât ab ir dez wægest ie,
sô sult ir'z pfärt hie lâzen.   235
mîn frouwe sî verwâzen,
daz sie sô manegen werden man
vonem lîbe scheiden kan.»
Gâwân sprach, er'n lieze's niht.
«óuwê des dâ nâch geschiht!»   340
sprach der grâwe rîter wert.
die halftern lôst' er vome pfert,
er sprach «ir sult niht langer stên:
lât diz pfärt nâh iu gên.
des hant dez mer gesalzen hât,   345
der geb' iu für kumber rât.
hüet daz iuch iht gehœne
mîner frouwen schœne:
wan diu ist bî der süeze al sûr,
reht' als ein sunnenblicker schûr.»   350

---

324 *breite*, wenn es nicht um des Reimes willen für *breit* steht, würde neben *breit* eine *i*-Form (ahd. *breiti*) voraussetzen. — 325 *wol geflohten:* der Pflege des Bartes wurde in den ritterlichen Zeiten besondere Aufmerksamkeit zugewendet; er ward lockenförmig in verschiedene Theile getheilt, von denen der Ausdruck «flechten» wol gebraucht werden konnte. — 327 *leinen* swv., lehnen.
331 wenn ihr guten Rath annehmen wollt. — 332 *iuch bewegen*, ablassen, verzichten. — 334 *getât = getâtet.* — *dez wægest*, das zweckmäßigste: zu VIII, 737. — *ie*, unter allen Verhältnissen. — 338 *vonem = von dem:* des Lebens zu berauben versteht. — 340 *des*, Attraction für *des das*, über das was. — 342 *halfter* swf., Zaum des Pferdes, womit dasselbe angebunden war. — *er*, der alte Ritter. — 345 Umschreibung für Gott; im altfranz. häufig *qui fist la mer salee;* bei Crestien 8166 *par dieu le soverain pere.* — 346 gebe euch Abhülfe, Schutz gegen Kummer. — 347 *hüet = hüetet* swv., Acht haben; auch refl. wie V, 66. — *gehœnen* swv., in Schande bringen. — 349 *bî der süeze*, trotz ihrer äußern Lieblichkeit. — 350 *sunnenblic* eigentlich subst., aber adj. gebraucht (Gramm. 4, 257), in der Sonne glänzend: wie ein Regenschauer, den die Sonne beleuchtet. In *schûr* liegt daneben der Begriff des Verderbenden; vgl. zu I, 1653. —

13 *

«nu walte's got», sprach Gâwân.
urlóup nam ér zem grâwen man:
als tet er hie unde dort.
sie sprâchen alle klagendiu wort.
daz pfärt gienc einen smalen wec   355
zer porte ûz nâch im ûf den stec.
sins herzen voget er dâ vant:
diu was frouwe über'z lant.
swie sin herze gein ir flôch,
vil kumbers s'im doch drĭn zôch.   360
515 sie hete mit ir hende
under'm kínne daz gebende
hin ûfez hóubét geleit.
kámpfbǽriu lide treit
ein wîp die man vindet sô: 365
diu wær' vil lihte eins schimpfes vrô.
waz sị anderr kleider trüege?
ob ich nu des gewüege,
daz ich prüeven solt' ir wât,
ir liehter blic mich des erlât.   370

Dô Gâwân zuo der frouwen gienc,
ir süezer munt in sus enpfienc.
sie sprach «west willekomen, ir gans.
nie man sô grôze tumpheit dans,
ob ir mich dienes welt gewern.   375
ouwê wie gern' ir'z möht verbern!»
er sprach «ist iu nu zornes gâch,
dâ hœrt iedoch genâde nâch.

---

353 *als*, ebenso: verabschiedete er sich von allen übrigen. — 355 *smalen
wec;* vgl. *pfat* X, 261. — 357 *voget*, hier nicht: Schirmherr (zu V, 1206),
sondern: Herr, Gebieter überhaupt. — 362 das *gebende*, welches den größten
Theil des Gesichtes verdeckte, umrahmte auch das Kinn: diesen Theil
hatte sie zurückgeschlagen, sodaß die Enden auf dem Haupte lagen. Bei
Crestien 8194 *son mantel laissie avoit et sa guimple apres li cheoir, por ço
qu'ele peust veoir sa face et son col.* — 365 *ein wîp die*, nicht *daz:* so wird
mhd. fast immer construiert, dem Sinne nach. — 366 *schimpf,* Kurzweil.
Scherz: übertragen gern vom Kampfspiel gebraucht (vgl. V, 1197), wie die
Ausdrücke des Spiels überhaupt; vgl. zu VII, 96. — 367 *anderr kleider*
gen. pl. von *waz* abhängig. — 368—370 Vorder- und Nachsatz stehen nicht
in genauer Congruenz. Wie könnte ich jetzt daran denken, auf ihre Klei-
dung zu achten? Daran verhindert mich ihre leuchtende Schönheit.
    374 *dans* præt. von *dinsen* stv., ziehen, tragen, schleppen: mit einem
tadelnden Nebensinne. Ihr seid der einfältigste Mann, der je existiert
hat. — 375 wenn ihr mir euren Dienst widmen wollt. — 376 *gerne möhte*.
ihr hättet gegründete Ursache. — 377 wenn ihr mir jetzt zürnt, so müßt
ihr mir dann von Rechts wegen auch Gnade beweisen. —

sit ir sträfet mich sô sêre,
ir habet ergetzens êre.   380
die wil' min hant iu dienest tuot,
unz ir gewinnet lônes muot.
welt ir, ich hebe iuch ûf diz pfert.»
sie sprach «des hân ich niht gegert.
iuwer unversichert hant   385
mac grifen wol an smæher pfant.»
hin umbe von im sie sich swanc,
von den blúomen ûfez pfärt sie spranc.
sie bat in daz er rite für.
«ez wære et schade, ob ich verlür   390
516 sus ahtbæren gesellen»,
sprach sie: «got müeze iuch vellen!»

    Swer nu des wil volgen mir,
der mide valsche rede gein ir.
niemen sich verspreche,   395
er'n wizze ê waz er reche,
unz er gewinne künde
wie'z umbe ir herze stüende.
ich kunde ouch wol gerechen dar
gein der frouwen wol gevar: 400
swaz sie hât gein Gâwân
in ir zorne missetân,

---

379 *sträfen* swv., tadeln, schelten. — 380 so gereicht es euch zur Ehre,
wenn ihr mich nachher dafür entschädigt. Daß das Zürnen und Tadeln
ungegründet ist, sagt er nicht aus Höflichkeit; aber es liegt in der be-
stimmten Erwartung, daß sie sich bald eines Besseren besinnen wird. —
381 *die wîle*, so lange: wird meine Hand euch dienen. — 383 Frauen wur-
den von Männern aufs Pferd gehoben, entweder vermittelst des *hebeisens*,
oder indem der Ritter seine Hand zum Fußschemel hergab. — 385 *un-
versichert*. der noch keine Bürgschaft gegeben hat: eure Hand, die sich in
meinem Dienste, den ihr mir versprochen habt (V. 381), noch nicht be-
währt hat, hat keinen Anspruch darauf mich zu berühren; vgl. Germ.
VII, 299. Ähnlich bei Crestien 8205 *se tu aroies rien tenue qui sour moi
fust de ta main nue ne maniiee ne sentie, je quideroie estre honie.* —
386 *smæhe*, geringe. — *pfant:* wenn sie ihm diesen Dienst gestattete, würde
er darin einen Anspruch auf weitere Gunst zu erblicken glauben. —
387 sie kehrte ihm den Rücken. — 389 *für*, voraus. — 390 *verlür*, weil,
wenn er hinter ihr ritte, er ihr leicht aus den Augen kommen und ver-
loren gehen könnte. — 392 den wahren Sinn der ironischen voraus-
gehenden Rede zeigen die Schlußworte. Vgl. *et je vos sivrai toute voie,
tant que pour moi honir vos voie, et ce ert ancui, se dieu plaist* Crest. 8261.
  393 wer meiner Meinung ist, in Bezug auf Orgelusens Benehmen gegen
Gawan. — 394 der vermeide es böswillige Reden über sie zu führen, «über
sie den Stab zu brechen». — 395 *sich versprechen*, sich im Sprechen über-
eilen. — 396 *waz er reche*, in wiefern sie strafwürdig ist. — 399 ich könnte
auch mit Bezug darauf strafende Worte über die Frau aussprechen. —

ode daz sie noch getuot gein ime,
die râche ich alle von ir nime.
Orgelûs' diu rîche   405
fuor ungeselleclîche:
zuo Gâwân sie kom geriten
mit alsô zornlîchen siten,
daz ich mih's wênec trôste
daz si mích von sorgen lôste.   410
sie riten dannen beide,
ûf eine liehte heide.
ein krût Gâwân dâ stênde sach,
des würze er wunden helfe jach.
do'rbéizté der werde   415
nider zuo der erde:
er gruop se, wider ûf er saz.
diu frouwe ir rede ouch niht vergaz,
sie sprach «kan der geselle mîn
arzet unde riter sîn,   420
517 er mac sich harte wol bejagen,
gelernt er bühsen veile tragen.»
zer frouwen sprach Gâwânes munt
«ich reit für einen riter wunt:
des dach ist ein linde.   425
obe ich den noch vinde,
disiu wúrz sol in wol erneren
unt al sîn unkraft erweren.»
sie sprach «daz sihe ich gerne.
waz obe ich kunst gelerne?»   430

      Dô fuor in balde ein knappe nâch:
dem was zer botschefte gâch,
die er werben solde.

_____

ich erlasse ihr nichts von der Strafe: es wird ihr noch alles heim-
ahlt. — 406 *fuor*, verfuhr, handelte: nicht wie man einen *gesellen* be-
idelt. — 409 daß ich wenig Zuversicht darauf haben würde, daß sie
:h, wenn ich in Gawan's Fall wäre, von Sorgen befreite. — 414 dessen
irzel er Hülfe gegen Wunden beimaß, hülfreich bei Wunden erkannte.
417 *gruop*, grub aus. — 420 wenn er so manigfaltige Kenntnisse hat,
wird es ihm an Gelegenheit nicht fehlen, seinen Lebensunterhalt zu
dienen. — 421 *sich bejagen* swv., sein Leben erhalten, seinen Unterhalt
·erben. — 422 *bühsen*, nämlich die Salbenbüchsen eines Arztes. — *veile*
., käuflich, zum Verkauf. — 424 *für*, vorüber an. — 425 der liegt unter
er Linde; vgl. X, 69 ff. — 428 *unkraft* stf., Kraftlosigkeit, Schwäche. —
das will ich gern mit ansehen. — 430 *waz obe*, wie wenn, vielleicht
·: ich an Kenntnissen noch etwas profitiere.

Gâwân sîn beiten wolde:
dô dûht' er'n ungehiure.   435
Málcrêâtiure
hiez der knappe fiere:
Cundrie la surziere
was sîn swester wol getân:
er muose ir antlitze hân   440
gar, wan daz er was ein man.
im stuont ouch ietweder zan
als einem eber wilde,
unglîch menschen bilde.
im was dez hâr ouch niht sô lanc   445
als ez Cúndrin ûf den mûl dort swanc:
kurz, scharf als igels hût ez was.
bî dem wazzer Ganjas
ime lánde zé Tribalibôt
wahsent liute alsus durch nôt.   450

518   Unser vater Ádăm,
die kunst er von gote nam,
er gap allen dingen namen,
beidiu wilden unde zamen:
er 'rkande ouch iesliches art,   455
dar zuo der sternen umbevart,
der siben plânêten,
waz die krefte hêten:
er 'rkande ouch aller würze maht,
und waz ieslîcher was geslaht.   460
dô sîniu kint der jâre kraft

---

434 Gawan hielt an, um auf den Knappen zu warten. — 435 als er
ihn näher herankommen sah. — 436 *Malcrêâtiure = male creature*, übles
Geschöpf. Den Namen hat Crestien nicht. — 437 *fiere*, hier wol mit einem
ironischen Nebensinn, wie sonst auch wol *mære* gebraucht wird. Ebenso
steht nachher *wol getân* 439. — 438 Cundrie war ähnlich geschildert
VI, 991 ff. — 440 er sah ihr vollkommen ähnlich. — 442 wie Cundrien;
vgl. VI, 1012. — 446 vgl. *über den huot ein ·opf ir swanc uns ûf den mûl*
VI, 1007. — 447 *les cheviaus et melles et rous, roides et contremont dreciés
come pors qui est hireciés* Crest. 8350. — 448 *Ganjas*, Ganges. — 450 *durch
nôt*, nothgedrungen, in unabweislicher Folge eines in alter Zeit began-
genen Fehls.
451 die folgende Erzählung, auf talmudischer Quelle ruhend, ist in
vielen mittelalterlichen Dichtungen und Schriften (lateinisch, romanisch,
deutsch) verbreitet. Crestion hat nichts Entsprechendes. — 452 *kunst*,
Kenntniss. — *nam*, empfieng. — 453 den Einfluß, den jeder Planet auf
den Menschen ausübt: womit die Astrologie des Mittelalters sich beschäf-
tigte. — 460 *geslaht* adj., von Natur eigen. — 461 *der jâre kraft*, die Zahl
der Jahre. —

gewunnen, daz sie berhaft
wurden menneschlicher fruht,
er widerriet in ungenuht.
swâ sîner tohter keiniu truoc,   465
vil dicke er des gein in gewuoc,
den rât er selten gein in liez,
vil würze er se mîden hiez,
die menschen fruht verkêrten
unt sin geslähte unêrten,   470
«anders denne got uns maz,
do er ze wérke über mich gesaz»,
sprach er. «mîniu lieben kint,
nu sit an sælekeit· niht blint.»

Diu wip tâten et als wip: 475
etslîcher riet ir brœder lîp
daz sie diu werc volbrâhte,
des ir hérzen gir gedâhte.
sus wart verkêrt diu mennischeit:
daz was iedoch Adâme leit,   480
519 doch engezwivelt' nie sîn wille.
diu küneginne Secundille,
die Feirefiz mit riters hant
erwarp, ir lîp unt ir lant,
diu het in ir riche   485
harte unlougenlîche
von alter dar der liute vil
mit verkêrtem ántlitzes zil:
sie truogen vremdiu wilden mâl.

---

462 *berhaft* adj., fruchttragend, fruchtbar. — 463 *fruht* gen., mit *berhaft* zu verbinden. — 465 *truoc* sc. *ein kint*, schwanger war. — 466 oftmals wiederholte er ihnen. — 469 *verkêren* swv., verwandeln: die menschlicher Frucht die Menschengestalt nähmen. — 471 Übergang von indirecter in directe Rede; *anders* ist mit *verkêrten* zu verbinden. — *messen* stv., als bildender Künstler gestalten. — 472 als er um mich zu schaffen sich hinsetzte. — 474 seid nicht blind, verblendet in Bezug auf euer Glück: stürzt euch durch Verblendung nicht ins Unheil.
475 thaten wie nun einmal Weiber thun: sie waren unfolgsam, thaten gerade das Verbotene. — 476 ihre Schwäche, Mangel an Festigkeit. — 477 *diu werc*, das verbotene Thun. — 478 *des* auf *diu werc volbrâhte* zu beziehen. — 480 *iedoch*, nicht: jedoch, sondern begründend: doch; das mußte ihn doch schmerzen. — 481 *doch*, jedoch. — *gezwiveln* swv., schwankend werden; *sin wille*, sein guter Wille: derselbe ließ die unglücklichen Kinder nicht im Stiche. — 486 *unlougenlîche* adv., ohne Läugnen, wahrhaftig, unzweifelhaft. — 487 *alter* stn., entfernte Vorzeit: von Altersher. — *dar*, bis auf ihre Zeit. — 488 *zil*, Art. — 489 *wilden:* das zweite Adj. in schwach flectierter Form. —

dô sagete man ir umbe'n grâl, 490
daz ûf érde niht sô riches was,
und des pflæge ein küuec, hiez Anfortas.
daz dûhte sę wunderlich genuoc:
wan vil wázzer in ir lant truoc
für den gríez edel gesteine: 495
grôz, níht ze kleine,
het sie gebirge guldin.
dô dâht' diu edele künegin
«wie gewínne ich künde dises man,
dem der grâl ist undertân?» 500
sie sande ir kleinœte dar,
zwei mennesch wunderlich gevar,
Cundrîen und ir bruoder clâr.
sie sande im mêr dennóch für wâr,
daz niemen möhte vergelten: 505
man fünde ez veile selten.
dô sant' der süeze Anfortas,
wand' er et ie vil milte was,
Orgelûsen dę Lôgróys
disen knappen curtoys. 510
520 von wibes gir ein underscheit
in schiet von der mennescheit.

Der würze unt der sternen mâc
huop gein Gâwân grôzen bâc.
der hete sin ûfem wege erbiten. 515
Malcrêâtiure kom geriten
ûf eime rúnzîde kranc,
daz von léme an allen vieren hanc.

----

492 *des*, des Grales. — *hiez*, genau wäre *hiez'*, der hieße, conj. — 493 *das*,
nämlich daß es etwas Reicheres gäbe als ihr Land. — 494 *vil wasser*, viele
Wässer, viele Flüsse. — *truoc* sing. wegen des Neutr. *vil*; *lant* ist als
Acc. aufzufassen: in ihr Land hinein. — 495 *für*, anstatt. — 502 *mennesche*
im Mhd. stn., im Nhd. nur in unedlem Sinne als Neutr. gebraucht. —
503 *clâr* ist ebenso in ironischem Sinne aufzufassen wie oben *fiere* 437 und
wol getân 439. — 504 auffallend ist daß der Dichter nicht die Wortstellung
dennoch mêr gewählt hat; durch den Vers war die hier gewählte ebenso
abgewiesen wie X, 192 geboten. — 511 *von wibes gir*, infolge von weib-
licher Unenthaltsamkeit: nämlich seiner Urahne, die Adam's Warnung in
den Wind geschlagen hatte. — *ein underscheit*, eine (große) Verschieden-
heit: trennte ihn von den Menschen; er hatte infolge jenes Fehls ein von
Menschen ganz verschiedenes Aussehen.
   513 der Knappe ist gemeint, der als Verwandter (Abkömmling) der
Kräuter und Sterne bezeichnet wird, weil der Genuß jener und der Ein-
fluß dieser seine Gestalt erzeugt hatte. — 515 vgl. X, 434. — 518 *hanc*
præt. von *hinken* stv., nhd. swv. —

ez strûchte dicke ûf d'erde.
frou Jeschût' diu werde   520
iedoch ein bezzer pfärt reit
des tages dô Parzivâl erstreit
ab Oriluse die hulde:
die vlôs si ân' alle ir schulde.
der knappe an Gâwânen sach: 525
Malcrêâtiur mit zorne sprach
«hêrre, sit ir von riters art,
sô möht ir'z gerne hân bewart:
ir dunket mich ein tumber man,
daz ir mîn' frouwen füeret dan: 530
ouch wert ir's underwiset,
daz man iuch drumbe priset,
op sih's erwert iuwer hant.
sit aber ir ein sarjant,
sô wert ir g'âlûnt mit staben,   535
daz ir's gern' wandel möhtet haben.»

Gâwân sprach «mîn riterschaft
erleit nie sölher zühte kraft.
sus sol man walken gampelher,
die niht sint mit maulîcher wer: 540
521 ich pin noch ledec vor solhem pin.
welt âb ir únt diu frouwe mîn
mir smæhe rede bieten,   .
ir müezt iuch eine nieten
daz ir wol meget für zürnen hân.   545
swie freislîche ir sit getân,
ich enbær' doch sanfte iuwer drô.»
Gâwân in bîme hâre dô

---

521 es war doch noch besser als dieses, wiewol es sehr übel aussah; vgl.
V, 977 ff. — 524 *vlôs si*, hatte sie verloren. — 528 so hättet ihr gut und
gerne Ursache es vermieden zu haben; *es*, was in V. 530 näher bezeichnet
ist. — 531 *wert = werdet*. — *underwísen* swv. mit gen. (*es*), zurechtweisen;
es, dafür. — 532 vor *das* ist ein *sô* zu ergänzen. Ihr werdet so harten
Kampf deswegen zu bestehen haben, daß ihr alles Lob verdient, wenn ihr
ihn „besteht. — 535 vgl. II, 490. — 536 daß ihr gegründete Ursache hättet,
eine Änderung darin zu haben, es anders zu wünschen.
     537 so lange ich Ritter bin, erlitt ich nie. — 538 *sülher sühte kraft*,
eine so starke Züchtigung. — 539 *gampelher* stn., muthwilliges, unnützes
Volk. — 540 die sich auf mannhafte Wehr nicht verstehen. — 544 *eine*,
allein: für Orgelusen mit, an der er sich nicht rächen darf und kann, die
Strafe dulden. — *iuch nieten*, in Fülle genießen. — 545 *das* ist relat., so
etwas was, solche Behandlung, die ihr wol als ein Zürnen ansehen könnt.
— 547 ich könnte doch leicht entbehren, d. h. ich mache mir nichts
daraus. —

begreif und swang in under'z pfert.
der knappe wis unde wert 550
vórhtlíche wider sach.
sin igelmæzec hâr sich rach:
daz versnéit Gâwân só die hant,
diu wart von bluote al rôt erkant.
des láchté diu frouwe: 555
sie sprach «vil gerne ich schouwe
iuch zwêne sus mit zornes site.»
sie kérten dan: dez pfärt lief mite.

Sie kômen dâ sie funden
ligen den riter wunden. 560
mit triuwen Gâwânes hant
die wurz ûf die wunden bant.
der wunde sprach «wie ergienc ez dir,
sit daz du schiede hie von mir?
du hâst eine frouwen brâht, 565
diu dîns schaden hât gedâht.
von ir schuldn ist mir sô wê:
in Âv'estroit mâvoiê
half sie mir schärpfer tjoste
ûf libs und guotes koste. 570
522 wellestú behalten dînen lip,
sô lâ diz trügehafte wip
riten unde kêr' von ir.
nu prüeve selbe ir rât an mir.
doch möhte ich harte wol genesen, 575
ob ich bî ruowe solde wesen.
des hilf mir, getriuwer man.»
dô sprach mîn hêr Gâwân

---

550 *wis* und *wert* sind wieder ironisch gebraucht; vgl. zu X, 503. —
551 *wider sach*, blickte rückwärts, sah sich um. — 552 *sich rach*, rächte
sich für die empfangene Beleidigung. — 554 *al rôt erkant*, ganz roth ge-
zeichnet. — 557 *mit zornes site*, in zornigem Gebahren. — 558 *dez pfart*,
das Pferd des Knappen, der seinen Weg zu Fuß fortsetzte.
559 Diesen Theil der Erzählung hat Crestien vor der Begegnung mit
dem Zwerge, V. 8277 ff. — 560 den oben (V. 75) erwähnten Ritter. —
562 *die wurz*, vgl. X, 413. — 568 *Ave*, altfrans. *awe, aive, iave*, Wasser. —
estroit = altfranz., neufranz. *étroit (strictus)*, eng. — *mâvoiê* = *malvoié*, mit
schlechtem Wege, schlechter Furt. Der Name ist entlehnt aus Crestien,
wo der bei Wolfram *Lischoys gwelljus* genannte Ritter heißt *li orgulleus
de la roche à l'estroite voie, qui garde les pors de Gaivoie* Crest. 10015,
Germ. III, 110. — 570 *ûf—koste*, wobei auf dem Spiele stand: Leben und
Gut. — 571 *wellestu* conj., für den Fall, vorausgesetzt daß du willst. —
574 nun beurtheile selber an mir, an meinem Beispiele, was sie für Rath
und Hülfe (vgl. 569) geben kann. — .

«nim aller mlner helfe wal.»

«hie nåhen stêt ein spitål:»   580

alsô sprach der rlter wunt.

«kœme ich dar in kurzer stunt,

då möht' ich ruowen lange zit.

mlner frlwendln rúnzît

hab' wir noch stênde al starkez hie: 585

nu hebe sie drûf, mich hinder sie.»

dô bant der wol geborne gast

der frouwen pfärt von dem ast:

er wold' ez ziehen nåher ir.

der wunde sprach «hin dan von mir!   590

wie ist iu tretens mich sô gâch?»

er zôh'z ir verr': diu frôwe gienc nåch,

sanfte unt doch niht dråte,

al nåch ir mannes råte.

Gåwån ûf daz pfärt sie swanc.   595

innen dés der wunde rlter spranc

ûf Gåwånes kastelån.

ich wæne daz was missetån.

er unt sin frouwe riten hin:

daz was ein sündehaft gewin.   600

523   Gåwån daz klagete sêre:

diu frouwe es lachete mêre

denn' iender schimpfes in gezam.

sit man in daz ors genam,

ir süezer munt hin z'im dô sprach   605

«für einen rlter ich iuch sach:

dar nåch in kurzen stunden

---

579 *wal*, Auswahl: du kannst über alle Hülfe, die ich leisten kann, verfügen. — 580 *spitål:* bei Crestien 8334 ist es ein *hermite*, bei dem der Verwundete beichten will. — 582 *in kurzer stunt*, bald. — 584 das oben X, 41 erwähnte Pferd. — 585 *hab'* für habe, und dies für *haben* vor folgendem *wir*. — 588 *ast*, vgl. X, 44. — 589 *ziehen*, führen. — 590 *hin dan*, hinweg. — 591 *tretens* abhängig von *gâch* (zu I, 553), jedoch mit Beibehaltung der verbalen Rection *(mich)*: wie habt ihr es so eilig mich zu treten? — 592 Gawan führt auf Veranlassung des Verwundeten das Pferd der·Frau abseits, damit dieser inzwischen Gawan's Pferd besteigen kann. — 593 langsam, nicht schnell. — 594 *råte*, den er ihr zugeflüstert, während Gawan das Pferd bei Seite führt. — 600 *sündehaft* adj., mit Sünde behaftet: ein Gewinn, an welchem Sünde haftete.
602 *diu frouwe*, Orgeluse. — *es*, darüber. — 603 mehr als irgend ihm passend schien über einen Scherz zu lachen: auch wenn es ein Scherz gewesen wäre (während es eine offenbare Schlechtigkeit war), hätte sie als gebildete Frau so nicht darüber lachen dürfen. — 606 ich sah euch zuerst für einen Ritter an. —

wurt ir árzet für die wunden:
nu müezet ir ein gárzûn wesen.
sol iemen sîner kunst genesen,   610
sô trœst iuch iwerre sinne.
gert ir noch mîner minne?»
«jâ, frouwe», sprach hêr Gâwân:
«möhte ich iuwer minne hân,
diu wær' mir lieber danne iht.   615
ez enwont ûf erde nihtes niht,
sunder krône und al die krône tragent,
unt die fröudehaften prîs bejagent:
der gein iu teilte ir gewin,
sô rætet mir mîns herzen sin   620
daz ich'z in lâzen solde:
iwer mínne ich haben wolde.
mag ich dèr niht erwerben,
sô muoz ein sûrez sterben
sich schiere an mir rezeigen.   625
ir wüestet iuwer eigen.
obe ich vrîheit ie gewan,
ir sult mich doch für eigen hân:
daz dunkt mich iuwer ledec reht.
nu nent mich rîter oder kneht,   630
524 garzûn ode vilân.
swaz ir spóttes hât gein mir getân,
dâ mite ir sünde enpfâhet,
ob ir mîn dienest smâhet.
solt' ich diénés geniezen,   635
iuch möhte spóttés verdriezen.

---

603 *wurt* = *wurdet.* — *für*, die Abhülfe bezeichnend. — 609 *ein garzûn*,
weil diese ihre Besorgungen zu Fuß machten. — 610 wenn jemand von
seinen Kenntnissen seinen Lebensunterhalt erwerben soll; vgl. X, 421. —
611 so dürft ihr euch auf eure Klugheit, eure mannigfache Brauchbarkeit
verlassen. — 612 *noch*, nachdem ihr so weit heruntergekommen seid, vom
Ritter zum *garzûn*, wir könnten sagen: Laufburschen. — 617 gekrönte
und ungekrönte Häupter. — 618 und alle diejenigen, die freudebringende
Ehre erringen. — 619 wenn jemand alles was sie zusammen gewinnen,
auf die eine, und euch (euren Besitz) auf die andere Seite mir zur Wahl
vorlegte. — 621 *ez*, dem Sinne nach zu beziehen: alles was sie gewonnen.
— 623 *der niht*, die durchaus nicht. — 624 *sûr* adj., sauer, bitter. —
626 *wüesten* swv., verwüsten, vernichten. — *eigen* stn., Eigenthum. —
627 wenn ich auch als Freier geboren bin. — 628 *eigen* adj., Gegensatz
von *vrî*, unfrei, leibeigen. — 629 *ledec* adj., unbehindert, unbestritten. —
631 Laufburschen oder Bauerntölpel. — 633 Nachsatz: dadurch nehmt ihr
Sünde auf euch. — 635 wenn mein Dienst mir, wie es in der Ordnung
wäre, Nutzen einbrächte, so hättet ihr keine Ursache zum Spotten. —

ob ez mir niemer wurde leit,
ez krenket doch iur werdekeit.»

Wider zúo z'in reit der wunde man
und sprach «bístu'z Gâwân?   640
hâstu iht geborget mir,
daz ist nu gar vergolten dir,
dô mich dîn manlîchiu kraft
vienc in herter rîterschaft,
und dô du bræhte mich ze hûs   645
dînem œheim Artûs.
vier wochen er des niht vergaz:
die zît ich mit den hunden az.»
dô sprach er «bistu'z Vrîans?
ob du mir nu schaden gans,   650
den trag' ich âne schulde:
ich erwárp dir 's küneges hulde.
ein swach sin half dir unde riet:
von schildes ambet man dich schiet
und sagete dich gar rehtlôs,   655
durch daz ein maget von dir verlôs
ir reht, dar zuo des landes vride.
der künec Artûs mit einer wide
wolt'z gerne hân gerochen,
het ich dich niht versprochen.»   660
525 «swaz dort geschach, du stêst nu hie.
du hôrtst och vor dir sprechen ie,

637 auf *mir* liegt ein Nachdruck: auch wenn es mich nicht verdrösse, so
schadet ein solches Benehmen doch eurem Ansehen.
642 das habe ich dir nun vollständig heimgezahlt. — 643 *dô* mit ge-
borget zu verbinden: damals als. — 644 in hartem, ernstlichem Kampfe. —
645 *bræhte* gebildet wie das præt. 2. pers. von einem stv., statt *bræhtest.* —
647 er hielt vier Wochen streng darauf, daß ich während dieser Zeit. Vgl.
qu'il li covint, estre son pois, avoec les chiens mangier un mois Crest. 8475. —
649 *Vrîans* habe ich geschrieben, nicht *Urjàns* wie Lachmann; vgl. Crest. 8489
Griogoras. Parz. XIII, 1146. — 650 *gans* 2. præs. von dem anomalen *gun-
nen*, præs. *gan*, statt des gewöhnlichen *ganst*; *schaden* ist gen. — 652 ich
errettete dich vom Tode; vgl. X, 761. — 653 dein einfältiger Sinn brachte
dich durch seinen Rath und seine Hülfe dahin. — 654 man sprach dir
den Ritternamen ab, stieß dich aus dem Ritterstande. — 656 *durch daz*,
darum weil. — *von dir*, durch dich. — 657 *ir reht*, daß sie sicher und
ungefährdet als Botin reisen konnte. Er brach den Landfrieden, indem
er das Botenamt verletzte. — 658 *wide* stf., Strick; vgl. I, 1043. —
660 *versprechen* stv., sprechend vertreten, vertheidigen. — 661 was du
auch dort (für mich) gethan hast, es hilft dir nichts: du stehst nun hier
ohne Pferd vor mir. — 662 *vor dir*, vor deiner Zeit existierte dieses Sprich-
wort schon. Auch Crestien hat hier ein Sprichwort, aber Gawan in den
Mund gelegt, und prägnanter ausgedrückt: *Or oi je por voir, fait Gau-
wains, une proverbe c'on retrait, que on dist «de bien fait col frait»* 8160. —

swer dem ándern half daz er genas,
daz er sîn vîent dâ nâch was.
ich tuon als die bî witzen sint. 665
sich füeget paz ob weint ein kint
denne ein partohter man.
ich wil diz ors al eine hân.»
mit sporn er'z vaste von im reit:
daz was doch Gâwâne leit. 670

Der sprach zer frówen «ez kóm alsô.
der künec Artûs der was dô
in der stát ze Dîanazdrûn,
mit im dâ manec Britûn.
dem was ein frouwe dar gesant 675
durch botescháft ín sîn lant.
ouch was dirre ungehiure
ûz komen durch âventiure.
er was gást, únt sie géstín.
do geríet im sîn kranker sin 680
daz er mit der frouwen ranc
nâch sînem willen âne ir danc.
hin ze hove kom daz geschrei:
der künec rief lüte heiâ hei.
diz geschach vor einem walde: 685
dar gâhtén wir alle balde.
ich fuor den andern verre vor
unt begréif des schuldehaften spor:
gevangen fuorte ich wider dan
für den künec disen man. 690

526   Diu juncfrouwe reit uns mite:
riuwebærec was ir site,

er, derjenige, dem geholfen wurde. Das Bewußtsein der Verpflichtung
ugt in unedeln Gemüthern oft feindliche Gesinnung gegen den Ver-
:htenden. — 665 ich handle wie ein verständiger, kluger Mensch. —
ich rathe dir über den Verlust nicht zu weinen, denn das schickt sich
it für einen Mann. — 667 partoht = bartoht, bärtig.
673 se für uns pleonastisch. — 676 durch boteschaft, um eine Botschaft
:urichten. — 677 ouch, zu derselben Zeit. — 678 ûz komen, ausgezogen;
seinem Lande. — 679 gestin stf., Fremde, wie gast, Fremder. —
daß er sie nothzüchtigte. — 682 âne ir danc, gegen ihren Willen:
.te er ihre Minne haben. — 683 das geschrei der hülferufenden Frau.
84 heiâ hei, vgl. zu II, 1344. — 685 wol so zu verstehen, daß das
brechen im Walde stattfand; Artus lagerte vor demselben. — 686 dar,
.en Wald. — 688 begreif, erreichte. — schuldehaft adj., schuldhabend,
ıldig. — 689 wider, zurück: vor den Wald; dan, hinweg.
692 riuwebærec adj., dasselbe was riuwebære (zu VIII, 1018), traurig. —

durch daz ir hếté genomen
der nie was in ir dienest komen
ir kíuschlïchen magetuom. 695
ouch bezálter dâ vil kleinen ruom
gein ir unwérlïchen hant.
mïnen hêrren sie mit zorne vant,
Artûsen den getriuwen.
er sprach «die werelt sol riuwen 700
dirre vérmaldïte mein.
ôwê daz ie der tac erschein,
bï dés lieht disiu nôt geschach,
unt dâ man mir gerihtes jach,
unt dâ ich hiute rihter bin.» 705
er sprach zer frouwen «habet ir sin,
nemt fûrspréchen unde klaget.»
diu frouwe was des unverzaget,
sie tet als ir der künec riet.
dâ stuont von rïtern grôziu diet. 710

Vrians der fürste ûz Punturtoys
der stuont dâ vor dem Britânoys
ûf al sïn êre und ûf den lïp.
für gienc daz klagehafte wïp,
da ez rïche und arme hôrten. 715
sie bat mit klagenden worten
den künec durch alle wïpheit,
daz er im lieze ir laster leit,
unt dúrch magtúomlich êre.
sie bat in fürbaz mêre 720
527 durch der tavelrunder art,

---

693 *durch daz,* weil; vgl. 656. — 694 *der,* ein Mann, der. — 696 es brachte
ihm auch wenig Ruhm ein, daß er mit einem wehrlosen Weibe gerungen
hatte. — 698 *mit zorne,* im Zorn, zornig. — 701 *vermaldíen* swv., verwün-
schen; franz. *maldire,* maledicere. — *mein* stm., Treulosigkeit, Missethat,
Frevel. — 704 *unt,* erklärend: und zwar in dem Lande, wo ich Recht zu
sprechen hatte. — 705 ist hinzugesetzt, weil man die vorausgehende Zeile
so verstehen könnte als sei Artus nicht mehr Richter. Genauer wäre ge-
wesen *gerihtes giht.* — 706 *habet ir sin,* wenn ihr klug seid. — 707 *für-*
spreche swm., der jemand sprechend vertritt (vgl. *versprechen* zu X, 660),
Vertheidiger, Sachwalter.
712 *Britânoys,* Artus. — 713 *ûf sîn êre:* es handelte sich um seine Ehre;
vgl. X, 570. — 714 *für gienc,* vor trat. — *klagehaft* adj., klagend. —
715 *da,* wobei, indem. — 717 *durch alle wîpheit,* soviel als sonst *durch*
alliu wîp, um aller Frauen, des ganzen weiblichen Geschlechtes willen. —
718 *lieze,* zu ergänzen *wesen:* vgl. zu I, 708. — 721 bei der ursprünglichen
Bestimmung der Tafelrunde, deren Mitglieder die Pflicht hatten, Frauen
zu schützen. —

und durch der bótschéfte vart,
als sie wære an in gesant;
wær' ér ze ríhtære erkant,
daz er denn' riht' ir swære   725
durch gerihtes mære.
sie bat der tavelrunder schar
alle ir rehtes nemen war,
sit daz ir wære ein roup genomen,
der niemer möhte wider komen,   730
ir mágetuom kiusche reine,
daz sie al gemeine
den künec gerihtes bæten
und an ir rede træten.

Fürspréchen nam der schuldec man,   735
dem ich nu kranker éren gan.
der werte in als er mohte.
diu wer im doch niht tohte:
man vertéilte im'z lében unt sînen pris,
unt daz man winden solde ein ris,   740
dar an im sterben wurde erkant
âne blúotíge hant.
er rjef mich an (des twang in nôt)
unt mant' mich des daz er mir bôt
sicherheit durch genesen.   745
ich vorhte ân' al mîn' êre wesen,
ob er verlür dâ sînen lip.
ich bat daz klagehafte wip,

---

722 und bei der Heiligkeit und Unverletzlichkeit des Botenamtes. — 723 *als
sie*, indem sie unter solchen Verhältnissen, als Botin. — 724 wenn er der
rechtmäßige Richter wäre. — 725 *rihten* swv. mit dat., einem Recht ver-
schaffen; *rihte* præt. conj. für *rihtete*. — *swære* stf., Beschwerde. — 726 auf
dem Wege richterlicher Entscheidung. — 728 ihror gerechten Sache sich
anzunehmen. — 729 *roup*, hier der geraubte Gegenstand: es sei ihr etwas
durch Raub genommen. — 732 *das* an *nemen war* anknüpfend: dadurch
daß, indem. — 734 ihre Partei nähmen.
735 *Fürsprechen* sing., wie man aus 737 ersieht. — 736 *kranker éren*,
schwache Ehre, soviel als: keine Ehre; *nu:* nachdem ich ihn jetzt genau
kennen gelernt habe. — 739 *verteilen* mit dat. und acc., einem etwas durch
Urtheil absprechen, aberkennen. — 740 *ris* stn., Reis; Strick aus gedrehten
Reisern; in gleichem Sinne gebraucht wie *wit*, *wide*. — 741 an welchem
er den Tod kennen lernen sollte. — 742 der Tod durch den Strick galt
als der schimpflichste; ehrenvoller war der durch Enthauptung, der hier
durch *bluotige hant* bezeichnet ist. — 745 daß er sich mir ergeben hatte,
um sein Leben zu behalten; dieses sollte ich ihm jetzt retten helfen. —

sit sie mit ir ougen sach
daz ich sie manliche rach,   750
528 daz sie durch wibes güete
senfte ir gemüete,
sit daz sie müese ir minne jehen
swáz ir dá wás geschéhen,
unt ir clárem libe: 755
unt ob ie man von wibe
mit dieuste kœme in herzenôt,
ob si im dá nâch ir helfe bôt,
«dèr helfe tuot ez z'èren,
lât iuch von zorne kèren.»   760

    Ich bat den künec unt sîne man,
ob ich im hếté getân
kein dienst, daz er's gedæhte,
daz er mir lasters æhte
mit eime site werte,   765
daz er den riter nerte.
sîn wîp die küneginne
bat ich durch sippe minne,
wand' mich der künec von kinde zôch
und daz mîn triuwe ie gein ir vlôch,.   770
daz sie mir hulfe. ·daz geschach.
die júncfrówen sie súnder sprach:
do genáser durh die künegîn,
er muose ab liden hôhen pîn.
sus wart sîn lip gereinet,   775
solh wandel im bescheinet:

---

749. 750 man sollte in der indirecton Rede den Conjunctiv erwarten: *sæhe*,
*ræche; der Reim hat wol den Indicativ veranlaßt. — 752 *senfte* conj.
præt. für *senftete*. — 753 da sie es ihrer Minne zuschreiben müßte; oder
vielmehr: ihrer Liebenswürdigkeit. — 755 und ihrer Schönheit. — 756 *ob*,
wenn: so wahr; beschwörend. — 758 *dá nách*, nachdem er ihr gedient. —
ir helfe, dadurch daß sie ihn erhörte und ihm Minne gewährte. — 759 die-
ser Hülfe zu Ehren, um dieser Minnehülfe willen: Übergang von indirec-
ter in directe Rede. — 760 *kèren*, abbringen.
    764 *æhte* stf., Verfolgung; daß er mich von der Verfolgung der
Schande befreite. — 765 *mit eime site*, durch ein Verfahren, dadurch. —
768 bei der verwandtschaftlichen Liebe: Gawan ist König Artus' Neffe. —
769 *von kinde*, von Kindheit auf. — 770 *daz* im zweiten Theil eines Neben-
satzes, die Conjunction des ersten Theiles (*wand'*) vertretend, wie franz.
que. Immer Zuflucht bei ihr suchte. — 772 sie sprach mit der Jungfrau
unter vier Augen. — 775 *sus*, auf das Folgende zu beziehen: unter sol-
cher Bedingung. — *gereinet*, gereinigt, von Schuld freigesprochen. —
776 *bescheinen* swv., zeigen: solche Buße ward ihm kund gethan. —

ez wær' vórlóuft od leithunt,
ûz eime troge az sín munt
mit in dâ vier wochen.
sus wart diu frowe gerochen.   780
529 frowe, daz ist sín râche ûf mich.»
sie sprach «sich twirhet sín gerich.
ich enwirde iu líbte niemer holt:
doch enpfæht er drumbe alsolhen solt,
ê er scheide von mîm' lande,   785
des er jehen mac für schande.
sît ez der künec dort niht rach,
alda'z der frouwen dâ geschach,
und ez sich hât an mich gezoget,
ich pin nu iuwer bêder voget,   790
und enwéiz doch wer ir bêdiu sît.
er muoz dar umbe enpfâhen strît,
durch die frouwen eine,
unt dúrch iuch harte kleine.
man sol unfuoge rechen   795
mit slahen und mit stechen.»
Gâwân zuo dem pfärede gienc,
mit líhtem sprunge er'z doch gevienc.
dâ was der knappe komen nâch,
ze dem diu frouwe heidensch sprach   800
al daz sie wider ûf enbôt.
nu næhet och Gâwânes nôt.

Malcréâtiur ze fuoz fuor dan.
do gesáh ouch mîn hêr Gâwân
des junchêrren rúnzít: 805

---

777 *vorlouft* stm., Jagdhund, der auf der Spur des Wildes der erste ist. — *leithunt* stm., Jagdhund, der am Seile geführt wird. — 782 *twirhet* 3. præs. von *twerhen* stv. oder *twirhen* swv. refl., quer, verkehrt gehen: sie erreicht nicht ihr Ziel. — 783 meine Huld erlangt ihr wahrscheinlich niemals, trotzdem u. s. w. — 786 *des*, auf *solt* zu beziehen: den er sich zur Schande anrechnen kann. — 788 *dâ* dient zur Verstärkung von *aldâ*. — 789 da es an mich, zu meiner Entscheidung gekommen ist. — 790 Nachsatz: so will ich über euch beide Richter und Herr sein. — 791 wiewol ich nicht weiß. — *bêdiu*: das Neutr. ist, auf mehrere Personen desselben Geschlechts bezogen, selten. — 794 und keineswegs um euretwillen, weil er euch gekränkt und beleidigt hat. — 799 *der knappe*, Malcreatiure: der sie inzwischen eingeholt hatte. — 800 *heidensch* adj., heidnisch; das neutr. subst. im Acc., in saracenischer Sprache. — 801 *ûf*, auf die Burg. — *enbôt*, wissen ließ.

    804 *gesah*, betrachtete. — 805 *des junchérren*, des mehrfach erwähnten Knappen. —

daz was ze kranc ûf einen strit.
ez hete der knappe dort genomen,
ê er von der halden wære komen,
einem vílâne:
do geschâch ez Gâwâne   810
530 für sîn ors ze behalten:
des geltes muoser walten.
sie sprach hin z'ime, ich wæn' durch haz,
«sagt án, welt ír iht fürbáz?»
dô sprach mîn hêr Gâwân   815
«mîn vart von hinnen wirt getân
al nâch iuwerm râte.»
sie sprach «der kumet iu spâte.»
«nu diene ich iu doch drumbe.»
«des dunkt ir mich der tumbe.   820
welt ir daz niht vermîden,
sô müezt ir von den bliden
kêren gein der riuwe:
iwer kúmber wirt al niuwe.»
dô sprach der minnen gernde   825
«ich pin iuch dienes wernde,
ich enpfâhe's fröude oder nôt,
sît iuwer minne mir gebôt
daz ich muoz z'iwerm gebote stên,
ich mege riten oder gên.»   830

Al stênde bî der frouwen
daz marc begunde er schouwen.
daz was ze dræter tjoste

<hr>

809 es war also ein Bauernpferd. — 810 *geschehen* stv., sich ereignen, sich
treffen: da traf es sich für Gawan so, daß er es an Stelle seines (von
Vrians ihm genommenen) Rosses behalten mußte. — *es*, auf das Pferd zu
beziehen, ist Subject von *geschach* und zugleich von *behalten*. — 812 diesen
Ersatz mußte er sich gefallen lassen. — 813 *durch haz*, in gehässigem
Sinne. — 814 mit Spott über den Klepper, der ihn nicht lange wird tra-
gen können. — 818 *spâte* adv., spät, im Sinne von: niemals. Auf den
könnt ihr lange warten. — 819 *nu — doch*, begründend. — *drumbe*, um
euren Rath. — 820 *der tumbe*, derjenige, ein solcher, der einfältig ist. —
822 *blîde* adj., fröhlich, heiter: aus der Schar, der Gesellschaft der Fröh-
lichen. So werdet ihr in große Trübsal kommen, viel Bitteres erfahren. —
826 *pin — wernde*, Umschreibung des Verb. finit., die Dauer und Bestän-
digkeit ausdrückend: ich lasse nicht ab euch zu dienen. — 827 *enpfâhe's*
conj., möge ich dadurch empfangen. — 829 *z'iwerm gebote stên*, eurem
Gebote zur Verfügung stehen.
    832 *marc* stn., Streitross; aber hier schon in ironischem Sinne, wie
unser «Mähre». — *schouwen*, beschauen, betrachten. —

ein harte krankiu koste,
diu stîcleder von baste. 835
dem edelem werden gaste
was eteswenne gesatelt baz.
ûf sitzen meit er umbe daʒ,
er forht' daz er zetræte
des sateles gewæte. 840

531 dem pfärde was der rücke krump:
wær' drûf ergangen dâ sîn sprunc,
im wær' der rücke gar zevaren.
daz muoser allez dô bewaren.
es het in etswenne bevilt: 845
er zôhez unde truoc den schilt
unt eine glævîne.
sîner scharpfen pîne
diu frouwe sêre lachte,
diu im vil kumbers machte. 850
sinen schilt er ûfez pfärt pant.
sie sprach «füert ir krâmgewant
in mîme lande veile?
wer gap mir ze teile
einen ârzet und eins krâmes pflege? 855
hüet iuch vor zolle ûfem wege:
êtslîch mîn zólnære
iuch sol machen frôuden lære.»
ir scharpfiu sállíure
in dûhte sô gehiure 860
daz er'n ruochte waz sie sprach:

---

834 *koste* stf., Aufwand: war schlecht zu verwenden zu schnellem Los-
rennen. — 835 *stîcleder* stn., Steigriemen. Vgl. *li morgani et le quevecine
del frain furent d'une cordele* Crest. 8534. — 837 *eteswenne*, früher, sonst.
— 838 *meit* præt. von *mîden*, vermeiden, unterlassen. — 840 *gewæte* stn.;
collect. zu *wât*, Rüstung: die Sattelausrüstung. — 843 *zevaren* stv., in
Stücke gehen, zerbrechen. — 844 *bewaren*, vermeiden. — 845 *es*, auf
das Folgende zu beziehen: das was er nun thun mußte. — 846 *zôhez*,
führte es am Zaume, indem er zu Fuß nebenher gieng. — 851 er that
es, um sich Erleichterung beim Gehen zu verschaffen: sie faßt es so auf,
als habe er ihn wie ein Kaufmann seine Waaren auf das Pferd ge-
laden. — 854 wer machte zu meinem Gesellschafter, Reisegenossen. —
855 *pflege* stf., Aufsicht; hier für den Aufseher. — 856 Ritter zahlten
keinen Zoll. Die Kränkung liegt für Gawan also darin, daß sie ihm
sagt: Niemand wird euch für einen Ritter ansehen. — 857 *zolnære* stm.,
Zöllner, Zolleinnehmer. — 858 *sol*, wird. — *frôuden lære*: betrübt:
indem er euch als Krämer anhält. — 859 *sallíure* stf., gesalzene Rede,
Spottrede; franz. *saler*, salzen; *salure*, Salzigkeit. — 860 *sô gehiure*, so
lieblich. — 861 daß er auf den ihn verletzenden Inhalt gar nicht
achtete. —

wan iemer swenne er an sie sach,
sô was sin pfant ze riuwe quit.
sie was im rehte ein meien zit,
vor allem blicke ein flôrî,   865
ougn süeze unt sûr dem herzen bi.
sît flust unt vinden an ir was,
unt des siechiu fröude wol genas,
daz frúmete in z'állen stunden
lédec unt sère gebúnden.   870

532 Manec min meister sprichet sô,
daz Amor unt Cupídô
unt der zwéier muoter Vênus
den liuten minne geben alsus,
mit geschôze und mit fiure.   875
diu minne ist ungebiure.
swem herzenlichiu triuwe ist bi,
der wirt niemer minne fri,
mit fröude, etswenn' mit riuwe.
reht minne ist wâriu triuwe.   880
Cupídô, din strâle
min misset z'allen mâle:
als tuot des hêrrn Amóres gêr.
sit ir zwêne ob minnen hêr,
unt Vênus mit ir vackeln heiz,   885
umb' solhen 'kumber ich niht weiz.
sol ich der wâren minne jehen,

<hr/>

863 *quit* adj., los, ledig: so war das was er bei der Trauer versetzt hatte,
frei; fühlte er sich frei von Trauer. — 865 *ror*, den Vorzug ausdrückend.
— *flôrî* stn., Blüte: wie *bluome*, *flúr* (zu X, 171) zur Bezeichnung des
Herrlichsten, was allen Glanz überstrahlt. — 866 was den Augen lieblich
war und doch das Herz schmerzlich berührte. — 867 Verlust und Finden
ist auf die Freude zu beziehen. — 868 *des*, dasjenige wodurch.
   871 mancher, der diese Dinge besser versteht als ich: es ist das auf
Gelehrsamkeit zu beziehen. — 872 *Amor* und *Cupído* werden von den
mittelalterlichen Dichtern als zwei verschiedene Liebesgötter aufgefaßt;
vgl. Albrecht von Halberstadt, S. xlviii fg. — 874 *alsus*. auf folgende
Weise. — 875 *fiure*: Amor's Fackel, s. Albrecht, S. l. — 876 *diu*, solche:
von außen herangebracht. — *ungehiure*, unlieblich, unschön. — 879 be-
gleitet von Freude, manchmal von Trauer. — 882 auf mich wirkt eine
solche von außen herankommende Liebe nicht, ich kenne sie nicht. —
missen swv. mit gen., verfehlen. — 883 ebenso verfehlt mich. — *gêr* stm.,
Wurfspieß. — 884 wenn ihr zwei und Venus über die Minne gebietet. —
885 die Fackel als Attribut von Venus weiß ich nicht zu belegen: dagegen
werden ihr Pfeil und Bogen wie Amor beigelegt: Albrecht, S. lxviii fg.
— 886 solchen Liebeskummer kenne ich nicht: solche Minne scheint mir
vergänglich und bereitet mir keinen Kummer. Der Dichter unterscheidet
flüchtige, wenn auch aufflammende Leidenschaft und tiefe auf Treue be-
ruhende Liebe. —

diu muoz durch triuwe mir geschehen.
hulfen mîne sinne
iemen iht für minne, 890
hêrn Gâwân bin ich wol sô holt,
dem wolde ich helfen âne solt.
er ist doch âne schande,
lît er in minnen bande;
ob in diu minne rüeret, 895
diu starke wer zefüeret.
er was doch ie sô wêrlîch,
der werden wer alsô gelîch, ·
daz niht twingen solde ein wip
sînen wêrlîchen lip. 900

533   Lât nâher gên, hêr minnen truc.
ir tuot der fröude alsolhen zuc,
daz sich dürkelt fröuden stat
unt bant sich der riuwen pfat. ·
sus breitet sich der riuwen slâ: 905
gienge ir reise anderswâ
dann' in des herzen hôhen muot,
daz diuhte mich gein fröuden guot.
ist minne ir unfuoge balt,
dar zuo dunket sie mích z'alt. 910
ode gîht si's ûf ir kintheit,
swem sie füeget herzeleit?
unfuoge gan ich paz ir jugent,
dan daz sị ir alter bræche tugent.
vil dinges ist von ir geschehen: 915

---

892 *âne solt*, ohne Bezahlung dafür zu nehmen. — 896 *zefüeren* swv., zerstören. — 898 so ganz dem entsprechend, was man würdige Vertheidigung nennt.
901 *Lât nâher gên* mit Ergänzung des Objectes *iuwer ros:* weil er das Prädicat *hêr* anwendet, stellt er sich den *minne druc* als zu Rosse sitzend, als Ritter vor. Kommt näher, damit man euch genauer betrachte. — *minnen truc (druc)*, Zwang der Minne. — 902 *zuc* stm., das Entreißen: ihr entreißt dem Herzen so viele Freude. — 903 *dürkeln* swv., durchlöchern, refl. durchlöchert werden: daß die Freude den Boden unter den Füßen verliert. — 904 *banen* swv. refl., sich einen Weg machen: sich breit machen, breit werden, an Terrain gewinnen. — 908 *gein*, in Bezug auf. — 909 *unfuoge* gen. von *balt* abhängig: dreist in ihrem unpassenden Wesen. — 911 *kintheit:* weil die Minne (Amor) als Kind dargestellt wird. — *jehen* mit gen. und *ûf*, etwas auf Rechnung wovon setzen. — 912 *swem sie*, wenn sie jemand. — *füegen* swv., zufügen. — 913 ich lasse es noch eher hingehen, wenn man ihr unpassendes Wesen ihrer Jugend zuschreibt. — 914 *brechen* stv., verletzen: als daß sie die ihrem Alter zukommende Tugend verletzte. —

wederhalp sol ich des jehen ?
sô sie mit jungen reiser
ir alten site unstæten.
si wirt nie schœner an jener laz.
man sol si's underscheiden laz   920
lûter minne ich prîse.
unt alt die sint wîse.
ez sî wip ode man :
von den it's gauze rede kan.
swâ bei gein liebe erliebe   925
lûter âne trüebe.
der wederz des verdrinze
daz Minne ir herze slinze
mit milde vor der wanc ie flieh.
diu minne ist obe den andern hôch   930

224 swie gern' ich in arme dan,
doch mac min hêr Gâwân
der minn' des niht entwenken.
ein' welle in fröude krenken.
waz hilfet dan min underslac,   935
swaz ich dâ von gesprechen mac?
wert man sol sich niht minne weren :
wan den muoz minne helfen neren.

Gâwân durch minne arbéite enphienc.
sin frouwe reit, ze fuoze er gienc.   940
Orgelüse nât der tegen balt
die kômn in einen grôzen walt.
dennoch muoser gêns wonen.

---

916 *wederhalp*, auf welcher von beiden Seiten: welchem von beiden (ihrer Jugend oder ihrem Alter) soll ich das zuschreiben? — 917 *rœten*, Entschlüssen, wie sie ein Junger, Unbesonnener faßt. — 918 *unstæten swv.*, unstät, schwankend machen; *ir alten site*, ihr altes Wesen, denn das Alter sollte *stæte*, Beständigkeit, Ausdauer, haben. — 919 so kommt sie bald um ihren Ruhm. — 921 *lûter adj.*, rein, ohne Falsch. — 922 und ebenso preisen sie alle die erfahren sind. — 924 die werden mir vollständig darin beistimmen. — 926 *lûter* stn., Lauterkeit. — 927 *der*, von denen: auf *liep* zu beziehen. — 928 *Minne*, hier persönlich, in der folgenden Zeile das Liebesgefühl des Einzelnen. — *slüsse*, in ihre Gewalt nähme. — 931 *dan*, hinweg: von einer Liebe, die ihm nur Trauer bringt. — 933 *entwenken swv.*, entweichen, entrinnen; *des*, in Bezug darauf: er kann der nicht entgehen, daß die Minne ihn. — 934 *krenken* mit acc. und gen., jemand woran schwächen, ihm etwas mindern. — 935 *underslac* stm., Scheidung (vgl. 931): mein Bemühen ihn von dieser Liebe zu befreien. — 937 *wert* adj. in unflect. Form. — *minne* dat., gegen die Minne.

940 bei Crestien ist zwar das Pferd Gawan's auch sehr schlecht, aber er steigt doch nicht ab, sondern reitet, wenn auch unter Beschwerden. — 943 *dennoch*, bisher. — *muoser*, hatte er müssen. — *wonen* mit gen. pflegen. —

er zôch dez pfärt zuo z'eime ronen:
sin schilt, der ê drûfe lac,   945
des er durch schildes ambet pflac,
nam er ze halse: ûf'z pfärt er saz.
ez truog in kûme fürbaz,
anderhálp ûz ín erbûwen lant.
ein' burg er mit den ougen vant: 950
sin herze unt diu ougen jâhen
daz sie erkanden noch gesâhen
decheine burc nie der-gelich.
sie was alumbe riterlich:
türne unde palas   955
manegez ûf der bürge was.
dar zuo muoser schouwen
in den vénstern manege frouwen:
der was vier hundert ode mèr,
vier' under in von arde hêr.   960

535   Von passäschen ungeverte grôz
gienc an ein wazzer daz dâ flôz,
schifræhe, snel, unde breit,
da engein er unt diu frouwe reit.
an dem úrvár ein anger lac,   965
dar ûfe man vil tjoste pflac.
über'z wâzzer stuont dez kastel.
Gâwân der tegen snel
sah einen riter nâch im varen,
der schilt noch sper niht kunde sparen.   970
Orgelûs' diu riche
sprach hôchvérteclîche
«op mir's iuwer munt vergiht,

er führte es an einen Baumstumpf, um mit weniger Wucht aufzusitzen:
er beim Aufsitzen von ebener Erde aus dem Pferde den Rücken zu
rechen fürchtete; X, 842. — 945 vgl. X, 851. — 948 kâme, mit Mühe.
49 anderhalp ûz, auf der andern Seite (des Waldes) hinaus. — 950 vant,
leckte, gewahrte. — 956 maneges ist zunächst auf palas bezogen, aber
ı zu türne zu ergänzen (maneger). — 957 dar zuo, außerdem, dabei. —
von arde hér, durch ihre Abkunft hervorragend.
961 passäsche, franz. passage, Verkehr auf der Straße: durch den vie-
Verkehr, das viele Fahren war der Weg schlecht passierbar: «tief
;efahren» San-Marte. — 964 da engcin, auf welches (das Wasser) zu. —
urvar stn., die Stelle, wo man aus dem Wasser ans Land geht, Lan-
;splatz. '— 967 über, jenseit; vgl. de l'autre part de l'eve sist uns ca-
ıs Crest. 8592. — 970 der es verstand Schild und Speer nicht zu scho-
: der sich auf Kämpfen verstand. — 972 hôchverteclîche adj., stolz,
müthig. — 973 ihr werdet mir zugestehen müssen. —

wederhalp sol ich des jehen?
wil sie mit jungen ræten
ir alten site unstæten,
sô wirt sie schiere an prîse laz.
man sol si's underscheiden baz.   920
lûter minne ich prîse,
unt alle die sint wîse,
ez si wip ode man:
von den ih's ganze volge hân.
swâ liep gein liebe erhüebe   925
lûter âne trüebe,
der 'nwederz des verdrüzze
daz Minne ir herze slüzze
mit minne von der wanc ie flôch,
diu minne ist obe den andern hôch.   930
534 swie gern' ich in næme dan,
doch mác mín hêr Gâwân
der minn' des niht entwenken,
sin' welle in fröude krenken.
waz hilfet dan mîn underslac,   935
swaz ich dâ von gesprechen mac?
wert man sol sich niht minne weren:
wan den muoz minne helfen neren.

Gâwân durch minne arbéite enphienc.
sin frouwe reit, ze fuoze er gienc.   940
Orgelüse unt der tegen balt
die kômn in einen grôzen walt.
dennoch muoser gêns wonen.

---

916 *wederhalp*, auf welcher von beiden Seiten: welchem von beiden (ihrer
Jugend oder ihrem Alter) soll ich das zuschreiben? — 917 *ræten*, Ent-
schlüssen, wie sie ein Junger, Unbesonnener faßt. — 918 *unstœten* swv.,
unstät, schwankend machen; *ir alten site*, ihr altes Wesen, denn das
Alter sollte *stæte*, Beständigkeit, Ausdauer, haben. — 919 so kommt sie
bald um ihren Ruhm. — 921 *lûter* adj., rein, ohne Falsch. — 922 und
ebenso preisen sie alle die erfahren sind. — 924 die werden mir voll-
ständig darin beistimmen. — 926 *lûter* stn., Lauterkeit. — 927 *der*, von
denen: auf *liep* zu beziehen. — 928 *Minne*, hier persönlich, in der folgenden
Zeile das Liebesgefühl des Einzelnen. — *slüzze*, in ihre Gewalt nähme. —
931 *dan*, hinweg: von einer Liebe, die ihm nur Trauer bringt. — 933 *ent-
wenken* swv., entweichen, entrinnen; *des*, in Bezug darauf: er kann dem
nicht entgehen, daß die Minne ihn. — 934 *krenken* mit acc. und gen.,
jemand woran schwächen, ihm etwas mindern. — 935 *underslac* stm.,
Scheidung (vgl. 931): mein Bemühen ihn von dieser Liebe zu befreien. —
937 *wert* adj. in unflect. Form. — *minne* dat., gegen die Minne.
940 bei Crestien ist zwar das Pferd Gawan's auch sehr schlecht, aber
er steigt doch nicht ab, sondern reitet, wenn auch unter Beschwerden. —
943 *dennoch*, bisher. — *muoser*, hatte er müssen. — *wonen* mit gen.,
pflegen. —

er zôch dez pfärt zuo z'eime ronen: 945
sîn schilt, der ê drûfe lac,
des er durch schildes ambet pflac,
nam er ze halse: ûf'z pfärt er saz.
ez truog in kûme fürbaz,
anderhálp ûz în erbûwen lant.
ein' burg er mit den ougen vant: 950
sîn herze unt diu ougen jâhen
daz sie erkanden noch gesâhen
decheine burc nie der· gelîch.
sie was alumbe rîterlich:
türne unde palas   955
manegez ûf der bürge was.
dar zuo muoser schouwen
in den vénstern manege frouwen:
der was vier hundert ode mèr,
vier' under in von arde hêr.   960

535   Von passâschen ungeverte grôz
gienc an ein wazzer daz dâ flôz,
schifræhe, snel, unde breit,
da engein er unt diu frouwe reit.
an dem úrvár ein anger lac,   9G5
dar ûfe man vil tjoste pflac.
über'z wázzer stuont dez kastel.
Gâwân der tegen snel
sah einen rîter nâch im varen,
der schilt noch sper niht kunde sparen.   970
Orgelûs' diu rîche
sprach hôchvérteclîche
«op mir's iuwer munt vergiht,

---

er führte es an einen Baumstumpf, um mit weniger Wucht aufzusitzen:
er beim Aufsitzen von ebener Erde aus dem Pferde den Rücken zu
rechen fürchtete; X, 842. — 945 vgl. X, 851. — 948 *kûme*, mit Mühe.
19 *anderhalp ûz*, auf der andern Seite (des Waldes) hinaus. — 950 *vant*,
eckte, gewahrte. — 956 *maneges* ist zunächst auf *palas* bezogen, aber
i zu *türne* zu ergänzen *(maneger)*. — 957 *dar zuo*, außerdem, dabei. —
von *arde hêr*, durch ihre Abkunft hervorragend.
)61 *passâsche*, franz. *passage*, Verkehr auf der Straße: durch den vie-
Verkehr, das viele Fahren war der Weg schlecht passierbar: «tief
efabren» San-Marte. — 964 *da engein*, auf welches (das Wasser) zu. —
urvar stn., die Stelle, wo man aus dem Wasser ans Land geht, Lan-
geplatz. — 967 *über*, jenseit; vgl. *de l'autre part de l'eve sist uns ca-*
s Crest. 8592. — 970 der es verstand Schild und Speer nicht zu scho-
der sich auf Kämpfen verstand. — 972 *hôchverteclîche* adj., stolz,
müthig. — 973 ihr werdet mir zugestehen müssen. —

sô briche ich mîner triuwe niht:
ich het's iu ê sô vil gesaget,   975
daz ir vil lasters hie bejaget.
nu wert iuch, ob ir kunnet wern:
iuch enmac ánders niht ernern.
der dort kumet, iuch sol sîn hant
sô vellen, ob iu ist zetrant   980
iender iuwer niderkleit,
daz lât iu durch die frouwen leit,
die obe iu sitzent unde sehent.
waz op die iuwer laster spehent?»

　　　Des schiffes meister über her   985
kom durch Orgelûsen ger.
vome lande in'z schif sie kêrte,
daz Gâwânen trûren lêrte.
diu rîche wol geborne
sprach wider ûz mit zorne   990
536 «ir'n komt niht zuo mir dâ her iu:
ir müezet pfant dort ûze sîn.»
er sprach ir trûreclîchen nâch
«frówe, wie'st iu von mir sô gâch?
sol ich iuch iemer mêr gesehen?»   995
sie sprach «iu mac der prîs geschehen,
ich state iu sehens noch an mich.
ich wæn' daz sêre lenget sich.»
diu frouwe schiet von im alsus:
hie kom Lischoys Gwelljus.   1000
sagete ich iu nu daz der flüge,
mit der rede ich iuch betrüge:

---

975 é, vorher; vgl. X, 249 fg. — 980 zetrant part. von zetrennen swv., auf-
trennen. — 981 niderkleit stn., Beinkleid. — 982 lât iu leit sc. wesen: vgl.
zu I, 708. — 983 obe iu, über euch, an den Fenstern; vgl. X, 958. —
984 die Schande ist eine doppelte: daß die Frauen seinen Sturz und bei
dieser Gelegenheit seine zerrissenen Hosen sehen.
　　985 über her, herüber. Bei Crestien ist kein Schiffsmann da, sondern
die Dame löst es selbst vom Ufer; auch lädt sie Gawan ein mit herein-
zukommen, was er aber ablehnt, damit es nicht den Anschein habe, als
fliehe er vor dem Ritter. — 988 daz, was: auf die ganze vorige Zeile zu
beziehen. — 990 wider ûz, nach außen zurück. — 992 ihr bleibt als Pfand
dort draußen, kommt von dort nicht los. — 994 wie könnt ihr so von mir
wegeilen? — 995 werde ich euch je wiedersehen? — 996 der prîs, die
Ehre: kann euch noch zu Theil werden. — 997 ich verschaffe euch noch
Gelegenheit (zu VIII, 606) mich anzusehen. — 1002 dann würde ich euch
etwas vorlügen: der Dichter scherzt über den von ihm gebrauchten aber
häufigen Ausdruck, den er hier scherzend eigentlich faßt, fliegen für
schnell reiten. —

er gâhte ab' anders sêre,
daz es dez ors het êre
(wan daz erzeigte snélhéit), 1005
über den grüenen anger breit.
dô dâhte min hêr Gâwân
«wie sol ich beiten dises man?
wederz mac dez wæger sin?
ze fuoze od ûf dem pfärdelin? 1010
wil er vollîch an mich varn,
daz er den poinder niht kan sparn,
er sol mich nider riten:
wes mac sin ors dâ biten,
ez enstrûche ouch über daz rûnzît? 1015
wil er mir denne bieten strit
aldâ wir bêde sin ze fuoz,
ob mir halt niemer wurde ir gruoz,
diu mich diss strites hât gewert,
ich gibe im strit, ob er des gert.» 1020

537 Nu, diz was unwendec.
der komende was genendec:
als was ouch der dâ beite.
zer tjost er sich bereite.
dô sazte er die glævîn 1025
vorn ûf des satels vilzelin,
des Gâwân vor hete erdâht:
sus wart ir bêder tjoste brâht:
diu tjost ietweder sper zebrach,
daz man die helde ligen sach. 1030
dô strûchte der baz geriten man,

<hr>

1003 *anders*, im Übrigen: nur daß es nicht gerade ein Fliegen war. —
1006 mit *gâhte* zu verbinden. — 1009 *weder* adj., welcher von beiden. —
1010 mit *beiten* zu verbinden: ihn zu erwarten zu Fuß. — 1011 *vollîch* adv.,
mit voller Gewalt. — 1012 *den poinder*, den Lauf des Rosses. — *kan*,
nicht: versteht, sondern: es liegt in seiner Art und Absicht. — 1013 *sol*,
wird. — 1014 was kann sein Ross da erwarten, was wird das Resultat
sein? — 1017 *aldâ*, in einer Situation, in welcher. — 1018 wenn sie mir
auch niemals hold würde. — 1020 *gibe im strit*, nehme den Streit mit
ihm auf.
1021 *unwendec* adj., nicht rückgängig zu machen, unabwendbar. —
1022 *genendec* adj., kühn, muthig. — 1026 *vilzelin* stn., kleiner Filz: das
Demin. steht mit verächtlichem Nebensinne, um das armselige zu be-
zeichnen. So auch vorher bei *pfärdelin* X, 1010. — 1027 *des* auf den
vorausgehenden Satz zu beziehen: so hatte es sich Gawan vorher aus-
gedacht, so wollte er ihn erwarten. — 1028 *brâht*, zu Stande gebracht,
ausgeführt. — 1031 enthält erst den näheren Bericht, wie sie beide zu
Fall kamen. — *geriten*, beritten. —

daz er unt mîn hêr Gâwân
ûf den bluomen lâgen.
wes sie dô bêde pflâgen?
ûf springes mit den swerten: 1035
sie bêde strites gerten.
die schilde wâren unvermiten:
die wurden alsô hin gesniten,
ir bleip in lützel vor der hant:
wan der schilt ist iemer strites pfant.   1040
man sach dâ blicke und helmes tiur.
ir megt's im jehen für âventiur,
swen got den sic dau læzet tragen:
der muoz vil prîses ê bejagen.
sus tûrten sie mit strîte   1045
ûf des angers wîte:
es wæren müede zwêne smide,
op sie halt heten starker lide,
von alsô manegem grôzem slage.
sus rungen sie nâch priss bejage.   1050
538 wer solt' sie drumbe prîsen,
daz die unwîsen
striten âne schulde,
niuwan durch prîses hulde?
sine heten niht ze teilen,   1055
àn' nôt ir leben ze veilen.
ietweder ûf den andern jach,
daz er die schulde nie gesach.

   Gâwân kunde ringen
unt mit dem swanke twingen: 1060

1035 *springes* = *springens*, von *pflägen* abhängig. — 1037 *unvermiten*, un-
geschont: wurden nicht geschont. — 1038 *hin gesniten*, weggeschnitten, in
Stücke geschnitten. — 1039 *ir*, von ihnen: den Schilden. — 1040 der
Schild hat beim Streite immer am meisten zu leiden. — 1042 ihr könnt
es dem als Glück anrechnen. — 1044 *é*, vorher, ehe er den Sieg davon
tragen kann. — 1045 so kämpften sie lange. — 1047 *es* gen. von *ez*, davon:
näher bezeichnet durch V. 1049. — *wæren*, wären geworden. — Der Ver-
gleich von Kämpfern mit Schmieden ist in der mittelalterlichen Poesie
häufig; vgl. zu Stricker's Karl 5124. — 1048 *starker lide* gen. pl. wie der
französische partitive Genetiv. — 1052 unverständig nennt er sie, weil sie
gar keinen Grund zu feindlicher Begegnung hatten. — 1054 bloß um die
Gunst der Ruhmesgöttin zu erringen. — 1055 sie hatten nichts auseinander
zu setzen, denn sie standen in gar keiner Beziehung zueinander. —
1056 *veilen* swv., preisgeben. — 1057 jeder mußte dem andern zugestehen,
daß er die Schuld, die der andere gegen ihn hatte, nie gesehen, nicht
kannte.
1060 *swanc*, hier das Niederwerfen im Ringkampfe. —

swem er daz swert undergienc
unt in mit armen z'im gevienc,
den twang er swes er wolde.
sit er sich weren solde,
do gebârter wérlîche.   1065
der werde muotes riche
begreif den jungen ellenthaft,
der ouch het manliche kraft.
er warf in balde under sich:
er sprach hin z'im «helt, nu gich,   1070
wellestú geuesen, sicherheit.»
der bete volge unbereit
was Lischois der dâ unde lac,
wand' er nie sicherheit gepflac.
daz dûhte in wunderlich genuoc,   1075
daz ie man die hant getruoc,
diu in solde überkomen
daz nie wart von im genomen,
betwungenlichiu sicherheit,
der sin hant ê vil erstreit.   1080
539 swie'z dâ was ergangen,
er hete vil enpfangen
des er niht fürbaz wolde geben:
für sicherheit bôt er sin leben,
und jach, swaz im geschæhe,   1085
daz er nimer verjæhe
sicherheit durch dwingen.
mit dem tôde wolder dingen.

1061 *undergán*, unterlaufen: ins Schwert fallen, dadurch den Gebrauch
desselben hindern. — 1062 *z'im gevienc*, an sich faßte. — 1063 *swes*,
wozu: — 1065 so benahm er sich auch wehrhaft. — 1070 *gich* imper. von
jehen, davon hängt *sicherheit* (gen.) ab: sprich nur daß du dich ergibst. —
1072 *unbereit* adj., nicht bereitwillig, mit gen. *volge*, und davon *der bete*
abhängig: der Aufforderung beizupflichten. — 1073 *dâ* mit *der*, nicht mit
unde zu verbinden. — 1074 weil er mit Ergebung sich nie beschäftigt
hatte. — 1075 *genuoc*, sehr. — 1076 *die hant*, eine solche, so tapfere Hand.
— 1077 *überkomen* stv., überwinden, vermögen; mit gen. zu etwas; der-
selbe muß aus *das* ergänzt werden: *des das*, zu etwas was. — 1079 *sicher-
heit*, nähere Erklärung zu *das*. — *betwungenlich* adj., durch Zwang er-
reicht. — 1080 *vil*, nämlich von andern. — 1081 wiewol er hier besiegt
worden. — 1082 *enpfangen*, nämlich *sicherheit* von andern: aber er wollte
das Empfangene nicht weiter geben, wollte nur behalten; scherzhafte
Wendung des Dichters. — 1084 *für*, anstatt. — 1087 *durch dwingen*, das-
selbe was *betwungenlîch* V. 1079. — 1088 lieber wollte er mit dem Tode
einen Vertrag schließen.

Dô sprach der unde ligende
«bistu nu der gesigende?   1090
des pflag ich dô gòt wolde
und ích prís haben solde:
nu hât mîn prís ein ende
von dîner werden hende.

swâ vreischet man ode wíp   1095
daz überkomen ist mîn líp,
des prís sô hôhe ê swébetẹ enbór,
sô stêt mir baz ein sterben vor,
ê mîne friwent diz mære
sol machen fröuden lære.»   1100
Gâwân warp sicherheit an in:
dô stuont sin gir und al sîn sin
niuwan ûf's lîbés verderben
oder ûf ein gæhez sterben.

dô dâhte mîn hêr Gâwân   1105
«durch waz tœte ich disen man?
wolt' er sús ze mîne gebotẹ stên,
gesunt lięz' ich in hinnen gên.»
mit rede warb er'z an in sô:
daz'n wart niht gar geleistet dô.   1110

540   Ûf liez er doch den wigant
âne gesíchérte hant.
jetweder ûf die bluomen saz.
Gâwân sîns kumbers niht vergaz,
daz sîn pfärt was sô kranc: 1115
den wísen lêrte sîn gedanc
daz er daz ors mit sporn rîte

1091 *des* entweder auf den ganzen vorausgehenden Vers zu beziehen,
der, was Wolfram's Syntax angemessen, auf ein aus *gesigen* herauz-
nehmendes *sic*. — 1098 *stêt mir baz*, steht mir besser an; *ein sterben
or*, vorher zu sterben. — 1099 *friwent* pl. in unflect. Form; diese ist
ei dem ursprünglich participialen *friwent* mhd. sehr üblich. — 1101 *warp
'cherheit*, ersuchte ihn sich zu ergeben. — 1103 *libes verderben* und
æhez sterben ist nicht dasselbe: jenes ist die Vernichtung seines Lebens
lurch Gawan), dieses ein plötzlicher Tod, den ihm Gott schickt. —
107 *sus*, sonst, im Übrigen: wenn er übrigens nur thut, was ich ihm
ebiete. — 1109 *sô*, in dieser Weise, unter dieser Bedingung: er schlug
im diese Bedingung vor. — 1110 *niht gar*, durchaus nicht, ganz und
ar nicht.
1111 *Ûf liez*, ließ aufstehen. — 1112 *gesicherte hant*, eine Hand, die
icherheit gelobt hat: ohne daß er die *sicherheit* ausgesprochen hatte. Vgl.
:, 305. — 1116 indem er hin und her dachte, brachte das den verstän-
igen Mann auf den Gedanken. — 1117 *daz ors*, von Lischoys. —

unz er versuochte sinen site.
daz was gewâpent wol für strit:
pfellel unde samit   1120
was sîn ander covertiur.
sît er'z erwarp mit âventiur,
durch waz solt' er'z nu rîten niht,
sît ez ze rîten im geschiht?
er saz drûf: dô fuor ez sô,   1125
sîner wîten sprunge er was al vrô.
dô sprach er «bistu'z Gringuljete?
daz Vrîâns mit valscher bete,
er weiz wol wie, an mir rewarp;
dâ von iedoch sîn prîs verdarp.   1130
wer hât dich sus gewâpent sider?
ob du'z bist, got hât dich wider
mir schône gesendet,
der dicke kumber wendet.»
er 'rbcizte drabe. ein marc er vant: 1135
des grâles wâpen was gebrant,
ein turteltûbe, an sînen buoc.
Lähelin zer tjoste sluoc
drûffe den von Prienlascors.
Oriluse wart diz ors: 1140
541 der gabez Gâwâne
ûf dem Plimizœls plâne.

Hie kom sîn trûrec güete
aber wíder in hôchgemüete;
wan daz in twang ein riuwe   1145
unt dienestbœriu triuwe,

1118 bis er erprobt hätte seine Brauchbarkeit; ob es ihn werde tragen
können. — 1121 *sîn ander*, seine zweite: denn unter dieser war die eiserne
Decke, die das Pferd schützte. — 1122 *erwarp*, erworben hatte. — 1124 vgl.
zu X, 810. — 1126 statt eines Satzes mit *daz*, der von *sô* abhienge. —
1128 indem er Gawan bat, seiner Dame aufs Pferd zu helfen und inzwi-
schen auf Gawan's Ross sprang; vgl. X, 581 ff. — 1129 er weiß sehr
wohl, ob es auf rechtmäßige Weise geschah oder nicht. — 1130 er verlor
dadurch seine Ehre; vgl. X, 736. — 1131 auf welche Weise es von Vrians
an Lischoys gekommen, erzählt der Dichter nicht. Wahrscheinlich ist
nach den Drohworten Orgelusens X, 784, daß der dem Knappen mit-
gegebene Auftrag (X, 800) darin bestand, daß Vrians von Lischoys bestraft
werden solle. — *sider*, seitdem: seit ich dich verlor. — 1135 er will sich
überzeugen, ob es wirklich sein Ross ist. — 1137 vgl. IX, 1235. — *buoc*
stm., der obere Theil des Beines. — 1139 vgl. IX, 1225. — 1140 *wart*, ward
zu Theil. — 1141 vgl. VII, 57.
    1143 *Hie*, bei dieser Gelegenheit. Sein von Trauer gebeugter edeler
Sinn. — 1146 *dienestbœre* adj., dienstbar, dienstwillig. —

die er nâch siner frouwen truoc,
diu ime doch smæhe erbôt genuoc:
nâch der jágetẹ in sín gedanc.
innen dés der stolze Lischoys spranc   1150
da ẹr ligen sach sín eigen swert,
daz Gâwân der tegen wert
mit strite ûz siner hende brach.
manec fróuwe ir ander strîten sach.
die schilde wâren sô gedigen,   1155
ietweder lie den sînen ligen
und gâhten sus ze strîte.
ietweder kom bezîte
mit herzenlicher mannes wer.
ob in saz fróuwén ein her   1160
in den vénstern ûf dem palas
unt sâhen kampf der vor in was.
dô huop sich êrste niuwer zorn.
ietweder was sô hôch geborn
daz sîn prîs unsanfte leit   1165
ob in der ander überstreit.
helm' unt ir swert liten nôt:
diu wârn ir schilde für 'en tôt:
swer dâ der helde strîten sach,
ich wæne er's in für kumber jach.   1170

542   Líschóys Gwélljús
der junge süeze warb alsus:
vrechheit unt ellenthaftiu tât,
daz was sins hôhen herzen rât.
er frumete manegen snellen swanc: 1175

1147 *nâch*, die Sehnsucht, das Verlangen bezeichnend. — 1148 *smæhe* stf.,
Schmach, Beleidigung. — 1153 *brach*, mit Gewalt entrissen hatte; vgl.
X, 1061. — 1154 die Frauen an den Fenstern der Burg; vgl. 958. —
1155 *gedîhen* stv., in einen Zustand kommen; vgl. 1037 ff. — 1158 kam
zu rechter Zeit, säumte nicht. — 1159 *herzenlîch* adj., was von Herzen
kommt, herzhaft. — 1160 *frouwen* gen. von *ein her* abhängig. — 1162 *sâhen*
könnte für *sâhenn = sâhen den* stehen; doch ist auch die Auslassung des
Artikels nicht anstößig. — 1165 *unsanfte leit*, es sich schwerlich gefal-
len ließ. — 1167 das possess. *ir* muß auch zu *helm'* ergänzt werden. —
1168 *diu*, auf *helme* und *swert* zu beziehen: das Neutr. steht wegen des
verschiedenen Geschlechtes. — *schilde*: der Ausdruck ist gewählt, um zu
bezeichnen, daß sie zugleich die ihnen fehlenden Schilde vertreten muß-
ten. — 1170 er mußte ihnen das Streiten als eine große Last, Mühsal,
anrechnen.
    1173 *vrechheit*, gewöhnlich mit Unterdrückung von *h*: *vrecheit* (I, 766),
Muth, Kühnheit. — 1174 das war es, wozu sein hochstrebendes Herz ihn
antrieb. —

dicke er von Gâwâne spranc,
und aber wider sêre ûf in.
Gâwân truoc stætlichen sin:
er dâhte «ergrîfe ich dich zuo mir,
ich sóles vil gár gelônen dir.»   1180
man sach dâ fiwers blicke
unt diu swért ûf werfen dicke
ûz ellenthaften henden.
si begúndn ein ander wenden
neben, für unt hinder sich.   1185
âne nôt was ir gerich:
sie möhten'z âne strîten lân.
do begréif in mîn hêr Gâwân,
er warf in under sich mit kraft.
mit halsen solch geselleschaft   1190
müeze mich vermîden:
i'ne möht' ir niht erlîden.

Gâwân bat sicherheite:
der was als unbereite
Lischoys der dâ unde lac,   1195
als do er von érste strîtes pflac.
er sprach «du sûmest dich ân' nôt:
für sicherheit gib' ich den tôt.
lâz enden dîne werden hant
swaz mir ie prîses wart bekant.   1200
543 vor gote ich pin verfluochet,
mîns prîss er niemer ruochet.
durch Orgelûsen minne,
der edelen herzoginne,

1177 *sêre*, mit Heftigkeit; *aber wider*, wieder zurück. — 1178 *stætlîch* adj.,
fest, beständig, ausdauernd: er ließ sich durch all das nicht irre machen.
— 1179 kann ich dich in meine Nähe zu fassen bekommen; vgl. 1062. —
1180 *gelônen* swv. mit dat. und gen., jemand wofür lohnen. — 1182 *ûf
werfen*, emporschleudern. — 1184 *wenden*, eine Richtung geben, treiben. —
1186 — 87 derselbe Gedanke, der schon X, 1051 — 58 ausgedrückt war. —
1187 *ez*, allgemein: die Sache. — 1190 *halsen* stv., umhalsen. Solche
Freundschaft, wie sie in einem derartigen Umarmen sich kund gibt. —
1191 *müeze*, wünschend: möge. — *mich vermîden*, mich ungeschoren las-
sen. — 1192 ich könnte sie nicht ertragen.
1193 *sicherheite* gen.: bat ihn sich zu ergeben. — 1194 *als*, ebenso. —
unbereite adj., dasselbe was *unbereit*, X, 1072. — 1196 *von érste*, zuerst:
mit Gawan kämpfte. — 1197 du hältst dich unnöthig auf, indem du so
etwas von mir verlangst. — 1198 man sollte eher erwarten *das leben*; vgl.
X, 1084, oder *nim ich den tôt*; es ist also eine Vermischung zweier Aus-
drucksweisen, *geben* passt nur zu dem ersten Worte. — 1200 allen Ruhm,
den ich je erfahren, erworben habe. —

muose mir manc werder man 1205
sînen prîs ze mînen handen lân:
du maht vil prîses erben,
ob du mich kanst ersterben.»

Dô dâht' des künec Lôtes sun
«deiswâr i'n sol alsô niht tuon: 1210
so verlüre ich prîses hulde,
erslüege ich âne schulde
disen küenen helt unverzaget.
in hât ir minne ûf mich gejaget,
der minne mich ouch twinget 1215
und mir vil kumbers bringet:
wan lâze ich in durch sie genesen?
op mîn teil an ir sol wesen,
des enmag er niht erwenden,
sol mir'z gelücke senden. 1220
wær' unser strît von ir gesehen,
ich wæn' sie müese och mir des jehen,
daz ich nâch minnen dienen kan.»
dô sprach mîn hêr Gâwân
«ich wil durch die herzogin 1225
dich bî dem leben lâzen sin.»

Grôzer müed' sie niht vergâzen:
er liez in ûf, sie sâzen
von ein ander verre.
dô kom des schiffes hêrre 1230
544 von dem wazzer ûfez lant.
er gienc unt truog ûf sîner hant
ein mûzersprinzelîn al grâ.
ez was sîn reht lêhen dâ,
swer tjostierte ûf dem plân, 1235

---

5 *ze mînen handen,* in meinen Händen. — 1207 du bist der Erbe meines
hmes, indem aller von mir erworbene Ruhm auf dich übergeht. —
3 *ersterben* swv., sterben machen, tödten.
1211 *so,* alsdann, in dem Falle. — *prîses hulde:* vgl. X, 1054. —
5 *der,* deren. — 1217 *wan,* warum nicht. — *durch sie,* um ihretwillen. —
3 wenn es mir bestimmt ist, daß ich Antheil an ihr habe: wenn sie
st mein werden soll. — 1223 *nâch minnen dienen,* dienen um Minne zu
erben.
1227 sie konnten nicht umhin müde zu sein: es war natürlich, daß
sehr müde waren. — 1230 vgl. X, 985. — 1234 *reht,* rechtmäßig. —
n: er war mit dem Rechte belehnt. —

daz er daz ors solde hân
jenes der dâ læge:
unt disem, der síges pflæge,
des hende solde er nigen
und sîn pris niht verswigen.   1240
sus zinste man im blüemin velt:
daz was sin beste huoben gelt,
ode obe sin mûzersprinzelin
ein gâlandern lêrte pîn.
von anders nihtiu gienc sin pfluoc: 1245
daz dûhte in urbor genuoc.
er was geborn von riters art,
mit guoten zühten wol bewart.
er gienc zuo Gâwâne:
den zins von dem plâne   1250
den iesch er zühtecliche.
Gâwân der ellens riche
sprach «hèrre, i'n wart nie koufman:
ir megt mich zolles wol erlân.»
des schiffes hèrre wider sprach   1255
«hèrre, sô manec frouwe sach
daz iu der pris ist hie geschehen:
ir sult mir mines rehtes jehen.
hèrre, tuot mir reht bekant.
ze rehter tjost hât iuwer hant   1260
545 mir diz ors erworben
mit prise al unverdorben,
wand' iuwer hant in nider stach,
dem al diu werlt ie prises jach
mit wârheit unze an disen tac.   1265

1236 *er*, der Herr des Schiffes. — 1237 *læge*, unterläge. — 1239 dessen
Hand sollte er danken, da sie ihm das Ross erworben. — 1240 seine Ehre
laut verkünden. — 1241 *zinsen* swv., Zins von etwas geben: so machte
man ihm das blumige Feld zinsbar. — 1242 *huoben gelt*, die Einkünfte des
Ackers. — 1243 *ode*, oder sonst etwa noch: seine übrigen Einnahmen be-
standen etwa noch darin. — 1244 *gâlander*, altfranz. *calandre*, Hauben-
lerche. — *lêrte pîn*, in Noth brachte, indem er sie fieng. — 1245 *nihtiu*
instrument. von *niht*, und davon hängt der Gen. *anders* ab. — *pfluoc* stm.,
Geschäft; Lebensunterhalt; von nichts anderem gewann er seinen Lebens-
unterhalt. — 1246 *urbor* gen. pl., Einkünfte. — 1253 ich bin in meinem
Leben kein Kaufmann gewesen. — 1254 als Ritter ist er frei von Zoll;
vgl. zu X, 856. — *ir megt wol*, ihr habt guten Grund; oder: ihr habt kei-
nen Grund Zoll von mir zu verlangen. — 1255 *wider sprach*, antwortete. —
1259 *tuot mir reht bekant*, erzeigt mir das mir zukommende Recht. —
1260 in rechtmäßigem Zweikampfe. — 1262 *unverdorben*, unverkürzt; wobei
euer Ruhm keine Schmälerung erlitten hat, im Gegentheil gemehrt worden
ist. — 1263 *in*, denjenigen. —

iwer prîs, sînhálp der gotes slac,
im fröude hât enpfüeret:
gròz sælde iuch hât gerüeret.»

    Gâwân sprach «er stach mich nider:
des erholte ich mich sider.   1270
sit man iu tjost verzinsen sol,
er mag iu zins geleisten wol.
hêrre, dort stêt ein runzit:
daz erwarp an mir sîn strît:
daz nemet, ob ir gebietet.   1275
der sich diss orses nietet,
daz pin ích: ez muoz mich hinnen tragen,
solt halt ir niemer ors bejagen.
ir nennet reht: welt ir daz nemen,
sonę darf iuch niemer des gezemen   1280
daz ich ze fuoze hinnen gê.
wan daz tæte mir ze wê,
solt' diz ors iuwer sîn:
daz was sò ledeclîche mîn
dennoch hiute morgen fruo.   1285
wolt ir gemaches grîfen zuo,
sò ritet ir sanfter einen stap.
diz ors mir ledeclîchen gap
Orilus der Purgunjoys:
Vrians der fürste ûz Punturtoys   1290
546 eine wil' het mir'z verstolen.
   einer mûlinne volen

1266 *sînhalp*, seinerseits. Der Ruhm, den ihr gewonnen, der Gottes Schlag,
der ihn betroffen.
    1269 vgl. X, 1030 ff. — 1270 nicht: davon erholte ich mich, sondern:
das machte ich gut, das vergalt ich ihm nachher. — 1271 *versinsen* swv.,
Zins von etwas geben. — 1272 er muß den Zins bezahlen, denn er hat
mich ja zuerst niedergeworfen, daher ihr auf mein Ross, jenen Klepper,
das ich in den Kampf brachte, Anspruch habt. — 1274 weil er mich aus
dem Sattel warf. — 1275 *ob ir gebietet*, wenn ihr wollt. — 1276 *nieten*
swv. refl., sich annehmen, mit gen.; Besitz ergreifen wovon. — 1278 *solt =
soltet. — halt*, auch. — 1279 ihr sprecht von dem was recht ist; wenn ihr
das in Anspruch nehmt, so müßt ihr auch einräumen, daß es unrecht
wäre, wenn ich als Sieger zu Fuß fortgehen sollte. — 1280 *gezemen*, ge-
ziemend dünken. — 1281 vgl. *cis fiés me seroit a rendre trop griés, c'aler
a pié m'en couvenroit* Crest. 8753. — 1284 *ledeclîche*, unbestritten, zu freier
Verfügung; vgl. 1288. — 1286 *wolt* præt. = *woltet*. — *grîfen zuo* mit gen.,
Hand anlegen, anfangen: wolltet ihr auf diese Weise in einen bequemen
Besitz gelangen. — 1287 *einen stap rîten* ist Bezeichnung für ein Kind;
so seid ihr einfältiger als ein Kind. — 1291 *versteln* stv., wegstehlen. —
1292 *mûlinne* stf., Mauleselin. —

möht ir noch è gewinnen.
ich kan iuch anders minnen:
sit er iuch dunket alsô wert, 1295
für daz ors des ir hie gert
habt iu den man der'z gein mir reit.
ist im daz liep ode leit,
dâ kèr' ich mich wênec an.»
dô fröute sich der schifman. 1300

Mit lâchéudem munde er sprach
«sô riche gàbe ich nie gesach,
swem sie rehte wære
z'enpfâhén gebære.
doch, hêrre, welt ir's sin min wer, 1305
übergolten ist min ger.
für wâr sin pris was ie sô hel,
fünf hundert ors starc unde snel
ungerne ich für in næme,
wand' ez mir niht gezæme. 1310
welt ir mich machen riche,
sô werbet riterlìche:
megt ir's sô gewaldec sin,
antwurten in den kocken min,
sô kunnt ir werdekeit wol tuon.» 1315
dô sprach des künec Lôtes sun
«beidiu drîn und derfür,
unz innerhalp iuwer tür,
antwurte ih'n iu gevangen.»

1293 es wäre noch eher möglich, daß ihr von einer Mauleselin, die un-
fruchtbar ist, ein Fohlen erzieltet, als dies Ross bekämt. — 1294 *minnen*
swv., mit éinem Andenken beschenken. — 1295 er, auf den *man* V. 1297
zu beziehen. — Da ihr ihn so gepriesen habt; vgl. 1264 fg. — 1296 *für*,
anstatt. — 1297 *habt iu*, behaltet für euch. Den Gedanken hat Wolfram
aus Crestien entnommen, wo aber das Behalten des Ritters schon vom
Fährmann als in seinem Rechte begriffen vorgesehen ist: Crest. 8765.
1303 *rehte* adv. mit *gebœre* zu verbinden. — 1304 wenn es éinem nur
ziemte sie zu empfangen. — 1305 *doch*, indess, da ihr sie mir angeboten
habt, wenn ihr mir Bürge dafür sein wollt, wenn es euch wirklich Ernst
damit ist. — 1306 *übergelten* stv., über den Werth hinaus bezahlen. —
1307 *hel*, laut tönend, weit verbreitet, groß. — 1309 *ungerne*, schwerlich =
durchaus nicht. — 1310 *gezœme*, passend dünkte, weil sein Werth höher
ist. — 1311 mich wirklich in den Besitz des Geschenkes setzen. — 1312 so
fügt noch diese ritterliche That hinzu. — 1313 *es* kann Neutr. oder Mascul.
(dessen oder seiner) sein. Crest. 8775 *se tant vales*. — 1314 *antwurten*
swv., überantworten; von *gewaldec* abhängig: (ihn) in meinen Kahn zu
schaffen. — 1315 so versteht ihr euch trefflich auf werthes Handeln. —
1317 in das Schiff hinein und wieder hinaus. — 1319 liefere ich ihn euch. —

«sò wert ir wol enpfangen», 1320
547 sprach der schifmán: des grôzer danc
was mit nigen niht ze kranc.

Dô sprach er «lieber hérre min,
dar zuo ruochet selbe sin
mit mir hinte durch gemach. 1325
grœzer ére nie geschach
decheinem verjen, mim' genóz:
man prüevet mir'z für sælde grôz,
behalte ich alsus werden man.»
dô sprach min hêr Gâwân 1330
«des ir gert, des solde ich biten.
mich hât grôz müede überstriten,
daz mir ruowens wære nôt.
diu mir diz ungemach gebôt,
diu kan wol süeze siuren 1335
unt dem hérzen fröude tiuren
unt der sórgen machen riche:
sie lônet ungelîcbe.
ôwê vindenlichiu flust,
du senkest mir die einen brust, 1340
diu ê der hœhe gerte
dô mich gót fröuden werte.
dâ lag ein herze unden:
ich wæn' daz ist verswunden.
wâ sol ich nu trœsten holen, 1345
muoz ich âne helfe dolen
nâch minne alsolhe riuwe?
pfligt sie wiplîcher triuwe,

1320 dann werdet ihr in meinem Hause ein willkommener Gast sein. —
1322 war nichts weniger als schwach im Verneigen, äußerte sich stark in
fortwährendem Verneigen.
  1324 *dar zuo*, außerdem bitte ich euch. — 1325 heut Nacht mein Gast
zu sein. — *durch gemach*, um auszuruhen, um es euch bequem zu machen.
— 1327 *verje* swm., Fährmann. — *genôz*, Standesgenosse. — 1328 man wird
urtheilen, daß mir ein großes Glück widerfahren ist. — 1332 *überstriten*,
überwunden, überkommen. — 1334 die mich in diese Noth brachte. —
1335 *siuren* swv., *sûr*, herb, bitter machen. — 1336 *tiuren* swv., selten
machen, benehmen, rauben. — 1338 *ungeliche*, nicht entsprechend ihrem
Wesen: denn in diesem ist *süeze* und *fröude*, in ihrem Lohne aber das
Gegentheil. — 1339 *vindenlich* adj., mit Finden verbunden; vgl. X, 867. —
1340 die linke Seite der Brust sinkt ihm ein, weil das Herz daraus ver-
schwunden ist. — 1341 die sonst hoch emporstrebte. — 1343 *dâ — unden*,
unter dieser Seite der Brust. — 1345 *trœsten* = trôst. — 1347 *nâch minne*,
in Sehnsucht nach Liebe. — 1348 *pfligt sie*, besitzt sie. —

sie sol mir fröude mêren,
diu mich kan sus versêren.»   1350

548   Der schifman hôrte daz er ranc
       mit sorge und daz in minne twanc.
       dô sprach er «hêrre, ez ist hie reht,
       ûfem plâne unt in dem föréht
       unt aldâ Clinschor hêrre ist: 1355
       zageheit noch manllch list
       füegent'z anders niht wan sô,
       hiute riuwec, morgen vrô.
       ez ist iu lîhte unbekant:
       gar âventiure ist al diz lant: 1360
       sus wert ez naht und ouch den tac.
       bî manheit sælde helfen mac.
       diu sunne kan sô nider stên:
       hêrre, ir sult ze schiffe gên.»
       des bat in der schîfmán.   1365
       Lischoysen fuorte Gâwân
       mit im dannen ûf den wâc:
       gedulteclîche ân' allen bâc
       man den helt des volgen sach.
       der verje zôch daz ors hin nâch.   1370

       Sus fuoren s' über an den stat.
       der verje Gâwânen bat
       «sit selbe wirt in mîme hûs.»
       daz stuont alsô daz Artûs
       ze Nantes, dâ er dicke saz,   1375
       niht dorfte hân gebûwet baz.

1349 *sol*, wird, oder: sie hat Grund, Verpflichtung: mir meine Freude
wiedergeben; vgl. 1336.
  1353 *reht*, Brauch, nämlich was in V. 1356—58 gesagt ist. In diesem
Lande der Wunder hängt alles nicht bloß vom persönlichen Werthe des
Menschen, sondern ebenso von seinem Glücke ab. — 1354 *föreht = fôrest*
(zu I, 809), Forst, Wald; vgl. zu VI, 1354. — 1355 der Name Clinschor
kommt bei Crestien nicht vor; es heißt nur V. 8910 *uns sages clers d'astro-
nomie*. — 1358 die volksthümlichere Fassung des Sprichwortes stand
II, 1348. — 1359 *lîhte*, wahrscheinlich. — 1360 aus lauter Abenteuern
und Wundern besteht, von ihnen ist ganz voll. Crest. *car c'est une terre
sauvaye tote plaine de grans merveilles* 8824. — 1362 der Muth reicht nicht
immer aus, der Mensch muß auch Glück haben. — 1363 *kan*, sie hat es
an sich: sie steht bereits so niedrig. — 1368 *ân' allen bâc*, ohne alles
Widerstreben. — 1369 *des*, darin.
  1373 er stellt ihm sein ganzes Haus zur Verfügung; wie wir sagen
würden: thut als wenn ihr zu Hause wäret. — 1374 *daz*, das Haus. —
stuont, war beschaffen. — 1376 kein besseres Gebäude zu haben brauchte. —

dâ fuort' er Lischoysen în.
der wirt unt daz gesinde sîn
sich des underwunden.
an den selben stunden   1380
549 der wirt ze sîner tohter sprach
«du solt schaffen guot gemach
mîme hêrren der hie stêt.
ir zwei mit ein ander gêt.
nu diene im unverdrozen: 1385
wir hân sîn vil genozen.»
sime súne bevalher Gringuljeten.
des diu maget was gebeten,
mit grôzer zuht daz wart getân.
mit der megde Gâwân   1390
ûf eine kemenâten gienc.
den éstrîch al übervienc
niwer bínz und bluomen wol gevar
wâren drûf gesniten dar.
do enwâpent' in diu süeze.   1395
«got iu des danken müeze»,
sprach Gâwân. «frouwe, es ist mir nôt:
wan daz man'z iu von hove gebôt,
sô dient ir mir ze sêre.»
sie sprach «ich diene iu mêre,   1400
hêrre, nâch iweren hulden
dan von andern schulden.»

Des wirtes sun, ein knappe, truoc
senfter bette dar genuoc
an die want gein der tür: 1405
ein teppech wart geleit derfür.

1380 zu gleicher Zeit. — 1382 du sollst für seine Bequemlichkeit sorgen.
— 1384 *ir zwei*, du und Gawan: das Neutrum steht, weil es Personen ver-
schiedenen Geschlechtes sind. — 1386 wir haben großen Nutzen von ihm
gehabt, wir verdanken ihm viel. — 1388 *des*, um was. — 1392 *estrîch* stm.,
Estrich, Stein- oder Cementfußboden. — *übervâhen* stv., bedecken. —
1393 des Bestreuens des Fußbodens mit Binsen war schon II, 752 er-
wähnt: hier kommen noch Blumen dazu. Die Subjecte gehören wieder
gemeinsam zu beiden Verben, zwischen denen sie stehen. — 1394 *drûf*,
auf den Estrich; *dar* könnte entbehrt werden. — 1397 *es ist mir nôt*. Ich
muß es sagen. — 1398 *von hove*, von seiten des Hausherrn: *hof* ist die
Herrschaft, der Gebieter des Hauses. Wenn es euch nicht von eurem
Vater anbefohlen wäre. — 1399 so müßte ich sagen, ihr dient. — 1401 um
eure Huld zu gewinnen.
    1404 *senfte*, weich. — 1405 *gein*, gegenüber. — 1406 *derfür*, vor das
Bett. —

dâ solde Gâwân sitzen.
der knappe truoc mit witzen
eine kultern sô gemâl
ûf'z bett', von rôtem zindâl.   1410
550 dem wirte ein bette ouch wart geleit.
dar nâch ein ander knappe treit
dar für tischlâchen unde brôt.
der wirt den bêden daz gebôt:
dâ gienc diu hûsfrouwe nâch.   1415
dô diu Gâwânen sach,
si enpfieng in herzenlîche.
sie sprach «ir hât uns rîche
nu alrêrst gemachet:
bêrre, unser sælde wachet.»   1420

Der wirt kom, 'z wazzer man dar truoc.
dô sich Gâwân getwuoc,
eine bete er niht vermeit,
er bat den wirt gesellekeit:
«lât mit mir ezzen dise maget.»   1425,
«hêrre, ez ist sie gar verdaget
daz sie mit hêrren æze
odę in sô nâhe sæze:
sie wurde lîhte mir ze hêr.
doch habe wir iwer genozzen mêr.   1430
tohter, leiste al sîne ger:
des bin ich mit der volge wer.»
diu süeze wart von scheme rôt,
doch tet sie daz der wirt gebôt:
zuo Gâwân saz frou Bêne.   1435
starker süne zwêne

1408 *mit witzen*, in verständiger Weise: er verstand sich darauf. — 1409 *sô*,
mit Bezug auf das *rôt* in der folgenden Zeile. — 1410 unter den Betten
sind hier Ruhebetten, Sophas zu verstehen. — 1414 *den bêden*, den beiden
Knappen. — 1415 darauf kam die Hausfrau. — 1420 *diu sælde wachet*, ein
alter auf mythologischer Vorstellung ruhender Ausdruck, der schon bei
Otfried vorkommt: *sîd wachêta altên mannôn thiu sâlida in thên undôn*
I, 26, 4.
1421 *wazzer*, um sich die Hände vor Tisch zu waschen. — 1424 *ge-*
sellekeit, um Gesellschaft: um eine Gesellin. — 1426 *verdagen* swv. mit
doppeltem Acc., verschweigen: es ist ihr gänzlich verschwiegen, es ist noch
nie davon die Rede gewesen, noch nie daran gedacht worden. — 1429 *ze*
hêr, zu hochmüthig. — 1430 wir haben euch zu viel zu danken, als daß
ich nicht euren Wunsch erfüllen sollte. — 1432 dazu verspreche ich dir
meine Beistimmung: jeder Dienst, den du ihm erweisest, wird meinen Bei-
fall haben. — 1433 schamroth, wegen der ihr angethanen Ehre. —

het der wirt ouch erzogen.
· nu hete daz sprinzelin erflogen
des âbents dri gâlander:
die hiez er mit ein ander   1440
551 Gâwân tragen alle dri,
und eine salsen derbi.
diu juncfrouwe niht vermeit,
mit guoten zühtén sie sneit
Gâwân süeziu mursél   1445
ûf einem blanken wastel
mit ir clâren henden.
dô sprach sie «ir sult senden
dirre gebrâten vogel einen
(wan sie hât enkeinen),   1450
hêrre, miner muoter dar.»
er sprach zer megde wol gevar,
daz er gerne ir willen tæte
dar an ode swes sie bæte.
ein gâlander wart gesant   1455
der wirtin. Gâwânes hant
wart mit zühten vil genigen
unt des wirtes danken niht verswigen.

Dô brâhte ein des wirtes sun
purzeln unde lâtûn   1460
gebrochen in den vînæger.
ze grôzer kraft daz unwæger
ist die lenge solhiu nar:
man wirt ir ouch ·niht wol gevar.
solch varwe tuot die wârheit kunt,   1465

1437 *erzogen,* groß gezogen. — 1438 *sprinzelîn* stn., kleines Sperberweibchen.
— *erfliegen,* fliegend erreichen, fangen. — 1439 vgl. *plouviers et faisans et
perdriz* Crest. 8844. — 1441 *Gâwân* dat. — 1442 *salse,* was *salsse* (V, 447),
gesalzene, gewürzte Brühe. — 1444 mit trefflichem Anstande. — 1445 *mursel*
stn., Bissen, Leckerbissen; altfranz. *morcel,* neufranz. *morceau.* — 1446 *wastel*
stn., Brot; vgl. zu VIII, 771. Dasselbe diente zugleich als Teller, da solche
damals etwas Seltenes waren. — 1449 *gebrâten = gebrâtenen.* — 1454 *dar an,*
in dieser Beziehung. — 1456 *hant* dat., von *nîgen* abhängig: sie dankte der
Hand, die ihr die Aufmerksamkeit erwiesen.
1460 *purzel* swf., Portulac, mundartlich noch heute Purzelkraut ge-
nannt. — *lâtûn* stm.?, lat. *lactuca,* franz. *laitue,* Lattich, Salat. —
1461 *vînæger* stm., franz. *vinaigre,* Essig. — 1462 *unwæge* adj., unvortheil-
haft; der Compar. bedeutet etwa: weniger nützlich. Um große Kraft zu
geben ist solche Nahrung auf die Länge nicht gerade vortheilhaft. —
1464 *ir,* von ihr, von ihrem Genusse: bekommt man kein gutes Aussehen,
sondern bleiche Farbe. — 1465 die bleiche Farbe, das Erblassen verräth
denjenigen, der die Wahrheit verheimlichen will. —

die man sloufet in den munt.
gestrichen varwe úfez vel
ist selten worden lobes hel.
swelch wîplich herze ist stæte ganz,
ich wæn' diu treit den besten glanz.   1470

552   Kunde Gâwân guoten willen zeren,
        des möhte er sich dâ wól néren:
        nie muoter gunde ir kinde baz
        denn' im der wirt des brôt er az.
        dô man den tisch hin dan enpfienc   1475
        unt dô diu wirtin úz gegienc,
        vil bette man dar úf dô treit:
        diu wurden Gâwân geleit.
        einez was ein pflûmit,
        des zieche ein grüener samít: 1480
        des niht von der hôhen art:
        ez was ein samít pastart.
        ein kulter wart des bettes tach,
        niht wan durch Gâwâns gemach,
        mit einem pfellel, sunder golt   1485
        verre in heidenschaft geholt,
        gestéppét ûf pálmât.
        dar über zôch man linde wât,
        zwei lîlâchen snêvár.
        man leit' ein wanküssen dar,   1490
        und der mégede mantel einen,

1466 *sloufen* swv., schlüpfen lassen: die man hinunterschluckt, nicht sagen
will. Vgl. Bech in der Germania VII, 299 fg. — 1467 man kann allerdings
die Blässe durch Schminke verhüllen; allein auf die Dauer hält das nicht
vor und trägt keine Ehre ein. Vgl. über den sprichwörtlichen Ausdruck
Haupt zum Winsbecken 26, 3. — 1468 *lobes hel*: vgl. zu X, 1307. — 1469 die
Schminke als etwas Trügerisches, Unbeständiges wird der *stæte* gegenüber-
gestellt. — *stæte* ist gen., von *ganz* abhängig: vollkommen in Beständigkeit.
1471 Wenn Gawan bloß von gutem Willen hätte zehren können, so
wäre er schon davon satt geworden. — 1473 das allgemeine Object *es* ist
zu ergänzen. — 1475 *enpfienc*; der gewöhnliche Ausdruck ist *nemen*: *en-
pfienc* und *gegienc* sind plusquamperf. — 1477 *dar úf*, in die Kemenate;
vgl. 1391. — 1479 *pflûmit* stn., Bett von Flaumfedern. — 1480 *zieche* swf.,
Überzug. — 1481 nicht von dem Sammt der edeln und vornehmen Art. —
1482 *pastart* = *bastart*, unechter Stoff: hier adj. gebraucht. — 1483 *des
bettes tach* (= *dach*), die Bettdecke. — 1485 der *pfellel* war nicht mit Gold
gekauft, sondern mit Kampf errungen. — 1487 vgl. I, 694. — *gesteppet*
gehört zu *kulter*. — *palmât* stm.? stn.?, ein weicher Seidenstoff, mehrfach
im Parzival. — 1488 *wât*, Stoff. — 1489 *lilachen* stn. aus *linlachen* (VI, 434),
leinenes Laken, Betttuch. — *snévar* adj., schneefarbig. — 1490 *wanküssen*
stn. aus *wangküssen*, Kissen für die Wange. — 1491 *mantel* ist nicht gen.
pl., einen der Jungfrau gehörigen Mantel. —

härmîn niuwen reinen.
mit urloube er'z undervienc,
der wirt, ê daz er slâfen gienc.
Gâwân al eine, ist mir gesaget,   1495
beleip aldâ, mit im diu maget.
het er iht hin z'ir gegert,
ich wæn' sie hetes in gewert.
er sol ouch slâfen, ob er mac.
got hüete sîn, sô kom der tac.   1500

1493 *undervâhen* stv., auffangen: er schob das Urlaubnehmen dazwischen
ehe er gieng; er gieng nicht weg ohne sich zu beurlauben. — 1497 wenn
er ihre Minne begehrt hätte. — 1499 *sol*, er hat Grund; er hat seinen
Schlaf sich verdient. — 1500 *kom* conj. præs. für *kome*, wenn der Tag
komme, dann wird er Gottes Schutz nöthig haben.

ELFTES BUCH.

GAWAN UND DAS WUNDERBETT.

Am andern Morgen fragt Gawan Bene, welche Bewandtniss es mit den Frauen auf dem Schlosse habe; sie bittet ihn weinend, die Frage zu unterlassen. Das Gleiche thut ihr hinzukommender Vater, der aber auf Gawan's Drängen ihm mittheilt, er befinde sich in Terre marveile in des Zauberers Klinschor's Lande. Bestehe er das Abenteuer mit dem Wunderbette im Schlosse, so erlöse er die gefangenen Frauen und erhalte das Land. Entschlossen das Abenteuer zu bestehen, wird Gawan von Plippalinot dem Fährmann ausgerüstet, überläßt dem am Thore sitzenden Krämer sein Ross zur Bewahrung und betritt das Schloß. In einem Zimmer auf spiegelhellem Estrich rollt das Wunderbett auf Rädern. Gawan springt auf dasselbe, worauf es wild im Zimmer umherfährt. Als es still steht, dringen unsichtbar geschleuderte Steine und Pfeile auf ihn ein und verwunden ihn durch den Schild hindurch. Ein Bauer mit einer Keule, dann ein Löwe kommt, den Gawan tödtet, aber auf den er bewußtlos niedersinkt. Arnive, die nebst drei Königinnen unter den gefangenen Frauen ist, sendet erst zwei ihrer Dienerinnen, sich nach ihm umzusehen, und nimmt ihn dann selbst in ihre Pflege, unter der er bald gesundet.

———

553   Grôz müede im zôch diu ougen zuo:
    sus slief er unze des morgens fruo.
    do 'rwáchęté der wigant.
    einhálp der kemenâten want
    vil venster hete, dâ vor glas.   5
    der venster einez offen was
    gein dem boumgarten:
    dar in gienc er durch warten,
    durch luft und durch der vogel sanc.

——————— -

5 *glas:* Glasfenster in Privathäusern waren um 1200 noch etwas außerordentlich Seltenes; daher es hier besonders hervorgehoben wird. — 8 *durch warten,* um sich umzusehen. — 9 *durch luft,* um Luft zu schöpfen. —

sin sitzen wart dâ niht ze lanc,   10
er kôs ein' burc, die'r's âbents sach,
do im diu âventiur geschach;
vil frouwen ûf dem pálás:
mangiu únder in vil schœne was.
ez dûht' in ein wunder grôz,   '15
daz die frouwen niht verdrôz
ir wachens, daz sie sliefen niht.
dennóch der tac was niht ze lieht.
er dâhte «ich wil in z'êren
mich an slâfen kêren.»   20
wider an sin bette er gienc:
der megede mantel übervienc
in: daz was sin decke.
op man in dâ iht wecke?
nein, daz wær' dem wirte leit.   25
diu maget durch gesellekeit,
aldâ sie vor ir muoter lac,
sie brach ir slâf des sie pflac,
unt gienc hin ûf z'ir gaste:
der slief dennóch al vaste.   30
554 diu magt ir dienes niht vergaz:
vür'z bette ûfen teppech saz
diu clâre juncfrouwe.
bi mir ich selten schouwe
daz mir âbents oder fruo   35
sölch âventiure sliche zuo.

Bi einer wil' Gâwân erwachte:
er sach an sie und lachte,
unt sprach «got halde iuch, frönwelin,

---

er hatte noch nicht lange da gesessen, da sah er. — 11 *sach*. gesehen
:te; vgl. X, 950. — 12 das Abenteuer mit Lischoys. — 13 vgl. X, 958. —
er wunderte sich, daß die Frauen schon so früh am Tage auf waren;
:ht setzte er voraus, daß sie die Nacht wachend dort zugebracht hätten.
18 der Tag war noch nichts weniger als hell, es war noch ziemlich
nkel. — 19 *in z'êren*, ihnen zu Ehren, um ihretwillen; damit sie meinem
ispiel folgen. — 20 mich zum Schlafen wenden, mich schlafen legen. —
vgl. X, 1491. — 26 *durch gesellekeit*, um ihm Gesellschaft zu leisten, um
 Hand zu sein, wenn er erwachte; oder auch: aus freundschaftlicher
sinnung; vgl. III, 1287. — 27 *vor ir muoter*, an der Seite der Mutter. —
brach, unterbrach, brach ab. — 30 er war wieder fest eingeschlafen. —
selten, niemals: ein solches Abenteuer, Glück begegnet mir niemals. —
sliche zuo, unbemerkt, unverhofft herankomme.
37 *Bi* mit gekürztem Vocal, weil derselbe mit der folgenden Silbe ver-
:leift wird: nach Verlauf einer Zeit. — 39 *fröuwelin* stn., Mägdlein. —

daz ir durch den willen min 40
iuwern slâf sus brechet
und an iu selber rechet
des ich niht hân gedienet gar.»
dô sprach diu maget wol gevar
«iuwers diens wil ich enbern. 45
ich ensol niwan hulde gern.
hêrre, gebietet über mich:
swaz ir gebiet, daz leiste ich.
al die mit minem vater sint,
beidiu min muoter unde ir kint 50
suln iuch ze hêrren iemer hân:
sô liebe habet ir uns getân.»
er sprach «sit ir iht lange komen?
het ich iuwer kunft ê vernomen,
daz wær' mir liep durch vrâgen, 55
wolt' iuch des niht betrâgen
daz ir mir'z geruochet sagen.
ich hân in disen zwéin tágen
vil frouwen obe mir gesehen:
von den sult ir mir verjehen 60
555 durch iuwer güete, wer die sin.»
do erschrac daz juncfröuwelin,
sie sprach «hêrre, nu vrâgt es niht:
ich pin diu's niemer iu vergiht.
ih'n kan iu niht von in gesagen: 65
ob ih'z halt weiz, ich solez verdagen.
lât'z iu von mir niht swære,
und vrâget anderr mære:

---

42 selber st. dat. von selp; und euch entgelten, an euch ausgehen laßt. —
43 des = daz des: was ich durchaus nicht verdient habe; ich habe euch
noch keinen Dienst erwiesen, um dessentwillen ihr mir ein solches Opfer
bringen solltet. — 45 es liegt darin nicht eine Abweisung seines Dienstes,
sondern sie scheint sich dessen nicht würdig: ich mache keinen Anspruch
darauf. — 46 ich wünsche nur, daß ihr mir freundlich und gnädig gesinnt
seid; das ist meine Schuldigkeit und natürliche Stellung zu euch. —
50 kint ist plur.: die beiden Söhne und sie selbst sind darunter verstanden;
vgl. X, 1436. — 52 liebe adv.: solche Freundlichkeit habt ihr uns erwie-
sen. — 53 seid ihr schon lange hier? — 55 das wäre mir lieb gewesen,
damit ich euch hätte fragen können. — 58 zwein tagen, gestern und heute.
— 62 juncfröuwelin deminut. zu juncfrouwe, junges Mägdlein. — 63 es, da-
nach. — 64 ich pin diu, ich bin diejenige welche: zur Hervorhebung der
Person: von mir werdet ihr es nie erfahren. — 66 wenn ich's auch weiß,
ich habe Ursache, die Pflicht. — 67 swære sc. sin oder wesen, was hier
wie anderwärts (zu I, 708) die verschiedenen Hss. verschieden einzuschie-
ben suchen. Nehmt es mir nicht übel. — 68 anderr mære gen. pl.; vgl. 63:
nach andern Dingen, anderer Auskunft. —

daz rât' ich, welt ir volgen mir.»
Gâwân sprach aber wider z'ir,   70
mit vrâge er gienc dem mære nâch
umb' al die frouwen die'r dâ sach
sitzendę ûf dem palas.
diu mâget wol sô getriuwe was
daz sie von herzen weinde   75
und grôze klage erscheinde.

    Dennoch was ez harte fruo:
innen dés gienc ir vater zuo.
der liezez âne zürnen gar,
ob diu maget wol gevar   80
ihts dâ wær' betwungen,
und ob dâ was gerungen:
dem gebârte sie geliche,
diu maget zühte riche,
wand' sie dem bette nâhe saz.   85
daz liez' ir vater âne haz.
dô sprach er «tohter, wein' et niht.
swaz in schimpfe alsus geschiht,
ob daz von êrste bringet zorn,
der ist schier' dâ nâch verkorn.»   90
556 Gâwân sprach «hie'st niht geschehen,
wan des wir vor iu wellen jehen.
ich vrâgte dise maget ein teil:
daz dûhte sie mîn unheil,
und bat mich daz ih'z lieze.   95
ob iuch des niht verdrieze,
sô lât mîn dienst umb' iuch bejagen,

---

er forschte der Sache mit wiederholten Fragen nach. — 72 *umbe* ist mit
ge zu verbinden: man sagt *erfragen umbe einen*. — 74 meinte es so gut
ihm. — 75 *weinde*, weil sie wußte, welche Gefahren Gawan bevor-
nden, wenn er die Sache erkundet hatte. — 76 *erscheinde*, zeigte.
79 *liezez* ist conj. plusquamperf., hätte es gelassen: *lâzen âne zorn*,
nen, *haz* m. acc., etwas geschehen lassen, ohne darüber zu zürnen. Der
re gar nicht erzürnt darüber gewesen. — 81 *ihts*, zu etwas (vgl. III, 1391);
zen des Sinnes von *iht* vgl. X, 1497. — 82 *ringen* in dem Sinne wie
681: wenn Gawan ihre Minne mit Gewalt genommen hätte. — 83 dem
sprechend benahm sie sich: diesen Anschein hatte ihr Benehmen. —
um so mehr als sie. — 87 *wein' et niht*, weine nur nicht. — 90 *verkorn*,
schmerzt. — 91 nichts was wir euch zu verheimlichen hätten. —
wan des, ausgenommen das was. — 93 *ein teil*, etwas, ziemlich viel:
setzte ihr mit Fragen zu. — 97 *umb' iuch* ist mit *dienst* zu verbinden:
laßt den Dienst, den ich euch geleistet habe, das erwerben, den Lohn
erwerben, belohnt mich damit für den euch geleisteten Dienst. —

wirt, daz ir mir'z ruochet sagen,
umb' die frouwen obe uns hie.
ih'n friesch in al den landen nie   100
dâ man möhte schouwen
sô manege· clâre frouwen
mit so liehtém gebende.»
der wirt want sine hende:
dô sprach er «vrâget's niht durch got: 105
hêrre, da ist nôt ob aller nôt.»
«sô muoz ich doch ir kumber klagen»,
sprach Gâwân. «wirt, ir sult mir sagen,
war umbe ist iu min vrâgen leit?»
«hêrre, durch iuwer manheit.   110
kunnt ir vrâgen niht verbern,
sô welt ir lihte fürbaz gern:
daz lêrt iuch herzen swære
und macht uns fröuden lære,
mich und elliu miniu kint,   115
diu iu ze dienste erboren sint.»
Gâwân sprach «ir sult mir'z sagen.
welt aber ir mich'z gar verdagen,
daz iuwer mære mich vergêt,
ich freische iedoch wol wie'z dâ stêt.» 120

557 Der wirt sprach mit triuwen
«hêrre, sô muoz mich riuwen
daz iuch des vrâgens niht bevilt.
ich wil iu lihen einen schilt:
nu wâpent iuch ûf einen strit.   125
ze Terre márvéile ir sit:
Lît márvéile ist hie.
hêrre, ez wart versuochet nie

:, wonach ich das Mädchen fragte. — 99 wie es mit den Frauen steht.
00 al den landen, allen den Ländern, die ich durchwandert, die ich
ne. — 101 dâ, einen Ort, wo. — 106 da entweder: an dem Orte wo die
aen sind, oder wie oft am Anfang einer Rede, begründend. — 107 sô
z, wenn sich das auch so verhält, so darf ich doch. — 112 welt ir
, werdet ihr wahrscheinlich. — 118 gar, durchaus. — 119 vergén mit
, an etwas vorübergehen, ihm fern bleiben; mich vergét ein d., es wird
nicht zu Theil. Wenn ich von euch keine Auskunft erhalte.
122 riuwen, dauern, jammern. — 123 daß ihr vom Fragen nicht ab-
. — 126 Terre marveile, Land der Wunder; vgl. VI, 1159. — 127 lît
reile = daz bette von dem wunder XI, 405. Lît, franz. lit, Bett. Crest.
li lis de la merceille. — 128 es hat sie noch niemand bestanden. —

OLFRAM VON ESCHENBACH. II. 2. Aufl.   16

úf Schastel márvéil diu nòt.
iuwer lében wil ín den tòt.   130
ist iu âventiur bekant,
swaz ie gestreit iuwer hant,
daz was noch gar ein kindes spil:
nu næbent íu riubæriu zil. »
Gâwân sprach «mir wære leit,   135
op min gemach ân' arbeit
von disen frouwen hinnen rite,
ih'n versuochte ê baz ir site.
ich hân ouch ê von in vernomen:
sit ich sô nâhen nu bin komen,   140
mich ensol des niht betrâgen,
ich enwelle'z durch sie wâgen.»
der wirt mit triuwen klagete.
sime gaste er dô sagete
«aller kumber ist ein niht,   145
wan dem ze lîdén geschiht
disiu âventiure:
diu ist scharpf und ungehiure
für wâr und âne liegen.
hèrre, i'n kan niht triegen.»   150

558 Gâwân der priss erkande
an die vórhte sich niht wande:
er sprach «nu gebet mir strites rât.
ob ir gebietet, rîters tât
sol ich hie leisten, ruochet's got.   155
iuwern rât und iwer gebot
wil ich iemer gerne hân.
hèr wirt, ez wære missetân,
solt' ich sus hinnen scheiden:

---

wenn ihr auch wißt was Abenteuer sind. — 132 *ie,* bisher. — 136 *min
ach,* Umschreibung für die Person und deren Eigenschaft oder Zu-
d: ich in ruhiger Bequemlichkeit. — *ân' arbeit,* ohne Mühsal erfahren
haben. — 138 *ih'n versuochte,* ohne daß ich versucht, erfahren hätte. —
genauer. — 139 *ê:* schon an Artus'. Hofe durch Cundrien; vgl.
1156 ff. — 146 *wan dem,* nur der kann von wirklichem *kumber* reden,
. — 147 hier ist klar ersichtlich, daß das Subst. nicht als Object des
u. aufzufassen ist, wie an andern Stellen angienge; vgl. X, 810. —
ich verstehe mich nicht aufs Trügen.
151 der durch seinen Ruhm weit bekannte. — 152 gerieth durch diese
heilung keineswegs in Furcht. — 153 *strîtes rât,* Rath zum Kampfe. —
wenn ihr damit einverstanden seid. — 157 wird mir willkommen sein.
59 *sus,* so unverrichteter Sache. —

die lieben unt die leiden   160
heten mich für einen zagen.»
alrêrst der wirt begunde klagen,
wand' im sô leide nie geschach.
hin ze sîme gaste er sprach
«op daz got erzeige   165
daz ir niht sît veige,
sô wert ir hêrre diss landes:
swaz frouwen hie stêt pfandes,
die starkez wunder her betwanc,
daz noch nie riters prîs erranc,   170·
manc sarjant, edeliu riterschaft,
op die hie erlœset iuwer kraft,
sô sît ir prîss gehêret
und hât iuch got wol gêret:
ir muget mit fröuden hêrre sîn   175
über manegen liehten schîn,
frowen von manegen landen.
wer jæhe iu des ze schanden,
ob ir hinnen schiet alsus?
sit Lischoys Gwelljus   180
559 iu sînen prîs hie lâzen hât,
der manege riterlîche tât
gefrümet hât, der süeze:
von rehte ih'n alsus grüeze.
mit ellen ist sîn riterschaft: ' 185
sô manege tugent diu gotes kraft
in mannes herze nie gestiez,

---

160 *die lieben*, die freundlich Gesinnten, Freunde. — *die leiden*, die Ver-
haßten, Feinde. — 163 *leide* adv. — 165 wenn Gott durch den Ausgang
des Abenteuers zeigt, daß ihr nicht zum Tode bestimmt seid. — 168 *swaz
frouwen*, so viel von Frauen, so viele Frauen, alle Frauen die. — *stêt
pfandes* zu I, 1560: verpfändet sind, ihrer Freiheit beraubt, gefangen. —
169 *her betwanc*, hierher in Gefangenschaft brachte. — 170 *daz* ist nicht
mit *wunder* zu verbinden, sondern greift dem Satze mit *op* V. 172 voraus:
wenn sie, was noch nie bisher ein noch so berühmter Ritter errang, er-
löst. — 171 Nominative, welche wie *swaz frouwen* der Construction voraus-
gehen und durch *die* V. 172 in dieselbe aufgenommen werden. — 173 *prîss
geheret*, mit Ruhm geschmückt. — 176 *liehten schîn*, glänzenden Anblick;
Umschreibung für die schönen Frauen, wie wir auch Schönheit für schöne
Frau brauchen. — 179 *schiet = schiedet.* — *alsus*, ohne das Abenteuer be-
standen zu haben; vgl. 159. — 180 der Nachsatz zu diesem *sit* fehlt, kann
aber aus der Frage leicht ergänzt werden: so habt ihr hinreichend be-
wiesen, daß ihr ein tapferer Ritter seid, auch wenn ihr dieses neue Aben-
teuer nicht besteht. — 181 *iu lâzen*, euch gelassen, ihn im Kampf mit euch
verloren hat. — 184 *grüezen* swv., nennen: mit Bezug auf *der süeze.* —
185 seine ritterlichen Thaten sind von Muth begleitet, zeigen Muth. —

ân' Ïthẽrn von Kahaviez.
der Ïthẽrn vor Nantes sluoc,
mîn schif in gestern über truoc.   190
er hât mir fünf ors gegeben
(got in mit sælden lâze leben),
diu hérzógen und künege riten.
swaz er hât ab in erstriten,
daz wirt ze Pelrapeire gesaget: 195
ir sicherheit hât er bejaget.
sîn schilt treit maneger tjoste mâl.
er reit hie vorschen umbe'n grâl.»

Gâwân sprach «war ist er komen?
saget mir, wirt, hât er vernomen,   200
do er sô nâhe was hie bî,
waz disiu âventiure sî?»
«hêrre, er'n hâtes niht ervaren.
ich kunde mich des wol bewaren
daz ih's im zuo gewüege: 205
unfuoge ich danne trüege.
het ir sélbe vrâgens niht erdâht,
niemer wært ir's innen brâht
von mir, waz hie mæres ist,
mit vorhten scharpf ein strenger list.   210
560 welt ir niht erwinden,
mir unt minen kinden
geschach sô rehte leide nie,
ob ir den lîp verlieset hie.
sult aber ir pris behalten   215
unt diss landes walten,

---

188 *án*, ausgenommen: nicht daß dieser ihn übertroffen hätte, aber er kam
ihm gleich. — 189 Parzival; vgl. 3. Buch. — 191 fünf Rosse von besiegten
Rittern; vgl. X, 1234. — 193 *riten*, geritten hatten. — 195 das müssen die
von ihm Besiegten in Pelrapeire verkünden: er schickt sie an seine Ge-
mahlin Condwiramurs.
   201 Gawan wundert sich, daß Parzival der Stätte des Abenteuers
so nahe war und nichts davon erfahren haben soll, und doch kann
er nicht glauben, daß Parzival, wenn er es erfahren, dasselbe nicht
bestanden haben würde. — 204 mich wohl davor hüten. — 205 *im zuo
gewüege* (von *gewahen*), daß ich es gegen ihn erwähnt hätte. — 206 ich
würde dann den Vorwurf etwas Unziemliches begangen zu haben, auf mich
geladen haben. — 207 wenn ihr selbst nicht auf den Gedanken gekommen
wäret zu fragen. — 208 *innen bringen* mit acc. und gen., jemand etwas ken-
nen lehren. — 210 Apposition zu *waz mæres*. — *list* stm., unheimliche
Zauberkunst; *mit vorhten scharpf*, mit großen Schrecken verbunden. —
211 *erwinden*, zurückstehen. — 215 *sult ir*, ist es euch beschieden. — *aber*
tritt gern vor das Pronomen, zwischen dieses und das Verbum. —

sô hât min armuot ende.
ich getrûw' des iuwerr hende,
sie hœhe mich mit rîcheit.
mit frôuden liep âne leit   220
mac iuwer prîs hie 'rwerben,
sult ir niht ersterben.
nu wâpent iuch gein kumber grôz.»
dennoch was Gâwân al blôz:
er sprach «tragt mir mîn harnasch her.»   225
der bete was der wirt sîn wer.
von fuoze ûf wâpent' in dô gar
diu süeze maget wol gevar.
der wirt nâch dem orse gienc.
ein schilt an sîner wende hienc,   230
der dicke unt alsô herte was,
dâ von doch Gâwân sit genas.
schilt und ors im wâren brâht.
der wirt was álsô bedâht
daz er wider für in stuont: 235
dô sprach er «hêrre, ich tuon iu kunt
wie ir sult gebâren
gein iuwers verhes vâren.
mînen schilt sult ir tragen.
der'n ist durchstochen noch zerslagen: 240
561 wande ich strite selten:
wes möht' er danne enkelten?
hêrre, swenne ir ûf hin kumet,
ein dinc iu zem orse frumet.
ein krâmer sitzet vor dem tor: 245
dém lât dez ors hie vor.

---

ch traue das eurer Hand zu: hoffe das von eurer freigebigen Hand.
,9 daß sie meinen Reichthum mehre. — 220 *liep* ist doppelt verstärkt
h den Zusatz *mit frôuden* und den Gegensatz *âne leit*. — 224 *dennoch,*
ι. — *blôz*, ungewaffnet. — 225 vgl. *mes armes et mon cheval me faites
demeure rendre* Crest. 8970. — 226 seine Forderung erfüllte der
:h. — 230 seinen Schild hatte Gawan im Kampfe mit Lischoys ver-
ı; vgl. X, 1037. 1155. — 231 *alsô* ist auch zu *dicke* zu ergänzen. —
tâ von, daß dadurch: indem der Schild die Pfeile abwehrte; vgl.
476. — 234 war so überlegt, so bedachtsam: er sorgte nicht nur durch
Herbeischaffung der Waffen, sondern auch durch seine Rathschläge
Jawan. — 238 gegen das Gefährden eures Lebens. — 241 *selten*, nie-
. — 242 wodurch könnte er also unter diesen Umständen Schaden
nen? — 243 *ûf*, auf die Burg. — 244 *ein dinc*, folgendes: könnt ihr
ndes zum Nutzen eures Rosses thun. — 246 *hie ror*, mit Bezug auf
an die Burg Herankommenden gedacht. —

kouft umb' in, enruochet waz:
er behált iu'z ors deste baz,
ob ir'z im versetzet.
wert ir niht geletzet,   250
ir mugt dez ors gerne hân.»
dô sprach mîn hêr Gâwân
«sol ích niht z'orse rîten in?»
«nein, hêrre. al der frouwen schîn
ist vor iu verborgen: 255
sô næhet ez den sorgen.
den palas vint ir eine:
weder grôz noch kleine
vínt ir níht daz dâ lebe.
sô walde's diu gotes gebe,   260
so ir in die kemenâten gêt
dâ Lît márvéile stêt.
daz bette und die stollen sîn,
von Marroch der mahmumelîn,
des krône und al sîn rîcheit,   265
wær' daz dergegene geleit,
dâ mit ez wær' vergolten niht.
dar an ze lîden iu geschiht
swaz got an iu wil meinen:
nâch fröude er'z müeze erscheinen.   270
562 gedenket, hêrre, ob ir sît wert,
disen schilt unt iuwer swert
lâzet niender von iu komen.
so ir wænt daz ende habe genomen

247 *koufen* mit *umbe*, von jemand kaufen: kümmert euch nicht darum was, es kommt nicht darauf an was. — 248 *behált = behaltet*, hebt auf. — 249 wenn ihr ihm das Ross als Pfand für den gekauften Gegenstand laßt. — 250 wenn ihr ohne Schaden zu nehmen davonkommt. — 251 wird er es euch gerne wiedergeben. — 254 Gawan findet es seiner Ritterwürde nicht entsprechend, daß er zu Fuß das Schloß betreten soll; es dünkt ihm eine Schande vor den ihn sehenden Frauen. Darum fügt der Wirth hinzu, die Frauen würden nicht sichtbar sein. — 256 *sô*, dann: wenn ihr das Schloß betreten habt. — 257 *vint* syncopiert aus *vindet*. — *eine*, einsam, verlassen. — 260 *gebe* stf., Gunst, Gnade: möge diesen euren Schritt beschirmen. — 263 die Nominative werden durch *dergegene* in die Construction, der sie vorangehen, aufgenommen. — 264 ein drittes Subject, welches durch *des* V. 265 in die Construction sich einreiht. — *mahmumelîn*, Titel der Almoraviden: aus *emir-al-muslemin*, Beherrscher der Gläubigen. — 266 *dergegene geleit*, als Gegengewicht in die Wagschale gelegt. — 267 *vergolten*, bezahlt. — 268 *dar an*, auf diesem Bette. — 269 *meinen* swv., vorhaben, bezwecken; *an iu*, mit euch. — 270 *nâch fröude*, in freudiger Weise: möge das Resultat ein freudiges sein. —

iuwer kumber grœzlich, 275
alrêrst strite ist er gelich.»˙

Dô Gâwân ûf sîn ors gesaz,
diu maget wart an fröuden laz.
al die dâ wâren klageten:
wênc sie des verdageten. 280
er sprach zem wirte «gan mir's got,
iwer getriulich urbot,
daz ir mîn sus pflâget,
gelts mich niht betrâget.»
urloup er zer megede nam, 285
die grôzes jâmers wol gezam.
er reit hin, sie klageten hie.
ob ir nu gerne hœret wie
Gâwâne dâ geschæhe,
deste gérner i'us verjæhe. 290
ich sage als ich'z hân vernomen.
do er was für die porten komen,
er vant den krâmære,
unt des krâm niht lære.
dâ lac inne veile, 295
daz ich's wær' der geile,
het ich alsô rîche habe.
Gâwân vor im erbeizte abe.
sô rîchen markt er nie gesach,
als im ze sébenne aldâ geschach. 300
563 der krâm was ein sâmît,
vierecke, hôh unde wît.
waz dar inne veiles læge?

---

276 dann erst sieht das, was ihr zu erdulden habt, wie Kampf aus: dann
kommt erst der rechte Kampf.
278 *an fröuden las,* aller Freude beraubt. — 280 sie hielten durchaus
damit nicht zurück, klagten in vollem Maße. — 282 *urbot*, vgl. IX, 166:
daß ihr mich so wohlwollend bewirthet, aufgenommen habt. Der No-
minativ steht wieder außer der Construction; der Gedanke war «eure Be-
wirthung werde ich euch vergelten», aber der verbale Begriff wird anders
ausgedrückt. — 284 es wird mich nicht verdrießen die Vergeltung dafür:
ich werde sie euch gern vergelten. — 286 der großer Jammer wohl am
Herzen lag. — 287 die hier Zurückbleibenden klagten. — 291 wie meine
Quelle es mir berichtet. — 293 vgl. *trouva sour un toursel de glais un eskiekier
tout seul seant; si i avoit eskiés d'argant et anelet moult bien ouerés* Crest.
9012. — *krâmære* stm., Handelsmann, Krämer. — 294 *krâm* stm., Kauf-
mannsbude. Nicht leer an Waaren. — 296 daß ich derjenige, ein sol-
cher wäre, der darüber froh sein würde. — 300 wie ihm zu sehen dort
begegnete. —

der'z mit gelte widerwæge,
der bắrúc von Baldac   305
vergulte niht daz drinne lac:
als tæte der katolicô
von Ranculat: dô Kriechen sô
stuont daz man hort dar inne vant,
da vergúlte'z niht des keisers hant   310
mit jener zweier stiure.
daz krâmgewant was tiure.

    Gắwằn sin grüezen sprach
zuo dem krâmer. do er gesach
waz wunders dắ lac veile,   315
nàch siner mâze teile
bat im zeigen Gâwân
gürtelen oder fürspan.
der krâmer sprach «ich hân für wâr
hie gesezzen manec jâr,   320
daz nie mán getorste schouwen
(niht wan werde frouwen)
waz in mime krâme liget.
ob iuwer herze manheit pfliget,
sô sit ir's alles hêrre.   325
ez ist gefüeret verre.
habt ir den pris an iuch genomen,
sit ir durch âventiure komen
her, sol iu gelingen,
lihte ir megt gedingen   330
564 umb' mich: swáz ich veiles hân,
daz ist iu gar dan undertân.

---

305 *der bâruc,* vgl. I, 381. — 307 ebensowenig. — *katolicô,* der Patriarch.
— 308 *Ranculat,* vgl. I, 253. — *Kriechen,* Name des Volkes für das Land:
Griechenland, das griechische Reich. Simrock bezieht dies wol mit Recht
auf den lateinischen Kreuzzug von 1204, wobei Konstantinopel von den
Kreuzfahrern erobert und geplündert wurde. -- 309 *hort* stm., Schatz; in
collectivem Sinne. — 310 *da,* in diesem Falle. — *es,* das was in der Bude
feil lag. — 311 sammt der Unterstützung des Baruc's und des Patriarchen:
wenn alle drei ihre Mittel zusammenthäten.
   315 *was wunders,* was für außerordentliche Dinge, oder auch: welche
Fülle. — 316 entsprechend dem ihm zugetheilten maßvollen Wesen: es
war ihm hier nicht darum zu thun, die größten Kostbarkeiten auszusuchen.
— 317 *bat im zeigen,* ließ sich zeigen. — 321 *getorste,* wagte: weil nur der-
jenige den Kramladen besuchte, der das Abenteuer zu bestehen wagte. —
326 *verre,* von weit her. — 327 wenn ihr solchen Ruhm, solche Tapferkeit
besitzt. — 329 wenn es gut für euch enden soll. — 330 so könnt ihr leicht
mit mir handeln: dann werden wir leicht Handels eins, denn es gehört
euch dann alles. — 331 *umb',* vgl. zu XI, 247. —

vart fürbaz, lâtes walten got.
hât iuch Plippâlinôt
der verje her gewiset? 335
manec frouwe priset
iuwer komen in ditze lant,
ob sie hie erlœset iuwer hant.
welt ir nâch âventiure gên,
sô lât daz ors al stille stên: 340
des hüete ich, welt ir'z an mich lân.»
dô sprach mîn hêr Gâwân
«wær'z in iuwern mâzen,
ich wolt'z iu gerne lâzen.
nu entsitze ich iuwer richeit: 345
sô richen marschalc ez erleit
nie, sit ich dar ûf gesaz.»
der krâmer sprach ân' allen haz
«hêrre, ich selbe und al mîn habe
(waz möhte ich mêr nu sprechen drabe?) 350
ist iuwer, sult ir hie genesen.
wes möht' ich pillîcher wesen?»

Gâwân sîn ellen lêrte,
ze fuoze er fürbaz kêrte
mânlîche und unverzaget. 355
als ich iu ê hân gesaget,
er vant der bürge wîte,
daz ieslîch ir sîte
stuont mit bûwenlicher wer.
für allen sturm niht ein ber 360
565 gæb' sie ze drîzec jâren,

---

wenn ihr mir es überlassen, anvertrauen wollt. — 343 wenn es euch
:messen wäre, daß ihr einen solchen Dienst übernähmet; allein ihr
zu vornehm dazu. — 345 *entsitzen* stv., eigentlich: aus seinem Sitze
men, sich entsetzen; m. acc. fürchten. — 346 *erleit* von *erlîden* stv.,
ven. Vgl. Erec 355 fg. — 348 *ân' allen haz*, in freundlicher, herzlicher
se. — 350 da ich es euch schon vorher (V. 330) gesagt habe. — 352 *pil-*
r, mit größerem Rechte: wem angehören als dem, der durch Bestehen
es Abenteuers seinen Muth bewiesen?
353 *Gâwân* acc. für *Gâwânen*. — 356 Beziehung auf X, 950 ff. —
er fand den Umfang, die Ringmauer der Burg so beschaffen. — 358 jede
r Seiten; aber *sîte* ist nomin. sing. — 359 *bûwenlîch* adj., von festem
e. — *wer*, Schutzwehr. — 360 *für*, um ihn abzuwehren, von sich fern
valten. Sie würde sich nicht das Geringste daraus machen, wenn man
ingriffe. — *ber* stf., Beere: um etwas Geringfügiges zu bezeichnen; vgl.
ʒerle, bildliche Verstärkung der Negation, S. 4 fg. —

op man ir wolde vâren.
enmitten drûf ein anger:
daz Lechvelt ist langer.
vil türne obe den zinnen stuont.   365
uns tuot diu âventiure kunt,
dô Gâwân den palas sach,
dem was alúmbé sin dach
reht' áls pfâwîn gevider gar,
lieht gemâl unt sô gevar,   370
weder regen noch der snê
entet des daches blicke wê.

Innèn er was gezieret
unt wol géfeitieret,
der venster siule wol ergraben,   375
dar ûf gewelbe hôhe erhaben.
dar inne bette ein wunder
lac her unt dar besunder:
kultern maneger slahte
lâgen drûf von richer ahte.   380
dâ wârn die frowen gesezzen.
dine heten niht vergezzen,
sine wæren dan gegangen.
von in wart niht enpfangen
ir frönden kunft, ir sælden tac,   385
der gar an Gâwâne lac.
müesen s'in doch hân gesehen,
waz möhte in liebers sin geschehen?
ir nehéiniu dáz tùon solte,

---

362 wenn man sie gefährden wollte. — 363 mitten in der Burg, der Burg-
hof. — 364 scherzhafter Vergleich: natürlich kann ein Burghof nicht so
groß wie das Lechfeld sein. — 367 *sach*, betrachtete. — 369 wie Pfauen-
gefieder: mosaikartig ans verschiedenfarbigen Steinen zusammengesetzt. —
370 *sô gevar*, von solcher Beschaffenheit: es waren also wol glasierte
Ziegelsteine. — 372 schadete dem Glanze des Daches.
     375 *siule* pl. von *sûl* stf., Säule. — *wol ergraben*, mit schöner ein-
gegrabener Arbeit: also cannelierte Säulen. — 376 die Fensteröffnungen
waren oben gewölbt. — 377 *bette* gen. pl. — *ein wunder*, eine große Menge:
von Ruhebetten. — 378 *her unt dar* ist auffallend bei *lac*: doch vgl. *sitzen*.
stân; also: man hatte gelegt. — *besunder*, jedes für sich: sie stießen nicht
unmittelbar eins an das andere, sondern es waren Zwischenräume zwischen
ihnen. Vgl. V, 182. — 380 von kostbarer Art, von großer Kostbarkeit. —
382 sie hatten nicht unterlassen hinwegzugehen. — 385 derjenige, mit dem
ihre Freude ihnen wiederkehrte. — 386 genauer und richtiger wäre *diu*, auf
sælden bezüglich: denn *ir sælden tac* ist ebenso eine Umschreibung für
Gawan, wie *ir frönden kunft*. — 387 wenn sie ihn hätten sehen dürfen. —
389 *solte*, es war so bestimmt. —

swie er in dienen wolte.   390
566 dâ wârn sie doch unschúldec an.
dô gienc mîn hêr Gâwân
beidiu her unde dar,
er nam des páláses war.
er sach an einer wende,   395
i'ne weiz ze wederre hende,
eine tür wit offen stên,
dâ inrehalp im solde ergén
hôhes priss erwerben
odę nâch dem prise ersterben.   400

Er gienc zer kemenâten in.
der was ir estriches schin
lûter, hæle, als ein glas,
dâ Lît márvéile was.
daz bette von dem wunder.   405
vier schîben liefen drunder,
von rubbîn lieht sinewel,
daz der wint wart nie sô snel:
dâ wârn die stollen ûf gekloben.
den ésterîch múoz ich loben: 410
von jaspis, von crisolte,
von sardin, als er wolte,
Clinschor, der des erdâhte,
ûz manegem lande brâhte
sin listeclîchiu wisheit   415
werc daz hier an was geleit.

---

390 wiewol er in ihrem Dienste dahin kam. — 394 er betrachtete den *palas* genauer. — 396 *wederre* aus *wederere*, ahd. *hwedareru:* auf welcher von beiden Seiten, ob rechts oder links. — 398 innerhalb deren: in dem Zimmer, zu welchem sie führte. — 400 *nâch*, im Ringen nach dem Ruhme.
402 *schîn*, Ansehen: ihr Estrich war anzusehen. — 403 *hæle* adj., glatt, schlüpfrig. — 404 *dâ*, in welcher (Kemenate). — 406 *schîbe* swf., Rad. Vgl. *et li poucet sor quatre roes si isneles et si moucans* Crest. 9070. — 408 mit *liefen* zu verbinden. — 409 *dâ—ûf*, auf die Räder. — *klieben* stv., spalten, einkeilen: waren die Bettfüße eingesenkt, eingelassen. — 411 der Fußboden war Mosaik von verschiedenfarbigen Edelsteinen; vgl. *li pavemens del palais fu vers et vermaus, indes et pers, de toutes colours fu divers* Crest. 9050. — *von* hängt ab von *werc* 416. — *crisolt*, Chrysolith. — 412 *sardîn* stm., ebenfalls ein Edelstein, altfranz. *sardonie.* — *er*, das folgende Clinschor vorausnehmend. — 413 *Clinschor;* Crest. *uns sages ciers d'astronomie* 8910. Der Nominativ steht außer der Construction, er wird durch *sîn* 415 in dieselbe aufgenommen. Der den ganzen Bau ausgedacht hatte. — 416 *werc*, Material: das hierauf verwendet ward.

Der ésterích was số sléif
daz Gâwân kûme aldà begreif
mit den fuozen stiure.
er gienc nâch âventiure.   420
567 iemer, alse dicke er trat,
daz bette fuor von sîner stat,
daz è was gestanden.
Gâwâne wart enblanden
daz er den swæren schilt getruoc,   425
den ime sîn wirt bevalch genuoc.
er dâhte «wie kum ich ze dir?
wiltu wenken sus vor mir?
ich sol dich innen bringen,
ob ich dich mege erspringen.»   430
dô gestuont im'z bette vor:
er huop sich zem sprunge enbor,
und spranc rehte enmitten dran.
die snelheit vreischet niemer man,
wie daz bétte her unt dar sich stiez.   435
der vier wende deheine'z liez,
mit hurte an iesliche'z swanc,
daz al diu burc dà von erklanc.

Sus reit er manegen poynder grôz.
swaz der toner ie gedôz,   440
und al die pusûnære,
op der êrste wære
bi dem júngésten dinne
und bliesen nâch gewinne,

---

417 *esterîch* stm., die volle und ursprüngliche Form: die mhd. gewöhn-
liche zweisilbige hat hier und 410 mehrfache Änderungen nach sich ge-
zogen. — *sleif* adj., schlüpfrig: zu *slîfen*. — 419 *stiure* stf., Stütze: sich
kaum mit den Füßen stützen konnte. — 420 *nâch âventiure*, «auf gut
Glück» Simrock. — 421 *trat*, herantrat, sich dem Bette näherte. — 424 *en-
blanden* partic. (vgl. zu V, 236), beschwerlich, lästig. — 426 ihn nicht von
sich zu lassen; vgl. XI, 272. — 428 *wenken*, ausweichen. — 429 ich will
dich merken lassen, dir zeigen. — 430 *erspringen* stv., durch Springen er-
reichen: weil das Herantreten (V. 421) ihm nicht half, indem das Bett so-
fort seine Stellung wechselte. — 431 *gestuont im vor*, stand vor ihm. —
433 *dran*, drauf, wie man auch sagt *an dem bette ligen*. — 434 *niemer man*,
nie ein Mann, nie wieder jemand. — 435 *wie*, mit welcher. — 436 *liez*,
ausließ. — 437 *swanc* intrans., schwang sich, stieß sich.
439 der Anprall an die Wände wird scherzhaft mit einem *poynder*,
dem Anrennen der Ritter, verglichen: das Bett vertritt die Stelle des
Rosses. — 440 es muß *op* vorausgenommen werden: wenn alles Getöse was
der Donner je machte. — 441 *pusûnære* stm., Posaunenbläser; vgl. I, 547.
— 442 der erste und der letzte: sämmtliche. — 444 *nâch gewinne*, um zu
verdienen, um Geld. —

ez'n dorft' niht mêr dâ krachen.   445
Gâwân muose wachen,
swie'r an dem bette læge.
wes der helt dô pflæge?
des galmes hete in sô bevilt
daz er zuct' über sich den schilt: 450
568 er lac, unde liez es walten
den der helfe hât behalten,
und den der helfe nie verdrôz,
swer in sinem kumber grôz
helfe an in versuochen kan.   455
der wise herzehafte man,
swâ dem kumber wirt bekant,
der rüefet an die hœhsten hant:
wan diu treit helfe riche
und hilft im helfeclîche.   460
daz selbe ouch Gâwân dâ geschach.
dem er ie sins prîses jach,
sinen kréfteclîchen güeten,
den bat er sich behüeten.
nu gewân daz krachen ende,   465
sô daz die vier wende
geliche wârn gemezzen dar
aldâ daz bette wol gevar
an dem ésteriche enmitten stuont.
dâ wart im grœzer angest kunt.   470
fünf hundert stabeslingen
mit listeclichen dingen
zem swanke wârn bereite.
der swanc gab in geleite
ûf daz bette aldâ er lac.   475

es hätte nicht lauter da krachen können. — 446 wiewol er auf einem
t lag, auf dem man doch sonst zu schlafen pflegt: hier war aber von
lafen nicht die Rede. — 450 daß er sich mit dem Schilde zudeckte,
einigermaßen gegen den Lärm geschützt zu sein. — 451 *es*, den wei-
en Verlauf. — 452 der die Hülfe in seiner Gewalt hat, dem es nie an
lfe fehlt. — 453 und der auch immer zu helfen bereit war. — 454 *swer*,
nn jemand. — 455 *versuochen* swv., zu erlangen suchen; *an einen*, von
1and. — 458 *die hœhsten hant*, Gott; vgl. zu V, 1368. — 460 *helfeclîche*
., hülfreich. — 462 dem er seinen Ruhm zuschrieb: dessen Hülfe. —
güete, Gunst, Gnade. — 464 *sich*, weil es auf das Subject des Satzes
t; nhd. ihn. — 465 das Krachen des herumfahrenden Bettes. — 467 ge-
:en, durchmessen, durchgemacht. — *dar*, bis zu dem Punkte. —
stabeslinge swf., Stabschleuder, Schleuder an einem Stocke. — 472 *mit*
eclîchen dingen, in künstlicher Weise. — 473 vgl. *qui sont tos jors de*
ire prestes Crest. 8884. — 474 ihr Schwung richtete sich. —

der schilt alsolher herte pflac,
daz er's enpfant vil kleine.
ez wâren wazzersteine
sinewel unde hart:
etswâ der schilt doch dürkel wart.   480

569   Die steine wâren ouch verbolt.
er hete selten è gedolt
sô swinde würfe ûf in gepflogen.
nu was zem schuzze ûf gezogen
fünf hundert armbrust ode mèr.   485
diu heten algelichen kêr
reht' ûf daz bette aldâ er lac.
swer ie solher nœte gepflac,
der mac erkennen pfîle.
daz werte kurze wile,   490
unz daz sie wârn versnurret gar.
swer wil gemaches nemen war,
der'n kume an solch bette niht:
gemaches im dà niemen giht.
es möhte jugent werden grâ,   495
des gemaches alsô dâ
Gâwân an dem bette vant.
dannóch sin herze und ouch sin hut
der zageheit lâgen eine.
die pfîle und ouch die steine   500
heten in niht gar vermiten:
zéquaschiert und ouch versniten
was er durch die ringe.

---

476 *pflac,* besaß. — 478 *wazzerstein* stm., Wasserstein: Steine, wie sie im
Wasser liegen, Kiesel. — 479 *hart* im mhd. seltene Form des Adj. neben
herte, vorzugsweise in mitteldeutschen Gegenden. — 480 *etswâ,* an manchen
Stellen.
     481 *verboln* swv., verschleudern. — 483 *swinde,* stark, heftig. —
484 *was,* Singular des Verbums bei nachfolgendem Plural des Subjectes. —
485 Vgl. *cinc cens que ars que arbalestres* Crest. 8883, und *par les fenestres
volerent quairel et sajetes argans, s'en ferirent plus de cinc cens* 9202. Die
Steine werden bei Crestien gar nicht erwähnt. — 486 *diu: armbrust* ist
Neutr. D setzt *di,* was diese Hs. mehrfach für *diu* hat. — *kêr* stm., Wen-
dung, Richtung: richteten sich alle. — 488 eine solche Noth durchgemacht
hat. — 489 der kann wol wissen was Pfeile sind. — 491 *versnurren* swv.,
aufhören zu sausen; sie waren alle verschossen. — 492 wer auf Gemäch-
lichkeit sehen will: eine der scherzenden Bemerkungen des Dichters, wie
sie bei ihm so häufig sind. — 495 *es,* davon: das folgende *des gemaches*
im voraus andeutend. Vgl. VIII, 1038. — 496 *alsô,* wie es. — 498 er lag
noch da mit unversagtem Herzen und Hand. — 501 *niht gar,* durchaus
nicht. — 502 *zequaschieren* swv., quetschen; vgl. II, 494. — 503 *durch die
ringe,* durch den Panzer hindurch. —

dô het er gedinge,
sîns kumbers wære ein ende: 505
dannóch mit sîner hende
muost' er prîs erstriten.
an den selben zîten
tet sich gein im ûf ein tür.
ein starker pûr gienc dar für: 510
570 der was frēislĭch getân.
von visches hiute truoger an
ein surkôt unt ein bônit,   ·
und des sélben zwuo hosen wit.
einen kólbn er in der hende truoc,   515
des kiule grœzer denne ein kruoc.
er gienc gein Gâwâne her:
daz enwas doch niendér sîn ger,
wande in sîns kumens dâ verdrôz.
Gâwân dâhte «dirre ist blôz: 520
sîn wer ist gein mir harte laz.»
er riht' sich ûf unde saz,
als ob in swærc niender lit.
jéner trat hínder einen trit,
als ob er wolde entwîchen,   525
und sprach doch zorneclichen
«ir'n durfet mich entsitzen niht:
ich füege ab wol daz iu geschiht
dâ von ir'n lîp ze pfande gebet.
von's tiuvels kreften ir noch lebet: 530
sol iuch der hie hân ernert,
ir sît doch sterbens unerwert.

---

504 *het gedinge*, hoffte. — 506 *dannoch*, noch: das stand ihm noch bevor. —
509 *gein im*, ihm gegenüber. Vgl. *uns vilains, u un pel, feri en un huis et
li huis oueri* Crest. 9225. — 510 *pûr, bûr* stm., Bauer. — *gienc dar für*,
trat heraus. — 511 war erschrecklich anzusehen. — 512 *visches hiute* (dat.
von *hût*), Fischhaut: gemeint ist der Balg der Fischotter, welcher auch
Nörz genannt wird. Vgl. Nibel. 363, 1. — 513 *bônit* stm., Mütze, franz.
bonnet. — 514 *des selben*, von demselben Stoffe. — 515 *kolbe* swm., Knüttel,
im Original *un pel*, ein Pfahl. — 516 *kiule* swf., Keule, der obere Theil
des Knüttels. — *grœzer*, dicker: als der geschweifte Bauch eines Kruges.
Der Vergleich bezeichnet etwa die Form der Keule. — 518 das war Gawan
nichts weniger als erwünscht. — 520 *blôz*, ungewaffnet, ohne Rüstung. —
521 er wird sich gegen mich nicht wehren können. — 523 *swære* præt.
conj. von *swern* stv., schmerzen, mit acc., *in*. — 524 *hinder*, zurück; mhd.
sagt man sonst *hinder sich*. — 526 wiewol es den Anschein hatte als
fürchte er sich. — 527 ich werde euch nichts thun. — 529 *dâ von*, so
etwas wodurch. — *ir'n = ir den*: ihr ums Leben kommt. — 531 *sol* mhd.
häufig in Bedingungssätzen, wo wir es nicht besonders übersetzen kön-
nen. — 532 *unerwert*, nicht geschützt; *sterbens*, gegen den Tod: das schützt
euch nicht gegen den Tod. —

des bringe ich iuch wol innen,
als ich nu scheide hinnen.»
der vilân trat wider în.   535
Gâwân mit dem swerte sîn
vomẹ schilde sluoc die zeine.
die pfîle algemeine
wârn hin durch gedrungen,
daz sẹ in den ringen klungen.   540

571   Dô hôrter ein gebrummen,
als der wol zweinzec trummen
slüege hie ze tanze.
sîn vester muot der ganze,
den diu wâre zageheit   545
nie verscherte noch versneit,
dâhte «waz sol mir geschehen?
ich möhte nu wol kumbers jehen:
wil sich mîn kumber mêren?
ze wer sol ich mich kêren.»   550
nu sah er gein's gebûres tür.
ein starker lewe spranc derfür:
der was als ein ors sô hôch.
Gâwân der ie ungerne vlôch,
den schilt er mit den riemen nam,   555
er tet als ez der wer gezam,
er spranc ûf den esterich.
durch húngér was vréislích
dirre starke lewe grôz,
des er doch wênec dâ genôz.   560
mit zorne lief er an den man:

---

534 *als*, sobald, wenn. — 535 *trat în*, trat ein in das Zimmer, aus dem er
gekommen; wir sagen: er gieng hinaus. — 537 *sein* stm., Stäbchen, dann
Pfeilschaft, Pfeil. — 540 in seiner Rüstung; vgl. 503.
  541 *gebrummen* swv. zu *brimmen* (I, 1244), dumpf brüllen: hier subst.
— 542 *als der*, wie wenn jemand. — *trumme* swf., Trommel; die eigentlich
oberdeutsche Form ist *trumbe*; *trumme* dagegen mitteld. — 544 wieder Um-
schreibung des Mannes und seiner Eigenschaft durch die Eigenschaft;
vgl. XI, 176. — 545 *wâr*, echt, recht: was man so Feigheit nennt. —
547 *sol*, wird. — 548 ich kann doch jetzt schon von Kummer reden, ich
habe doch schon genug durchgemacht. — 551 nach der Thür, durch welche
der Bauer gekommen war. — 552 vgl. *uns lions moult mervellous, fors et
fiers et moult famellous par l'uis fors d'une cambre saut* Crest. 9227. —
554 der niemals floh. — 555 *mit*, bei. — *nam*, faßte. — 557 von dem Bette
herab. — 558 *durch hunger*, weil ihn hungerte; vgl. Crest. 9229. — 560 das
half ihm nichts. — 561 vgl. *qui monseigneur Gawain assaut par grant fierté
et par grant ire* Crest. 9230. —

ze wer stúont hèr Gãwãn.
er hétem den schílt nâch genomen:
 · sin èrster grif was alsô komen,
durch den schilt mit al den klân.   565
von tiere ist selten è getân
sin grif durch solhe herte.
Gâwân sich zuckes werte:
ein bein hin abe er im swanc.
der lewe ûf drin füezen spranc: 570
572 imę schilde bleip der fierde fuoz.
mit bluote gab er solhen guz
daz Gâwân mohte vaste stèn:
her unt dar begunde'z gèn.
der lewe spranc dicke an den gast: 575
durch die nasen manegen pfnâst
tet er mit pleckenden zenen.
wolt' man in solher spise wenen
daz er gúote liute gæze,
ungerne ich pl im sæze.   580
ez was ouch Gâwâne leit,
der ûf den lip dâ mit im streit.
er het in sô geletzet,
mit bluote wart benetzet
al diu kemenâte gar.   585
mit zorne spranc der lewe dar
und wolt' in zucken under sich.
Gâwân tet im einen stich
durch die brust unz an die hant,
dâ von des lewen zorn verswant: 590
wander strûchte nider tòt.
Gâwâu het die grôze nót

---

ituont, stellte sich. — 563 *hetem*, geschwächt aus *hete im*. — *nách*, bei-
·. — 564 *alsô*, das Folgende andeutend. — 565 *trestous ses ongles li
t en son escu* Crest. 9233. — 567 durch einen so harten Gegenstand
dieser Schild war. — 568 *suc* stm., das Entreißen: gegen das Ent-
n des Schildes; vgl. 563. — 569 *swanc*, schlug mit einem Streiche.
Crestien schlägt er ihm den Kopf und zwei Füße ab. — 571 *li pié re-
nt pendu par les ongles a son escu* Crest. 9241. — 572 *mit bluote*, an
. — 573 durch das Blut verlor der Boden an Glätte; vgl. XI, 417. —
ifnâst stm., Schnauben; zu einem stv. *pfnihe*. — 577 *plecken = blecken
, sehen lassen: mit gefletschten Zähnen. — 579 *guote*, tapfere. —
if den lip, auf Leben und Tod; vgl. zu X, 713. — 584 statt eines
ie mit *daz*. — 586 *dar*, auf ihn los. — 589 *unz an die hant*, indem er
Schwert bis an die Hand hineinstieß. — 591 *strûchte*, fiel: bei Crestien
wiederholte Angriffe, gleich beim ersten Streiche. Wie viel anschau-
r schildert Wolfram hier und überall! —

mit strîte überwunden.
in den selben stunden
dâhter «waz ist mir nu guot?　　　　　　　595
ich sitze ungérne in ditze bluot.
och sol ich mich des wol bewarn
(diz bette kan sô umbe varn),
daz ich dran sitze oder lige,
ob ich rehter wîsheit pflige.»　　　　　　600

573　Nu was ime sîn houbet
mit würfen sô betoubet,
unt dô sîne wunden
sô blúotéu begunden,
daz in sîn snéllîchiu kraft　　　　　　　605
gar liez mit ir geselleschaft:
durch swindéln er strûchens pflac.
daz houbt im ûf dem lewen lac,
der schilt viel nider under in.
gewan er ie kràft ode sin,　　　　　　　610
diu wârn im beide enpfüeret:
unsanfte er was gerüeret.
aller sin tet im entwich.
sîn wanküssen ungelich
was dem daz Gymêle　　　　　　　　615
von Monte Ribbêle,
diu süeze unt diu wîse,
legete Kahenîse,
dar ûffe er sînen prîs verslief.
der prîs gein disem manne lief:　　　　　620

595 was soll ich nun thun, das mir zweckmäßig wäre. — 597 sol ich, will
ich. — des, davor, mit daz 599 zu verbinden. — 598 dies Bett hat die
Eigenschaft. — 599 dran, darauf, auf das in der Parenthese stehende bette
zu beziehen: die Parenthese vertritt einen Nebensatz, der die Begründung
enthält: da dies Bett. — sitze, lige, mich setze, lege.
603 unt: auch das trug, außer dem Lärm, zu seiner Betäubung bei. —
605 snellîch adj., stark. — 606 liez, verließ: mit ihrer Begleitung, sie blieb
ihm nicht mehr beigesellt. — 607 durch swindéln, weil ihm schwindelte. —
610 gewan, besaß. — sin, Besinnung; kraft, der Gegensatz von unkraft,
Ohnmacht. — 611 diu neutr., weil auf verschiedene Geschlechter bezüg-
lich. — 612 es war ihm hart zugesetzt worden. — 615—618 Beziehung auf
Eilhart's Tristrant: Gymele (bei Gottfried's Fortsetzern Kaméle und Ka-
melíne) legt Kahenis, der die Nacht mit ihr zubringt, ein ihr von Isalde
gegebenes Kissen, auf welchem jeder darauf Liegende ununterbrochen
schläft, unter den Kopf. — 619 sínen prís, seine Ehre: er wurde am Mor-
gen von allen verspottet. — 620 Gawan kam nicht um seine Ehre, wenn
er, nachdem er soviel durchgemacht, ohnmächtig dalag: im Gegentheil,
die Ehre kam ihm entgegen, wandte sich nicht von ihm. —

wande ir habet daz wol vernomen,
wâ mit er was von witzen komen,
daz er lac unversunnen,
wie des wart begunnen.

Verholne ez wart beschouwet,   625
daz mit blúote was betouwet
der kemenâten esterich.
sie bêde dem tóde wârn gelich,
der lewe unde Gâwân.
ein juncfrouwe wol getân   630
574 mit vorhten luogetę oben in:
dés.wârt vil bleich ir schîn.
diu junge sô verzagete
daz ez diu alte klagete,
Arnîvé diu wîse.   635
dar umbe ich sie noch prîse,
daz sie den rîter nerte
unt ime dó sterben werte.
sie gienc ouch dar durch schouwen.
dô wart von der frouwen   640
zem venster oben in gesehen
daz sie neweders mohte jehen,
ir künfteclîcher fröuden tage
odę iemer herzenlîcher klage.
sie vorht', der rîter wære tôt: 645
des lêrten sie gedanke nôt;
wand' er sus ûf dem lewen lac
unt anders keines bettes pflac.
sie sprach «mir ist von herzen leit,
op din getriuwiu manheit   650
dîn werdez leben hât verlorn.

---

das hängt von der folgenden Zeile ab.
625 *Verholne* adv., unbemerkt: daß er nichts merken konnte. — 628 sa-
wie todt aus. — 630 bei Crestien sagt der Fährmann zu Gawan, daß
nicht die Jungfrauen, aber diese ihn sehen können: vgl. *si vos voient
moult bien, les puceles et les roines* 9152. — 631 *luogen* swv., aus einem
steck (*luoc*, Loch) schauen. — 633 sie verlor so den Muth, daß sie
it weiter hinsah, sondern zurückkehrte: ihr Bericht veranlaßte die
ge der Alten. — 635 *Arnîve* ist Gawan's Großmutter. — 642 *daz*, so
is, ein solcher Anblick, daß sie keins von beiden sagen konnte, ob
er Anblick ihr in Zukunft Freude oder ewiges Herzeleid brächte, ob
ran lebendig oder todt war. — 646 durch dén Gedanken, die Überlegung
ı sie in Noth und Kummer, weil er u. s. w. — 650 *getriuwiu*, ausharr-
le, feste. — 651 *verlorn*, zu Grunde gerichtet. —

hâstu den tôt alhie rekorn
durch uns vil ellenden diet,
sit dir dîn triuwe daz geriet,
mih erbármet iemer mêr dîn tugent,   655
du habest alter ode jugent.»
hin z'al den frouwen sie dô sprach,
wand' sie den helt sus ligen sach,
«ir frouwen die des toufes pflegen,
rüeft alle an got umb' sînen segen.»   660

575 Sie sande zwuo juncfróuwen dar,
und bat sie rehte nemen war
daz sie sanfte slichen,
ê daz sie dan entwichen,
daz sie ir bræhten mære,   665
ob er bi lebene wære
ode ob er wær' verscheiden.
daz gebôt sie den beiden.
die süezen megede reine,
ob ir dewederiu weine?   ·670
jâ sie beide sêre,
durch rehtes jâmers lêre,
dô s'in sus ligen funden,
daz von sînen wunden
der schilt mit bluote swebete.   675
si besâhen ob er lebete.
einiu mit ir clâren hant
den helm von sîme houbte bant,
und ouch die fintâlen sîn.
dâ lag ein kleinez schiumelîn   680
vor sîme rôtem munde.
ze warten sie begunde,
ob er den âtem iender züge

---

rekorn für *erkorn*, gefunden. — 653 *ellenden*, fremde: die hier nicht
mîsch sind. — 655 *mich erbarmet*, mich jammert. — *iemer mêr*, in aller
kunft. — 656 mögest du alt oder jung sein: das vermag sie noch nicht
unterscheiden. — 659 die ihr Christinnen seid: *pflegen* conj. præs. —
rüefen an einen, anrufen.
662 recht darauf zu achten. — 664 *ê daz* gehört in den folgenden Satz
t *daz*. — *dan entwichen*, aus dem Zimmer fortgiengen, in welchem Gawan
. — 670 ihr fragt ob. — *deweder*, einer von beiden. — 671 nach *jâ, nein*
rd mhd. das Pronomen gern hinzugefügt. — 672 wie ihr rechter Jammer
sie lehrte. — 675 *mit bluote swebete*, in Blute schwamm. — 676 *besâhen*,
hen genauer zu. — 680 *schiumelîn* stn., demin. von *schûm*, Schaum;
ines, feines. — 683 *âtem* stm., Athem; die richtigere Form mit *d* hat
:h in Odem erhalten. —

od ober sie des lebens trüge:

daz lac dannóch in strite.   685

ûf sîme kursîte

von zobele wârn zwei gampilûn,

als Ilinôt der Britûn

mit grôzem prîse wâpen truoc:

der brâhte werdekeit genuoc   690

576 in der júgende an sîn ende.

diu maget mit ir hende

des zobels roufte und habt' in dar

für sîne nasen: dô nam sie war,

ob der ǎtem'z hâr sô regete   695

daz ez sich iender wegete.

Der âtem wart dâ funden.

an den selben stunden

hiez sie balde springen,

ein lûter wazzer bringen: 700

ir gespil wol gevar

brâht' ir daz snelliche dar.

diu maget schoup ir vingerlîn

zwischén die zene sîn:

mit grôzen fuogen daz geschach.   705

dô gôz sie daz wazzer nâch,

sanfte, und aber mère.

sinę gòz iedoch niht sère,

unz daz er d'ougen ûf swanc.

er bôt in dienst und ságetę in dánc,   710

den zwein süezen kinden.

«daz ir mich soldet vinden

ıb er sie darin täusche, daß er ihr lebend erscheine und es doch nicht
— 685 das war noch zweifelhaft. — 688 *Ilinôt* ist Artus' Sohn, der
gestorben war; vgl. zu VII, 1354. — *als*, wie sie. — 689 mit großen
ın als Wappen trug. — 690 l atte schon in seiner Jugend viel An-
ı und Ruhm erworben, und behielt sie bis an sein frühes Ende. —
iß etwas von dem Zobel ab. — *habte dar*, hielt hin. — 694 *nam war*,
ıe auf. — 696 daß das Haar irgend eine Bewegung zeigte.
i97 *Der àtem*, der gesuchte, gewünschte Athem. — 699 befahl sie den
ıitenden Jungfrauen fortzueilen. — 703 *vingerlîn* stn., Fingerchen;
eser Bedeutung mhd. nicht häufig; die gewöhnliche ist Fingerring;
1523. — 705 *fuogen*, Geschicklichkeit. — 707 *aber mère*, immer mehr.
ŧ *niht sère*, nicht gewaltsam, nicht zu viel auf einmal. — 709 *ûf swın-
aufschlagen. — 710 *er bôt in dienst* bedeutet hier nicht viel mehr als
espectvolles Danken, Begrüßung. — 712 *daz*, Ausruf der Klage, des
illens. — *soldet*, mußtet. —

sus ungezogenliche ligen!
ob daz wirt von iu verswigen,
daz prüeve ich iu für güete.   715
iur zuht iuch dran behüete.»
sie jâhn «ir lâget unde liget
als der des hœhsten prises pfliget.
ir habet den pris alhie bezalt,
des ir mit fröuden werdet alt: 720
577 der sig ist iuwer hiute.
nu trœst uns armen liute,
ob iweren wunden si alsô
daz wir mit iu wesen vrô »
er sprach «sæht ir mich gerne leben,   725
sô sult ir mir helfe geben.»
des bat er die frouwen.
«lât mine wunden schouwen
etswen der dâ künne mite.
sol ich begên noch strites site,   730
sô bint mir'n helm ûf [und] gêt ir hin:
den lip ich gerne werende bin.»
sie jâhn «ir sit nu strites vri:
hêrre, lât uns iu wesen bi.
wan einiu sol gewinnen   735
an vier küneginnen
daz potenbrôt, ir lebet noch.
man sol iu bereiten och
gemach und erzenie clâr,
unt wol mit triuwen nemen war   740

---

713 *ungezogenliche* adv., unpassend: der höfische Gawan, das Vorbild aller
äußerlichen Rittertugend, kann es selbst in dieser Situation nicht ver-
schmerzen, daß er etwas die feine Sitte Verletzendes gethan. — 714 wenn
ihr das für euch behaltet. nicht weiter sagt. — 715 das rechne ich euch
als besondere Gnade und Freundlichkeit an. — 716 *zuht*, wohlerzogenes
Wesen: bewahre euch in Bezug darauf am Geziemenden. — 717 fg. vgl.
XI, 620. Ihr seid in nichts eurer Ehre zu nahe getreten. — 719 *des
pris*, solchen Ruhm. — 720 daß ihr darüber bis in euer Alter euch freuen
könnt. — 722 *trœst* = *trœstet*, gebt uns die beruhigende Versicherung. —
723 ob es mit euren Wunden so stehe. — 724 *wesen*, sein können. —
727 *des*, auf die folgende Bitte zu beziehen, in welcher die verlangte Hülfe
besteht. — 729 der sich darauf verstehe. — 730 wenn ich noch mehr
kämpfen soll: *strites site*, Umschreibung für *strit*. — 731 *und*, das den
Vers belastet, ist wol mit Lachmann zu streichen: zwei imperativische
Sätze reiht Wolfram mehrfach ohne *und* aneinander. — *hin*, hinweg. —
734 *iu wesen bi*, bei euch bleiben. — 735 *wan*, nur. — 736 ihre Namen sind
VI, 1639—42 genannt. — 737 den Lohn für die Botschaft, die Nachricht,
daß ihr noch lebt. — 739 *erzenie* stf., Arznei; *clâr* gehört zu beiden Sub-
stantiven: wir gebrauchen schön auch in diesem Sinne wie hier. — 740 aus
iu V. 733 muß *iuwer* ergänzt werden. —

mit salben so gehiure,
diu für die quaschiure
unt für die wunden ein genist
mit senfte helfeclichen ist.»

Der megede einiu dannen spranc   745
so balde daz sie niender hanc.
diu brâht' ze hove mære
daz er bi lebene wære,
«unt alsô lebelîche,
daz er uns fröuden rîche   750
578 mit fröuden machet, ruochet's got.
im ist ab guoter helfe nôt.»
sie sprâchen alle «die merzis.»
diu alte küneginne wis
ein bette hiez bereiten,   755
dâ für ein teppech breiten,
bi einem guotem fiure.
salben harte tiure,
wol geworht mit sinne,
die gewân diu küneginne,   760
zer quáschiure unt ze wunden.
do gebôt sie an den stunden
vier frouwen daz sie giengen
unt sin harnásch enpfiengen,
daz si'z sánfte von im næmen,   765
unt daz sie kunden ræmen
daz er sich des iht dorfte schemen.
«ein pfelle sult ir umbe iuch nemen,
unde entwâpent'n in dem schate.
op danne gên si sin state,   770

---

salben sing., salbe swf. — 743 genist stf., Genesung, Heilung. — 744 mit
und, und eine Sänftigung, Linderung.
746 balde adv., schnell: daß sie nichts weniger als hinkte; wieder ver-
rkt der negierte Gegensatz den Ausdruck. — 747 ze hove, ihrer Herr-
aaft; vgl. X, 1398. — 749 Übergang von indirecter in directe Rede. —
etiche adv., lebend, lebendig. — 751 mit fröuden, in einer uns erfreuenden
eise. — 753 die, franz. dieu; altfranz. kommt neben deu die Form de
r. — merzis, franz. merci, Dank: Gott sei Dank. Vgl. VII, 398. —
i Arnive ist gemeint. — 761 ist mit geworht zu verbinden: bestimmt für
.etschungen. — 762 an den stunden, sofort. — 766 ræmen swv., gewöhn-
b rámen mit gen., wonach trachten: kunden ræmen, es so einzurichten
rständen. Die Übersetzungen Simrock's und San-Marte's scheinen
r den Sinn zu verfehlen. — 767 iht = niht. — 768 ein für einen. —
) entwâpent'n für entwâpent in. — 770 state stf., Umstände, wenn sein
stand ihm zu gehen erlaubt. —

daz dolt, ode traget in hin
aldâ.ich pî dem bette bin:
ich warte aldâ der helt' sol ligen.
op sîn kampf ist sô gedigen
daz er niht ist ze verhe wunt,   775
ich mache in schiere wol gesunt.
swelch sîn wúnde stüend' ze verhe,
daz wær' diu fröuden twerhe:
dâ mite wærn ouch wir reslagen
und müesen lébendec stérben tragen.»   780

579   Nu, diz wart alsô getân.
entwâpent wart hêr Gâwân
unt dánnén geleitet
und hélfé bereitet
von den die helfen kunden.   785
dâ wâren sîner wunden
fünfzec ode mêre;
die pfîle iedoch niht sêre
durch die rínge wârn gedrucket:
der schilt was für gerucket.   790
dô nam diu alte künegin
díctám und warmen wîn
unt einen plâwen zindâl:
do erstreich sie diu bluotes mâl
ûz den wúnden, swâ decheiniu was,   795
unt bant in sô daz er genas.
swâ der helm was in gebogen,
da engein daz houbet was erzogen,
daz man die würfe erkande:

---

771 das laßt zu: im andern Falle tragt ihn zu dem Bette, wo ich ihn er-
warten werde. — 773 ich besorge die Stelle, wo. — 774 *gedigen*, ausgefal-
len. — 777 wenn eine seiner Wunden. — *ze verhe*, im Sitz des Lebens:
tödtlich wäre. — 778 *twerch* adj., quer durchgehend, in der Quere durch-
schneidend; mit gen.: das wäre diejenige, eine solche, die unsere Freude
quer durchschnitte. — 779 *dâ mite*, dadurch.

783 *geleitet*, geführt: er konnte also doch geben; vgl. 770. — 784 nicht:
es wurde Hülfe bereitet, sondern: er wurde mit Hülfe versehen, aus-
gestattet. — 786 *dâ*, bei diesem Anlasse: als man ihn dort untersuchte. —
789 vgl. XI, 503. — 790 der Schild war zu seinem Schutze vorgeschoben
gewesen und hatte die Gewalt der Pfeile gebrochen. — 792 *dictam*, eine
Pflanze, Diptam, lat. *dictamnum*. — 794 *erstrîchen* stv., herausstreichen,
abwischen. — *bluotes mâl*, die blutigen Flecke, die Blutstropfen. —
796 *bant*, verband. Daß er am Leben blieb. — 798 *da engein*, diesen Stellen
gegenüber, an diesen Stellen. — *erziehen* stv., aufwärts ziehen: da hatte
das Haupt eine Beule. —

die quáschiur sie verswande 800
mit der salben krefte
unt von ir meisterschefte.

Sie sprach «ich senfte iu schiere.
Cundrie la surziere
ruochet mich sô dicke sehen: 805
swaz von érzenîe mac geschehen,
des tuot sie mich gewaltec wol.
sît Anfortas in jâmers dol
kom, daz man im helfe warp,
diu salbe im half daz er niht starp: 810
580 sie ist von Munsalvæsche komen.»
dô Gâwân hếté vernomen
Munsalvæsche nennen,
do begúnde er fröude erkennen:
er wânde er wær' dâ nâhe bî. 815
dô sprach der ie was valsches vrî,
Gâwân, zer küneginne
«frouwe, mîne sinne,
die mir wârn entrunnen,
die habet ir gewunnen 820
wider in mîn herze:
ouch swiftet sich mîn smerze.
swaz ich krefte od sinne hân,
die hât iuwer dienstman
gar von iuwern schulden.» 825
sie sprach «hêrre, iuwern hulden
sul wir uns alle nâhen
unt des mit triuwen gâhen.
nu volgt mir unt enredet niht vil.
eine wúrz ích iu geben wil, 830

---

rerswande præt. von *verswenden*, verschwinden machen, beseitigen. —
ron, durch. — *meisterschaft* stf., Kunst.
803 *senften* mit dat., Linderung verschaffen. — 805 *ruochet*, hat die
ındlichkeit, Gefälligkeit. — *sehen*, besuchen. — 806 was man vermit-
Arznei thun kann. — 807 *gewaltec tuon* mit acc. und gen., jemand in
Besitz wovon setzen. — 808 *jâmers dol*, das jammervolle Leiden. —
las, so daß, infolge dessen: man sich nach Hülfe für ihn umthat. —
'röude erkennen, zu wissen was Freude war, Freude zu empfinden. —
etzt erst bin ich wieder in den Besitz meiner Geisteskräfte gekom-
— 822 *swiften* swv., beschwichtigen (ch ist niederdeutsch, wie in
te für *niftel*). Auf diese Lesart, als die ursprüngliche, weisen d d d
die *stiften* oder *sciften* haben. — 827 *nâhen*: wir sollen trachten eurem
lwollen nahe zu kommen, es zu erreichen, zu gewinnen. — 828 da-
mit aufrichtigem Eifer streben. — 830 *eine wurz*, ein Kraut. —

dâ von ir slâfet: deist iu guot.
ezzens trinkens keinen muot
sult ir haben vor der naht.
sô kumt iu wider iuwer maht:
sô trite ich iu mit spîse zuo,   835
daz ir wol bitet unze fruo.»

Eine wúrz sie legete in sînen munt:
dô slief er an der selben stunt.
wol sie sîn mit decke pflac.
alsus überslief den tac   840
581 der êren rîche und lasters arm
lag al sanfte unt im was warm.
etswenne in doch in slâfe vrôs,
daz er heschet' unde nôs,
allez von der salben kraft.   845
von frouwen grôz geselleschaft
giengen ûz, die andern în:
die truogen liehten werden schîn.
Arnîvé diu alte
gebôt mit ir gewalte   850
daz ir enkeiniu riefe
die wil' der helt dâ sliefe.
sie bat ouch den palas
besliezen: swaz dâ riter was,
sarjande, burgære,   855
der nechéiner disiu mære
vriesch vôr dem andern tage.
dô kom den frouwen niuwiu klage.

Sus slief der helt unz an die naht.
diu künegîn was sô bedâht,   860
die wurz s'im ûzem munde nam.

---

t *keinen muot*, kein Gelüsten: nach Essen und Trinken. — 834 *maht*,
aft. — 835 dann komme ich und bringe euch Speise. — 836 daß ihr bis
h dann aushalten könnt.
838 er schlief sofort ein. — 839 sie deckte ihn gut zu. — 840 *über-
fen* stv., durchschlafen. — 841 gemeinsames Subject der beiden Verba,
ischen denen es in der Mitte steht. — *der lasters arm* unflect. Form
s häufig im Reime. — 844 *heschen* swv., den Schlucken bekommen, in
ddeutschland noch hetschen; Schmeller II, 253. — *nôs* præt. von *niesen*
., nhd. schwach, aber mundartlich stv. — 846 eine Menge von Frauen.
848 die waren schön und stattlich anzusehen. — 850 mit der Autorität,
s sie genoß. — 853 *bat*, befahl. — 854 *swaz riter*, so viele Ritter; *riter*
n. pl. — 857 *vriesch*, erfuhr.
860 *sô bedâht*, so überlegt, vorsorglich. —

er 'rwachte: trinkens in gezam.
dô hiez dar tragen diu wise
trinkn unt guote spîse.
er riht' sich ûf unde saz,   865
mit guoten frœudén er az.
vil manec frouwe vor im stuont.
im wart nie werder dienest kunt:
ir dienst mit zühten wart getân.
dô pruofte mîn hêr Gâwân   870
582 dise, die, und abe jene:
er was et in der alten sene
nâch Orgelûsn der clâren,
want im in sînen jâren
kein wîp sô nâhe nie gegienc   875
etswâ dâ er minne enpfienc
odę dâ im minne was versaget.
dô sprach der helt unverzaget
zuo sîner meisterinne,
der alten küneginne,   880
«frouwe, ez krenkt mir mîne zuht,
ir meget mir's jehen für ungenuht,
suln dise frouwen for mir stên:
gebiet in daz sie sitzen gên,
odę heizt sie mit mir ezzen.»   885
«alhie wirt niht gesezzen
von ir enkeiner unze an mich.
hêrrę, sie möhten schamen sich,
solden s'iu niht dienen vil:
wandę ir sît unser frœuden zil.   890
doch, hêrrę, swaz ir gebietet in,
daz suln sie leisten, habe wir sin.»

---

862 *mich gezint eines dinges*, mir gefällt etwas: er hatte Lust zu trinken.
— 868 *werder* ist compar., würdigerer, stattlicherer: es steht aber nicht für
werderr, da im Mhd. der Compar. schwache Form hat; für *werdere*, ahd.
werdiro. — 870 *pruofte*, betrachtete genau. — 871 *und abe*, und dann wie-
der. — 872 *et*, nun einmal. — *sene* stf., schmerzliches Verlangen. — 874 *in
sînen jâren*, so lange er lebte. — 875 so tief ins Herz drang. — 876 *etswâ*,
in manchen Fällen: wo er erhört wurde und in andern, wo er unerhört
blieb; in allen seinen früheren Liebeshändeln. — 879 *meisterinne* stf., Auf-
seherin, Pflegerin; oder: Herrin. — 881 meine Wohlerzogenheit leidet
Schaden darunter. — 882 *ungenuht* stf., Ungenügsamkeit, Maßlosigkeit:
ihr könnt von mir sagen, daß ich nicht weiß was sich gehört. — 884 *ge-
biet = gebietet*. — 887 *unze an mich*, bis auf mich, mich ausgenommen. —
888 sie hätten Ursache sich zu schämen. — 890 der Mittelpunkt unserer
Freude. — 891 indess wenn ihr es wünscht, sollen sie sich setzen. —
892 *habe wir sin*, es wäre nicht verständig, wenn wir (sie schließt sich mit
ein) euren Wünschen nicht nachkämen. —

die edelen mit der hôhen art
wârn ir zühte des bewart,
wand' si'z mit willen tâten,   895
ir süezen munde in bâten
dâ stênes unze er gæze,
daz ir enkeiniu sæze.
dô daz geschach, sie giengen wider:
Gâwân sich leite slâfen nider.   900

---

894 sie waren mit Wohlerzogenheit in der Beziehung versehen: es gebrach
ihnen nicht daran, sie äußerte sich darin. — 895 *mit willen*, gern: daß sie
standen. — 896 nachdem die Königin ihre Zustimmung gegeben (V. 891),
baten sie selbst darum, stehen bleiben zu dürfen. — 897 *stênes* gen. des
Gerundiums. — *unze*, so lange. — 599 *geschach*, geschehen war.

ZWÖLFTES BUCH.

GAWAN UND GRAMOFLANZ.

Gawan kann vor Liebeskummer nicht schlafen und besieht sich die Wunderburg. Er besteigt ein Warthaus, auf welchem eine Säule alles, was im Umkreis von sechs Meilen geschieht, abspiegelt. Darin sieht er Orgeluse mit einem Ritter, dem Turkoiten Florant von Itolac, reiten. Er waffnet sich, reitet nach der Kampfwiese und wirft den Ritter ab. Orgeluse verhöhnt ihn wieder und fordert ihn auf, ihr aus Clinschor's Walde einen Kranz zu holen. Zu diesem Zweck will Gawan bei Li gweiz prelljus über den Fluß Sabins, stürzt hinein und kommt nur mit Mühe heraus. Als er den Kranz gebrochen, erscheint König Gramoflanz, der aber den Kampf mit Gawan verschmäht, weil er immer nur mit mehr als Einem kämpft; eine Ausnahme mache er nur bei Gawan, dessen Vater den seinen treulos erschlagen, dessen Schwester Itonje er liebt. Gawan nennt sich; beide verabreden einen Zweikampf in Joflanze, wohin beide mit Gefolge, Gawan mit Artus, kommen sollen. Gawan kehrt zu Orgelusen zurück, die ihn wegen ihrer Härte um Verzeihung bittet: sie habe ihn nur versuchen und zum Kampfe mit Gramoflanz stacheln wollen, der ihren Geliebten, Cidegast, erschlagen. Ihn zu rächen hat sie schon eine Menge Fürsten und Ritter um Sold und Minnelohn (Parzival allein verschmähte sie) geworben, und den reichen Kram, den sie von Anfortas erhalten, und an dessen Erwerb ihr Besitz hieng, vor das Thor gestellt, damit Gramoflanz das Abenteuer bestehe und umkomme. Gawan und Orgeluse reiten nach dem Wunderschlosse, werden von Plippalinot übergesetzt und von Clinschor's Leuten festlich empfangen. Als Lösegeld für Lischois erhält der Fährmann eine Harfe aus dem Kram. Gawan sendet einen Boten mit geheimer Botschaft, die Arnive umsonst herauszubekommen sucht, an Artus.

----

583   Swer im nu ruowe næme,
      ob ruowens in gezæme,
      ich wæn' der hete es sünde.
      nâch der âventiure urkünde

----

1 Wenn ihn nun jemand in seiner Ruhe stören wollte. — 4 wie meine Quelle es bezeugt. —

het ér sich g'árbéitet,   5
gehœhet unt gebreitet
sinen pris mit grôzer nôt.
swaz der werde Lanzilôt
ûf der swertbrücke erleit
unt sît mit Meljacanze streit,   10
daz was gein dirre nôt ein niht;
unt des man Gârélle giht,
dem stolzen künege rîche,
der alsô rîterlîche
den lewen von dem palas   15
warf, der dà ze Nantes was.
Gârel ouch'z mezzer holte,
dâ von er kumber dolte
in der marmelînen sûl.
trüege dise pfîle ein mûl,   20
er wær' ze vil geláden dermíte,
die Gâwân durch ellens site
gein sime verhe snurren liez,
als in sîn manlîch herze hiez.
Li gweiz prelljus der furt,   25
und Êrek der Schoydelakurt
erstreit abe Mâbonagrîn,
der 'nwederz gap sô hôhen pin,
noch dô der stolze Îwân
sînen guz niht wolde lân   30
584 ûf der àventiure stein.
solten dîse kumber sîn al ein,
Gâwâns kumber slüege für,
wæge iemen ungemaches kür.

---

5 hatte er sich sehr angestrengt; zu II, 569. — 8 auf das Abenteuer Lan-
zilot's auf der Schwertbrücke hatte Wolfram schon VII, 1472 angespielt:
s. die Anmerk. — 11 *gein*, verglichen mit. — 12 *Gârèl*, der ebenfalls mehr-
fach im Parzival erwähnt wird (vgl. Germania III, 23), ist der Held eines
erzählenden Gedichtes von dem Pleier: eine ältere Dichtung, wahrschein-
lich französisch, war also dem Stoffe nach Wolfram, und ebenso Hart-
mann, bekannt. Die That, die man Garel zuschreibt, war ebenfalls ein
Nichts. — 19 *marmelîn* adj., marmorn. — 22 durch seinen muthigen Cha-
rakter veranlaßt. — 25 *li gweiz*, altfranz. *li puez*, burg. lothr. *gueiz*, der
Furt, der Steg. — *prelljus*, altfranz. *perilleus*, gefährlich; vgl. XII, 522.
576. — 26 dieses letzte Abenteuer in Hartmann's Erec war schon III, 1877
in Bezug genommen. — 29 noch jenes Abenteuer als. Die Beziehung
geht auf Hartmann's Iwein und dessen erstes Abenteuer. Die Form
Îwân hat Wolfram immer, auch in deminut. Form, *Iwânet*; altfranz. *Iwain*.
— 30 das auf den Stein gegossene Wasser erregte ein großes Donnerwetter,
an welches ein Kampf sich anschloß. — 32 *al ein*, alle eins, vereinigt. —
33 *für slahen*, das Übergewicht haben. — 34 *kür*, Art.

Welhen kumber mein' ich nu?   · 35

ob iuch des diuhte niht ze fruo,

ich solte in iu benennen gar.

Orgelûs' diu kom aldar

in Gâwâns hérzén gedanc,

die ie was zageheite kranc   40

unt gein dem wâren ellen starc.

wie kom daz sich dâ verbarc

sô grôz wîp in sô kleiner stat?

sie kom einen engen pfat

in Gâwânes herze,   ·   45

daz állér sîn smerze

von disem kumber gar verswant.

ez was iedoch ein kurziu want,

dâ sô lanc wîp inne saz,

der mit triuwen nie vergaz   50

sîn dienstlîchez wachen.

niemen sol tes lachen,

daz alsus wérlîchen man

ein wîp entschumpfieren kan.

wohrî woch, waz sol daz sîn?   55

dâ tuot frou Minne ir zürnen schîn

an dem der prîs hât bejaget.

wérlîch und unverzaget

hât s'in iedoch funden.

gein dem siechen wunden   ·   60

585 solt' sie gewalts verdriezen:

er möht' doch des geniezen,

daz s'in âne sînen danc

wol gesunden ê betwanc.

Frou Minne, welt ir prîs bejagen,   65

möht ir iu doch lâzen sagen,

---

37 *solte*, würde. — 40 *die* für *der*; vgl. zu III, 72. Der nie von Feig-
·etwas wußte. — 41 *gein*, in Bezug auf: wahren Muth. — 46 aller übrige
merz verschwand vor diesem Kummer, wurde durch ihn in den Hin-
·rund gedrängt. — 48 *kurziu want*, sein Herz. — 50 *der*, nicht *des*,
h der mhd. gewöhnlichen Beziehung bei *wîp*. — 51 seine dienstbereite
merksamkeit. — 52 *tes = des*, nach bairischer Weise. — 55 *wohrî woch*
rject. des Staunens und Unwillens, verdoppelt und mit eingeschobenem
rie sonst *â*; hier hat die eine Klasse von Hss. *wohrâ*; vgl. *worâ woch*
rad von Haslau: *r* ist eingeschoben wie in *jarâjâ*, *nurânu* u. s. w. —
iâ, am Beginn der Antwort, erklärend. — 59 *iedoch*, doch. — 61 sollte
es verschmähen, ihre Macht zu zeigen. — 62 das sollte ihm zu Gute
amen. — 63 gegen seinen Willen. — 64 *gesunden* acc. sing., als er wohl
und war.

66 *möht = möhtet*: so könntet ihr euch doch das sagen lassen. —

iu ist ân' êre dirre strit.
Gâwân lebet' ie sine zît
als iuwer hulde ime gebôt:
áls tét sín vater Lôt.   70
muoterhálp al sín geslehte
daz stuont iu gar ze rehte
sít her von Mazadâne,
den ze Fâmurgâne
Terdelaschoye fuorte,   75
den iuwer kraft dô ruorte.
Mazadânes nâchkomen,
von den ist dicke sît vernomen
daz ir enkein iuch nie verliez.
Ïthêr von Kahaviez   80
iuwer ínsígel truoc:
swâ man vor wîben sín gewuoc,
des wolde sich ir keiniu schamen,
swâ man nante sinen namen,
ob sie der minne ir krefte jach.   85
nu prüevet denne diu in sach:
der wârn diu rehten mære komen.
an dem iu dienest wart benomen.

Nu tuot ouch Gâwân den tôt,
als síme neven Ilinôt,   90
586 den iuwer kraft dar zuo betwanc
daz der junge süeze ranc
nâch wérdér âmîen,
von Kanadic Flôrîen.
sîns vater lant von kinde er vlôch: 95

·67 *iu*, für euch. Der Kampf mit einem Kranken und Verwundeten. —
68 sein ganzes Leben lang. — 70 *als*, ebenso. — 72 *ze rehte stân* mit dat.,
unter der Rechtsgewalt von jemand stehen: stand in eurer Gewalt, war
·euch dienstbar. — 73 *sît her*, von der Zeit her. — *Mazadän:* vgl. I, 1667.
— 74 *ze*, nach. — 81 *iuwer insigel*, euer Wappen: als euer Ritter und
Diener. — 82 *vor wîben*, in Gegenwart von Frauen. — *sîn gewuoc*. ihn
nannte, von ihm sprach. — 83 *des*, auf den folgenden Satz mit *ob* V. 85
zu beziehen. — *wolte sich schamen*, glaubte sich schämen zu dürfen. —
85 wenn sie die Macht der Minne anerkannte, sich in Minne zu ihm hin-
gezogen fühlte. — 86 nun beurtheilt erst wie es der gieng, die ihn mit
Augen sah. — 87 die wußte es erst recht genau, wie minniglich er war. —
·88 durch seinen Tod gieng euch, Frau Minne, viel Dienst verloren, den
er euch noch hätte leisten können. Vgl. III, 1349.
    90 *Ilinôt:* vgl. XI, 688. — 92 *ranc*, ihre Liebe zu gewinnen suchte. —
94 diese wie alle bisherigen Beziehungen dieses Buches fehlen bei Crestien,
von dem überhaupt Wolfram in diesem Buche sich schon merklich ent-
fernt. — 95 *von kinde*, von Kindheit auf: als kleines Kind. —

diu selbe küneginne in zôch:
ze Britâne er was ein gast.
Flôrîe in luot mit minnen last,
daz s'in verjagete für 'ez lant.
in ir dienste man in vant   100
tôt, als ir wol hât vernomen.
Gâwâns künne ist dicke komen
durch minne in herzebæriu sêr.
ich nenne iu sîner mâge mêr,
den ouch von minne ist worden wê.   105
wes twanc der blúotvárwe snê
Parzivâls getriuwen lîp?
daz schuof diu künegin sîn wîp.
Gâlôesen und Gahmureten,
die habet ir bêde übertreten,   110
daz ir se gâbet an den rê.
diu werde Ítónjê̈
trúoc nâch róys Gramoflanz
mit triuwen stæte minne ganz:
daz was Gâwâns swester clâr.   115
frou Minne, ir teilt ouch iuwern vâr
Sûrdâmür durch Alexandern.
die eine unt die andern,
swaz Gâwân künnes ie gewan,
frou Minn', die wolt ir niht erlân,   120
587 sinę müesten dienest gein iu tragen:
nu welt ir prîs an im bejagen.
ir soltet kraft gein kreften geben,
und liezet Gáwãnen leben

---

97 er war ein Fremder in seiner Heimat. — 99 *für 'ez* = *für daz*, vor das
Land hinaus: aus seiner Heimat. — 101 Beziehung auf eine sonst nicht
erhaltene Erzählung. — 102 auch Ilinot gehörte als Artus' Sohn zur Ver-
wandtschaft Gawan's. — 106 *wes*, wozu? nämlich daß er ganz seine Be-
sinnung verlor; vgl. das 5. Buch. — *bluotvar* adj., von Blut gefärbt: von
den drei Blutstropfen der Gans. — 109 *Gálóes*, den Bruder Gahmuret's:
er war im Dienste von Annore vor Munthori geblieben; vgl. II, 663;
VII, 256. — 110 *übertreten* stv., überwinden. — 111 sodaß ihr sie dem
Tode überliefertet. — 112 von der Liebe Itonje's und Gramoflanzens er-
zählt das 14. Buch. — 113 *nâch*, die Sehnsucht bezeichnend. — 114 treue
und beständige Minne. — 116 *teilt* præt. für *teiltet:* ihr theiltet zu: ihr
ließt eure gefährliche Macht empfinden. — 117 *Sûrdâmûr* d. h. *sor*
(Schwester) *d'amur*, eine Schwester Gawan's, welche mit dem griechischen
Kaiser Alexander vermählt war; ihr Sohn war Cliges, Held einer Erzäh-
lung von Crestien, die Konrad Fleck deutsch bearbeitete. Vgl. XIV, 998.
— 118 *die eine*, die einen: sie alle. — 120 *wolt* = *woltet*. — 123 ihr solltet
eure Kraft gegen diejenigen zeigen, die selbst Kraft haben, nicht aber
gegen einen schwachen Verwundeten. — 124 *liezet*, solltet haben lassen. —

siech mit sinen wunden,   125
unt twunget die gesunden.
maneger hât von minnen sanc,
den nie diu minne alsô getwanc.
ich möhte nu wol stille dagen:
ez solten minnære klagen,   130
waz dem von Norwæge was,
do er der âventiur genas,
daz in bestuont der minnen schûr
âne helfe gar ze sûr.

  Er sprach «ouwê daz ich ie 'rkôs   135
disiu bette ruowelôs.
einz hât mich versêret,
unt'z ander mir gemêret
gedánké nâch minne.
Orgelûs' diu herzoginne   140
muoz genâde an mir begên,
ob ich bî fröuden sol bestên.»
vor ungedolt er sich sô want
daz brast etslîch sîn wunden bant.
in solhem ungemache er lac.   145
nu sehet, dô schein ûf in der tac:
des het er unsanfte erbiten.
er hete dâ vor dicke erliten
mit swerten manegen herten strît
sanfter dan die ruowens zît.   150
588 ob kumber sich gelîche deme,
swelch minner den an sich geneme,
der werde alrêrst wol gesunt

---

127 mancher singt von Minne: ein Tadel der Liederdichter, die häufig
nur fingiertes Liebesleid sangen. — 128 *alsô*, sowie Gawan. — 129 *ich
möhte wol*, ich hätte Grund. — 130 er rechnet sich also nicht zu den
minnæren. — 132 gehört in den Satz mit *daz:* daß, nachdem er bei dem
Abenteuer mit dem Leben durchgekommen war. — 133 *bestân*, feindlich
angreifen, befallen.
135 *ie 'rkôs* = *ie erkôs*, jemals erkor. — 136 *ruowelôs*, auf denen ich
keine Ruhe finde. — 137 *einz:* das Wunderbett. — 138 *das ander:* auf
dem ich jetzt liege. — 142 wenn ich im Besitz von Freude bleiben, nicht
um alle meine Freude kommen soll. — 143 *ungedolt* stf., Ungeduld; die
Form ist überwiegend mitteldeutsch: er konnte es nicht ertragen, nicht
aushalten. — 144 *etslîch*, manches, aber nicht mit partit. Gen. — 147 *un-
sanfte* adv., schwer: er hatte ihn in schwerer Lage erwartet. — 149 man-
chen harten Schwertkampf. — 150 *sanfter* compar. des Adv., leichter. —
151 wenn ein Kummer sich diesem, den Gawan litt, gleichstellen will. —
152 wenn ein Liebender einen eben solchen zu tragen behauptet. — 153 *wol
gesunt*, ganz gesund wie er ist. —

mit pfîlen alsus sêre wunt:
daz tuot im lihte áls wễ 155
als sîn minnen kumber ê.

Gâwân truoc minne und ander klage.
do begúnde ez liuhten vome tage,
daz sîner grôzen kerzen schín
unnâch sô virrec mohte sîn. 160
ûf rihte sich der wígánt.
dô was sîn linîn gewant
nâch wunden unde harnaschvar.
zuo z'im was geleget dar
hémede und brúoch von buckeram: 165
den wehsel er dô gerne nam,
unt eine garnasch märderln,
des sélbén ein kürsenlln,
óbe dén schúrbránt
von Arraze aldar gesant. 170
zwên' stivâlẹ ouch dâ lâgen,
die niht grốzer enge pflâgen.
diu niuwen kleider leit' er an:
dô gienc mîn hêr Gẵwẵn
ûz zer kemenâten tür. 175
sus gienc er wider unde für,
unz er den rîchen palas vant.

---

155 dann wird er merken, daß Gawan das doppelte Gewicht zu tragen hatte: nämlich das der Wunden zu dem des Liebesleides. Auch das kann ein Hieb auf die Minnesänger sein, die so oft von ihren Minnewunden reden.
157 *ander klage*, anderes worüber er zu klagen hatte: die Schmerzen seiner Wunden. — 158 *liuhten* swv., hell werden. — 160 *unnâch*, kaum: im Sinne von durchaus nicht, wie *selten* = niemals. — *sô virrec*, so weitreichend: daß die großen Kerzen lange nicht so viel Licht ausstrahlten, davon verdunkelt wurden. — 163 *var* muß aus *harnaschvar* auch zu *nâch wunden* ergänzt werden: *nâch wunden var*, gefärbt wie die Wunden, blutroth. — *harnaschvar*, der Schmuz der Rüstung hatte sich mit dem Blute gemischt. — 164 *zuo z'im*, neben ihn. — 165 *buckeram* stm., altfranz. *boucaran*, neufranz. *bougran*, ein wollener Stoff. Auch bei Crestien werden die Kleider, die ein Knappe ihm bringt, geschildert, aber verschieden: V. 9286—91. — 166 *wehsel* stm., Tausch: ließ er sich gerne gefallen. — 167 *garnasch* stf., ital. *guarnaccia*, franz. *garnache*, Überrock: wol von deutschem Ursprunge. — *märderîn* adj., von Marderfellen. — 168 *des sélben*, aus demselben Stoffe. — *kürsenlîn* stn., demin. von *kürsen*, Pelzrock, mlat. *cursina*. — 169 *den* dat. pl., dem Kürsen und der Garnasch. — *schürbrant* stm., ein Kleidungsstoff, dessen erster Theil mlat. *scurum* ist; vgl. Germania II, 87. — 170 *Arraz*, Arras, Stadt in der Picardie, deren Zeuge im Mittelalter sehr berühmt waren. — 172 die nichts weniger als eng waren. — 176 *wider unde für*, zurück und vorwärts, hin und her. — 177 der *palas* ist derselbe, in welchem er das Abenteuer bestanden, in dessen einem Zimmer das Wunderbett stand; vgl. Crest. 9408. —

18 *

sinen oúgén wart nie bekant
richéit diu dar zuo töhte
daz sie dem glichen möhte. 180
589 úf durch den palas einesit
gienc ein gewelbe niht ze wît,
gegrèdet über den palas hôch:
sinewel sich daz umbe zôch.
dar ûffe stuont ein clâriu sûl: 185
diu was niht von holze fûl,
sie was licht unde starc,
sô grôz, froun Camillen sarc
wær' drûffe wol gestanden.
ûz Feirefîzes landen 190
brâht' ez der wise Clinschor,
wérc dáz hie stuont enbor.

Sinwél als ein gezelt ez was.
der meister Jéometras,
solt' ez geworht hân des hant, 195
diu kunst wære im unbekant.
ez was geworht mit liste.
adamás und amatiste
(diu âventiure uns wizzen lât),
thópázje und grănät, 200
crisolte und rúbbîne,
smarâde und sárdîne,
sus wârn diu venster riche,
wit unt hôch geliche.
als man der venster siule sach, 205

179 die dazu geeignet gewesen wäre. — 180 dem, diesem palas, der Pracht
desselben. — 181 einesit, auf der einen Seite: in der einen Ecke des palas
war eine Wendeltreppe angebracht. Vgl. Lucae, de nonnullis locis
Wolframianis, S. 34 fg. — 182 die Wendeltreppe war gewölbt, die Wöl-
bungen aber ziemlich eng. — 183 gegrédet, vgl. IV, 214. — 184 dies Ge-
wölbe gieng spiralförmig in die Höhe; es war also eine gewölbte, aber
nicht geradaufsteigende, sondern wendelförmige Treppe. Vgl. Crest. 9857
as fenestres d'une tornele. — 188 nach sô grôz wieder kein Satz mit daz,
sondern direct. — Camille war schon X, 55 erwähnt: ihren kostbaren
Sarg beschreibt Heinrich v. Veldeke in seiner Eneide 252, 9—254, 26. —
191 es nimmt das folgende werc voraus. — 192 werc, Kunstwerk: der ganze
Kunstbau der Treppe und Säule.
194 Jéometras, Geometer: als Eigenname aufgefaßt. Vgl. VI, 983. —
196 das hätte er nicht verstanden. — 197 mit liste, mit zauberischer Kunst.
— 200 thopazie pl. von thopasius (XV, 1400), mit deutscher Endung. —
203 die Fenster selbst bestanden aus den genannten Edelsteinen, die die
Stelle von Glasmalerei in kostbarer Weise vertraten. — 204 von gleicher
Höhe und Weite. — 205 ebenso wie die Fenstersäulen (d. h. in demselben
Stile) war auch das Dach. —

der art was obene daz tach.
dehein sûl stuont dar unde
diu sich gelîchen kunde
der grôzen sûl, dâ zwischen stuont.
uns tuot diu âventiure kunt   210
590 waz diu wunders mohte hân.
durch schouwen gienc her Gâwân
ûf daz warthûs eine
zuo manegem tiwerem steine.
dâ vander solich wunder grôz,   215
des in ze sehen niht verdrôz.
in dûhte daz im al diu lant
in der grôzen siule wærn bekant,
unt daz diu lant umb' giengen,
unt daz mit hurte enpfiengen   220
die grôzen berge ein ander.
in der siule vander
liute riten unde gên,
disen loufen, jenen stên.
in ein venster er gesaz,   225
er wolt' daz wunder prüeven baz.

Dô kom diu alte Arnîve,
und ir tôhter Sángive,
unde ir tohter tohter zwuo:
die giengen alle viere zuo.   230
Gâwân spranc ûf, do er se sach.
diu küneginne Arnîve sprach
«hêrre, ir solt noch slâfes pflegen.

---

207 *dar unde*, nicht: darunter, unter den Säulen; sondern: dort unten,
unterhalb (für *dar unden*: zu III, 414). Keine der Fenstersäulen, denn
diese lagen unterhalb der Säule in der Dachwölbung. — 209 nach *sûl* muß
das relative *diu* ergänzt werden. — *dâ zwischen*, in der Mitte. — 211 wie
wunderbar die eingerichtet war. — 213 *ûf*, in. — *warthûs* stn., Warthaus,
Warte: der oberste Theil dieses Treppenbaues, wo man eine Rundsicht
hatte. — *eine*, allein. — 214 das mit manchem Edelsteine geschmückt war.
— 217 diese Erzählung scheint aus den mittelalterlichen Sagen von Virgil
entnommen, dem ähnliche Bauten beigelegt wurden. — 218 *wærn bekant*,
daß er sie sähe. — 219 sich im Kreise drehten. — 220 im Aufeinander-
stoßen sich ablösten: einer verdrängte rasch den andern. — 222 *vander*,
sah er, bemerkte er. — 225 *gesaz*, setzte sich.
    228 *Sangîve* ist Gawan's Mutter. — 229 die beiden Töchter ihrer
Tochter, also Gâwan's Schwestern, sind Itonje und Cundrie. Die beiden
Königinnen kennt auch Crest. 8890; die zweite wird von ihm *fille et roine*
genannt 8900; und diese hat wieder eine Tochter 8901. Jene älteste heißt
Ugierne 10111; die Mutter Gauwain's wird nicht mit Namen genannt 10119.
— 233 *soll = soltet.* —

habet ir ruowens iuch bewegen,
dar zuo sit ir ze sêre wunt,   235
sol iu ánder ungemach sin kunt.»
dô sprach er «frouwe und meisterin,
mir hât kraft unde sin .
iuwer helfe alsô gegeben,
daz ich gediene, muoz ich leben.»   240
591 diu künegin sprach «muoz ich sô spehen
daz ir mir, hêrre, habet verjehen,
daz ich iuwer meisterinne si,
sô küsst dis' frouwen alle dri.
dâ sit ir lasters ane bewart: 245
sie sint erborn von küneges art.»
dirre bete was er vrô,
die clâren frouwen kuste er dô,
Sangîvén und Ítonjê
und die süezen Cúndrîê.   250
Gâwân saz selbe fünfte nider.
dô saher für unde wider
an der clâren megede lip:
iedoch dwanc in des ein wip,
diu in sime herzen lac,   255
dirre mégede blic ein nebeltac
was bî Orgelûsen gar.
diu dûht' et in sô wol gevar,
von Lôgróis diu herzogin:
dâ jagete in sin herze hin.   260

    Nu, diz was ergangen,
    daz Gâwân was enpfangen

---

234 wenn ihr auf Ruhe verzichtet habt. — 236 wenn ihr noch andere Un-
bequemlichkeit zu euern Wunden haben sollt: solche gewährt ihm aber
das Herumgehen und Steigen bei seinem Zustande. — 237 *meisterin* be-
zeichnet diejenige, die durch ihre Kunst ihn geheilt und verpflegt hat;
meister ist häufiger Ausdruck für Arzt. Vgl. XI, 879. — 240 *das* ist relat.
für *das es:* daß ich es durch Dienst zu vergelten suchen werde, wenn ich
am Leben bleiben darf. — 241 wenn ich es so auffassen darf: den Aus-
druck *meisterin*, den er gebraucht hat, und den sie im Sinne «Gebieterin»
nimmt. — 244 so gebiete ich euch sie zu küssen. — *alle* kann nicht wohl
bei dieser Ausdrucksweise entbehrt werden; vgl. 263. — 245 *lasters bewart*,
gegen Schande geschützt: *dar an*, indem ihr das thut. — 247 *bete*, Auf-
forderung. — 251 *selbe fünfte*, mit den vier Frauen. — 252 von der einen
zur andern, und dann wieder die erste betrachtend: hin und her. —
254 *des*, dazu, auf V. 256 zu beziehen: daß sie ihm erschienen. — 257 *bî*,
neben, im Vergleich mit. — *gar*, mit *nebeltac* zu verbinden. — 258 *et*, nun
einmal: so schön, daß keine andere Schönheit neben ihr Raum hatte.

von den frouwen allen drin.
die truogen sô liehten schin,
des lihte ein herze wær' versniten,   · 265
daz ê niht kumbers het erliten.
zuo sîner' meisterinne er sprach
umb' die sûl die er dâ sach,
daz si im sagete mære,
von welher art diu wære.   270
592 dô sprach sie «hêrre, dirre stein
bî tage und alle nähte schein,
sit er mir êrste wart erkant,
alumbe sêhs mil' in daz lant.
swáz in dém zíl geschiht,   275
in dirre siule man daz siht,
in wazzer und ûf velde:
des ist er wâriu melde.
ez si vogel oder tier,
der gast unt der forehtier,   280
die vremeden unt die kunden,
die hât man drinne funden.
über sehs mile gêt sin glanz:
er ist sô veste und sô ganz
daz in mit starken sinnen   285
kunde nie gewinnen
weder hamer noch der smit.
er wart verstolen ze Thabronit
der künegin Secundillen,
ich wæn' des, ân' ir willen.»   290

Gâwân an den zîten
sach in der siule rîten
ein riter und ein' frouwen

---

265 *des*, von welchem, daß dadurch. — 266 welches früher niemals
beskummer erlitten, sich bis dahin unempfänglich für die Minne ge-
zt. — 270 wie ihre Einrichtung wäre. — 272 *schein*, leuchtete. — 275 *zil*,
gegrenzter Raum, Entfernung, Umkreis. — 278 *melde* stf., Verrathung,
ndgebung: das zeigt er alles wie es sich wirklich verhält. — 280 *forehtier*
i., altfranz. *forestier*, der Beamte der den *fôrest* unter sich hat; doch
eint es hier in weiterem Sinne gebraucht, denn wie der *gast* dem
meden, so entspricht der *forehtier* dem *kunden*. — 281 *kunde* swm., der
Lande bekannt, heimisch ist. — 284 *er*, der Stein, die steinerne Säule.
285 *starken sinnen*, großer Kraft. — 286 *gewinnen* stv., vom Flecke
iaffen. — 289 der Geliebten von Parzival's Halbbruder Feirefiz.
291 *an den zîten*, in diesem Zeitpunkt, Augenblicke. — 293 gehört als
ject zu beiden Verben. —

moht' er dâ beidiu schouwen.
dô dûhte in diu frouwe clâr,   295
man und ors gewâpent gar,
unt der hélm gézimíeret.
sie kômen géheistíeret
durch die passâschen ûf den plân.
nâch ime diu reise wart getân.   300
593 sie kômn die strâzen durch taz muor,
als Lischois der stolze fuor,
den er enschumpfierte.
diu frouwe condwierte
den rîter mit dem zoume her: 305
tjóstíeren was sîn ger.
Gâwân sich umbe kêrte,
sinen kumber er gemêrte.
in dûht' diu sûl het in betrogen:
dô sach er für ungelogen   310
Orgelûsen de Lôgrois
und einen rîter curtois
gein dem urvar ûf dem wasen.
ist diu nieswurz in der nasen
dræte unde strenge,   315
durch sîn herze enge
kom alsus diu herzogîn,
durch siniu ougen oben în.

Gein minne helfelôs ein man,
ouwê daz ist hêr Gâwân.   320
zuo sîner meisterinne er sprach,
do er den rîter komen sach,

---

294 *beidiu* neutr., weil auf Personen verschiedenen Geschlechts bezüglich.
— 298 *heistieren* swv., altfranz. *hester* neben *haster*, eilen, eilig reiten. —
300 er war der Zweck, das Ziel ihrer Reise. — 301 vgl. X, 961. — 302 *als*,
ebenso wie: auf welcher auch gekommen war; vgl. X, 969. — 305 *mit
dem*, am. — 306 er kam um eine Lanze zu brechen. — 307 er wandte sich
von der Säule, in die er bisher geblickt, um und sah in die Gegend hin-
aus. — 308 da wurde sein Kummer noch größer. — 310 *für ungelogen*, in
Wahrheit, wahrhaftig; vgl. II, 155. — 313 auf der Wiese dem Landungs-
platze gegenüber. — 314 der seltsame Vergleich ist wie häufig durch den
Reim veranlaßt. Das tertium comparationis liegt in *enge*. Wie die Nies-
wurz durch eine kleine Öffnung kommt und eine schnelle und starke Wir-
kung hervorbringt, so drang durch die Augen die Herzogin in sein Herz.
— 316 sie durchdrang sein Herz vermittelst der Augen: die Augen als
Boten zum Herzen kommen namentlich in der mhd. Lyrik sehr oft vor.
319 ein Mann, der sich gegen die Minne nicht wehren konnte. —
320 *daz*, ein solcher. —

«frowe, dort vert ein rîter her
mit ûf gerihtétem sper:
der wil súochens niht erwinden, 325
ouch sol sîn suochen vinden.
sît er rîterschefte gert,
strîts ist er von mir gewert.
sagt mir, wer mac diu frouwe sîn?»
sie sprach «daz ist diu herzogîn 330
594 von Lôgróis, diu clâre.
wem kumet sie sus ze vâre?
der turkoite ist mit ir komen,
von dem sô dicke ist vernomen,
daz sîn herze ist unverzaget. 335
er hât mit speren prîs bejaget,
es wæren gehéret driu lânt.
gein sîner werlîchen hant
sult ir strîten mîden nu.
strîten ist iu gar ze fruo: 340
ir sît ûf strît ze sêre wunt.
ob ir halt wæret wol gesunt,
ir solt doch strîten gein im lân.»
dô sprách mîn hér Gâwân
«ir jehet, ich süle hie hêrre sîn: 345
swer denne ûf al die êre mîn
rîterschaft sô nâhe suochet,
sît er strîtés geruochet,
frouwe, ich sol mîn harnasch hân.»
des wart grôz weinen dâ getân 350
von den fróuwen allen vieren.
sie sprâchen «welt ir zieren
iuwer sælde und iuwern prîs,

nicht ablassen zu suchen; als Object ist aus V. 327 zu ergänzen *rîter-*
st. — 329 ihren Namen hat bisher Gawan nicht erfahren. Vgl. *si me*
t que puet estre une pucelle qui vient ci Crest. 9676. — 332 wem folgt
in so feindlicher Absicht nach? auf wen hat sie's abgesehen? —
turkoite swm., Bogenschütze, leichtbewaffneter Ritter: sein Name ist
rant von Itolac. Vgl. namentlich XII, 1233—35. — 334 man hat es
erfahren, erprobt. — 336 *prîs*, solchen Ruhm. Vgl. *car maint chevalier*
port a devant moi conquis et mort Crest. 9691. — 337 *es*, daß davon:
:hmückt, geziert wären; es reichte aus, um drei Länder damit zu
nücken. — 339 *nu*, in unserm jetzigen Zustande. — 341 *ûf strît*, um
streiten. — 343 *solt* = soltet. — 345 vgl. XI, 888 und namentlich
167 ff. — 346 wenn also jemand auf meine Ehre los, zum Schaden
1er Ehre. — 347 *sô nâhe*, in solcher Nähe meines Landes. — 348 *ge-*
het, haben will. — 349 der correcte Nachsatz wäre: so will ich den
1pf mit ihm aufnehmen. — *ich sol*, ich will. — 352 *zieren*, schön ma-
1, nicht verunzieren, nicht aus ihrem schönen Zustande bringen. —

sô stritet niht decheinen wîs.
læget ir dâ vor im tôt,   355
alrêrst wüehse unser nôt.
sult aber ir vor im genesen,
welt ir in hárnásche wesen,
iu nement iur êrsten wunden'z leben:
sô sîn wir an den tôt gegeben.»   360

* 595   Gâwân sus mit kumber ranc:
ir muget wol hœren waz in twanc.
für schande héter an sích genomen
des werden túrkóiten komen:
in dwúngén ouch wunden sêre,   365
unt diu minne michels mêre,
unt der vier frouwen riuwe:
wand' er sah an in triuwe.
er bat se wéinén verbern:
sîn munt dar zuo begunde gern   370
harnasch, ors unde swert.
die frouwen clâr unde wert
fuorten Gâwânen wider.
er bat se vor im gên dar nider,
dâ d'andern frouwen wâren,   375
die süezen und die clâren.
Gâwân ûf sins strites vart
balde aldâ gewâpent wart
bî weinden liehten ougen:
sie tâten'z alsô tougen   380
daz niemen vriesch diu mære,
niwan der kamerære,
der hiez sîn ors erstrîchen.
Gâwân begunde slîchen

---

vor im, vor seinen Füßen, im Kampfe mit ihm. — 356 *alrêrst*, dann
; recht. — 357 wenn ihr mit dem Leben davonkommt, nicht im Kampfe
bt. — 358 gehört in den Nachsatz V. 359: so nehmen euch, wenn ihr.
359 die Wunden, die ihr auf dem Wunderbett erhalten.
361 *sus*, in folgender Weise. — 363 *für schande*, als eine Schande. —
sich genomen, sich angerechnet. — 365 *dwungen*, bedrängten, schmerz-
. — 367 *riuwe*, Trauer. — 368 denn er sah, daß sie es wohl mit ihm
nten. — 370 ferner bat er sie. — *gern* mit dem Acc. ist mhd. sel-
. — 373 *wider*, zurück: hinunter in den *palas*. — 375 *d'* = *de*, ge-
wâcht aus *die*. — 377 um in den Kampf zu ziehen. — 379 *bî* instru-
ıtal: vermittelst, durch. — Umschreibung für weinende schöne Frauen.
)83 *erstrîchen* stv., glatt streichen, zurecht machen. — 384 *slîchen*, um
en langsamen Gang zu bezeichnen: es ist sonst kein Ausdruck, der
ı Gange der Männer, wol aber von dem der Frauen gebraucht wird. —

aldâ Gringuljete stuont.   385
doch was er sô sêre wunt,
den schilt er kûme dar getruoc:
der was türkel ouch genuoc.

Ûf'z ors sáz hêr Gâwân.
dô kêrt' er von der burc her dan   390
596 gein sîme getriuwen wirte,
der in vil wênec irte
al des sîn wille gerte.
eins spers er in gewerte:
daz was starc und unbeschaben.   395
er het ir manegez ûf erhaben
dort anderhalp ûf sînem plân.
dô bat in mîn hêr Gâwân
überverte schiere.
in einem ússiere   400
fuort er'n über ane'z lant,
da er den turkoyten vant
wert unt hôhé gemuot.
er was vor schanden sô behuot
daz missewende an im verswant.   405
sîn prîs was sô hôhe erkant,
swer gein im tjostierens pflac,
daz er hinder'm orse lac
von sîner tjoste valle.
sus het er sie alle,   410
die gein im ie durch prîs geriten,
mit tjostieren überstriten.
ouch tet sich ûz der tegen wert,

---

statt eines Satzes mit *daz*. — *dar*, bis zu seinem Rosse.
390 *her dan*, herab. — 391 zu Plippalinot dem Fährmann. Vgl. *et il
onte tous armés, si s'en est jusqu' al port alés, et li notoniers avec lui
st*. 9735. — 392 *vil wénic irte*, gar nicht hinderte; ihm nichts versagte. —
er in gewerte, gab er ihm. — 395 *unbeschaben*, dasselbe was *unbesniten*
eutet; vgl. zu IV, 959. — 396 *ûf erhaben*, aufgehoben: von den besiegten
tern. — 397 auf der andern Seite. — 399 *überverte* gen. von *übervart*,
bat abhängig. — 400 *ussier* stm., altfranz. *ussier*, Barke, Boot, haupt-
hlich zum Transportieren. Vgl. *si s'en entrent el bac anoui* Crest. 9738.
103 *hôhe* adv., hoch; *hôhe gemuot* dasselbe was *hôchgemuot*, freudigen
zen Sinnes. — 405 daß kein Makel an ihm war. — 406 vgl. XII, 336
l die dort angeführten Verse aus Crestien. — 409 durch den Fall, den
m Zusammenrennen mit ihm erlitten. — 411 *geriten*, hier wie oft vom
ten im ritterlichen Kampfe gebraucht. — 413 *sich ûz tuon*, sich aus-
schen; er äußerte sich dahin. —

daz er mit spern sunder swert
hôhen prîs wolt' erben,   415
oder sînen prîs verderben:
swer den prîs an im bezalte,
daz er'n mit tjoste valte,
dâ wurde er âne wer gesehen,
dem wolte er sicherheite jehen.   420

597   Gâwân vriesch diu mære
von der tjóste pfándære.
Plippalinôt nam alsô pfant:
swelich tjoste wart bekant,
daz einer viel, der ander saz,   425
so enpfienger ân' ir beider haz
dises flust unt jenes gewin:
ich mein' daz ors: daz zôher hin.
er'n ruochte, striten sie genuoc:
swer prîs oder laster truoc,   430
des liez er jehen die frouwen:
sie mohten'z dicke schouwen.
Gâwânn er vaste sitzen bat.
er zôch im'z ors an den stat,
er bôt im schilt unde sper.   435
hie kom der turkoyte her,
kalopierende als ein man
der sine tjoste mezzen kan
weder ze hôch noch ze nider.
Gâwân kom gein ime wider.   440
von Munsalvæsche Gringuljete

---

415 *erben*, als Erbschaft von einem andern, dem er ihn abnahm, gewinnen;
vgl. X, 1207. — 416 *verderben*, verlieren: seinen eigenen Ruhm. — 417 *den
pris*, solchen Ruhm. — *an im*, ihm gegenüber, im Kampfe mit ihm. —
419 *dâ*, da würde er sich nicht wehren. — 420 sich ergeben.
     422 *pfandære* stm., Inhaber eines Pfandes: durch die folgenden Zeilen
näher erläutert. — 424 wenn eine Tjoste. — *wart bekant*, zu dem sicht-
baren Resultat kam. — 425 *saz*, im Sattel sitzen blieb. — 426 ohne daß
einer der Kämpfenden etwas dagegen hatte. — 427 dieser und jener ist
hier anders als im Nhd. gebraucht: dieser bezieht sich auf den erst-
genannten, jener auf den zweiten, während wir dieser auf den letzt-
genannten beziehen. — 428 *zôher hin*, führte er mit sich hinweg. —
429 ob sie viel kämpften. — 430 *swer* hängt nicht von *jehen* ab, sonst
müßte es *wer* heißen: wer auch Ehre oder Schande davontragen mochte,
er machte sich nichts daraus, darüber ließ er die Frauen entscheiden. —
431 die Frauen, die von den Fenstern aus zusahen. — 438 der wohl ver-
steht mit der Lanze zu zielen. — 440 *gein ime*, ihm entgegen. Vgl. *tantost
li chevaliers s'eslaisse* (V. 437) .. *et mesire Gauwains s'adrece vers lui* Crest.
9762. 65. —

tét nâch Gâwânes bete
als ez der zoum lêrte.
ûf den plân er kêrte.

Hurtâ, lât die tjoste tuon. 445
hie kom des künec Lôtes sun
manlîch und âne herzen schric.
wâ hât diu hélmsnúor ir stric?
des turkóyten tjost in traf aldâ.
Gâwân ruorte in anderswâ, 450
598 durch die bârbíere.
· man wart wol innen schiere,
wer dâ gevelles was sîn wer.
an den kurzen starken sper
den helm enpfienc hêr Gâwân: 455
hin reit der helm, hie lac der man,
der werdekeite ein bluome ie was,
unz er verdacte alsus daz gras
mit valle von der tjoste.
sinèr zimierde koste 460
imę touwe mit den bluomen striten.
Gâwân kom ûf in geriten,
unz er im sicherheit verjach.
der verje nâch dem orse sprach.
daz was sîn reht: wer lougent des? 465
«ir vröut iuch gerne, west ir wes»,
sprach Orgelûs’ diu clâre
Gâwâne aber ze vâre,
«durch taz des starken lewen fuoz
in iwerem schilde iu volgen muoz. 470

---

442 folgte Gawan's Befehl, Lenkung.
445 *Hurtâ* imper. von *hurten* mit verstärkendem *â*: drauf los: nun
kann es losgeben. — 447 *schric* stm., Schrecken: unerschrockenen Her-
zens. — 448 diese lebhafte Art durch die Frage fanden wir schon mehr-
fach; vgl. I, 26. 68 u. s. w. — *ir stric*, ihre Verknüpfung: wo ist sie
zusammengeknüpft. — 450 *ruorte*, traf. — 452 schnell hatte man denjenigen
kennen gelernt, der ihn zu Falle gebracht hatte; vgl. 417 fg. — 455 der
Helm blieb an dem Speer hangen. — 456 *hin reit*, hin fuhr. — 457 *werde-
keite* gen. von *bluome* abhängig. — 458 bis zu dem Augenblicke wo. —
459 *von*, infolge von. — 460 sein kostbarer Helmschmuck. — 461 wett-
eiferte mit den Blumen im Grase um den Glanz. — 462 vgl. *si li court a
l'espee seure* Crest. 9777. — 464 *sprechen* mit *nâch*, Ansprüche worauf
machen. — 466 *vröut* ist wol als præt. zu nehmen für *vröutet*, wie *west*
præt. für *westet* ist: wenn ihr nur wüßtet worüber, wenn ihr nur einen
rechten Grund hättet; aber ihr habt keinen, denn der Löwenfuß reicht
nicht aus. — 468 *aber*, wiederum aufs neue. — *se vâre*, in böser Absicht.
— 469 *durch taz* (= das), weil. — 470 vgl. XI, 571. —

nu wænt ir iu si pris geschehen,
sit dise frouwen hânt gesehen
iuwer tjost alsô getân.
wir müezen iuch bî fröuden lân,
sit ir des der geile,   475
ob Lît márvéile
sô klein' sich hât gerochen.
iu ist doch der schilt zerbrochen,
als ob iu strit sül wesen kunt.
ir sit ouch liht' ze sêre wunt   480
599 ûf strites gedense:
daz tæte iu wê zer gense.
iu mac durch ruom wesen liep
der schilt dürkel als ein sip,
den iu sô manec pfîl zebrach.   485
an disen ziten ungemach
muget ir gerne vliehen:
lât iu den vinger ziehen.
ritet wider ûf zen frouwen.
wie getörstet ir geschouwen   490
strit, den ich werben solde,
ob iuwer herze wolde
mir díenén nâch minne!»
er sprach zer herzoginne
«frouwe, hân ich wunden,   495
die hânt hie helfe funden.
ob iuwer helfe kan gezemen
daz ir mîn dienest ruochet nemen,
sô wart nie nôt sô herte erkant,

---

471 *geschehen*, zu Theil geworden. — 472 *quidiés-vos mius que lui valoir
pour çou que abatu l'aves!* Crest. 9800. — 474 wir wollen euch eure Freude
lassen. — 477 daß ihr so gut davongekommen seid. — 479 als wenn ihr
einen wirklichen Kampf bestanden hättet. — 480 es kann auch leicht sein,
daß ihr zu sehr wund seid. — 481 *gedense* stn. (zu *dinsen*: vgl. X, 374),
Geschlepp: um euch mit Kampf zu schleppen, abzuarbeiten. — 482 Be-
ziehung auf X, 373, wo Orgeluse Gawan geschimpft hatte *ir gans*. Das
wäre für euch ein neues Leid zu dem Titel «Gans», den ich euch gegeben.
— 483 *durch ruom*, damit ihr damit prahlen könnt, als wäre er euch im
Kampfe so durchlöchert worden. — 484 *sip* stn., Sieb. — 486 *an disen
siten*, jetzt. — 487 *muget gerne*, habt triftige Ursache: weil ihr vorschützen
könnt, ihr hättet schon so viel gekämpft. — 488 *den vinger ziehen*, den
Finger einrenken: laßt eure Wunden, wie unbedeutend sie auch sind,
von den Frauen heilen. — 491 *werben*, betreiben, ins Werk setzen: wie
ich ihn ins Werk setzen würde, wenn ihr der rechte Mann wärt mit Ritter-
dienst um meine Minne zu werben. — 496 dadurch daß ich euch wieder-
sehe, sind sie geheilt. — 497 *helfe* acc.: *iuwer helfe*, euch, die ihr helfen
könnt. — *gezemen*, gefallen. — 499 so gibt es keine noch so sehr als hart
erprobte Gefahr. —

i'ne si ze dienste iu dar benant.»   500
sie sprach «ich lâze iuch rîten,
mêr nâch prîse strîten,
mit mir gesellecliche.»
des wart an fröuden rîche
der stolze werde Gâwân.   505
den turkoyten sande er dan
mit sinem wirt Plippalinôt:
ûf die burg er enbôt
daz sîn mit wirde næmen war
al die frouwen wol gevar.   510

600   Gâwâns sper was ganz beliben,
swie bêdiu ors wærn getriben
mit sporn ûf tjoste hurte:
in siner hant er'z fuorte
von der liehten ouwe.   515
des weinde manec frouwe,
daz sîn réise aldâ von in geschach.
diu künegin Arnîve sprach
«unser trôst hât im erkorn
siner óugen senfte, 's herzen dorn.   520
ouwê daz er nu volget sus
gein Li gweiz prelljus
Orgelûsén der herzogin!
dêst siner wunden ungewin.»
vier hundert frouwen wârn in klage: 525
er reit von in nâch priss bejage.
swaz im an sinen wunden war,
die nôt hét erwendet gar
Orgelûsen varwe glanz.
sie sprach «ir sult mir einen kranz   530

---

zu der ich, um euch zu dienen, nicht bestimmt wäre, der ich mich
it weihen würde. — 502 um euch mehr Gelegenheit zu geben, Ruhm
:rwerben. — 506 *puis le rent au notonnier ki l'atendoit* Crest. 9782. —
daß ihn ehrenvoll aufnehmen, behandeln sollten.
511 vgl. 454: er hatte den Helm des Gegners mit weggenommen. —
vgl. *et les puceles del palais si se depecent et descirent, et les dames lor
iaus tirent* Crest. 9820. — 519 *unser trôst*, unser Tröster; *qui nostre
: devroit estre* Crest. 9827. — 520 was seinen Augen lieblich erscheint,
: sein Herz verwundet und sticht. — 521 *la male pucele l'adestre, si
maine la deputaire* Crest. 9828. — 522 bei Crest. 9866 *ce est li gues
lleus.* — 524 das ist ihm bei seinen Wunden sehr schädlich. — 527 die
h, die seine Wunden ihm machten. —

von eines boumes rîse
gewinnen. drumbe ich prîse
iuwer tât, welt ir mih's wern:
sô muget ir mîner minne gern.»
dô sprach er «frouwe, swâ daz ris   535
stêt, daz alsô hôhen prîs
mir ze sælden mac bejagen,
daz ich iu, frouwe, müeze klagen
nâch iuwern hulden mîne nôt,
daz brich' ich, ob mich lât der tôt.»   540

601   Swaz dâ stuonden bluomen lieht,
die wâru gein dirre varwe ein niht,
die Orgelûse brâhte.
Gâwân an sie gedâhte
sô daz sîn êrest ungemach   545
ime deheines kumbers jach.
sus reit sie mit ir gaste
von der bûrc wôl ein' raste,
ein' strâzen wît unde sleht,
für ein clârez fôréht.   550
der art des boume muosten sîn,
tämrîs unt prisîn.
daz was der Clinschores walt.
Gâwân der tegen balt
sprach «frouwe, wâ brich' ich den kranz,   555
des mîn türkel fröude werde ganz?»
er solt s' et hân gediubet nider,

---

531 aus den Blättern eines Baumastes. *mes amis .. n'aloit quellir de ces
flours que veés a ces arbres et a ces prés* Crest. 9852. — 532 *drumbe,* um
diesen Preis: lobe ich euer Thun. — 534 *muget ir,* habt ihr einen An-
spruch darauf. — 537 *ze sælden,* in Bezug auf Glück, Seligkeit. —
538 *müeze klagen,* klagen darf: daß ihr meine Klagen gnädig anhört. —
539 *nâch,* den Zweck, das Ziel bezeichnend. Vgl. *ains que je perge vostre
grace, le ferai se je onques puis* Crest. 9846. — 540 wenn der Tod es mir
gestattet, mich nicht daran verhindert.
    541 *bluomen* gen. von *swaz* abhängig. — 543 *brâhte,* mit sich brachte,
an sich trug. — 544 hatte solche Empfindungen bei ihrem Anblick. —
545 *êrest,* die ursprüngliche Form von *êrst.* — 546 ihm keinen Kummer
zufügte. — 549 *sleht,* gerade. — 551 *der art,* auf die folgende Zeile zu be-
ziehen. — *des boume,* die Bäume desselben. — *muosten sîn:* es waren keine
andern als diese darunter. — 552 *tämrîs,* tamariscus, tamarix; vgl. zu
VIII, 797. — *prisîn,* eine nicht zu bestimmende Baumart: wahrscheinlich
prov. *bresil.* — 556 *des* auf die vorhergehende Zeile zu beziehen: durch
dessen Brechen, dessen Gewinnung. — *werde,* werden soll. — 557 *et,*
nur. — *diuhen* swv., ducken, hinunterdrücken: er sollte sie hingeworfen
und ihre Minne mit Gewalt genommen haben, statt ihren launischen
Willen zu befolgen. —

als dicke ist geschehen sider
maneger clâren frouwen.
sie sprach «ich lâze iuch schouwen   560
aldâ ir prîs megt behaben.»
über velt gein eime graben
riten sie sô nâhen,
des kranzes poum sie sâhen.
dô sprach sie «hêrre, jenen stam   565
den heiet der mir fröude nam:
bringet ir mir drabe ein rîs,
nie rîter alsô hôhen prîs
mit dienst erwarp durch minne.»
sus sprach diu herzoginne.   570
602 «hie wil ich mîne reise sparn.
got walde's, welt ir fürbaz varn:
son' durfet ir'z niht lengen,
ellenthafte sprengen
müezt ir z'orse álsús   575
über Li gweiz prelljus.»

Sie hâbete al stílle úf dem plân:
fürbaz reit hêr Gâwân.
er 'rhôrte eins træten wazzers val:
daz het durchbrochen wît ein tal,   580
tief, ungeverteclîche.
Gâwân der ellens rîche
nam daz ors mit den sporn:
ez treip der tegen wol geborn,
daz ez mit zwein füezen trat   585
hin über an den andern stat.

---

aldâ, den Ort wo. — 564 statt eines Satzes mit daz: daß sie den Baum
:n, von welchem der Kranz genommen werden sollte. — 566 heien swv.,
:n. — der, der Mann der: er hatte ihren Geliebten Cidegast getödtet. —
il avoit oï dire et conter .. que cil qui del gué perelieus porroit passer
parfonde, qu'il avroit tout le pris del monde Crest. 9877. — 569 durch
:e, um Minne damit zu verdienen. — 571 ich will nicht weiter mit
:, hier will ich bleiben. — 573 wenn das eure Absicht ist, dann. —
sprengen in Verbindung mit z'orse entfernt sich von der ursprünglichen
:eutung des Verbums: dieses bedeutet springen machen, und erfordert
Object ors (acc.); die regelmäßige Auslassung dieses Objectes ver-
ßte den intrans. Gebrauch und daher die Hinzufügung mit Præpos. —
alsus, so wie ihr da seid.
577 haben intr., halten; in dieser Bedeutung heißt das Præt. immer
:e, nicht contrahiert. — 579 træte adj. = dræte, schnell. — 581 ungever-
ch adj., unwegsam. — 583 mit den sporn nemen, die Sporen geben. —
e: Object von treip, das Ross. —

der sprunc mit valle muoste sin.
des weinde iedoch diu herzogin.
der wâc was snel unde grôz.
Gâwân sîner kraft genôz: 590
doch truoger harnasches last.
dô was eines boumes ast
gewahsen in des wazzers trân:
den begreif der starke man,
wander dénnoch gerne lebete.   595
sin sper dâ bî im swebete:
daz begreif der wigant.
er steic hin ûf ane'z lant.

Grinuljet swam obe und unde,
dem er helfen dô begunde.   600
603 daz ors sô verr' hin nider vlôz:
des loufes in dernâch verdrôz,
wander swære harnas truoc:
er hete wunden ouch genuoc.
nu tréip éz ein werve her,   605
daz er'z erreichte mit dem sper,
aldâ der regen unt des guz
erbrochen hete witen vluz
an einer tiefen halden:
daz uover was gespalden;   610
daz Grinuljeten nerte.
mit dem sper er'z kêrte
sô nâhe her zuo ane'z lant,
den zoum ergreif er mit der hant.
sus zöch mîn hêr Gâwân   615
daz ors hin ûz ûf den plân.
ez schutte sich, dô ez genas.

---

vgl. *vient par moult grant sens arriere pour saillir outre, mais il faut, ne prist mie bien son saut, ains sali droit enmi le gué* Crest. 9883. — *valle*, vom Fall begleitet. — 590 seine Kraft kam ihm zu statten. — und doch trug er. — 593 hieng ins Wasser hinab. — 596 *swebete*, wamm auf dem Wasser.
599 *obe und unde*, auf und nieder. — 602 *loufes* für *loufens*, wie fast s Hss. haben. — *dernách*, hinter dem Rosse her. — 603 *swære*: aus der flectierten Form ist ersichtlich, daß *harnas* hier Neutr. ist. — 605 *werve*, Wirbel, Wasserwirbel. — 607 *des guz*, dessen Güsse. — 608 *erbrechen* ., herausbrechen, brechen. — *witen vlus*, einen weiten Strom. Durch ne Erweiterung des ursprünglichen Strombettes trieb das Ross näher s Ufer heran. — 610 *gespalden*, war eingerissen. — 611 *daz* relat.: welr Umstand. — 612 *kérte*, lenkte. — 614 daß er den Zaum ergreifen nnte. — 617 es schüttelte das Wasser von sich ab. — *dô es genas*, als sich gerettet fühlte, in Sicherheit war. —

der schilt dâ niht bestanden was:
er gurt' dem orse unt nam den schilt.
swen sins kumbers niht bevilt,   620
daz lâze ich sin: er het doch nôt,
sit ez diu minne im gebôt.
Orgelûs' diu glanze
in jagete nâch dem kranze:
daz was ein ellenhaftiu vart.   625
der boum was alsô bewart,
wæern Gâwâns zwên', die müestn ir leben
umb' den kranz hân gegeben:
des pflac der küuec Gramovlanz.
Gâwân brach iedoch den kranz.   630
504 daz wazzer hiez Sabbins.
Gâwân holt' unsenften zins,
dô er unt'z ors drin bleste.
swie Orgelûse gleste,
ich wolt' ir minne alsô niht nemen: 635
ich weiz wol wes mich sol gezemen.

Dô Gâwân daz ris gebrach
unt der kránz wárt sins helmes dach,
ez reit zuo z'im ein riter clâr.
dem wâren siner zîte jâr   640
weder ze kurz noch ze lanc.
sin muot durch hôchvárt in twanc,
swie vil im éin man tete leit,
daz er doch mit dem niht streit,
ir'n wæren zwêne oder mêr.   645
sin hôhez herze was sô hêr,
swáz im tét éin man,

------

anden, im Wasser geblieben: Simrock «der Schild glitt nieder»
icht den rechten Sinn. — 620 wer kein Bedauern empfindet. —
will ich auf sich beruhen lassen, ich will ihm gerade keine Vor-
nachen; doch, doch das steht fest. — 625 ellenhaft die ursprüng-
aber seltene Form: meist mit eingeschobenem t ellenthaft, muthig
464). — 627 wie wir auch sagen, wären seiner zwei: wenn er auch
al so stark wäre. — 629 des pflac, den hatte unter seiner Obhut. —
Gewinnen des Zinses war mit Mühseligkeit verbunden. — 633 blesten,
opoetisches Wort, platschen, mit Geräusch hineinfallen. — 634 gleste
æs. — 635 alsô, unter solchen Bedingungen. — 636 was mir zusagt
isend dünkt.
gebrach plusquamperf. — 638 und er seinen Helm damit geschmückt
- 641 er stand im schönsten Mannesalter. — 643 éin man, ein ein-
ann; vgl. 697. 767. — 645 ir'n wæren, wenn ihrer nicht waren. —
:, hochstrebendes, stolzes. —

den wolter âne strit lân.

fil li roy Îrôt

Gâwân guoten morgen bôt: 650

daz was der künec Gramovlanz.

dô sprach er «hêrre, umb' disen kranz

hân ich niht gâr verzigen.

min grüezen wær' noch gar verswigen,

ob iuwer zwêne wæren,   655

die daz niht verbæren

sinę holten hie durch hôhen pris

ab mime boume alsus ein ris.

die müesen strit enpfâhen:

daz sul mir sus versmâhen.»   660

605   Ungerne ouch Gâwân mit im streit,

dér unwérlîche reit.

doch fuort' der degen mære

ein mûzersparwære:

der stuont ûf siner clâren hant.   665

Îtónjê het in im gesant,

Gâwâns süeziu swester.

phæwln von Sinzester

ein huot ûf sime houbte was.

von samit grüene als ein gras   670

der künec ein mantel fuorte,

daz vaste ûf d'erden ruorte

ietwederthalp die orte sîn:

diu veder wás lieht hârmîn.

niht ze grôz, doch starc genuoc   675

was ein pfärt daz den künec truoc,

---

648 mit dem ließ er sich nicht auf Kampf ein. — 651 *Gramovlanz*, bei
Crestien 9996 *Guiromelans*, aber auch mit vorgesetztem Artikel *li G.* 10028,
was auf einen eine Eigenschaft bezeichnenden Namen hindeutet. — 653 *ver-
zîhen* stv., verzichten, selten wie hier mit *umbe*, im Sinne von: auf. —
niht gar, durchaus nicht. Das dürft ihr aus meiner friedlichen Begrüßung
nicht schließen. — 654 ich hätte euch nicht gegrüßt. — 660 unter diesen
Verhältnissen, wo ihr nur allein seid. — *versmâhen:* es scheint mir unter
meiner Würde, nicht der Mühe werth.

661 *streit:* genau wäre der Conj. *strite*, hätte gekämpft. — 662 *un-
werlîche* adv., ungewaffnet, ohne Rüstung. — 666 Itonje ist seine Geliebte.
— 668 zu construieren *ein phæwin huot von Sinzester*. *Sinzester*, vielleicht
Winchester. — 672 *vaste*, nicht: fast, sondern: reichlich. — *ruorte*, reichte:
Sing. des Verbums bei nachfolgendem Plur. des Subjectes. — 673 seine
Spitzen. — 674 *reder*, das Pelzwerk, womit der Mantel gefüttert war:
franz. *penne*, prov. *pena*. — 675 *niht ze grôz*: ziemlich klein, aber sehr
kräftig. — 676 *ein* vor dem Relativsatz ist für uns in diesem Falle un-
gewöhnlich: den König trug ein Pferd, welches ziemlich klein u. s. w. —

an pfärdes schœne niht betrogen,
von Tenemarken dar gezogen
oder brâht ûf dem mere.
der künec reit ân’ alle were: 680
wander fuorte swertes niht.
«iuwer schilt iu strîtes giht»,
sprach der künec Gramovlanz.
«iwers schíldes ist sô wênec ganz:
Lît márvéile   685
ist worden iu ze teile.
ir habet die âventiure erliten,
diu mîn solte hân erbiten,
wan daz der wîse Clinschor
mir mit vriden gieng ie vor,   690
606 unt daz ich gein ir krieges pflige,
diu den wâren minnen sige
mit clârheit hât behalden.
sie kan noch zornes walden
gein mir. ouch dwinget sie des nôt: 695
Cidegasten sluog ich tôt,
in selbe víerdén, ir man.
Orgelûsen fuort’ ich dan,
ich bôt ir krône und al mîn lant:
swaz ir dienes bôt mîn hant,   700
dâ kêrt sie gegen ir herzen vâr.
mit vlêhen het ich sie ein jâr:
i’ne kunde ir minne nie bejagen.
ich muoz iu herzenlîche klagen.
ich weiz wol daz s’ iu minne bôt,   705

---

678 *gezogen*, geführt: zu Lande. — 682 euer Schild bekundet, daß ihr ge-
kämpft habt. — 684 euer Schild ist so völlig zerhauen. — 685 ihr habt es
mit dem Wunderbette zu thun gehabt. — 687 *erliten*, bestanden. — 688 die
meiner geharrt haben, die ich bestanden haben würde. — 689 *wan daz*,
außer daß: wenn nicht. — 690 *vriden* swv., Frieden verschaffen; hier
Gerundium, doch kann es auch Plural von *vride* sein, wie *ci vridin* Anno
340. — *mit vriden*, in friedlicher Weise. — *mir gieng vor*, mir vorausgieng:
mich immer friedlich und freundlich behandelte. — 691 auch hier muß
wan ergänzt werden: und wenn ich nicht Krieg hätte. — 692 den ersten
Preis der Minne. — 693 in Bezug auf Schönheit. — 694 *walden* mit gen.,
haben. — 695 auch hat sie guten Grund dazu. — 696 bei Crestien nur *un
sien ami li toli qu'ele soloit mener od li, si l'ocis* 9938. — 697 ihn mit
drei anderen. — *man* kann bezeichnen: Dienstmann, aber auch: Verlobter,
Bräutigam, Geliebter. — 698 entführte ich, führte ich mit mir. — 700 *si
l'enmenai et de li servir me penai; mes services mestier n'i ot Crest.* 9940. —
701 *ir herzen vâr*, die feindliche Gesinnung ihres Herzens. — 702 *het ich
sie*, behielt ich sie. — 704 *klagen* ohne Object, das aber leicht aus dem
Zusammenhange zu ergänzen ist. — 705 daß sie euch ihre Minne als Preis
des Kampfes mit mir versprochen hat. —

sit ir hie werbet mînen tôt.
wært ir nu selb' ander komen,
ir möht mir'z leben hân benomen,
odę ir wært bêde erstorben:
daz het ir drumbe erworben.   710
mîn herz' nâch anderr minne gêt,
dâ helfe an iwern genâden stêt,
sit ir ze Terr' marveile sît
worden hêrre. iuwer strît
hât iu den prîs behalden: 715
welt ir nu güete walden,
sô helfet mir umb' eine maget,
nâch der mîn herze kumber klaget.
diu ist des künec Lôtes kint.
alle die ûf erde sint,   720
607 die getwúngen mich sô sêre nie.
ich hân ir kleinœte hie:
nu gelóbet ouch mîn dienest dar
gein der megede wol gevar.
ouch trûwe ich wol, sie sî mir holt: 725
wand' ich hân nôt durch sie gedolt.
sit Orgelûs' diu rîche
mit worten herzenlîche
ir minne mir versagete,
ob ich sit prîs bejagete,   730
mir wurde wól óde wê,
daz schuof diu werde Îtonjê.
i'nę hân ir leider niht gesehen.
wil iuwer trôst mir helfe jehen,
sô bringt diz kleine vingerlîn   735

---

706 *werbet*, beabsichtigt, bezweckt. — 707 *selb' ander*, zu zweit. — 710 *drumbe*,
dafür: für euer Kommen. — 712 wobei mir zu helfen von eurer Gnade
abhängt. — 715 hat euch in den dauernden Besitz des Ruhmes gesetzt. —
716 *walden*, ausüben: gütig, freundlich handeln. — 717 *umb'*, in Bezug
auf, bei. — 718 *nâch der*, nach welcher sich sehnend. — 719 Gawan's
Schwester Itonje. — 721 brachten mein Herz nie in solche Bedrängniss.
— 722 er meint den Sperber; vgl. XII, 666. — 723 *dar* gehört zu *dienest*,
wie *dienen* mit *dar* verbunden wird: in dieser Beziehung, Richtung: ver-
sprecht mir eure Dienste. — 726 ich habe manchen Kampf um ihret-
willen bestanden. — 728 *herzenlîche* adv., aus dem Herzen kommend; mit
Worten, die ihr aus der Seele gesprochen waren. Vgl. XIII, 109. 873;
Willeh. 217, 12. — 730 wenn ich seitdem in Kämpfen Ruhm erwarb, das
veranlaßte, das that ich um ihretwillen. — 731 mochte es mir gut oder
schlecht ergehen. — 733 eine solche Liebe aus der Ferne, auf Hören-
sagen, kommt in den mittelalterlichen Epen sehr oft vor. — 734 wenn
euer Beistand mir Hülfe versprechen will. — 735 der Ring soll als Wahr-
zeichen dienen. Vgl. *si porterés cet anel a m'amie, se li baillies* Crest. 10157. —

der clâren süezen frouwen mîn.
ir sit hie strites ledec gar,
ez'n wær' dan græzer iuwer schar,
zwêne oder mêre.
wer jæh' mir des für êre,   740
ob ich iuch slüege od sicherheit
twung'? den strit mîn hant ie meit.»

Dô sprâch mîn hêr Gâwân
«ich pin doch wêrlîch ein man.
wolt ir des niht pris bejagen,   745
wurd' ich von iuwerr hant erslagen,
soue hân ouch ich's decheinen pris
daz ich gebrochen hân diz ris.
wer jæhe mir's für êre grôz,
ob ich iuch slüege alsus blôz?   750
608 ich wil iuwer bote sîn:
gebet mir her daz vingerlîn,
und lât mich iuwern dienes sagen
und iuwern kumber niht verdagen.»
der künec des dancte sêre.   755
Gâwân vrâgte in mêre
«sit iu versmâhet gein mir strit,
nu saget mir, hêrre, wer ir sît.»
«ir'n sult ez niht für laster doln»,
sprach der künec, «mîn name ist unverholn.   760
mîn vater der hiez Îrôt:
den ersluoc der künec Lôt.
ich pin'z der künec Gramovlanz.
mîn hôhez herze ie was sô ganz
daz ich ze keinen zîten   765
niemer wil gestriten,
swaz mir tæte éin mán;

---

ich werde nicht mit euch kämpfen. — 741 *slüege*, erschlüge, tödtete. —
herheit ist gen. von *twunge* abhängig: euch zur Ergebung zwänge. —
den strît, solchen Kampf: mit einem einzigen.
744 ich bin doch ein Mann, der sich zu wehren versteht. — 745 *wolt*
st. conj. für *woltet*, wenn ihr damit keinen Ruhm erwerben würdet,
un ich. — 747 weil ich keine Gefahr dabei zu bestehen hatte. —
dienes steht hier für *dienest*; während meist sonst für *dienens*; vgl. zu
1451. Laßt mich eurer Herrin eure Dienstwilligkeit, Ergebung mel-
ı. — 759 seinen Namen pflegte sonst nur der Unterliegende, Besiegte
nennen: ihr sollt es nicht als eine Schande für mich ansehen, daß ich
ch euch nenne. — *doln*, aufnehmen. — 762 vgl. *quant de Gauwain ne
ort, coment ses pere ocist le mien* Crest. 10147. — 767 gegen einen ein-
en Gegner, was er mir auch gethan haben mag. —

wan einer, heizet Gâwân,
von dem ich pris hân vernomen,
daz ich gérne gein im wolde komen   770
ûf strît durch mine riuwe.
sin vater brách tríuwe,
imę gruoze er minen vater sluoc.
ich hân ze sprechen dar genuoc.
nu ist Lôt erstorben,   775
und hât Gâwãn erworben
solhen prïs vor ûz besunder
daz obe der tavelrunder
im priss nieman gelîchen mac:
ich gelébe noch gein im strîtes tac.»   780

609   Dô sprach des werden Lôtes sun
«welt ir daz ze liebe tuon
iwer frîwendinne, ob ez diu ist,
daz ir sus valschlîchen list
von ir vater kunnet sagen   785
unt dar zuo gerne het erslageu
ir bruoder, só ịst sị ein übel maget,
daz sie den site an iu niht klaget.
kund' si tóhter unde swestér sin,
sô wær' s'ir beider vogetin,   790
daz ir verbæret disen haz.
wie stûende iwerem sweher daz,
het er triwe zebrochen?
habt ir des niht gerochen,
daz ir in tôt gein valsche ̗saget?   795

---

768 vor *heizet* muß *der* ergänzt werden. — 769 den habe ich so rühmen
hören. — 771 *úf strît*, um mit ihm zu kämpfen. — *durch mine riuwe*, we-
gen des mir angethanen Leides. — 772 handelte treulos. — 773 *gruoz* stm.,
friedliche, freundliche Begegnung. — 774 *dar*, mit Bezug darauf: *sprechen*
ist hier nicht im Sinne des Nhd. zu verstehen, sondern: Klage erheben. —
777 *vor ûz*, vor allen andern voraus. — 778 *obe*, an. — 779 *priss* gen., an
Ruhm.

782 wenn ihr glaubt damit eurer Geliebten etwas Angenehmes zu
thun. — 783 wenn die Genannte eure Geliebte wirklich ist. — 784 so
treulose Handlung ihrem Vater nachsagt. — 787 so muß sie ein schlech-
tes Mädchen sein. — 788 daß sie ein solches Benehmen an euch nicht
tadelt, sich nicht darüber beklagt. — 790 *vogetin* stf., Fürsprecherin. —
791 *verbæret*, aufgäbet, fahren ließet. — 792 dem Vater eurer Geliebten. —
794 als sein Schwiegersohn hättet ihr die Beleidigung, die ihr ihm an-
gethan, rächen sollen, also an euch selbst. — 795 daß ihr ihn den Todten
für falsch erklärt. —

sîn sun ist des unverzaget,
in sol des niht verdriezen,
mag er niht geniezen
sîner swester wol gevar,
ze pfande er git sich selben dar.   800
hêrre, ich heize Gâwân.
swaz iu mîn vater hât getân,
daz recht an mír: ér ist tôt.
ich sol für sîn' lasters nôt,
hân ich werdeclichez leben,   805
ûf kampf für in ze gîsel geben.»

Dô sprach der künec «sît ir daz,
dar ich trag' unverkornen haz,
sô tuot mir iuwer werdekeit
beidiu liep unde leit.   810
610 éin dinc tuot mir an iu wol,
daz ich mit iu strîten sol.
ouch·ist iu hôher prîs geschehen,
daz ich iu einem hân verjehen
gein iu ze kampfe kumende.   815
uns ist ze prîse frumende
ob wir werde frouwen
den kampf lâzen schouwen.
fünfzéhen hundert bringe ich dar:
ir habet ouch eine clâre schar   820
ûf Schastel marveile.
iu bringet z'iuwerm teile
iuwer œheim Ártûs

---

796 *des* hier und in der folgenden Zeile ist mit V. 800 zu verbinden, der
für einen Satz mit *daz* steht. — *des unversaget*, kühn dazu entschlossen.
— 798 wenn ihm das nicht zu Gute kommen kann, daß eure Geliebte
seine Schwester ist. — 804 *für*, zur Abwehr: um die Noth der Schande
von ihm abzuwehren. — 805 Conditionalsatz, aus welchem das Object von
geben (leben) herausgenommen werden muß. — 806 *ûf kampf*, im Zweikampf.
808 *dar*, auf welchen. — *unverkorn*, nicht aufgegeben, nicht ver-
ziehen, ungesühnt. — 809 *tuot*, erweckt. — 810 Empfindung von Freude
und Schmerz. — 811 Ausführung des *liep: das leit* wird nicht näher aus-
geführt. — 814 daß ich von meinem Grundsatze, nie mit éinem zu kämpfen,
bei euch eine Ausnahme mache. — 815 die Participialconstruction bei
verjehen begegnet sonst nicht; euch zugestanden daß ich komme; eigent-
lich: ein (besonderes) Zugeständniss gemacht habe, indem ich komme. —
816 es gereicht uns zu größerem Ruhme. Vgl. *est bien drois que il i ait
dames et puceles assés, car .. mil tant plus d'onor i avra li vainqueres que
il n'avroit se nus fors li ne le savoit* Crest. 10233. — 822 *z'iuwerm teile*, auf
eure Seite. Das Object von *bringet*, das der Dichter im Sinne hat, ist
massenîe, aber durch die Frage V. 826 ist die Construction verändert. —

von eime lande daz alsus,
Löver, ist genennet —   825
habt ir die stat erkennet,
Béms bï der Korcâ?
diu massenie ist elliu dâ:
von hiute über'n ahten tac
mit grôzer joye er komen mac.   830
von hiute am sêhzéhenden tâge
kum ich durch min' alte klage
ûf den plân ze Jôflanze
nâch gelte disem kranze.»
der künec Gâwânen mit im bat   835
ze Rosche Sabbins in die stat:
«ir'n muget niht anderr brücken hân.»
dô sprâch mîn hèr Gâwân
«ich wil hin âlse her:
anders leiste ich iuwer ger.»   840
611 sie gâben fianze,
daz sie ze Jôflanze
mit ritern und mit frouwen her
kœmen durch ir zweier wer,
als was benant daz tagedinc,   845
sie zwêne al eine ûf einen rinc.

Sus schíet mîn hèr Gâwân
dannen von dem werden man.
mit fröuden er leischierte:
der kranz in zimierte: 850
er wolt' daz ors niht ûf enthaben,
mit sporn treip er'z an den graben.
Gringùljet nam bezîte

827 *Bems bi der Korcâ:* der letztere Name ist offenbar aus *Orcanie* Crest. 10258 entstanden; auf diesen Namen folgt *Biez en ai la novele oïe,* aus *Biez* ist *Bems* zu erklären. — 829 bei Crestien ist er nur zwei Tagereisen entfernt 10260. — 830 *joye,* franz. *joie,* Freude, Pracht: sonst bei Wolfram *schoie:* vgl. IV, 1138. — 831 bei Crestien soll der Kampf sieben Tage nachher stattfinden. — 833 bei Crest. 10222 *en ceste place.* — 834 um Bezahlung für diesen Kranz zu fordern. — 835 bat mit ihm zu kommen. — 836 bei Crestien heißt das Schloß *la Roche de Sanguin* 10186, mit dem erklärenden Zusatze: *maint bon drap vermeil et sanguin i taint on et mainte escarlate.* — 837 es führt über den Fluß Sabbins (XII, 631) keine andere Brücke als dort. — 839 ich will auf demselben Wege zurück, wie ich hergekommen bin: um Orgeluzen wieder zu treffen. — 843 *her,* Schar. — 844 um sich beide zu wehren, um miteinander zu kämpfen. — 845 *tagedinc* stn., bestimmter Tag, Termin: wie der Termin bestimmt war, in der bestimmten Frist; vgl. 831.
   851 *ûf enthaben,* aufhalten. — 853 holte zu rechter Zeit aus. —

'en sprunc alsô wîte
daz Gâwân vallen gar vermeit.   855
zuo z'ime diu herzoginne reit,
aldâ der helt erbeizet was
von dem orse ûf daz gras
und er dem orse gurte.
ze sîner ántwûrte   860
erbeizte snéllîche
diu herzoginne rîche.
gein sînen fuozen sie sich bôt:
dô sprach sie «hêrre, solher nôt
als ich hân an iuch gegert,   865
der wart nie mîn wirde wert.
für wâr mir iuwer arbeit
füeget sölich herzeleit,
diu ęnpfâhen sol getriuwez wip
umb' ir lieben friwendes lip.»   870

612   Dô sprach er «frouwe, ist daz wâr
daz ir mich grüezet âne vâr,
sô nâhet ir dem prise.
ich pin doch wol sô wîse:
ob der schilt sîn reht sol hân,   875
an dém hât ir missetân.
des schildes ambet ist sô hôch,
daz der von spotte ie sich gezôch,
swer rîterschaft ze rehte pflac.
frouwe, ob ich sô sprechen mac,   880
swer mich derbî hât gesehen,
der muoz mir rîterschefte jehen.
etswenne ir's anders jâhet,

'en = den, an den vocalischen Ausgang der vorigen Zeile sich anleh-
d. — 859 den durch die Gewalt des Sprunges gelockerten Gurt fester
ıg. — 860 antwurte stf., Gegenwart: vor seinen Augen. — 861 la pu-
. . . a son cheval arresné a l'arbre et vint a lui a pié Crest. 10289. —
et dist qu'ele li est venue merci crier de son meſſet u. s. w. Crest. 10293.
fiel ihm zu Füßen. — 866 ich bin nicht würdig sie verdient zu haben.
69 aus diu ist ersichtlich daß herzeleit Plur. ist.
872 daß ihr mich so freundlich anredet ohne bösen Hintergedanken.
73 so gewinnt ihr Ehre damit, gereicht es euch zur Ehre. — 874 so
verstehe ich doch. — 875 ihr habt gefehlt gegen das Recht, welches
Ritterstand in Anspruch nehmen darf: ihr habt euch am Ritterstande
ündigt. — 878 daß derjenige vor Spott bewahrt war. — 881 derbí, beim
ilde: in der Ausübung meiner Ritterschaft. — 882 der muß mir ein-
nen, daß ich ritterliche Thaten gethan habe. — 883 indem ihr mich
ıt für einen Ritter erklärtet. —

sit ir mich êrest sâhet.
daz lâze ich sîn: nemt hin den kranz.   885
ir sult durch iuwer varwe glanz
neheime riter mêre
erbieten solh unêre.
solt' iuwer spot wesen mîn,
ich wolt' ê âne minne sîn.»   890
diu clâre unt diu rîche
sprach weinde herzenlîche
«hêrre, als ich iu nôt gesage,
waz ich der inme herzen trage,
sô gebet ir jâmers mir gewin.   895
gein swem sich krénkét mîn sin,
der sólez durch zúht verkiesen.
i'ne mac nimĕr verliesen
fröuden, denne ich hân verlorn
an Cidegast dem ûz erkorn.   900

613   Mîn clâre süeze beâs âmis,
       sô durchliuhtic was sîn prîs
       mit rehter werdekeite ger,
       ez wære dirre oder der,
       die muoter ie gebâren   905
       bî sîner zîte jâren,
       die muosn im jehen werdekeit
       die ander prîs nie überstreit.
       er was ein quécprúnne der tugent,
       mit alsô berhafter jugent   910
       bewart vor valscher pflihte.

---

886 ich beschwöre euch bei eurer Schönheit; oder auch: weil ihr so schön
seid, dürft ihr darum nicht so übermüthig sein. — 889 wenn ich eurem
Spotte preisgegeben wäre. — 892 herzlich weinend; *weinde = weinende*. —
893 wenn ich euch meine Noth gesagt haben werde. — 894 *der* (sc. *nôt*).
von *waz*, wieviel, abhängig. — 895 so räumt ihr mir ein, daß ich Jammer
gewonnen habe, daß ich tief unglücklich bin. — 896 *sich krenken*, sich
kranc, schwach, zeigen: gegen wen ich unverständig gehandelt habe. —
897 indem er Rücksicht auf meinen traurigen Zustand nimmt. — 898 ich
habe keine Freude mehr zu verlieren.

   901 *beâs* mit Kürzung des ersten Vocals, weil das Wort nur eine Silbe
im Verse hier ausmacht. Der Nominativ wird durch *sîn* 902 in die Con-
struction aufgenommen. — 903 indem er so ernstlich nach Würde und
Ehre trachtete. — 904 = daß alle diejenigen. — 905 *muoter* pl. ohne Um-
laut, wie *tohter, bruoder*. — 906 bei seinen Lebzeiten. — 908 die vom Ruhm
einer andern nie übertroffen wurde. — 909 *quecprunne* swm., lebendiger,
sprudelnder Quell. — 910 *berhaft*, fruchtbar: an *tugent*. — 911 vor jedem
Antheil an Schlechtigkeit. —

úz der vinster gein dem liehte
het er sich enblecket,
sînen prîs sô hôch gestecket,
daz in niemen kunde erreichen, 915
den valscheit möhte erweichen.
sîn prîs hôch wahsen kunde,
daz d'andern wâren drunde,
úz sînes herzen kernen.
wie louft ob al den sternen 920
der snelle Sãtúrnús?
der triuwe ein monícirus,
sit ich die wârheit sprechen kan,
sus was mîn erwünschet man.
daz tier die megede solten klagen: 925
ez wirt durch reinekeit erslagen.
ich was sîn herze, er was mîn lîp:
den vlôs ich flüstebærez wîp.
in sluoc der künec Gramovlanz,
von dem ir füeret disen kranz. 930

614   Hêrre, ob ich iu leide sprach,
von den schulden daz geschach,
daz ich versuochen wolde
ob ich iu minne solde
bieten durh iur werdekeit. 935
ich weiz wol, hêrre, ich sprach iu leit:
daz was durch ein versuochen.
nu sult ir des geruochen
daz ir zorn verlieset
unt gar úf mich verkieset. 940

---

912 aus unrühmlicher Verborgenheit trat er an das Licht hervor. — 913 *en-blecken* swv., sichtbar machen, sehen lassen. — 914 vgl. 908. — 916 *er-weichen:* der nicht fest, gesichert gegen alle Schlechtigkeit war; vgl. 911. — 917 *hôch* ist adj., nicht adv. — 918 *drunde*, tief unter ihm waren. — 919 *kerne* swm., Kern. — 920 eine Frage in der Art wie XII, 448 u. s. w. — 921 der Saturn ist der entfernteste der Planeten, aber auch der höchst stehende: ebenso ragte sein Ruhm über alle hervor. — 922 vgl. IX, 1494. Dem Einhorn an reiner, lauterer Gesinnung gleich. — 924 *erwünschet*, mit dem *wunsch* begabt, in jeder Beziehung vollkommen. — 926 seine Liebe zur Reinheit lockt es in den Schoß einer Jungfrau, und dort wird es gefangen. — 928 *flüstebære*, zum Verlieren bestimmt. — 930 dem ihr diesen Kranz weggenommen habt.
931 *leide* adv., was euch kränkte, betrübte. — 932 aus dém Grunde. Crestien führt einen andern Grund an: sie wollte durch ihren Spott ihn so erzürnen, daß er sie, die lebensüberdrüssige, tödte. — 934 *solde*, ob ich Recht, Anlaß hätte. — 936 hier ist *leit* substant. — 938 *des geruochen*, die Gnade haben. — 939 *verlieset*, fahren laßt. —

ir sit'z der ellens riche.
. dem golde ich iuch geliche,
daz man liutert in der gluot:
al ist geliutert iuwer muot.
dem ich iuch ze schaden bråhte,　　　　　945
als ich gedenke unt dô gedåhte,
der hât mir herzeleit getân.»
dô sprách mîn hèr Gâwân

«Frouwe, es'n wende mich der tòt,
ich lêre den künec· sölhe nôt,　　　　　950
diu sine hôchvart letzet.
mîne tríuwe ich hân versetzet
gein im ûf kampf ze rîten
in kúrzlîchen zîten:
dâ sul wir manheit úrbórn.　　　　　. 955
frouwe, ich hân ûf iuch verkorn.
ob ir iu mînen tumben råt
durch zuht niht versmâhen lât,
ich riet' iu wîplîch êre
und werdekeite lêre:　　　　　960
615　nu'n ist hie niemen denne wir:
frouwe, tuot genâde an mir.»
sie sprach «an g'îsértem arm
bin ich selten worden warm.
dâ gein ich niht wil striten,　　　　　965
ir'n megt wol z'andern zîten
dienes lôn an mir bejagen.
ich wil iuwer arbeit klagen,
unze ir werdet wol gesunt

---

941 *es* steht hier für uns pleonastisch, wie vor Namen: *ich bin's Gâ-wân* u. s. w. — *der* hebt die Eigenschaft prägnant hervor: der verkörperte Muth, das Ideal des Muthes. — 945 *bråhte,* hierher führte, mit mir nahm. — 946 bezieht sich auf *ze schaden:* ich hatte damals die Absicht ihm zu schaden und habe sie noch.
952 *versetzet,* verpfändet: mein Wort, mein Versprechen. — 955 *sul* = *suln,* wollen. — *urborn* swv., zur Erscheinung bringen, zeigen. — 957 wenn ihr aus Artigkeit meinen Rath nicht verschmähen wollt. — 959 so möchte ich euch einen Rath geben, der eurer weiblichen Ehre geziemt. — 960 und der den Lehren des Geziemenden entspricht, in dem nichts Ungeziemendes liegt. — 962 diese Zeile enthält den Inhalt des *râtes,* die vorausgehende die Begründung: da wir hier allein sind, so belohnt meine Liebe; ich glaube es verdient zu haben. — 964 ein gewaffneter Mann hat mich noch nie umarmt. — 965 *dâ gein* auf die folgende Zeile zu beziehen. — 966 wir würden *en* entbehrlich achten: daß ihr (nicht) mögt. — 968 ich will euch alle theilnehmende Hülfe gewähren. —

über al swâ ir sit wunt, 970
unz daz der schade geheile.
ûf Schastel marveile
wil ich mit iu kêren.»
«ir welt mir fröude mêren»,
sus sprach der minnen gerende man. 975
er huop die frouwen wol getân
mit trucke an sich ûfez pfert.
des dûht’ er sie dâ vor niht wert,
do er sie obe dem brunnen sach
unt sie sô dwirbelingen sprach. 980

Gâwân reit dan mit fröude siten:
doch wart ir weinen niht vermiten,
unz er mit ir klagete.
er sprach daz sie sagete
war umbe ir weinen wære, 985
daz si’z durch got verbære.
sie sprach «hêrre, ich muoz iu klagen
von dem der mir hât erslagen
den werden Cidegasten.
des muoz mir jâmer tasten 990
616 in’z herze, dâ diu fröude lac
do ich Cidegastes minne pflac.
i’ne bin sô niht verdorben,
i’ne habe doch sit geworben
des küneges schaden mit koste 995
unt manege schärpfe tjoste
gein sîme vêrhé gefrümet.
waz ob mir an iu helfe kümet,
diu mich richet unt ergetzet
daz mir jâmer’z herze wetzet. 1000

---

indem er die Gelegenheit benutzte sie an sich zu drücken. — 979 bei
er ersten Begegnung; vgl. X, 167. — 980 dwirkelingen adv., quer, ver-
rt: indem sie alles zum Spott kehrte.
981 mit fröude siten, Umschreibung des Adv., fröhlich. — 982 sie aber
te nicht auf zu weinen. — 986 das, ebenfalls noch von sprach ab-
gig. — 988 von dem, über den. — 990 tasten, dasselbe was sonst rüeren.
993 ich bin noch nicht so zu Grunde gerichtet, so machtlos. — 994 i’ne
e, daß ich nicht haben sollte. — geworben, betrieben. — 995 mit koste,
Aufwand von Geld und Gut. — 998 was ob, wie wenn: vielleicht
. — 999 und dafür entschädigt. — 1000 wetzen swv., scharf machen:
arf berühren.

Ûf Grámovlanzes tôt
enpfieng ich dienest, daz mir bôt
ein künec der's wunsches hêrre was.
hêrre, der heizet Anfortas.
durch minne ich nam von sîner hant   1005
von Thabronit daz krâmgewant,
daz noch vor iuwerr porten stêt,
dâ tiwerz gelt engegen gêt.
der künec in mîme dienste erwarp
dâ von mîn frôude gar verdarp.   1010
do ich in minne solte wern,
dô muoste ich niuwes jâmers gern.
in mîme dienste erwarp er sêr.
glîchen jâmer oder mêr,
als Cidegast geben kunde,   1015
gáb mir Ánfórtas wunde.
nu jehet, wie solde ich armez wîp,
sît ich hân getriuwen lîp,
alsolher nôt bî sinne sîn?
etswenn' sich krenket ouch der mîn,   1020
617   sît daz er lit sô helfelôs,
den ich nâch Cidegaste erkôs
z'ergetzen unt durch rechen.
hêrre, nu hœret sprechen,
wâ mit erwárp Clínschór   1025
den rîchen krâm vor iuwerm tor.

Dô der clâre Anfortas
minne und frôude erwendet was,
der mir die gâbe sande,

1001 *Ûf*, die Absicht bezeichnend. — 1003 der alle Vollkommenheit der
Erde besaß; aber nicht in dem Sinne wie XII, 924, sondern im Sinne von
I, 491. — 1005 *durch minne*, weil er mich liebte. — *nam*, empfieng. —
006 vgl. XI, 293 fg. Auch dies war ein Geschenk Secundillens an An-
ortas; vgl. X, 504. — 1008 dem hohe Bezahlung gegenübersteht, ent-
pricht: das einen hohen Werth hat. Vgl. XI, 304 ff. — 1010 solches
Schicksal, wodurch. Auf Anfortas' Wunde, die er im Dienste einer *fri-
endin* erhalten, bezieht sich Trevrizent's Erzählung, IX, 1389. — 1012 *gern*,
rie *weinens luste* XIV, 1520: mußte ich eine zum Jammer geneigte Em-
findung haben. — 1015 *als* kann nur mit *glîchen* verbunden werden; nach
ier müßte es *dan* heißen. — 1019 bei Besinnung, bei Verstand geblieben
ein; *alsolher nôt*, vor solcher Noth: ohne daß sie mir ihn benommen
ätte. — 1020 manchmal bin ich ganz von Sinnen. — 1022 nach Cide-
ast's Tode.
    1028 *minne* und *frôude* sind Genetive: um Liebe und Freude gekom-
nen war. —

dô forht' ich die schande. 1030
Clinschore ist stæteclichen bî
der list von nigromanzî,
daz er mit zouber dwingen kan
beidiu wîb unde man.
swaz er werder diet gesiht, 1035
die'n lât er âne kumber niht.
durch vride ich Clinschore dar
gap mînen krâm nâch rîcheit var:
swenn' d'âventiure wurde erliten,
swer den prîs het erstriten, 1040
an den solt' ich minne suochen:
wolde er mîn niht geruochen,
·der krâm wær' anderstunde mîn
(der sol sus unser zweier sîn),
des swuoren die dâ wâren. 1045
dâ mite ich wolde vâren
Gramovlanzes durch den list
der leider noch ungendet ist.
het er die âventiure geholt,
sô müeser sterben hân gedolt. 1050

618   Clinschór ist hövesch unde wîs:
der 'rloubet mir durch sînen prîs
von mîner massenie erkant
rîterschaft übr al sîn lant
mit manegem stiche unde slage. 1055
die ganzen wochen, alle ir tage,
al die wochen in dem jâr,

1030 ich hatte keinen, der mich beschützen konnte und fürchtete von
Clinschór beschimpft zu werden. — 1035 *werder diet* abhängig von *swa::*
alle werthen Leute, die er sieht. — 1036 die läßt er nicht unbelästigt. —
1037 *durch vride*, um Frieden, Sicherheit vor ihm zu haben. — *dar*, hin. —
1038 *nâch rîcheit var = rîch gevar*, prachtvoll. — 1039 *wurde erliten*, be-
standen würde. — 1041 das war die Bedingung, welche Orgeluse gestellt
hatte: den sollte ich um Minne bitten, also eine dem der Sitte Entspre-
chenden zuwiderlaufende Forderung. — 1042 wenn er mich verschmähte.
— 1043 *anderstunde*, zum zweiten Male: dieser Fall schien Clinschor we-
nig wahrscheinlich. — 1044 *sus*, unter den obwaltenden Verhältnissen. —
1045 das beschwuren alle Anwesenden als Zeugen. — 1046 Orgeluse hatte
diese Bedingung an das Geschenk geknüpft, weil sie hoffte, auf diese
Weise Gramoflanz ins Verderben zu locken. — 1048 der leider sein Ziel
nicht erreicht hat.
    1052 *durch sînen prîs*, das macht ihm Ehre. — 1053 *von*, von Seiten. —
erkant adj., zu *massenie*, ausgezeichnet, trefflich. — 1054 *übr*, in. —
1056 jeden Tag in der Woche, und jede Woche im Jahre. —

sunderrotte ich hân ze vâr,
dise den tac und jene de naht:
mit koste ich schaden hân gedâht　　　　　　　1060
Gramovlanz dem hôchgemuot.
manegen strit er mit in tuot.
waz bewârt' in ie drúnde?
sins verhs ich vâren kunde.
die wârn ze rich in mînen solt,　　　　　　　1065
wart mir der keiner anders holt,
nâch minne ich manegen dienen liez,
dem ich doch lônes niht gehiez.

　　Mînen lip gesach nie man,
i'ne möhte wol sîn dienes hân;　　　　　　　1070
wan einer, der truoc wâpen rôt.
mîn gesinde er brâhte in nôt:
für Lôgrois er kom geriten:
da entworhte er sie mit solhen siten,
sîn hant se nider ströute,　　　　　　　1075
daz ich mih's wênec vröute.
zwischen Lôgroys únd iurm úrvâr,
mîner rîtr im volgeten fünfe dar:
die éntschumpfierter ûf dem plân
und gap diu ors dem schifman.　　　　　　　1080
619　do er die mîne überstreit,
nâch dem helde ich selbe reit.
ich bôt im lant unt mînen lip:
er sprach, er hete ein schœner wip,
unt diu im lieber wære.　　　　　　　1085

1058 *sunderrotte* stf., besondere Schar, hier plur.; Scharen mit besonderer Bestimmung: die einen, um am Tage, die andern, um bei Nacht zu kämpfen. — *ze vâr*, um Gramoflanz nachzustellen, ihm zu schaden. — 1060 *mit koste*, ich habe es mir viel kosten lassen. — *schaden* gen. von *schade*, auf Schaden. — 1061 *Gramovlanz* dat. incommodi. — *hôchgemuot* mit abgeworfener Flexion, wie häufig im Reime. — 1063 *drunde*, dabei. — 1065 *die* relat., diejenigen, welche zu reich wären für meinen Sold, um mir als Söldner zu dienen. — 1066 conditional: wenn einer von denen, von solchen mir hold ward, seine Neigung zuwandte. — 1067 Nachsatz: von denen ließ ich manchen.
1070 den ich nicht hätte zu meinem Dienste gewinnen können. — 1071 dieser eine ist Parzival, dessen Festhalten an ehelicher Treue uns überall entgegentritt. — 1074 *entworhte* præt. von *entwürken* swv., vernichten. — *sie*, meine Leute, meine Ritter. — *mit solhen siten*, dergestalt. — 1077 diese Ortsbestimmung wird durch *dar* aufgenommen: auf den Platz zwischen —, dahin folgten ihm. — 1080 von diesem Geschenke hat Plippalinot Gawan erzählt; vgl. XI, 191. —

diu rede was mir swære:
ich vrâgete wer diu möhte sîn.
»«von Pelrapeir' diu künegin,
sus ist genant diu lieht gemâl:
sô heize ich selbe Parzivâl.   1090
ich'n wil iuwer minne niht:
der grâl mir anders kumbers giht.»»
sus sprach der helt mit zorne:
hin reit der ûz erkorne.
hân ich dar an missetân,   1095
welt ir mich daz wizzen lân,
ob ich durch mîne herzenôt
dem werden rîter minne bôt,
sô krenket sich mîn minne.»
Gâwân zer herzoginne   1100
sprach «frouwe, ih 'rkenne in alsô wert,
an dem ir minne hât gegert,
het er iuch ze minne erkorn,
iwer prîs wær' an im unverlorn.»

Gâwân der curtoys   1105
und de hérzoginne von Lôgroys
vast' an ein ander sâhen.
dô riten sie sô nâhen,
daz man se von der burg ersach,
dâ im diu âventiure geschach.   1110
620 dô sprach er «frouwe, tuot sô wol,
ob ich iuch des bitten sol,
lât mînen namen unrekant,
als mich der riter hât genant,
der mir entreit Gringuljeten.   1115

; was mir swære, verdroß mich: sie verletzte meinen weiblichen Stolz.
.089 lieht gemât, hell glänzend, schön; vgl. clar. — 1091 minne gen.
niht abhängig, also iuwer = iuwerr. — 1092 ich habe schon andern
nmer genug. — 1096 ist besser parenthetisch zu nehmen: wollt ihr mir
e Meinung darüber sagen? — 1097 ob mit dar an zu verbinden: wenn,
em. Damit er mich räche. — 1099 so ist meine Minne dadurch er-
irigt, beschimpft. — 1101 ich kenne ihn als einen so ausgezeichneten
ın. — 1102 an dem: es könnte auch heißen an den; vgl. XII, 1041. —
i wenn er euch seine Liebe geweiht hätte.
1107 blickten einander innig an. — 1108 riten, waren geritten. — sô
en, so nahe heran. — 1110 dâ, auf welcher. — 1111 tuot sô wol, seid so
. — 1112 sol, darf. — 1113 verschweigt meinen Namen. — 1114 als, mit
ebem. Vgl. X, 640. — 1115 entrîten etv., fortreiten: wie wir bei reiten
h als Object Roß brauchen. —

leist des ich iuch hàn gebeten:
swer iuch des vrâgen welle,
sô sprecht ir «mîn geselle
ist mir des unrekennet,
er wart mir nie genennet.»   1120
sie sprach «vil gern' ich si'z verdage,
sît ir niht welt daz ich'z in sage.»
er unt diu frouwe wol gevar
kêrten gein der bürge dar.
die riter heten dâ vernomen   1125
daz dar ein riter wære komen,
der het die âventiur erliten
unt den lewen überstriten
unt den túrkóyten sider
ze rehter tjost gevellet nider.   1130
innen des reit Gâwân
gein dem urvar ûf den plân,
daz s'in von zinnen sâben.
si begúnden vaste gâhen
ûz der burc mit schalle.   1135
dô fúortén sie alle
riche bániere:
sus kŏmén sie schiere
ûf snellen rávĭten.
er wânt' sie wolden strîten.   1140

621 Do er se verre komen sach,
    hin zer herzoginne er sprach
    «kumt jenez volc gein uns ze wer?»
    sie sprach «ez ist Clinschóres her,
    die iuwer kûme hânt erbiten.   1145
    mit fröuden kóment sie nú geriten
    unt wellent iuch enpfâhen.
    daz endarf iu niht versmâhen,

---

6 leist = leistet, befolgt, thut. — 1117 swer, wenn jemand. — des, danach :
:h meinem Namen. — 1118 mein Begleiter. — 1119 unrekennet, un-
:annt; des, in Bezug darauf, was das betrifft. — 1124 dar kann hier
: durch hin übersetzt werden: wandten sich nach der Burg hin. —
5 dâ, in der Burg. — 1129 vgl. XII, 449. — 1133 von könnte für von's
hen = von den, denn der Artikel pflegt in diesem Falle nicht leicht zu
len.
 1143 se wer, in der Absicht zu streiten. — 1145 die, auf her bezüglich,
n Sinne nach construiert; Clinschor's Leute, die. — 1148 ihr dürft
en Empfang nicht ablehnen. —

sit ez diu fröude in gebôt.»
nu was ouch Plippalinôt   1150
mit siner clâren tohter fier
komen in einem ússier.
verre ûf den plân sie gein im gienc:
diu maget in mit fröude enpfienc.
Gâwân bôt ir sinen gruoz: 1155
sie kuste im stégereif únde fuoz,
und enpfienc ouch die herzogin.
sie nam in bi dem zoume sin
und bat erbéizén den man.
diu frouwe uode Gâwân   1160
giengen an des schiffes ort.
ein teppech unt ein kulter dort
lâgen: an der selben stete
diu herzogin durch sine bete
zuo Gâwâne nider saz.   1165
des verjen tohter niht vergaz,
si entwâpent' in. sus hôrt' ich sagen:
ir mantel hete sie dar getragen,
der des nahtes obe im lac,
do er ir herberge pflac: 1170
622 des was im nôt an der zit.
ir mantel unt sin kúrsit
leit' an sich her Gâwân.
sie truogez harnasch her dan.

Alrêrst diu herzoginne clâr   1175
nam sins antlitzes war,
dâ sie sâzen bi ein ander.
zwêne gebrâtén gâlander,
mit win ein glesin bárél

___

O der Fährmann und Bene. — 1156 sie benimmt sich vollständig als
ae Dienerin und vertritt hier Knappendienste. — 1161 das Vordertheil
Schiffee: auf unsern Schiffen gilt das Hintertheil für den vornehmeren
tz. — 1161 *durch sîne bete*, weil er sie bat, auf seine Bitte. — 1167 *si*
bt für si'n, wie G auch hat; *entwâpent'* ist conj., *ne* oder *en* mit dem
ij. beschränkend: unterließ nicht ihn zu entwaffnen. — *sus* bezieht
h auf das Folgende. — 1169 vgl. X, 1491. — 1170 *pflegen*, sich bedienen,
rauch machen: als er von ihr beherbergt wurde. — 1171 den konnte
jetzt sehr gut brauchen. — 1174 *truogez* = *truog dez*, *daz*. Das Ent-
fnen und die darauf folgende Bewirthung geschah im Schiffe.
1175 *Alrêrst*, nun erst. — 1176 nam war, betrachtete genauer. —
9 *glesîn* adj., von Glas, gläsern. — *barel* stn., frans. *baril*, kleine Fla-
e, mlat. *barillus*, wol für *berillus*; mit verschärftem Anlaut steht das
rt 1192. —

unt zwei blankiu wástél 1180
diu süeze maget dar nâher truoc
ûf einer twehelen wiz genuoc.
die spise ervloug ein sprinzelin.
Gâwân unt diu herzogin
mohten'z wazzer selbe nemen, 1185
ob dwahens wolde sie gezemen;
daz sie doch bêdiu tâten.
mit fröude er was berâten,
daz er mít ir ezzen solde,
durch die er liden wolde 1190
beidiu fröude unde nôt.
swenn' sie dez parel im gebôt,
daz gerüeret het ir munt,
sô wart im niuwe fröude kunt
daz er dâ nâch solde trinken. 1195
sin ríuwé begunde hinken,
und wart sin hôchgemüete snel.
. ir süezer munt, ir liehtez vel
in sô von kumber jagete,
daz er kein' wunden klagete. 1200

623 Von der burc die frouwen
dise wirtschaft mohten schouwen.
anderhalp an'z urvar,
mánec wert riter kom aldar:
ir bûhurt mit kùnst wart getân. 1205
disehalp hêr Gâwân
danctem vérjen unt der tohter sin
(als tet ouch diu herzogin)
ir güetlíchen spise.
diu herzoginne wise 1210

85 sie konnten sich selbst mit Wasser versorgen, man brauchte ihnen
cht, wie es sonst Sitte war, Wasser zu reichen, weil sie ja auf dem
asser sich befanden. Sie netzten also ihre Hände in demselben. —
86 wenn sie Lust hatten sich zu waschen. — 1188 *mit fröude berâten*,
raehen, voll Freude. — 1196 die Trauer hinkt, sie geht langsam, bleibt
rück, in dem Sinne wie *las werden*, also: verschwinden. — 1197 seine
udige Stimmung kam rasch vorwärts, nahm zu. — 1199 wir würden
er erwarten: verjagte den Kummer von ihm: befreite ihn von allem
immer.
1202 diese Bewirthung auf dem Schiffe. — 1204 *kom*, war inzwischen
kommen: von der Burg herunter. — 1205 es war Sitte, daß die Ritter
r Begrüßung hoher Personen einen *bûhurt* veranstalteten. — 1206 *dise-*
lp, im Gegensatz zu *anderhalp*, also noch während er im Schiffe war:
vor er ausstieg. — 1207 *danctem = dancte dem*. — 1209 *spise* gen. von
nken abhängig: für ihre freundliche Speisung, Bewirthung. —

sprach «war ist der rîter komen,
von dem diu tjoste wart genomen
gester dô ich hinnen reit?
obe den iemen überstreit,
weder schîet daz leben oder tôt?»   1215
dô sprach Plippalinôt
«frouwe, ich sah in hiute leben.
er wart mir für ein ors gegeben:
welt ir lédegén den man,
dar umbe sol ich swalwen hân,   1220
diu der kûnegin Secundillen was,
und die iu sande Anfortas.
mac diu härpfe wesen mîn,
lédec ist dúc de Gôwerzîn.»
«die härpfn unt'z ander krâmgewant»,   1225
sprach sie, «wil er, mit sîner hant
mac geben unt behalden
die hie sîtzet: lât's in walden.
ob ich im sô liep wart ie,
er lœset mir Lischoysen hie,.   1230
624 den herzogen von Gôwerzîn,
und ouch den andern fürsten mîn,
Flôrándén von Itolac,
der nahtes mîner wahte pflac:
er was mîn túrkôyte alsô,   1235
sins trûrens wirde ich niemer vrô.»

1211 Lischoys ist gemeint; vgl. das 10. Buch. — 1212 mit welchem tjostiert
wurde. — 1213 *hinnen*, von hier weg; vgl. X, 999. — 1214 wenn er besiegt
wurde: sie weiß wohl, daß der Sieger nur Gawan gewesen sein wird,
braucht aber absichtlich das unbestimmte Jemand. — 1215 *weder*, im
ersten Theile einer Doppelfrage, wie latein. *utrum*. — *das*, allgemeines
Object; diesen Kampf: machte diesem Kampfe das Leben oder der Tod
ein Ende? endete er für Lischois mit dem Leben oder Tode? — 1217 heute
lebte er noch. — 1218 vgl. X, 1297. — 1219 *ledegen* swv., losmachen, aus-
lösen. — 1220 *dar umbe*, dafür, für ihn. — *sol ich*, will ich. — *swalwe*
swf., eine englische Art Harfe, benannt nach ihrer Form, indem sie unten
in zwei Enden, vergleichbar dem Schwalbenschwanze, auslief. Die Aus-
lassung des Artikels verdient bemerkt zu werden. — 1221 Secundille hat
sie Anfortas geschenkt mit andern Geschenken (vgl. X, 504), und dieser
sie an Orgeluses (vgl. XII, 1005). — 1224 d. h. Lischois. *Gôwerzîn* ist
wol *Caerci*, Quercy, das Gebiet von *Cahors* in Südfrankreich. — 1225 die
Harfe bildete also einen Theil der in der Krambude ausgelegten Waaren.
— 1226 wenn er will, nämlich Gawan. — 1228 *die*, wie häufig für *der*.
Laßt ihn darüber verfügen; denn er ist jetzt der Besitzer. — 1229 wenn
ich ihm lieb genug dazu bin. — 1230 *hie*, hier auf der Stelle. — 1233 den
von Gawan gleichfalls besiegten Turkoiten. — 1235 aus dieser Stelle er-
gibt sich, daß *turkoite* zugleich ein Amt bezeichnet: er stand an der
Spitze einer Leibwache. — *alsô*, in solcher Weise führte er dieses Amt. —
— 1236 daß ich mich nicht freuen kann, wenn ich ihn traurig weiß. Was
aus ihm geworden war, ließ der Dichter XII, 463 ungewiss.

Gâwân sprach zer frouwen
«ir muget se bêde schouwen
lédec ê dáz uns kome diu naht.»
dô heten sie sich des bedâht   1240
und fuoren über ane'z lant.
die herzoginne lieht erkant
huop Gâwân aber ûfez pfert.
manec edel riter wert
enpfiengn in unt die herzogin.   1245
sie kêrten gein der bürge hin.
dâ wart mit frôudén geriten,
von in diu kunst niht vermiten,
deis dér bûhúrt het êre.
waz mag ich sprechen mêre?   1250
wan daz der werde Gâwân
und diu hérzoginne wol getân
von frouwen wart enpfangen sô,
sie mohten's bêdiu wesen vrô,
ûf Schastel márvéile.   1255
ir muget's im jehen ze heile,
daz im diu sælde ie geschach.
dô fuort' in an sîn gemach
Arnîve: und die daz kunden,
die bewárten sîne wunden.   1260

625   Z'Arnîven sprách Gâwân
«frowe, ich sol einen boten hân.»
ein juncfrouwe wart gesant:
diu brâht' einen sarjant,
manlîch, mit zühten wise,   1265

1240 waren zu dem Entschlusse, Resultate gekommen: sie waren so
:. — 1241 *fuoren*, waren gefahren. — 1242 *lieht erkant*, von bekannter
Önheit, die durch ihre Schönheit weitbekannte. — 1243 *aber*, abermals;
XII, 976. — 1245 *enpfienyn* pl. nach dem collectiven *manec*. — 1247 die
urdierenden Ritter ritten neben dem Wege her. — 1248 sie ließen alle
Kunstfertigkeit sehen. — 1249 sodaß an einem ordentlichen, kunst-
:chten Buhurt nichts fehlte. — 1251 *wan:* nur so viel will ich noch
:n. — 1254 statt eines Satzes mit *dus*. — 1256 er war vom Geschick
ünstigt, daß dieses Glück ihm zu Theil wurde. — 1258 wo er es sich
uem machen konnte. — 1259 *Arnîve* gehört als ἀπὸ κοινοῦ zu beiden
:en: sie und die Sachverständigen, die Ärzte. — 1260 *bewarten*,
;ten für.
1262 *ich sol*, ich will. — 1264 bei Crestien spricht Gawan mit seiner
wester: *que il se lieve et si apele un varlet que il voit a destre* 10443. —
) der sich auf Anstand verstaud. —

in sarjandes prise.
der knappe swuor des einen eit,
er wurbe liep oder leit,
dáz er dés niemen dâ
gewüegé noch anderswâ, 1270
wan dâ er'z werben solde.
er bat daz man im holde
tincten unde pérmínt.
Gâwân des künec Lôtes kint
schreip gefuoge mit der hant. 1275
er enbôt ze Löver in daz lant
Artûse unt des wîbe
dienst von sîme lîbe
mit triuwen unverschertet:
und het er pris behertet, 1280
der wære an werdekeite tôt,
sine hulfen ime ze sîner nôt,
daz sie beide an triuwe dæhten
unt ze Jôflanze bræhten
die massení' mit frouwen schar: 1285
und er kœme ouch selbe gein in dar
durch kampf ûf al sîn' êre.
er'nbôt in dennoch mêre,
der kampf wære alsô genomen
daz er wérdecliche müese komen. 1290
626 do enbôt ouch hêr Gâwân,
ez wære frouwe oder man,
al der massenie gar,
daz sie ir triuwe næmen war
und daz si'm künege rieten kumen: 1295
daz möhte an werdekeit in frumen.

1266 der alles Lob, das man einem *sarjant* ertheilen kann, verdiente. Vgl.
*celui qui plus li sambloit estre tistes et preus et servitubles et plus sages et
plus resnables de tos les varlés de la sale* 10445. — 1268 möchte er nun
eine angenehme oder unangenehme Botschaft auszurichten haben. —
1273 *tincte* swf., die ursprüngliche Form von Tinte, mlat. *tincta.* — *per-
mint* stn., Pergament. — 1275 *gefuoge* adv., zierlich. — 1278 seine Dienst-
willigkeit; vgl. *se ti diras .. qu'il est mes sire et je ses hom* Crest. 10480. —
1279 *unverschertet*, unverletzt, unverbrüchlich. — 1280 *beherten* swv., in
hartem Kampfe erlangen, erkämpfen. — 1281 der verlöre all sein An-
sehen. — 1282 wenn sie ihm nicht hülfen. — 1284 vgl. *et si amaint tel
compagnie com a sa court aora venue, de haute gent et de menue* Crest. 10485.
— 1286 *er*, Gawan: würde kommen. — 1287 wobei all seine Ehre auf dem
Spiele stände. — 1289 *nemen*, ansetzen, bestimmen. — 1290 *werdecliche* adv.,
in stattlicher Ausrüstung, mit stattlicher Begleitung. — 1294 daß sie ihre
wohlwollende Gesinnung gegen ihn bewährten. — 1295 *si'm* = *sie 'em*,
sie dem. — 1296 es gereiche ihnen allen zur Ehre.

al den werden er enbôt
sin dienst unt sines kampfes nôt.

Der brief niht insigels truoc:
er schreip in sus erkant genuoc   1300
mit warzeichen ungelogen.
«nu'n solt du'z niht langer zogen»,
sprach Gâwân zem knappen sin.
«der künec unt diu künegin
sint ze Béms bî der Korcâ.   1305
die küneginne soltu dâ
sprechen eines morgens fruo:
swaz sie dir râte, dâz tuo.
unt lâz dir eine witze bi:
verswîc daz ich hie hêrre sî.   1310
daz du hie massenie sîs,
daz ensage in niht decheinen wîs.»
dem knáppén was dannen gâch.
Arnîve sleich im sanfte nâch:
diu vrâgte in war er wolde   1315
und waz er werben solde.
dô sprach er «frouwe, i'n ságes iu nîht,
ob mir min eit rehte giht.
got hüete iur, ich wil hinnen varn.»
er reit nâch werdeclîchen scharn.   1320

1300 *sus*, ohnedies: auch ohne daß er ihn mit seinem Wappen siegelte.
Man kannte seine Schrift und erkannte an andern Zeichen, daß der Brief
von ihm herrühre. — 1301 *warzeichen* stn., Erkennungszeichen; nach
Grimm (Gramm. 2, 481) entstellt aus *wartzeichen*, *wortzeichen*, nach anderen
(Lachmann) *wârzeichen* zu schreiben; vgl. *wargeleite* II, 532. — 1302 *zogen*
swv., hinziehen, in die Länge ziehen. — 1305 *en la cité d'Orcanie a li rois
sa court establie* Crest. 10467. — 1309 *bî* sc. *wesen*: beobachte die Klugheit,
die Vorsicht. — 1311 daß du hier zum Gefolge, zur Dienerschaft gehörst.
— 1318 wenn mir mein Eid sagt, was ich zu thun habe; wenn ich meinen
Eid halten will. — 1320 zu einer Gesellschaft von werthen Leuten: an den
Hof von Artus, dem Inbegriff aller *werdekeit*.

Druck von F. A. Brockhaus in Leipzig.

Lightning Source UK Ltd.
Milton Keynes UK
UKHW022119060223
416578UK00004B/672